한국인공지능협회 추천도서

상상을 현실로
부를 창출하는 ChatGPT 활용전략

실전 활용 사례 1000

정종기 지음

오늘 시작하면, 미래가 달라집니다.

2024.7 누적 수강생 10,000명 · 대기업 관공서 최다강의 · 활용 가능 프롬프트 1000개

[세종도서선정] **저자의 신간**

형설 eLife

프롤로그

ChatGPT가 앞당긴 인공지능 대중화 시대,
AI 활용 능력이 당신의 경쟁력입니다!
ChatGPT를 잘 활용하는 사람이 활용하지 않는 사람을 대체한다!

생성형 AI가 확산되면서 일하는 방식의 근본적인 변화 맞이

지금은 ChatGPT가 앞당긴 인공지능 대중화 시대이다. 전세계는 ChatGPT를 위시한 생성형 AI의 혁신적인 진화에 관심이 집중되고 있고, 산업 및 사회적으로 큰 파급력을 보이며 급속하게 성장하고 있다.

생성형 AI는 사용자의 요구에 맞춰 요약, 답변, 그림, 동영상, SW 코드 생성도 순식간에 만들어 준다. 이러한 생성형 AI가 확산되면서 사람들의 일하는 방식은 근본적인 변화를 맞이하고 있다.

향후 기업의 경쟁력은 생성형 AI 도입에 따른 일하는 방식의 변화를 어떻게 활용하는 가에 따라 크게 좌우될 수 있는 것이다.

생성형 AI는 전 산업 및 기업의 비즈니스 전반에 걸쳐 다양하게 활용될 수 있다. 특히 가치사슬 관점에서 살펴보면 기획, R&D, 구매, 생산, 유통, 판매 및 마케팅 등 주요한 업무 영역에서 활용을 통해 효율을 크게 높일 수 있기 때문에 기업 들이 앞다퉈 도입을 서두르고 있다.

산업별로 생성형 AI 활용 확산

먼저 **제조 분야**에서는 생성형 AI를 활용하여 자동화된 제품 디자인 및 품질 향상을 실현할 수 있다. 생성형 AI 모델은 과거 제품 데이터를 분석하여 새로운 제품 디자인을 생성하고, 제조 과정에서 발생하는 결함을 감지하여 예방할 수 있다. 또한 생성형 AI를 활용한 제조공정 효율화, 품질관리, 텍스트 비정형 데이터 분석 기반 이상 검출 및 고장 예측과 수명 예측 서비스 영역도 활용 영역으로 확대되고 있다.

생성형 AI는 **의료 분야**에서 많은 활용 사례를 가지고 있다. 예를 들어, 생성형 AI를 사용하여 의료 이미지(예: X-ray, MRI)를 분석하고 질병이나 이상을 감지하는 데 활용할 수 있다. 또한, 환자 데이터를 분석하여 개인 맞춤형 치료 계획을 생성하는 데에도 사용될 수 있다. 신물질의 개발, 신약 개발 등에서 생성형 AI가 활용되고 있다.

과거 **R&D 분야**는 끊임없는 연구와 시행 착오의 반복이었다. 예를 들어 제품 설계를 위해서는 시제품을 소량 제작해 문제점을 살펴보고 오랜 시간을 들여 반복 작업을 수행해야만 했다. 그러나 생성형 AI 기술을 활용하여 연구원들이 중량, 비용, 소재 등 원하는 조건을 입력하면 생성형 AI가 수많은 디자인 시안을 짧은 시간에 생성해 준다. 연구자들은 다양한 가능성을 살펴보고 브레인스토밍을 거쳐 세부 검토 후 원하는 결과에 근접한 시안을 선택하면 된다. 즉, 연구원들의 역할이 설계 디자이너에서 검토자로 대폭 바뀌게 되는 것이다.

R&D영역에서 생성형 AI는 단시간 내에 다양한 프로토타입과 옵션을 생성해 개발자의 노력, 시간, 비용을 절감시켜주고 있다. **금융 기관**은 생성형 AI를 사용하여 금융 데이터를 분석하고 예측 모델을 구축할 수 있다. 이를 통해 고객 맞춤형 서비스, 주식 시장 예측, 신용 위험 평가, 보험 요율 책정 등의 작업을 자동화하고 정확성을 향상시킬 수 있다.

문화예술 분야에서는 창작을 돕는 데 사용될 수 있다. 예를 들어, 생성형 AI를 사용하여 새로운 음악 작곡, 그림 및 그래픽 디자인, 시나리오 작성 등을 자동화하고 창의적인 작품을 생성할 수 있다.

가상 캐릭터 및 게임도 생성형 AI를 사용하여 가상 캐릭터를 개발하고 게임에 즉시 적용할 수 있다. 이를 통해 게임 내 캐릭터의 외모, 행동, 대화 등을 자동으로 생성하고 다양한 상황에 대응할 수 있는 인공지능 기반 캐릭터를 구현할 수 있다.

마케팅 영역에서는 효율을 극대화시키고 있다. 온라인 오픈마켓 사업자들의 주

업무는 제품 홍보글 작성, 블로그 포스팅, 마케팅 이메일 발송 등이다. 이 모든 것을 생성형 AI가 쉽게 만들어 준다. 실제로 한국의 한 마케팅회사는 생성형 AI를 활용해 과거 5시간 이상 소요되었던 1,000자의 광고 문구와 새 웹사이트에 들어갈 카피 문구를 10분의 1에 불과한 30분으로 단축할 수 있었다.

교육관련 분야는 많은 부분에서 활용될 수 있다. 먼저 개인화 학습 영역에서 생성형 AI를 활용하여 학생들에게 맞춤형 학습 경험을 제공할 수 있다. 학생의 학습 데이터를 분석하여 개인의 학습 스타일, 강점, 약점을 파악하고 그에 따라 적합한 학습 자료를 생성하거나 맞춤형 문제를 제공할 수 있다.

생성형 AI는 다양한 산업, 문화 및 교육 분야에서 혁신적인 방식으로 활용될 수 있다. 이는 효율성 향상, 창의성 개발, 맞춤화된 경험 제공 등의 많은 장점을 가져다줄 수 있다.

생성형 AI의 사회적 영향력은 점점 더 커지고 있고 그에 따른 우려 사항도 많아지고 있다.

생성형 AI를 업무 효율화와 생산성 증대, 새로운 가치 창출을 위해 기존 업무에 활용해 보려는 기업들의 관심도 높아지고 있다. 다만, 생성형 AI도 장·단점을 함께 가진 신기술인 만큼 기업 내부에 적용하는데 있어 경영진들의 다각적인 고민이 필요하다.

생성형 AI는 질문(프롬프트)을 통해 답변을 생성한다. 내가 원하는 답변을 얻기 위해서는 사전에 답변에 필요한 상세한 설명을 먼저 제시하고 질문을 해야 하기 때문에 이때 기업의 정보 유출 문제가 생긴다. 그래서 데이터의 보안 문제에 따라 외부 상용 AI 서비스를 활용할 것인지 아니면 자체적으로 내부 개발할 것인지에 대해서도 고민이 필요하다.

생성형 AI 도입에 따라 기업의 각 비즈니스 부문별 다양한 변화가 예상된다. 생성형 AI의 도입은 일하는 방식의 큰 변화를 가져올 수 있으므로 내부 직원들이 혼란스러워할 수 있다. 그렇기 때문에 활용 가치가 큰 부서부터 단계별로 도입하는 것이 바람직하다. 또한 직원들이 생성형 AI와 같은 신기술 도입에 대한 거부감을 줄이는 조직 문화적 활동도 추진해야 한다. 새로운 업무 방식이 자신의 기존 노하우와 일자리를 위협한다는 불안 심리와 새로운 업무 방식을 익히는 일이 번거롭게 생각할 수 있기 때문이다.

그러나 머지 않아 많은 기업들이 생성형 AI를 단계별로 도입하여 AI 기반 업무 활용 및 자동화를 통해 업무 속도와 효율성을 높이고, 더욱 복잡하고 고도화된 업무에 집중할 수 있게 되면서 전반적인 업무 생산성이 높아질 것으로 기대된다.

생성형 AI의 가능성과 미래 진화 방향

생성형 AI를 통해서 누구나 관련된 정보를 쉽게 얻을 수 있기 때문에 전문적인 지식을 가지고 있지 않아도 전문적인 글을 만들어 낼 수 있고, 더 나아가 이를 통해서 내가 하고 있는 관련된 일에 상상 이상의 도움을 받을 수 있기 때문에 앞으로 많은 성장 가능성을 가지고 있다. 모든 사람, 모든 분야, 모든 산업에 대한 파급력은 어마어마할 것으로 예상된다. 또한 'ChatGPT를 잘 활용하는 사람이 활용하지 않는 사람을 대체(代替)' 할 가능성도 점점 높아질 것으로 예상된다.

인간을 능가한 인공지능, 인간을 위한 대응이 즉시 필요한 시점!

새로운 인공지능(AI) 모델 GPT-4o(Omni) 출시와 함께 전세계가 다시 오픈AI에 집중하고 있다. 이 모델은 사람처럼 보고 듣고 말하며 사용자와 실시간 대화를 할 수 있다. 10여 년 전 개봉한 공상과학(SF) 영화 '허(Her)'에서 묘사한 '인격형 AI'가 현실이 되었다. 이제 정말 인공지능과 친구처럼 대화할 수 있는 시대가 시작된 것이다.

사용자와 실시간으로 대화하는 것은 기본이고, 사용자의 말투와 억양을 분석해 현재의 기분을 파악하고, 이미지를 실시간으로 분석해 수학 문제의 답을 맞힐 수 있다.

인간이 주로 사용하는 텍스트, 시각, 청각 데이터를 종합적으로 분석하고 사람과 같이 영상을 보면서 실시간성으로 대화를 할 수 있다.

GPT-4o의 특징

- 인간 수준으로 응답속도 높여 실시간 '보고 듣고 말하기' 가능
- 표정·말투로 기분 즉각 알아채고 대화 가능
- 수학문제를 보면서 선생님처럼 같이 풀 수 있다
- 한국어 등 50개 언어 실시간 통역 가능
- 스마트폰 두개에 두 AI가 서로 대화가 가능하다.
- 실시간으로 이미지를 보여주면서 대화할 수 있다.
- 핸드폰 앱이나 데스크탑 앱 등을 통해 카메라에서 보이는 영상들에 대해서 바로 실시간으로 상황 파악을 하면서 그것에 대해서 대화를 할 수 있다.
  예를 들어, 카메라로 제 자신을 비추고 있으면 지금 이 카메라에 있는 사람이 어떤 옷을 입고 있는지, 무엇을 하고 있는지 상황을 파악해서 얘기하는 것이 가능하다.
- 사람의 감정, 사람의 느낌을 이해한다. 또 그에 따라 적절하게 반응한다.
- GPT-4o가 말하는 동안 인터럽트(interrupt)가 가능하다.
- 아이들 교육 튜터링(Tutoring)도 해줄 수 있다.
- 친절하고 인내심 있는 가정교사 역할을 할 수 있다.
- 컴퓨터 프로그램 코드를 보고 말로 설명할 수 있다.
- 실시간 작곡도 하고 실시간 즉흥적인 테마에 대해 노래로 대화할 수 있다.
  예를 들어, 뮤지컬에서 하는 방식으로도 표현이 가능하다.

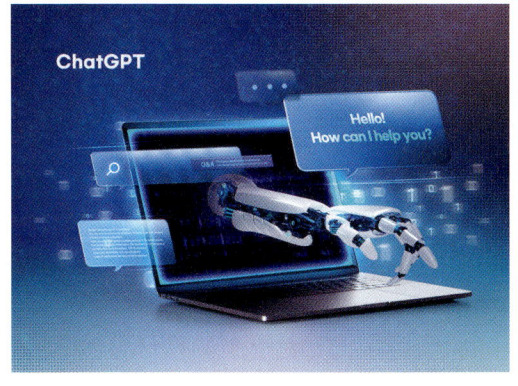

본서의 구성

본서는 총 9장으로 구성되어 있으며 그 내용은 다음과 같다.

1장인 '생성형 AI란 무엇이고 무엇이 가능 한가?'에서는 생성형 AI란 무엇인가, 생성형 AI와 판별 AI의 차이점, 언어모델의 이해와 발전, ChatGPT 학습과정 및 기술적 차별성, ChatGPT 답변 도출 원리 세부 3단계, ChatGPT의 특징과 ChatGPT-4 유료 사용 등록 방법, ChatGPT 무엇이 가능한가, 이미지생성 인공지능(Text to Image), 음악생성 인공지능(Text to Music), ChatGPT의 전망과 인간의 역할 변화 등의 내용으로 구성하여 서술하였다. 2장인 '프롬프트 엔지니어링 기술 종합'에서는 프롬프트 엔지니어링(Prompt Engineering)이란 무엇인가, 프롬프트 엔지니어링 기술 및 구성요소, 프롬프트 엔지니어링 5가지 기술(질문으로 AI성능 높이기), ChatGPT에 질문을 잘 하기 위한 핵심 팁, ChatGPT의 핵심 프롬프트 잘 작성하는 방법, 바이어 페르소나(Buyer Persona) 생성해서 비즈니스에 활용하기, ChatGPT 프롬프트 자동 생성하기(ChatGPT Prompt Generator), 음슴체(개조식)로 말하는 ChatGPT 만들어 활용하기, ChatGPT 하이퍼파라미터 설정으로 더 정확한 답변 도출, ChatGPT에 숨어있는 프롬프트 명령어 사용하기 등의 내용으로 서술하였다. 3장인 '기업 직무별(17가지) 효율 극대화 활용사례'에서는 기업대표(CEO) 업무 효율 향상 활용 사례, 경영기획 및 경영지원 업무 효율 향상 활용 사례, 회계 및 재무 업무 효율 향상 활용 사례, 인적자원(HR)관리 업무 효율 향상 활용 사례, 영업 및 고객관리 업무 효율 향상 활용 사례, 구매(SCM) 업무 효율 향상 활용 사례, 마케팅 및 캠페인 업무 효율 향상 활용 사례, 디자인 및 콘텐츠 업무 효율 향상 활용 사례, 일반사무 및 운영관리 업무 효율 향상 활용 사례, 연구개발(R&D) 업무 효율 향상 활용 사례, 제조 및 생산 업무 효율 향상 활용 사례, 고객지원 및 고객 서비스 업무 효율 향상 활용 사례, 투자유치 업무 효율 향상 활용 사례, 법무 관련 업무 효율 향상 활용 사례, 특허관련 업무 효율 향상 활용 사례, 자료조사 업무 효율 향상 활용 사례, 컨설팅 업무 효율 향상 활용 사례 등의 내용으로 서술 하였다. 4장인 '기업 직무별 효율 향상 프롬프트 질문 세트 300개'에서는 CEO 및 임원들이 적용할 수 있는 프롬프트 질문 세트, 전략기획부서 직원들이 적용할 수 있는 프롬프트 질문 세트, 마케팅부서 직원들이 적용할 수 있는 프롬프트 질문 세트, 영업부서 직원들이 적용할 수 있는 프롬프트 질문 세트, 생산부서 직원들이 적용할 수 있는 프롬프트 질문 세트, 재무부서 직원들이 적용할 수 있는 프롬프트 질문 세트, 인사부서 직원들이 적용할 수 있는 프롬프트 질문 세트, 연구개발부서 직원들이 적용할 수 있는 프롬프트 질문 세트, 투자유치부서 직원들이 적용할 수 있는 프롬프트 질문 세트, 자료조사부서 직원들이 적용할 수 있는 프롬프트 질문 세트 등의 내용으로 구성하여 직원들이 업무 및 비즈니스에 즉시 적용해서 효율을 높일 수 있는 핵심 프롬프트를 정리하여 서술하였다.

5장인 '업무 효율을 높일 수 있는 AI툴 모음'에서는 유튜브 동영상, 음성파일을 텍스트로 간단하게 변환하기, 유튜브 동영상 내용 쉽게 요약하기 (NoteGPT), 업무 효율을 높일 수 있는 AI 도구 모음 (대화·이미지생성), 업무 효율을 높일 수 있는 AI 도구 모음 (이력서·작문·PPT), 업무 효율을 높일 수 있는 AI 도구 모음 (콘텐츠·트위터·이미지), 업무 효율을 높일 수 있는 AI 도구 모음 (생산성·오디오·음악·코딩), 업무 효율을 높일 수 있는 AI 도구 모음 (R&D·연구), ChatGPT를 엑셀안에 넣어서 사용하기, 이미지 엑셀표 (사진 이미지, PDF, OCR)를 엑셀로 변환하기, 구글 코랩 (Colab) 쉽게 사용하기 등으로 구성하여 서술하였다. 6장인 '업무 및 비즈니스 활용 사례'에서는 ChatGPT를 활용해 사업 아이디어 및 사업 기획서 작성하기, 생성형 AI를 활용한 업무 혁신 사례 (콘텐츠 생성 및 마케팅), 생성형 AI를 활용한 업무 혁신 사례 (고객 서비스), 생성형 AI를 활용한 업무 혁신 사례 (제조 분야), 생성형 AI를 활용한 업무 혁신 사례 (연구 및 개발(R&D)), 생성형 AI를 활용한 업무 혁신 사례 (인적 자원(HR) 및 행정), ChatGPT를 활용한 기업의 SWOT 분석 활용사례 (Uber, Lyft), 기업의 마케팅(A to Z)에 즉시 활용하기 (90개 프롬프트), ChatGPT활용을 위한 55가지 검색엔진 최적화 (SEO) 프롬프트, ChatGPT에서 '키워드 스트래티지' 비즈니스에 활용하기 등의 내용으로 서술하였다. 7장인 '일상 활용 및 자기 개발 활용 사례'에서는 ChatGPT를 활용해서 이력서 및 자기소개서 쓰기, ChatGPT를 활용해서 면접 준비 하기, ChatGPT를 활용해 내가 원하는 주제로 소설 쓰기, ChatGPT를 활용해 책의 제목, 목차부터 챕터 원고까지 작성하기, ChatGPT를 활용해 내가 원하는 그림 생성하고 수정 변환하기, 달리(DALL.E) 이미지 생성 필수 프롬프트 10가지, 달리(DALL.E) 시드넘버를 활용한 이미지 편집·수정 방법, ChatGPT를 활용한 건강을 위한 다이어트 상담 사례, ChatGPT를 활용한 학업 및 직업 진로 상담 사례, ChatGPT를 활용한 심리상담 사례, ChatGPT를 활용한 음식 추천 및 요리하기, ChatGPT를 활용한 일상생활 활용 사례 (부동산 계약관련), ChatGPT를 활용해 건강 관련 상담 사례, ChatGPT의 텍스트 분류기 (감정·주제·의도·분석) 역할수행, ChatGPT를 활용해 작사·작곡·음악 만들기 등의 내용으로 일상생활에서 실제 활용할 수 있는 내용으로 서술하였다. 8장인 'ChatGPT 300배 활용하기' 에서는 5분만에 나만의 챗봇 만들기 (GPTs 사용법 포함), 5분만에 주제만으로 PPT 만들기, 내 데이터를 기반으로 나만의 ChatGPT 만들기, 내가 원하는 형태로 맞춤형 답변 받기 (Customize ChatGPT), 내가 생각한 아이디어 GPTs로 쉽게 특허 내기 (GPTs Store), ChatGPT 관련 확장 프로그램 및 사이트 정보, ChatGPT에 크롬(Chrome) 확장 프로그램 설치 200% 활용하기, ChatGPT와 파이썬을 활용해 반복업무 자동화시키기, ChatGPT를 활용할 때 참고하면 도움되는 7가지, OpenAI API Key 발급 받는 이유 및 방법 등 ChatGPT를 최대한 활용 해서 효율을 극대화 시킬 수 있는 내용으로 상세하게 설명 하였다. 9장인 '별첨'에서는 '참고 문헌'을 정리하였다.

감사의 말

이 책을 준비하면서 삼성과 오라클에서 30여년 동안 근무하며 국내외 기업을 대상으로 수행한 디지털 비즈니스 컨설팅 실전 경험과 ㈜얼라이언스코리아에서 기업대상 디지털전환과 AI 도입 및 활용 컨설팅을 수행한 많은 경험이 큰 도움이 되었고, ChatGPT 업무 및 비즈니스 활용 역량 과정 운영과 카이스트 AI연구교수, 서울대, 한국외대, 아주대, KMAC, 기획재정부 등 정부 공공기관에서 인공지능, 생성형 AI, 메타버스, 융합기술 관련 강의를 위해 연구하고 준비한 내용들이 많은 도움이 되었다.

나는 인공지능(AI), 디지털전환(DX) 분야에 관심과 전문성을 가지고 있지만, 내가 경험하고, 학습하고, 연구하고, 고민했던 부분에 대해서만큼은 조금 더 이해하고 있고, 조금 더 알고 있을 뿐이다. 그렇기 때문에 가능한 독자들이 이해하기 쉽도록 서술하기 위해 노력하였다. 그럼에도 불구하고 부족한 부분이 너무 많은 것 같다.

저에게 많은 가르침과 도움을 주신 교수님, 지인, 친구들 그리고 저도 모르는 사이에 저에게 도움을 주신 모든 분들께 감사를 드립니다.

끝으로 이 책이 출판될 수 있도록 물심양면으로 지원해 주시고 응원해주신 모든 분들에게 감사의 말씀을 전하고 싶다.

본 책을 준비하면서 밤 늦은 시간 집에 들어가면 맛있는 음식과 막걸리를 내놓으며 수고했다는 말과 함께 이 책이 완성될 수 있도록 옆에서 용기를 북돋아 준 사랑하는 아내 이계영과 지금은 세계 최고의 AI전문가를 꿈꾸며 글로벌 기업인 SAP에서 근무중인 딸 서현이와 온라인 플랫폼 서비스 사업을 하고 있는 아들 현진이에게 주말에 같이 놀지 못하고 즐거운 시간을 많이 갖지 못해 미안한 마음과 함께 이 기쁨과 감사의 마음을 전합니다.

2024년 7월
새로운 미래를 창조하는 정종기

추천사

미래를 예측하고 창조하는
국내 최고의 명사분들의 추천사

인간과 챗GPT가 공생하는 시대가 다가왔습니다. 인간이 챗GPT에서 배우고 챗GPT는 인간에게 배우며 함께 성장하고 있습니다.
초가속적으로 변하는 인공지능 시대를 살아가기 위해서는 '빠른 학습자' 가 되는게 최상책입니다.
저자의 빠르고 실용적인 방법론에 박수를 보냅니다.

윤은기 경영학박사, 한국협업진흥협회 회장, 전 중앙공무원교육원장(24대)

이제 GPT-4o의 출현으로 더 이상 GPT의 활용을 미룰 수 없는 상황이 도래하였다. 승자와 패자가 분명해지기 시작한 것이다. 그동안 GPT 관련 저서 출간과 활용 교육으로 기업경쟁력을 강화시켜온 저자가 이번에 새로운 기술과 그동안의 활용 사례를 집대성하였다.
노동력을 더 이상 투입하지 않고도 최고의 경쟁력을 추구하는 기업이나 개인에게 필독서로 자리매김하리라고 확신한다.
챗GPT를 내 것으로 만들어 잘 활용하고자 하는 모든 독자들에게 강력히 추천한다.

이금룡, (사)도전과나눔 이사장, 옥션 대표, 한국인터넷기업협회 초대회장 바야흐로 챗GPT를 잘 활용하는 개인, 챗GPT를 제대로 활용하는 기업이 미래를 선도하는 시대가 되었습니다.

챗GPT를 현장에서 가장 많이 연구, 적용하고, 가장 많은 기업과 직장인에게 챗GPT 교육을 실시함으로써 대한민국 기업과 개인의 경쟁력을 끌어올리는 데 결정적 역할을 하고 있는, 명실공히 챗GPT 최고 전문가인 정종기 원장의 신간은 최고 인재를 꿈꾸는 직장인과 취업준비생, 최고 생산성을 열망하는 기업과 경영자 모두에게 큰 도움이 될 거라 확신합니다.

조영탁, 휴넷 대표

인공지능은 바야흐로 거대언어 모델이 멀티모달 모델로 진화하는 양상 속에서 이제는 우리가 인공지능에 대해서 상상했던 영역이 일상으로 스며들기 시작했다. 이럴 때 우리는 무엇으로 어떻게 배워야 할까? SF작가인 윌리엄 깁슨은 '미래는 이미 와 있다. 다만, 모두에게 균등하게 온 것은 아니다.' 라는 말을 남겼다. 당신은 막연한 미래를 상상하는가 도래한 현실을 살아가는가? 정종기박사의 신간 "상상을 현실로, 부를 창출하는 ChatGPT 활용 전략" 책을 강력히 추천한다.

김현철, 한국인공지능협회 회장

생성형 AI는 개별 과업 수행 방식에서 벗어나 기업의 다양한 업무 영역에 광범위한 영향을 미치며 새로운 혁신을 촉진하고 있고, 효율을 크게 높일 수 있기 때문에 기업들이 앞다퉈 도입을 서두르고 있다. 즉 기존의 AI R&D 시대에서 AI 응용의 시대로 변혁을 이끌고 있다.

이 책은 기업의 비즈니스 전반에 걸쳐 생성형 AI를 쉽게 활용할 수 있도록 기업 업무별 실전 활용 사례 중심으로 저술되었다.

책에 담긴 다양한 분야의 1000가지 프롬프트와 사례를 열심히 따라가다 보면, 인공지능을 효과적인 도구로 활용하고 있는 자신을 발견할 수 있을 것이다.

정원모, 한국지능정보사회진흥원(NIA) 한-세르비아 디지털정부협력센터장

차례

서문

돈과 시간을 컨트롤 하세요. 알면 부자되는 ChatGPT!

나만의 AI비서 ChatGPT를 옆에 두어라!

ChatGPT를 빨리, 제대로 마스터한 기업과 개인이 미래를 선점한다.

프롤로그

본서의 구성

추천사

Part 1 : 생성형 AI란 무엇이고 무엇이 가능한가

01. 생성형 AI란 무엇인가	20
02. 생성형 AI와 판별 AI의 차이점	25
03. 언어모델의 이해와 발전	29
04. ChatGPT 학습과정 및 기술적 차별성	37
05. ChatGPT 답변 도출 원리 세부 3단계	45
06. ChatGPT의 특징과 ChatGPT-4 유료 사용 등록 방법	49
07. ChatGPT 무엇이 가능한가	60
08. 이미지 생성 인공지능(Text to Image)	67
09. 음악 생성 인공지능(Text to Music)	78
10. ChatGPT의 전망과 인간의 역할 변화	84

Part 2 : 프롬프트 엔지니어링 기술 종합

01. 프롬프트 엔지니어링(Prompt Engineering)이란 무엇인가? · 90
02. 프롬프트 엔지니어링 기술 및 구성요소 · 95
03. 프롬프트 엔지니어링 5가지 기술(질문으로 AI성능 높이기) · 99
04. ChatGPT에 질문을 잘 하기 위한 핵심 팁 · 107
05. ChatGPT의 핵심 프롬프트 잘 작성하는 방법 · 110
06. 바이어 페르소나(Buyer Persona) 생성해서 비즈니스에 활용하기 · 115
07. ChatGPT 프롬프트 자동 생성 웹앱 활용하기
 (ChatGPT Prompt Generator) · 121
08. 음슴체(개조식)로 말하는 ChatGPT 만들어 활용하기 · 124
09. ChatGPT 하이퍼 파라미터(Hyper Parameter) 설정으로
 더 정확한 답변 도출 · 128
10. ChatGPT에 숨어있는 프롬프트 명령어 사용하기 · 133

Part 3 : 기업 직무별(17가지) 효율 극대화 활용사례

01. 기업대표(CEO) 업무 효율 향상 활용 사례 · 138
02. 경영기획 및 경영지원 업무 효율 향상 활용 사례 · 140
03. 회계 및 재무 업무 효율 향상 활용 사례 · 142
04. 인적자원(HR)관리 업무 효율 향상 활용 사례 · 144
05. 영업 및 고객관리 업무 효율 향상 활용 사례 · 146
06. 구매(SCM) 업무 효율 향상 활용 사례 · 148
07. 마케팅 및 캠페인 업무 효율 향상 활용 사례 · 153
08. 디자인 및 콘텐츠 업무 효율 향상 활용 사례 · 155
09. 일반사무 및 운영관리 업무 효율 향상 활용 사례 · 157
10. 연구개발(R&D) 업무 효율 향상 활용 사례 · 159
11. 제조 및 생산 업무 효율 향상 활용 사례 · 161
12. 고객지원 및 고객 서비스 업무 효율 향상 활용 사례 · 163

13. 투자유치 업무 효율 향상 활용 사례 … 165
14. 법무 관련 업무 효율 향상 활용 사례 … 167
15. 특허관련 업무 효율 향상 활용 사례 … 169
16. 자료조사 업무 효율 향상 활용 사례 … 171
17. 컨설팅 업무 효율 향상 활용 사례 … 173

Part 4 : 기업 직무별 효율 향상 프롬프트 질문 세트 300개

01. CEO 및 임원들이 적용할 수 있는 프롬프트 질문 세트 … 178
02. 전략기획부서 직원들이 적용할 수 있는 프롬프트 질문 세트 … 180
03. 마케팅부서 직원들이 적용할 수 있는 프롬프트 질문 세트 … 182
04. 영업부서 직원들이 적용할 수 있는 프롬프트 질문 세트 … 185
05. 생산부서 직원들이 적용할 수 있는 프롬프트 질문 세트 … 187
06. 재무부서 직원들이 적용할 수 있는 프롬프트 질문 세트 … 190
07. 인사부서 직원들이 적용할 수 있는 프롬프트 질문 세트 … 192
08. 연구개발부서 직원들이 적용할 수 있는 프롬프트 질문 세트 … 194
09. 투자유치부서 직원들이 적용할 수 있는 프롬프트 질문 세트 … 196
10. 자료조사부서 직원들이 적용할 수 있는 프롬프트 질문 세트 … 198

Part 5 : 업무 효율을 높일 수 있는 AI툴 모음

01. 유튜브 동영상, 음성파일을 텍스트로 간단하게 변환하기 … 202
02. 유튜브 동영상 내용 쉽게 요약하기 (NoteGPT) … 212
03. 업무 효율을 높일 수 있는 AI 도구 모음 (대화·이미지생성) … 215
04. 업무 효율을 높일 수 있는 AI 도구 모음 (이력서·작문·PPT) … 217
05. 업무 효율을 높일 수 있는 AI 도구 모음 (콘텐츠·트위터·이미지) … 219
06. 업무 효율을 높일 수 있는 AI 도구 모음 (생산성·오디오·음악·코딩) … 221
07. 업무 효율을 높일 수 있는 AI 도구 모음 (R&D·연구) … 223
08. ChatGPT를 엑셀 안에 넣어서 사용하기 … 226

09. 이미지 엑셀표 (사진 이미지, PDF, OCR)를 엑셀로 변환하기 　　　　　230

10. 구글 코랩 (Colab) 쉽게 사용하기 　　　　　234

Part 6 : 업무 및 비즈니스 활용 사례

01. ChatGPT를 활용해 사업아이디어 및 사업 기획서 작성하기 　　　　　242

02. 생성형 AI를 활용한 업무 혁신 사례 (콘텐츠 생성 및 마케팅) 　　　　　260

03. 생성형 AI를 활용한 업무 혁신 사례 (고객 서비스) 　　　　　263

04. 생성형 AI를 활용한 업무 혁신 사례 (제조 분야) 　　　　　265

05. 생성형 AI를 활용한 업무 혁신 사례 (연구 및 개발(R&D)) 　　　　　268

06. 생성형 AI를 활용한 업무 혁신 사례 (인적 자원(HR) 및 행정) 　　　　　271

07. ChatGPT를 활용한 기업의 SWOT분석 활용사례 (Uber, Lyft) 　　　　　274

08. 기업의 마케팅(A to Z)에 즉시 활용하기 (90개 프롬프트) 　　　　　278

09. ChatGPT활용을 위한 55가지 검색엔진 최적화 (SEO) 프롬프트 　　　　　304

10. ChatGPT에서 '키워드 스트래티지' 비즈니스에 활용하기 　　　　　309

Part 7 : 일상 활용 및 자기 개발 활용 사례

01. ChatGPT를 활용해서 이력서 및 자기소개서 쓰기 　　　　　314

02. ChatGPT를 활용해서 면접 준비하기 　　　　　319

03. ChatGPT를 활용해 내가 원하는 주제로 소설 쓰기 　　　　　324

04. ChatGPT를 활용해 책의 제목, 목차부터 챕터 원고까지 작성하기 　　　　　336

05. ChatGPT를 활용해 내가 원하는 그림 생성하고 수정 변환하기 　　　　　342

06. 달리(DALL.E) 이미지 생성 필수 프롬프트 10가지 　　　　　350

07. 달리(DALL.E) 시드넘버를 활용한 이미지 편집·수정 방법 　　　　　361

08. ChatGPT를 활용한 건강을 위한 다이어트 상담 사례 　　　　　366

09. ChatGPT를 활용한 학업 및 직업 진로 상담 사례 　　　　　369

10. ChatGPT를 활용한 심리상담 사례 　　　　　372

11. ChatGPT를 활용한 음식 추천 및 요리하기 　　　　　375

12. ChatGPT를 활용한 일상생활 활용 사례 (부동산 계약관련) 379
13. ChatGPT를 활용해 건강 관련 상담 사례 381
14. ChatGPT의 텍스트 분류기 (감정·주제·의도·분석) 역할 수행 384
15. ChatGPT를 활용해 작사·작곡·음악 만들기 391

Part 8 : ChatGPT 300배 활용하기

01. 5분만에 나만의 챗봇 만들기 (GPTs 사용법) 396
02. 5분만에 주제만으로 PPT 만들기 407
03. 내 데이터를 기반으로 나만의 ChatGPT 만들기 418
04. 내가 원하는 형태로 맞춤형 답변 받기 (Customize ChatGPT) 427
05. 내가 생각한 아이디어 GPTs로 쉽게 특허 내기 (GPTs) 432
06. ChatGPT 관련 확장 프로그램 및 사이트 정보 442
07. ChatGPT에 크롬 (Chrome) 확장 프로그램 설치 활용하기 445
08. ChatGPT와 파이썬을 활용해 반복업무 자동화 시키기 452
09. ChatGPT를 활용할 때 참고하면 도움되는 7가지 459
10. OpenAI API Key 발급 받는 이유 및 방법 466

Part 9 : 별첨

참고 문헌 472

Part 1.

생성형 AI란 무엇이고 무엇이 가능한가

1

생성형 AI란 무엇인가?

생성형 AI(Generative AI)란, 이용자의 특정 요구에 따라 결과를 생성해내는 인공지능을 말한다. 즉, 텍스트, 오디오, 이미지 등의 기존 콘텐츠를 활용하여 유사한 콘텐츠를 새로 만들어내는 인공지능(AI) 기술이다.

생성형 AI는 컴퓨터 과학의 한 분야로, 컴퓨터가 짧은 프롬프트에 응답해 텍스트, 오디오, 비디오, 이미지, 코드 등 이전에 생성된 콘텐츠를 사용하여 새 콘텐츠를 생성할 수 있는 비지도 및 준지도 학습 알고리즘을 포함한다.

생성형 AI의 서비스 종류는 [표1]과 같이 대규모 언어모델(Large Language Model: LLM)을 기반으로 한 '텍스트 인공지능', 이미지 생성 모델(Image Generation Model)을 기반으로 한 '그림생성 인공지능', 그리고 '작곡생성', '영상생성' 등을 할 수 있는 '음악생성 인공지능'이 있다. [그림1]

[그림1] 생성형 AI서비스 종류

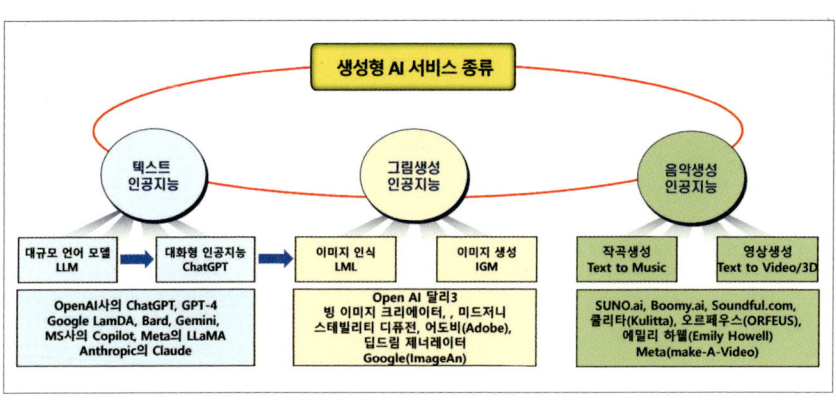

생성형 AI는 데이터 원본을 통한 학습으로 소설, 이미지, 비디오, 코딩, 시, 미술 등 다양한 콘텐츠 생성에 이용된다.

한국에서는 2022년 Novel AI의 그림 인공지능이나 2023년 영어 회화앱 스픽의 AI 튜터 등의 등장으로 주목도가 높아졌으며, 해외에서는 미드저니, ChatGPT 등 여러 모델을 잇달아 공개하면서 화제의 중심이 되었다.

생성형 AI는 단순히 콘텐츠의 패턴을 학습하여 추론 결과로 새로운 콘텐츠를 만들어내는 것을 넘어 콘텐츠의 생성자와 만들어진 콘텐츠를 평가하는 판별자가 끊임없이 서로 대립하고 경쟁하며 새로운 콘텐츠를 생성해내는 기술이다. 특히, 이미지 분야에서는 특정 작가의 화풍을 모사한 그림으로 사진을 재생성하거나 가짜 인간 얼굴을 무제한으로 생성하여 쇼핑, 영화 등의 산업에서 활용한다. 음성 분야에서는 특정 장르의 음악을 작곡하거나 특정 노래를 원하는 가수의 음색으로 재생성하는 등으로 활용한다.

[표1] 생성형 AI서비스 종류

대 분류	중 분류	주요기술	기술의 정의
생성형 AI	텍스트 인공지능	대규모 언어 모델 (Large Language Model)	• 인간보다 자연스러운 대화 능력을 갖춘 대화형 인공지능(ChatGPT) 예) Open AI사의 ChatGPT, GPT-4 Google의 LaMDA, Bard, Gemini Meta의 LLaMA, MS사의 Copilot, Anthropic의 Claude
		인공지능 검색엔진	• 텍스트 및 음성인식 입력 값으로 검색하는 인공지능 예) 구글 검색엔진, MS의 Bing, you.com
	그림 생성 인공지능	이미지 생성 모델 (Image-Generation Model)	• 텍스트를 입력하거나 이미지 파일을 삽입하면 인공지능이 알아서 그림을 생성해줌. 예) 달리3, 미드저니, 빙 이미지 크리에이터, 스테빌리티 디퓨전, 딥드림 제너레이터, 어도비(Adobe) • 만들어야 할 그림 또는 영상을 키워드로 입력하면 생성 Google(ImageAn)

대분류	중분류	주요기술	기술의 정의
생성형 AI	작곡 생성 인공지능	Text to Music Text to Video/3D	• 텍스트를 입력하고 리듬과 곡조를 설정하면 자동으로 작사 작곡 생성 예) SUNO.ai, Boomy.ai, Soundful.com, 쿨리타(Kulitta), 오르페우스(ORFEUS), 에밀리 하웰(Emily Howell) • 영상에 필수적으로 노출되어야 할 것 텍스트입력 Meta(make-A-Video)
	음성 인공지능	Text to Speech Speech to Text	• 인공지능 스피커 예) AI어시스턴트, 구글 홈, 아마존 알렉사, SKT 누구, KT지니

생성형 AI기술에는 기계 학습 모델 중 생성 모델(Generative model)이 사용되며, 대표적인 생성 모델로는 대규모언어 모델(LLM)과 오토인코더(Autoencoder) 그리고 생성적 대립 신경망(Generative Adversarial Network: GAN) 등이 있다.

기존 AI 역할은 데이터 분석, 예측, 활용 등 인간의 행위를 대체하거나 보완하는 역할이었다. 그러나 ChatGPT는 인간의 고유의 영역으로 여겨졌던 '창조'의 영역에 진입한 생성형 AI이다. 오픈AI사가 개발한 ChatGPT는 생성형 AI의 대표적 모델인 GPT(Generative Pre-trained Transformer) 기술을 기반으로 하는데, 이것은 인공지능이 '자가학습'하여 답변을 '생성'하고 대량의 데이터와 맥락을 처리할 수 있는 '트랜스포머(Transformer, 변환기)'기술이다. 여기서 핵심적인 기술은 GPT 중 'T'에 해당하는 '트랜스포머'인데, 앞서던 것을 기억하고 오류를 수정하는 기술로 '사람'과 대화하는 것처럼 느끼게 하는 포인트가 여기에 있는 것이다.

GPT기술은 대규모 언어 모델(LLM)을 기반으로 하는데, 이것은 하나의 단어 다음에 어떤 단어가 오는 것이 좋을지 적절한 단어를 통계적·확률적으로 예측하는 모델이다. 언어를 배우는 과정에서 기존의 AI 언어 학습량과는 비교도 안 될 만큼 막대한 규모의 데이터를 기반으로 학습했다는 의미이며, ChatGPT를 '초거대 AI'라고 부르는 이유이다.

대표적인 생성형 AI를 살펴보면, [표1]과 같이 구글이 개발한 AI 챗봇 람다(LaMDA), 제미나이(Gemini), MS사의 코파일럿(Copilot)과 자연스러운 대화능력을 갖춘 OpenAI의 ChatGPT, GPT-4가 있다. ChatGPT가 수행 가능한 작업으로는 인간이 할 수 있는 것보다 더 많은 것을 전문적인 지식을 가지고 있는 것처럼 한다. 예를 들어, 챗봇 개발, 언어 번역, 각종 언어 관련 문제풀이, 랜덤 글짓기, 간단한 사칙연산, 콘텐츠 생성, 시나리오 작성, 기획 문서 작성, 추천하기, 텍스트 요약, 주어진 문장에 따른 간단한 웹 코딩, 대화 등이 가능하다. 그리고 최근에 출시 한 'YOU(you.com)'은 검색은 기본이고, Chat, 프로그램 코딩, AI를 이용해 블로그, 이메일 또는 소셜미디어에 게시물 작성, 쇼핑, AI Image Generator 등을 사용하기 편리하게 제공하고 있다.

기계적인 연산에 한정해서 인간보다 우월한 능력을 발휘할 것으로 예상되던 인공지능은 어느샌가 인간의 고유한 활동이라고 할 수 있는 예술 분야에도 진출하고 있다.

영어로 텍스트를 입력하거나 이미지 파일을 삽입하면 인공지능이 알아서 그림을 생성해주는 달리3(DALL·E 3), 빙 이미지 크리에이터(Bing Image Creator), 미드저니(Midjourney), 어도비(Adobe), 스테이블 디퓨전(Stable-Diffusion)가 있다.

구글에서 개발한 인공지능 로봇 '딥 드림 제너레이터(Deep Dream Generator)'는 다양한 전통화가의 화풍을 학습하여, 입력된 이미지를 특정화가의 이미지로 그려주기도 한다.

상업적 혹은 사회적인 쟁점으로 가장 대중적으로 알려진 생성형 AI로는 '인물합성 기술(Deep fake)'이 있다.

작사(作詞)와 작곡(作曲)을 하는 인공지능도 있다. 텍스트 기반 인공지능인 ChatGPT를 활용해 작사를 하면 자동으로 작곡을 하여 음악을 창작한다. 대표적인 음악 생성 인공지능은 SUNO.ai, Boomy.ai, Soundful.com 등이 있다.

바흐의 음악적 요소를 조합한 후 새로운 곡을 만들어내는 작곡 인공지능 '쿨리타(Kulitta)', 주요 단어 몇 개를 입력하고 리듬과 곡조를 설정하면 자동으로 가사를 만드는 작사 인공지능 '오르페우스(ORFEUS)', 협주곡 몇 가지를 입력하면 특정 악보의 패턴을 분석하여 새로운 음악을 작곡하는 '에밀리 하웰(Emily Howell)'은 모두 음악계에 큰 충격을 주었다. 최근 구글이 텍스트 설명만으로 음악을 만들어 주는 MusicLM을 발표해 화재가 되고 있다.

AI의 장점으로 '대량생산'이 가능하지만 인간처럼 '트렌디한 사운드'를 만드는 능력은 부족할 것이다. 트렌드를 형성하는 것은 인간의 창의력과 사회관계성 그리고 소비와 밀접한 관련이 있기 때문에 AI가 경험하고 학습하기 어려운 부분도 있다.

생성형 AI와 판별 AI의 차이점

생성형 AI(Generative AI)와 판별 AI(Discriminative AI)는 인공지능 분야에서 중요한 두 가지 접근 방식이다. 이들의 차이점을 이해하는 것은 AI 시스템의 설계와 응용에 있어 핵심적인 요소이다.

생성형 AI 등장 이전의 AI는 흔히 판별 AI라고 한다. 판별 AI는 아래 [그림1]과 같이 개과와 고양이과 동물을 식별해 내는 것 같이 입력된 데이터를 특정 기준에 따라 분류하는 역량이 뛰어나다. 주어진 데이터(사물/현상)에 대해 최적의 방법을 선택하고 실행하는 것까지 나아갈 수 있다. 반면 생성형 AI는 질문에 대해 그럴듯하게 답변하거나, 이미지나 음악 같은 새로운 콘텐츠를 만들어낼 수 있는 점에서 차별적이다. 예를 들어, 개나 고양이와 같은 이미지 데이터셋이 있을 때, 판별 AI는 특정 카테고리나 그룹을 구분해 내는 것에 초점을 맞추지만, 생성형 AI는 비슷하게 생긴 동물들을 미리 모아서 학습해 놓고 사용자 요청에 맞게 유사한 이미지를 출력해주는 것에 초점을 맞춘다.

[그림1] 판별 AI와 생성형 AI의 차이점

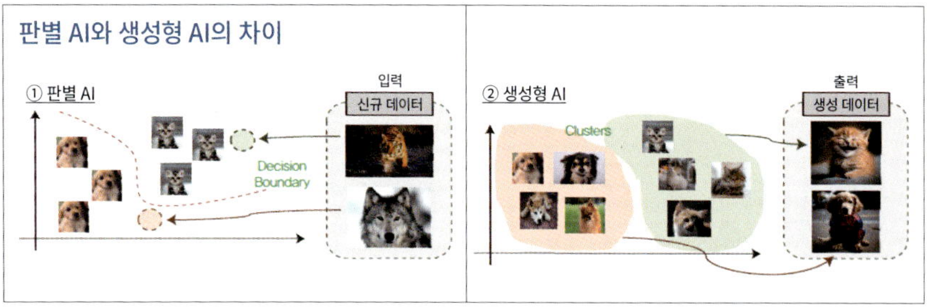

*출처: LG경영연구원

2.1 생성형 AI와 판별 AI의 특징

생성형 AI(Generative AI)

생성형 AI는 주어진 데이터로부터 새로운 데이터를 생성하는 인공지능의 한 분야이다. 이는 기존의 데이터를 바탕으로 학습하여, 학습 데이터와 유사하지만 새로운 데이터(예: 이미지, 텍스트, 음악 등)를 생성할 수 있다. 생성형 AI의 목적은 실제와 구분하기 어려운 새로운 데이터를 만들어내는 것이다.

특징 및 응용 예:

- **데이터 생성**: 생성형 AI는 실제 데이터를 모방하여 완전히 새로운 데이터를 생성할 수 있다. 예를 들어, 사진에서 스타일을 학습하여 새로운 이미지를 생성하거나, 특정 작가의 글쓰기 스타일을 모방하는 텍스트를 생성할 수 있다.
- **데이터 증강**: 부족한 학습 데이터를 보충하기 위해 사용될 수 있다. 예를 들어, 소량의 의료 이미지 데이터에서 추가적인 학습 데이터를 생성해 학습 효율을 높인다.
- **대표 기술**: GAN(Generative Adversarial Networks), VAE(Variational Autoencoders) 등이 있다.

판별 AI(Discriminative AI)

판별 AI는 주어진 데이터가 어떤 카테고리에 속하는지를 판별하거나 분류하는 데 초점을 맞춘 인공지능이다. 이는 입력 데이터를 분석하여 특정 클래스나 레이블에 할당하는 것이 목적이다. 판별 AI는 주어진 데이터 사이의 구별 가능한 특성을 학습한다.

특징 및 응용 예:

- **분류 및 예측**: 판별 AI는 이미지, 텍스트, 음성 등 다양한 형태의 데이터를 분류하고 예측하는 데 사용된다. 예를 들어, 이메일 스팸 필터링, 얼굴 인식, 질병 진단 등에 적용된다.
- **결정 경계 학습**: 판별 모델은 다양한 클래스 사이의 결정 경계를 학습하여, 새로운 입력 데이터가 어떤 클래스에 속하는지 판별한다.

- **대표 기술**: SVM(Support Vector Machines), 결정 트리, 로지스틱 회귀 등이 있다.

[표1] 생성형 AI와 판별 AI의 주요 차이점

구분	생성형 AI (Generative AI)	판별 AI (Discriminative AI)
목적	새로운 데이터를 생성하는 데 초점을 맞춤	주어진 데이터를 분류하거나 예측하는 데 초점을 맞춤
학습데이터 활용	주어진 데이터를 바탕으로 새로운 데이터를 생성함	데이터 사이의 구별 가능한 특성을 학습하여 클래스를 판별함
응용 분야	창조적인 콘텐츠 제작, 데이터 증강, 이미지 생성 등	분류, 예측, 의사 결정 지원 등
대표 기술	GAN(Generative Adversarial Networks), VAE(Variational Autoencoders)	SVM(Support Vector Machines), 결정 트리, 로지스틱 회귀 등

생성형 AI와 판별 AI의 주요 차이점은 [표1]과 같이 생성형 AI는 새로운 데이터를 생성하는 데 초점을 맞춘 반면, 판별 AI는 주어진 데이터를 분류하거나 레이블을 할당하는 데 초점을 맞춘다. 생성형 AI는 주어진 데이터를 바탕으로 새로운 데이터를 생성하는 반면, 판별 AI는 데이터 사이의 구별 가능한 특성을 학습하여 클래스를 판별한다. 생성형 AI는 창조적인 콘텐츠 제작, 데이터 증강 등에 사용되며, 판별 AI는 분류, 예측, 의사 결정 지원 등에 주로 사용된다.

이 두 접근 방식은 각각의 고유한 장점과 적용 분야가 있으며, 때로는 상호 보완적으로 사용될 수도 있다. 생성형 AI와 판별 AI를 함께 활용하는 경우도 있는데, 예를 들어 GAN(Generative Adversarial Networks)에서는 생성 모델과 판별 모델이 함께 학습되어, 생성된 데이터의 질을 향상시키는 데 기여한다. 이러한 상호작용을 통해 생성 모델은 더욱 정교한 데이터를 생성하게 되고, 판별 모델은 더욱 정확하게 실제 데이터와 생성된 데이터를 구분할 수 있게 된다.

생성형 AI와 판별 AI의 상호작용 예시를 살펴보면 다음과 같다. GAN(Generative Adversarial Networks: GAN)은 생성 모델과 판별 모델이 서로 경쟁하며 동시에 학습하는 구조이다. 생성 모델은 가능한 한 실제와 유사한 데이터를 생성하려 하고, 판별 모델은 실제 데이터와 생성된 데이터를 구분하려 한다. GAN은 이미지 생성,

스타일 변환, 이미지 복원, 합성 이미지 생성 등 다양한 분야에서 활용되고 있다. 특히 고품질의 이미지 생성에 효과적인 기술로 평가받는다.

생성형 AI와 판별 AI는 인공지능 분야의 두 주요 접근 방식으로, 각각 고유한 기능과 목적을 가지고 있다. 생성 AI는 새로운 데이터를 생성하는 데 초점을 맞추고, 판별 AI는 주어진 데이터를 분류하거나 예측하는 데 초점을 맞춘다. 이러한 차이점을 이해하고 적절히 활용함으로써, 다양한 문제 해결과 혁신적인 응용을 가능하게 한다. 또한, 상호작용하는 두 기술의 결합은 AI 분야에서 더욱 정교하고 혁신적인 솔루션을 탄생시키는 기반이 되고 있다.

3
언어모델의 이해와 발전

언어모델(Language Model)은 문장 생성을 위해 단어의 다음에 올 수 있는 단어의 순서 확률을 할당(Assign)하는 모델로, 기존 통계적 방법에서 인공신경망 방법으로 발전되었다.

3.1 자연어의 이해

자연어(Natural Language)는 일반 사회에서 자연히 발생하여 사람이 의사소통에 사용하는 언어로, 컴퓨터에서 사용하는 프로그래밍 언어와 같이 사람이 의도적으로 만든 인공어(Constructed Language)에 대비되는 개념이다. 자연어는 한국어, 영어, 일어, 중국어 등과 같이 인간사회의 형성과 함께 자연발생적으로 생겨나고 진화하고 의사소통을 행하기 위한 수단으로서 사용되고 있는 언어를 말한다.

컴퓨터의 세계에서 "언어"라고 말하면 거의 프로그램 언어, 즉 FORTRAN, COBOL등의 인공어 (Artificial Language)를 가리키고 있다. 그래서 이 인공어와는 다른 언어라는 의미로 자연어라는 말을 사용한다. 한국어에는 한국어 고유의 법칙, 영어에는 영어 고유의 법칙이 존재하고 있다. 모든 언어에 공통이면서 보편적으로 존재하고 있는 법칙도 있다고 생각할 수 있다. 자연어에 포함할 수 있는 이들 법칙을 주로 연구하는 학문을 언어학(Linguistics)이라고 부르고 있다. 그리고 그 법칙을 문법(Grammar) 이라고 부른다.

자연어(NL)는 어떤 정돈된 완벽한 문법이나 형식적인 의미가 없는 언어를 말한다. 인간과 인간이 통신을 하고자 할 때에는 문어(Written Language) 및 구어 (Spoken Language)를 수단으로 할 수 있다. 문어는 구어에 비해 문장의 애매모호함의 정도가 작은데, 그 이유는 정돈된 문법을 어느 정도 따르기 때문이다. 반면에 구어는 어떤 정돈된 완벽한 문법이나 형식적인 의미에 구애받지 않고 사용되므로 구어를 이해하기 위해서는 모든 잡음과 가청신호의 애매함을 처리할 수 있는 충분한 지식이 있어야 하므로 구어를 이해하는 것은 문어를 이해하는 것보다 훨씬 어렵다.

그러므로, 자연어 처리에서는 구어 및 문어를 동시에 이해하는 것이 필요하다. 즉 전체 자연어 이해를 위해서는 다음 두 가지를 동시에 만족해야 한다.

첫째, 자연어의 어휘분석(Lexical), 구문분석(Syntactic) 및 의미분석(Semantic) 지식을 이용하여 문어의 내용을 이해할 수 있어야 한다.

둘째, 담화하는 과정에서 발생하는 불확실한 것들을 처리하기 위해 충분히 주어진 정보를 이용하여 구어의 내용을 이해할 수 있어야 한다.

자연어 처리의 요소 기술로 자연어 분석, 자연어 이해, 자연어 생성 등이 있으며, 정보 검색, 기계 번역, 질의응답 등 다양한 분야에 응용된다.

자연어 분석은 그 정도에 따라 형태소 분석(Morphological analysis), 통사 분석(Syntactic analysis), 의미 분석(Semantic analysis) 및 화용(話用) 분석(Pragmatic analysis)의 4가지로 나눌 수 있다. 자연어 이해(Natural Language Understanding: NLU)는 컴퓨터가 자연어로 주어진 입력에 따라 동작하게 하는 기술이며, 자연어 생성은 동영상이나 표의 내용 등을 사람이 이해할 수 있는 자연어로 변환하는 기술이다.

3.2 자연어 처리

자연어 처리(Natural Language Processing: NLP)는 컴퓨터를 이용해 사람의 자연어를 분석하고 처리하는 기술이다. 요소 기술로 자연어 분석, 이해, 생성 등이 있으며, 정보 검색, 기계 번역, 질의응답 등 다양한 분야에 응용된다.

1950년대부터 기계 번역과 같은 자연어 처리 기술이 연구되기 시작했다. 1990년대 이후에는 대량의 말뭉치(Corpus) 데이터를 활용하는 기계 학습 기반 및 통계적 자연어 처리 기법이 주류가 되었으며, 최근에는 심층 기계 학습인 딥러닝(Deep learning)이 기계 번역 및 자연어 생성 등에 적용되고 있다. 우리가 지구상에서 살고 있는 동안에 수 많은 대상과 커뮤니케이션을 한다. 요즘은 주고 받는 문서, 뉴스, 카톡 대화, 블로그, SNS 등 엄청난 정보와 지식이 사람이 사용하는 자연어 형태로 존재한다.

그런데 컴퓨터가 사람이 자연스럽게 말하는 자연어를 이해하기 위해서는 품사, 명사, 조사 등 다양한 문법적인 부분을 처리할 수 있어야 한다. 이런 처리를 해주는 것을 '자연어 이해(NLU)'라고 부른다. 컴퓨터가 문맥을 파악하기 위해서는 자연어의 이해를 통해서 사용자의 '의도(Intent)'와 '개체명(Entity)'을 정확히 파악하는 것이 필요하다. 예를들어 자연어 이해에서 중요한 의도와 개체명을 '오늘 강남 날씨 어때?'라는 문장에서 찾아보자. 이 문장을 통해 사용자가 파악하고자 하는 의도(Intent)는 날씨가 어떠한지를 묻는 것이다. 개체명은 '오늘' 이라는 시간 개체 그리고 '강남' 이라는 장소 개체가 있다. 사용자가 쓴 문장의 문법 구조를 파악한 후 그 안에서 '의도'와 '개체명'을 정확히 분석하면 컴퓨터도 자연어를 사람처럼 이해할 수 있다.

자연어 처리(NLP)는 크게 두 가지 작업으로 나눌 수 있다. 첫째는 실세계의 필요한 정보뿐만 아니라 언어에 있어서의 어휘, 구문, 의미에 관한 지식(Lexical, syntactic, semantic knowledge)을 사용해서 문어(Written text)를 처리하는 것이다. 둘째는 위에 더하여 음성에서 발생되는 애매함을 비롯한 음성학(Phonology)에 대한 부가적인 지식을 필요로 하는 구어(Spoken language)를 처리하는 것이다.

요약 및 논지 생성이 가능한 자연어 지식생성은 [그림1]과 같이 자연어 문제에 대한 근거를 법령, 특허, 백과사전, 뉴스 등 빅데이터에서 추출하여 자연어 분석과 문제 이해부터 지식의 생성하는 과정까지를 통해 정답을 추론 및 자연어를 생성하는 기술이다. 질문이 요구하는 정답을 주어진 단락에서 추출하는 기계독해에서, 문제의 논지와 찬반의 근거를 추론하여 인간과 토론이 가능한 수준의 지식을 자동 생성하는 기술로 발전하고 있다.

[그림1] 요약 및 논지 생성이 가능한 자연어 지식 생성 과정

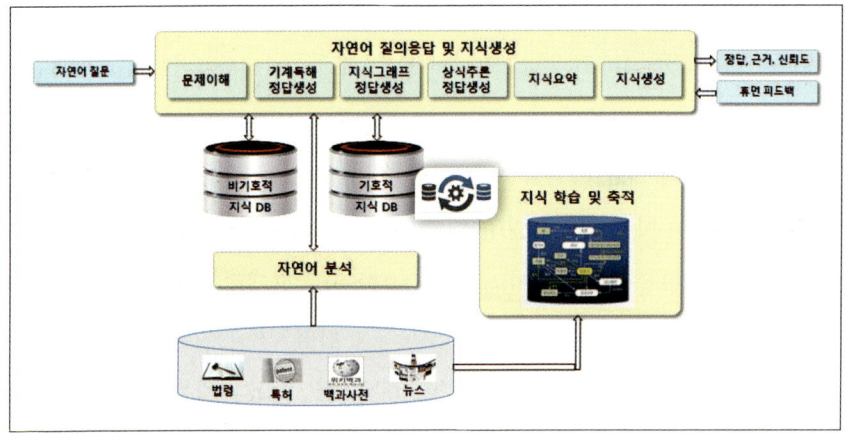

컴퓨터가 자연어를 이해하는 과정을 순서대로 정리하면, 신호처리(Signal Processing), 형태분석(Morphological Analysis), 구문분석(Syntactic Analysis), 의미분석(Semantic Analysis), 담화통합(Discourse Integration), 화용분석(Pragmatic analysis)의 순서로 자연어를 이해한다.

인공지능 연구자들은 언어를 이해하고 생성할 수 있는 컴퓨터를 개발하려고 지속적으로 연구개발하고 있다. 언어는 방대한 양의 지식과 지능을 기초로 학습되어 사용된다. 자연어의 처리는 [표1]과 같이 다양한 분야에서 연구개발이 진행되고 활용 되고 있다.

[표1] 자연어 처리 분야

자연어 처리분야	주요 내용
자연어 이해 (Natural Language Understanding)	컴퓨터가 자연어로 주어진 입력에 따라 동작하게 하는 기술이며, 자연어 생성은 동영상이나 표의 내용 등을 사람이 이해할 수 있는 자연어로 변환하는 기술이다.
자연어 생성 (Natural Language Generation)	자연어생성 과정은 자연 언어 이해(Natural Language Understanding)의 반대이다. 정보를 나타내는 구조를, 원하는 언어로 된 올바른 문자열(String)으로 매핑(Mapping) 시켜야 한다. 실제 문장을 생성하기 위하여, 단어에 대한 정보 및 문장론적 규칙을 적용한다.

기계번역 (Machine Translation)	서로 다른 두 개의 자연어, 즉 영어와 한국어 사이, 혹은 일어와 한국어 사이의 번역을 컴퓨터와 소프트웨어가 자동적으로 해주는 것을 기계번역 이라고 한다.
질의응답 시스템 (Question Answering System)	사용자의 질의와 관련된 문서를 검색하는 정보검색(Information Retrieval) 시스템과는 달리 사용자의 질의에 대한 답변이 될 수 있는 정답을 문서 집합 내에서 탐색하여 사용자에게 제시해주는 시스템이다. 일반적으로 질의응답 시스템은 사용자의 질의에 관련된 문서를 검색하는 후보검색 단계(candidate retrieval phase) 와 검색된 문서 내에서 정답을 생성하는 정답추출 단계(answer extraction phase) 로 구성된다.
전산언어학 (Computational Linguistics)	전산 언어학은 컴퓨터와 계산 알고리즘(Algorithm) 을 자연언어의 처리에 적용하는 방법을 연구하는 학문이다. 전산언어학은 다른 명칭으로 자연어처리(NLP), 또는 자동언어처리(ALP)라고도 한다.
음성합성 (Speech Synthesis)	음성합성(Speech Synthesis)은 인간의 말(speech)을 인공적으로 만드는 것이다. 기계적인 장치나 전자회로 또는 컴퓨터 모의를 이용하여 자동으로 음성 파형을 생성해내는 것이다.
음성이해 (Speech Understanding)	자동 음성 이해는 컴퓨터가 음향 음성 신호(Acoustic Speech Signal) 를 듣고서 음성의 의미(Abstract Meaning) 로 Mapping 시키는 과정이다.
정보검색 (Information Retrieval)	전자 매체의 발달로 인해 정보 검색의 대상이 본문 검색(Text Retrieval), 화상(Image), 음성(Sound), 화학식의 구조 등으로 확대되고 있다.
문서분류 (Text Categorization)	문서 분류는 Text Categorization 또는 Document Classification(Clustering) 이라고도 한다.
텍스트마이닝 (Text Mining)	디지털 정보의 대부분은 비정형 데이터로서, Text Mining 은 디지털 정보의 비정형 및 반정형 데이터에 대하여 자연어처리 기술과 문서처리 기술을 적용하여 유용한 정보를 추출, 가공하는 것을 목적으로 하는 기술이다.
컴퓨터 지원 언어 학습 (Computer-Aided Language Learning)	시각, 청각, 문맥적 학습 정보를 통합적으로 저장 및 제공하는 것이다.
대화 및 담화 시스템 (Dialogue and Discourse Systems)	사람의 대화 내용 및 담화문에 표현된 발표내용에 대한 언어 처리시스템이다.
자연어 인터페이스 (Natural Language Interfaces)	자연어 표현을 정형화된 의미 표현으로 변환하는 방법이다.

*출처: aistudy.co.kr

'언어지능 및 지식표현'은 사람이 사용하는 자연어(Natural Language)를 이해하는 자연어 처리(NLP)를 기반으로 사람과 상호 작용하는 기술들이 포함되는데, 지식공학 및 온톨로지(Ontology), 대용량 지식처리, 언어분석, 의미분석, 대화 이해 및 생성, 자동 통 번역, 질의 응답(Q/A),텍스트 요약 등에 활용 된다. 여기에서 온톨로지(Ontology)란 존재하는 사물과 사물 간의 관계 및 여러 개념을 컴퓨터가 처리할 수 있는 형태로 표현하는 것이다. 온톨로지는 클래스(Class), 인스턴스(Instance), 속성(Property), 관계(Relation) 등의 구성 요소로 표현된다. 클래스는 사물의 개념(Concept), 즉 범주(Category)를 인스턴스는 개별 요소인 실체(Entity)를 뜻한다. 속성은 클래스와 인스턴스의 특성(Feature)을 나타내며, 관계는 클래스 및 인스턴스 간의 관계성을 표현한다. 예를 들어, '평창' 인스턴스는 '2018년 동계 올림픽 개최'라는 속성으로 '올림픽' 클래스와 관계를 맺는다. 따라서 '올림픽'을 검색하면 '평창'이 연관 검색어로 나온다.

3.3 대규모 언어모델의 발전

대규모 언어모델(Large Language Model: LLM)은 사람들이 사용하는 언어(사언어)를 학습하여 실제 인간과 유사한 문장을 생성하기 위한 언어모델로 점차 규모가 커지며 초거대 AI로 [그림2]와 같이 진화하고 있다.

[그림2] 언어모델의 변화 양상

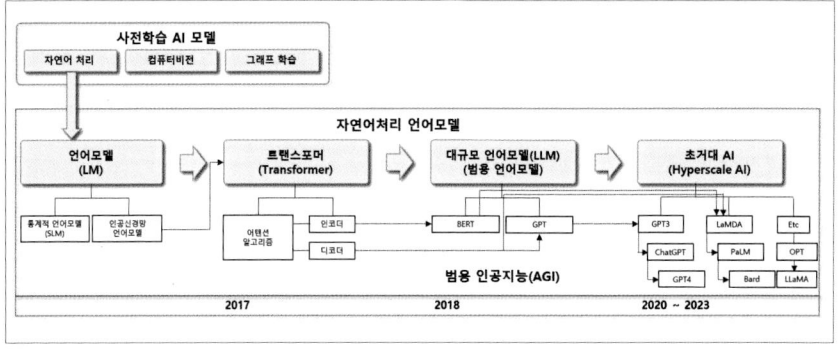

*출처: SPRi 이슈리포트 재편집

대규모 언어모델은 순차 데이터의 컨텍스트를 학습할 수 있는 신경망인 트랜스포머 모델을 통해 비약적인 성능 발전을 하고 있다. 최근에는 방대한 파라미터(Parameter) 크기와 데이터 학습을 통한 성능 면에서 '초거대 언어모델'로 불리는 경우도 있다.

트랜스포머(Transformer)모델은 문장 속 단어와 같은 순차 데이터 내의 관계를 추적해 맥락과 의미를 학습하는 신경망으로 대규모 언어 모델(LLM)의 시초이다.

초거대 AI(Hyperscale AI)는 딥러닝과 같은 인공신경망 구조와 기법의 모델 중에서 파라미터 수가 수천억 개로 매우 많으며, 방대한 양의 데이터를 학습할 수 있는 모델로 대규모 언어모델을 포함하는 차세대 AI로 정의되고 있다. 여기서 파라미터 수는 인간 뇌의 뉴런 및 뉴런간의 연결에 해당되는 매개변수의 숫자로 개수가 많을수록 더 많은 정보를 저장하고 처리할 수 있어 고지능(고성능)을 의미 한다.

초거대 AI는 우수한 학습 성능을 바탕으로 모든 분야에 응용할 수 있는 범용인공지능(일반인공지능, AGI)으로의 진화 가능성을 보여준다는 것에 의의가 있다.

ChatGPT는 딥러닝을 통한 언어생성 측면에서 대규모 언어모델(LLM)이자 보유한 파라미터의 숫자 측면에서 초거대 AI에 해당된다.

ChatGPT의 기반이 되는 GPT-3.5(Generative Pre-trained Transformer)는 GPT-3과 매개변수 수(파라미터)가 1,750억 개가 같아 성능 면에서 큰 차이는 없으나, 인간 피드백을 통한 강화학습(Reinforcement Learning from Human Feedback: RLHF) 적용으로 대화에 최적화되어 있다. 예를 들어 사람의 피드백을 통해 강화학습을 시킬 경우 인간적인 말투, 문화적인 요소 등을 반영할 수 있는데, ChatGPT는 강화학습(RLHF)를 적용함으로써 인간과 구별할 수 없을 정도로 자연스러운 문장 구사가 가능하다.

2023년 3월 14일 공개한 GPT-4는 기존의 ChatGPT가 GPT-3.5와 상호작용하는 방식이었는데 이제는 GPT-4o와 상호작용하는 방식이 되었다.

ChatGPT는 자연어처리 언어모델로 주목받고 있으나, MS의 검색엔진에 탑재·활용되는 등 점차 범용성이 확대되며 AI 확산에 기여할 것으로 전망된다.

3.4 언어모델의 동작 방식

언어모델이란 단어의 배열(시퀀스-Sequence)에 확률을 부여하는 모델로, 자연스러운 문장에 높은 확률값을 부여하는 방식으로 동작 한다. 즉, 이전의 단어들이 주어졌을 때 다음 단어를 맞추는 것을 목표로 하며, 예측의 방향에 따라 순방향과 역방향으로 구분된다.

순방향 모델은 사람이 이해하는 순서대로 단어 배열을 계산하는 모델이다(예: GPT, ELMo). 역방향 모델은 문장의 뒤에서부터 앞으로 계산하는 모델이다(예: ELMo).

양방향 모델은 문장의 앞→뒤, 뒤→앞 모두 계산하는 모델로 중간에 비어있는 단어도 추측이 가능한 모델로 마스크(Masked) 언어모델이라고도 한다(예: ELMo, BERT). 기타 스킵그램 모델은 단어 앞뒤에 특정 범위를 정해두고 범위 내에 어떤 단어가 올 수 있는지 계산하는 모델(예: Word2Vec) 이다.

트랜스포머는 기계번역(예: 구글번역기, 파파고 등)과 같은 작업수행을 목적으로 등장한 언어 모델로, 시퀀스-시퀀스(Sequence to Sequence)간 변환을 할 수 있으며 응용도 가능하다. 즉, '한글↔영어' 번역 외에도, '특정데이터→결과예측'과 같은 시퀀스(처음 상태)→시퀀스(이후 상태) 전환에 해당되는 작업의 수행도 가능하다.

예를 들면, 과거 수년 치 기온·구름·풍속 데이터를 기반으로 분기별 날씨 변화를 예측이 가능하다. 이를 위해, 인코더(Encoder)와 디코더(Decoder)라는 두 개의 파트로 구성하는데, 인코더는 소스 시퀀스의 정보를 압축하여 디코더에게 전송(예: 한글 원문을 압축·전송)하고 디코더는 압축된 정보를 받아 타겟 시퀀스를 생성(예: 영어로 번역)한다.

어텐션(Attention)은 단어 시퀀스에서 중요한 특정 요소에 '집중'하여 작업의 성능을 올리는 트랜스포머의 핵심 기법이며, '단어들 간의 문맥적 관계성'을 파악할 수 있는 기능이다. Query, Key, Value 등 세 가지의 척도로 어텐션 점수를 계산하여 문맥적 관계성을 추출하고, 셀프 어텐션을 여러번 수행(Multi-Head Attention)하여 정확성이 높은 결과를 도출한다. 기존 RNN 및 CNN 기반 모델이 갖는 문맥 파악 불가의 한계점을 극복할 수 있는 기능으로 AI프로그램 전문가에 의해 활용되고 있다.

ChatGPT 학습과정 및 기술적 차별성

4.1 ChatGPT 학습과정

언어 모델은 주어진 이전 단어들을 바탕으로 다음에 나올 단어나 문장을 예측하는 모델이다. 예를 들어 다음 빈칸을 채우는 형태이다. "나는 학교에 (간다)." 또는 다음 단어를 (떠올)(리면)(된다). 등으로 예측하는 것이다.

예제만 본다면 단순해 보일 수 있지만 주어지는 단어나 문맥을 이해하여 비어 있는 영역을 채우는 것은 쉬운 일은 아니다. 그렇기 때문에 말뭉치 학습 등과 같은 과거의 언어 모델은 부자연스럽거나 기계적인 느낌이 있었다.

ChatGPT는 파라미터의 증가와 방대한 양의 데이터를 이용하여 학습시키면서 단순히 답변을 예상하여 답을 내놓는 수준을 넘어 지식을 다루는 영역에서는 훌륭한 성능을 보여주고 있다.

ChatGPT는 대규모 언어 모델로, GPT-3.5 아키텍처를 기반으로 학습되었다. ChatGPT의 학습은 다음과 같은 과정으로 이루어졌다.

① **데이터 수집**: ChatGPT는 다양한 사전 및 법령 그리고 온라인 소스에서 수집된 대규모 텍스트 데이터로 학습되었다. 이러한 데이터에는 인터넷의 웹페이지, 영화 및 책 리뷰, 뉴스 기사, 온라인 포럼 등이 포함되어있다.

② **전처리**: 수집된 데이터는 전처리 과정을 거쳐 모델 학습에 적합한 형태로 가공되었다. 이 과정에는 텍스트 정제, 문장 분리, 토큰화 등이 포함된다.

③ **모델 학습**: 전처리된 데이터를 사용하여 GPT-3.5를 기반으로 모델을 학습시켰다. GPT-3.5는 Transformer라는 딥러닝 아키텍처를 기반으로 하며, 대규모 신경망을 통해 텍스트의 다음 단어를 예측하고 생성하는 능력을 가지고 있다.

④ **미세 조정:** 초기 학습 후, ChatGPT는 추가적인 미세 조정 단계를 거친다. 이 단계에서는 실제 사용자의 피드백과 수정된 데이터를 사용하여 모델을 개선했다. 이러한 반복적인 과정을 통해 ChatGPT는 더욱 뛰어난 대화 능력을 갖추게 되었다.

⑤ **배포:** 학습이 완료된 ChatGPT는 사용자들에게 서비스로 제공되었다. 이를 통해 사용자들은 다양한 주제에 대한 질문, 지식 요약, 창의적인 텍스트 생성 등 다양한 대화와 상호작용을 할 수 있다.

⑥ **ChatGPT의 학습**은 방대한 양의 데이터와 강력한 컴퓨팅 자원을 필요로 한다. 이를 통해 ChatGPT는 다양한 문제에 대한 일반적인 언어 이해와 생성 능력을 갖출 수 있다. 그러나 ChatGPT는 학습 데이터에 기반하여 작동하며, 현재로부터 이전에 알려진 지식에 대해서만 업데이트된 정보를 제공할 수 있다. 즉 실시간성 데이터는 제공하는데 한계가 있다.

ChatGPT기존 GPT-1에서 GPT-3까지의 모델변화와 학습방식의 변화를 통해 고도화된 모델이다.

ChatGPT는 [그림1]과 같이 인간 피드백 기빈 강화 학습(Reinforcement Learning with Human Feedback: RLHF)을 적용하여 사용자 질문에 적합한 응답을 생성 한다.

[그림1] 머신러닝(Machine Learning)의 3가지 학습방식

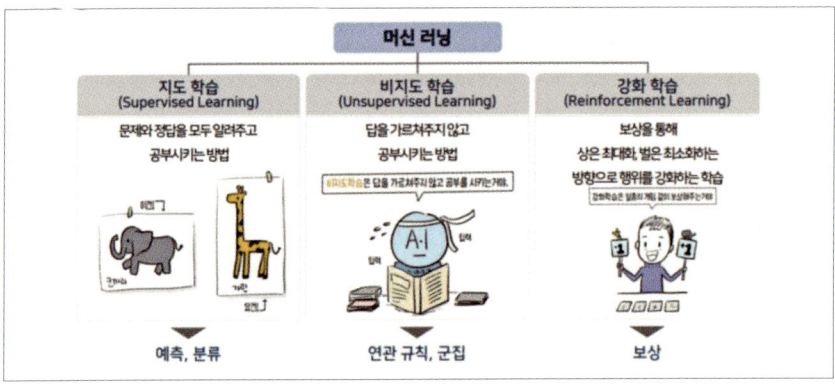

* 출처: https://hyeonjiwon.github.io/machine%20learning/ML-1/

ChatGPT가 사용자의 의도와 니즈에 부합하는 답변을 도출할 수 있도록 인간의 피드백을 반영하고 학습하는 RLHF 테크닉이 적용되는데, RLHF의 '인간 피드백(Human Feedback)'에 주목할 필요가 있다.

기존의 AI 학습 데이터에는 사람의 작업이 소량이거나 존재하지 않으나, ChatGPT의 경우 AI가 데이터를 학습하는 중간 단계에 레이블러(Labeler)라는 '인간' 학습가이드를 두어 이들의 피드백(Human Feedback)을 바탕으로 최종 아웃풋의 퀄리티를 높인다. 즉, 인간의 선호도를 AI의 보상 신호(Reward Signal)로 사용하여 ChatGPT 모델을 미세조정(Fine Tuning)하는 것이다.

ChatGPT는 GPT-3.5를 기반으로 파인튜닝(Fine Tuning) 되고 학습과정에서 인간이 개입된다.

GPT-3.5에 강화학습 알고리즘인 RLHF을 적용하여 편향성과 유해성 등을 감소시킬 수 있도록 한다.

AI 모델이 생성한 결과가 우수한가를 판단하는 기준은 결국 인간의 선호 점수에 의해 귀결된다. RLHF는 [그림2] RLHF의 동작 과정과 같이 인간이 AI 모델의 결과에 대해 평가한 피드백(Feedback)을 만들고, 이 피드백을 AI가 생성한 결과에 대한 우수성 지표로 사용함과 동시에, 다시 AI 모델에 반영하여 모델을 최적화하는 기법이다.

RLHF는 세 가지의 핵심적인 단계로 구성된다.

첫 번째는 모델의 사전 훈련(Pre Training) 단계이며, 미리 훈련된 언어모델(LM)이 있는 경우 STF(Supervised Fine Tuning)을 통해 미세조정을 한다.

두 번째는 보상모델(Reward Model) 단계로, 언어모델이 생성한 텍스트를 사람(라벨러)이 얼만큼 좋다고 생각할지에 대한 점수를 부여하고, 다음 학습에 반영하기 위해 숫자 보상을 지정(일반적으로 0~5) 한다.

세 번째는 앞서 설정한 보상모델이 제공하는 보상을 사용하여 언어모델을 훈련시키는 단계로, 정책 그라디언트 강화학습 알고리즘인 PPO(Proximal Policy Optimization)를 활용하여 모델을 조정(Fine-tuning) 한다. PPO알고리즘은 최적으로 모델을 업데이트할 수 있는 강화학습정책으로 상대적으로 복잡도가 낮고 우수한 성능을 보인다.

[그림2] RLHF의 동작 과정

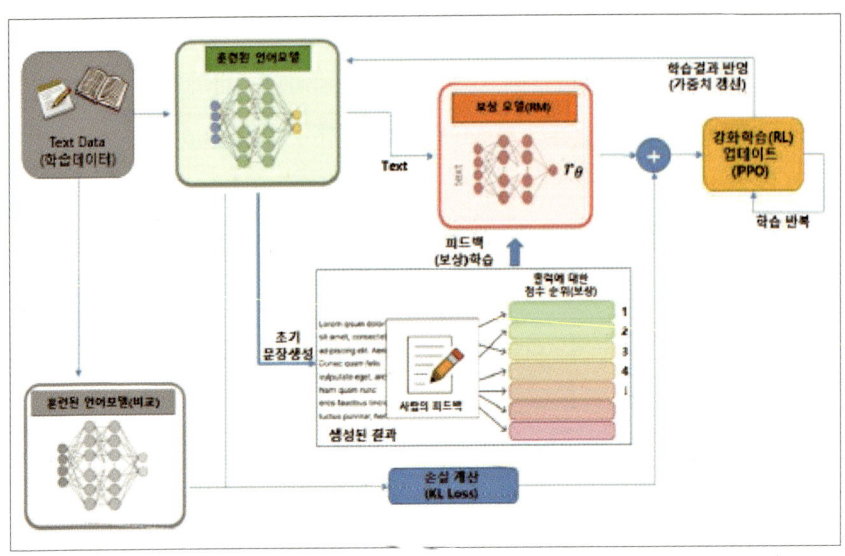

*출처: SPRi 소프트웨어정책연구소(새편집)

RLHF는 모델의 응답을 인간이 순위화(Rank)하고 보상함수를 통해 피드백을 반영하여, 인간의 선호도가 모델에 반영되는 것이 특징이다.

학습방식은 [표1]과 같이 세 단계로 구성되어, 프롬프트 기반의 지도학습과 RLHF 알고리즘을 통해 GPT-3.5를 추가학습 시킨다.

먼저 지시 프롬프트와 그에 대한 결과물로 이루어진 데이터셋을 정의하고 파인튜닝한다. 두 번째는 프롬프트 결과로 나온 응답에 대해 선호도 순위를 구성하고 비교 데이터셋을 활용하여 보상 모델(Reward Model)을 학습시킨다. 세 번째는 프롬프트를 바탕으로 결과를 추론하고 보상 모델이 결과를 평가하고 보상값을 계산하여, 이를 기반으로 모델을 지속적으로 업데이트시킨다.

[표1] ChatGPT 학습과정

1단계	2단계	3단계
데모 답변 수집 및 정책 부합성 검증	비교 데이터 수집 및 보상 모델 훈련	강화 학습 알고리즘으로 정책 최적화
프롬프트 생성 ⇩ 데이터 라벨러(사람)가 답변 적절성 평가 ⇩ 해당 데이터로 GPT-3.5 모델을 지도학습 기반으로 모델추가 조정	기존 프롬프트에 여러 개의 모델 산출값 생성 ⇩ 데이터 라벨러(사람)가 산출물들의 점수(rank) 평가 ⇩ 보상 모델 학습에 이 값을 활용	새로운 프롬프트 생성 ⇩ 정책최적화 모델 가동 ⇩ 정책에 따라 하나의 산출물 생성 ⇩ 보상 모델이 산출물에 대한 보상값 산정 ⇩ 보상값은 정책 업데이트에 반영

*출처: OpenAI, ChatGPT Method, 2023. (재편집)

3.2 ChatGPT 기술적 차별성

GPT-1은 라벨링되지 않은 대량의 데이터를 활용하기 위해 비지도 사전학습(Unsupervised Pre Training)되고 특정 태스크 수행을 위해 라벨링 데이터를 이용해 파인튜닝하는 구조이다. 즉, 사전 학습한 모든 가중치에 대해 미세한 파라미터 조정을 수행하는 작업이다.

GPT-2는 파인튜닝 없이 비지도 사전학습만을 사용하여 모델을 학습하고, 이후 모델이 특정한 작업을 수행하도록 학습 과정에서 가르친 적이 없는데도 해당 작업을 수행할 수 있도록 하는 기법인 제로샷 러닝(Zero Shot Learning)을 통해 일반적으로 사용될 수 있는 언어모델을 목표로 개발되었다.

GPT-3는 매우 적은 데이터가 주어진 상황에서도 모델을 효과적으로 학습시키기 위한 기법인 퓨샷 러닝(Few Shot Learning) 그리고 프롬프트 기반 학습(Prompt Based Learning) 즉, 사람이 읽을 수 있는 텍스트 형태의 입력을 통해 도메인 지식을 모델 학습에 활용하는 방법으로 랜덤 글짓기, 번역, 웹코딩, 대화 등 다양한 기능을 수행한다.

[표2]과 같이 GPT의 변화에 따른 기술의 특징을 살펴보면, GPT-1에서 GPT-3까지의 주된 변화는 모델 크기의 변화로, 다양한 데이터셋에서 더 많은 정보를 학습하며 성능을 향상시켰다.

[표2] GPT의 변화

순서	날짜	마일스톤	파라미터	기술특성
1	2018.06	GPT-1	1억 1,700만개	• Unlabeled 데이터 학습, 특정 주제에서의 분류, 분석 등의 응용 작업 가능 • 사용 데이터셋 news articles, wikipedia, single domain text • 라벨링되지 않은 대량의 데이터를 활용하기 위해 비지도 사전학습과 라벨링 데이터를 이용한 특정 태스크에 맞춘 파인튜닝
2	2019.02	GPT-2	15억 개	• 비지도 학습 기반으로 패턴 인식하여 대용량 데이터 학습이 가능 • 파인튜닝 없이 비지도 사전학습만을 사용하여 모델 학습 • 제로 샷을 통해 일반적인 언어모델 타겟 (멀티태스크러닝)
3	2020.05	GPT-3	1,750억 개	• 자가학습(Self-attention) 레이어를 많이 쌓아 파라미터 수 100배 이상 증가. 사람처럼 글 작성, 코딩, 번역, 요약, 번역, 웹코딩, 대화 등 수행 가능 • 퓨샷 러닝 및 프롬프트 기반 학습
4	2022.01	GPT-3.5 (InstructGPT)	1,750억 개	• 인간의 피드백을 통한 강화학습(RLHF)을 수행하여 도움이 되고, 독성이 없고, 혐오 발언을 최소화하는 언어모델 학습으로 답변의 정확도와 안정성 급증 • InstructGPT(다빈치-002)모델을 개선하여 다빈치-003으로 업그레이드 하고, 이를 다시 채팅에 최적화하여 GPT-3.5-turbo 모델로 개선하며 ChatGPT로 발전

5	2022.11	ChatGPT	1,750억 개	• GPT-3.5 모델을 RLHF를 통해 미세 조정(Fine Tuning)한 것으로 InstructGPT와 거의 유사한 형태 • 주요한 차이점은 ChatGPT가 더 유해한 질문에 대해 유연하게 대응
6	2023.3	GPT-4	미발표 (5,000억 개 ~ 1조 개 예상)	• GPT-4의 특징 **첫 번째**는 GPT-3.5와 이전 버전의 ChatGPT의 제한은 4,096개의 토큰(컴퓨터가 이해하는 언어단위)이었음. 이는 약 8,000단어 또는 책 한 권의 4~5페이지에 해당하는 한계가 있었음. GPT-4의 최대 토큰 수는 32,768개임. 이는 약 64,000단어 또는 50페이지의 텍스트로 변환되기 때문에 희곡 또는 단편 소설도 쓸 수 있음. 즉, 대화하거나 텍스트를 작성할 때 최대 50페이지 정도를 기억할 수 있다는 뜻임. • **두 번째**는 고급 추론(Reasoning) 기능으로 폭넓은 일반 지식과 문제 해결 능력 덕분에 어려운 문제를 더 정확하게 풀 수 있음. • **세 번째**는 '멀티모달(Multimodal)'로 이전의 ChatGPT 및 GPT-3.5는 텍스트로 제한되었지만 GPT-4는 이미지를 보고 이해하고 설명하고 요청한 사항을 처리할 수 있음. 예를 들어, 맛있는 음식 사진에서 레시피를 추론하고 설명 할 수 있고, 또한 다양한 상표와 제품에 부착된 라벨의 이미지를 보고 내용을 번역하고, 복잡한 지도를 읽는 등 다양한 분야에서 활용도가 엄청날 것으로 예상됨.

*출처: OpenAI, 2023. SPRi.(재편집)

4.3 파인튜닝(Fine Tuning) 이란 무엇인가?

기존에 학습되어 있는 모델을 기반으로 아키텍쳐를 새로운 목적(나의 이미지 데이터에 맞게) 변형하고 이미 학습된 모델 가중치(Weights)로 부터 학습을 업데이트하는 방법을 말한다.

모델의 파라미터를 미세하게 조정하는 행위이다. 특히, 딥러닝에서는 이미 존재하는 모델에 추가 데이터를 투입하여 파라미터를 업데이트하는 것을 말한다.

파인튜닝을 했다고 말하려면 기존에 학습이 된 레이어에 내 데이터를 추가로 학습시켜 파라미터를 업데이트 해야 한다.

BERT 이후로 딥러닝 자연어처리는 사전훈련 모델이 기본이 되었다. 보통 위키피디아 같은 데이터로 사전훈련을 하면 언어의 기본적인 특징을 이해하게 된다. 그 다음 개별 태스크에 맞게 새로운 데이터로 재학습을 하는 파인튜닝을 거치게 된다.

요즘 딥러닝 모델은 기술을 Leading하는 몇몇 기관에서 거대한 데이터를 사용하여 미리 크기가 큰 Deep Learning model을 학습하고 일반 사용자들을 위해 이를 배포하는 형식으로 발전이 이루어지고 있다. 그럼 이제 사용자들은 이렇게 사전 학습된 모델을 가져와서 각자 적용할 데이터에 맞게 Tuning한다.

전이학습(Transfer Learning)과 파인튜닝의 차이점은 [표3]와 같이 구분 할 수 있다.

[표3] 전이학습과 파인튜닝의 차이점

구분	특징
전이학습 (Transfer Learning)	- 입력층에 가까운 부분의 결합 파라미터는 학습된 값으로 변화시키지 않음 - 학습된 모델을 기반으로 최종 출력층을 바꿔 학습하는 것 - 학습된 모델의 최종 출력층을 보유 중인 데이터에 대응하는 출력층으로 바꾸고, 교체한 출력층의 결합 파라미터(그리고 앞 층의 결합 파라미터)를 소량의 데이터로 다시 학습하는 것
파인튜닝 (Fine Tuning)	- 출력층 및 출력층에 가까운 부분뿐만 아니라 모든 층의 파라미터를 다시 학습 - 출력층 등을 변경한 모델을 학습된 모델을 기반으로 구축한 후, 직접 준비한 데이터로 신경망 모델의 결합 파라미터 학습 - 결합 파라미터의 초기값은 학습된 모델의 파라미터 사용 - 전이학습과 달리, (출력층 및 출력층에 가까운 부분 뿐 아니라) 모든 층의 파라미터 재학습

5

ChatGPT 답변 도출 원리 세부 3단계

ChatGPT의 답변 도출 원리는 텍스트 데이터로부터 학습하여 언어의 패턴을 이해하고, 이를 바탕으로 사용자의 질문이나 명령에 대한 적절한 답변을 생성하는 과정이다. 이 과정을 조금 더 구체적으로 살펴보면 다음과 같다.

- **대량의 데이터 학습**: ChatGPT는 인터넷상의 다양한 텍스트(책, 기사, 대화 등)를 학습한다. 이때, 텍스트 내의 문장 구조, 단어의 사용 방법, 문맥 등을 분석하여 언어의 패턴을 학습한다.
- **문맥 이해**: 사용자가 질문하거나 명령을 입력하면, ChatGPT는 그 문맥을 이해하기 위해 학습된 패턴을 활용한다. 즉, 입력된 텍스트가 무엇을 의미하는지, 어떤 정보를 요구하는지 판단한다.
- **답변 생성**: 문맥을 이해한 후에는, ChatGPT는 학습된 데이터를 바탕으로 적절한 답변을 생성한다. 이 과정에서 인공지능은 여러 가능한 답변 중에서 가장 적합하다고 판단되는 답변을 선택하여 제시한다.
- **지속적인 학습**: ChatGPT는 사용자와의 상호작용을 통해 계속해서 학습을 진행한다. 사용자의 피드백이나 새로운 정보를 통해 더 정확하고 자연스러운 답변을 생성할 수 있도록 모델을 지속적으로 업데이트한다.

이러한 과정을 통해 ChatGPT는 다양한 주제에 대해 자연스럽고 유익한 대화를 제공할 수 있다. 인공지능 언어 모델의 이러한 능력은 빅데이터와 기계학습 알고리즘의 발전에 기반하고 있으며, 앞으로도 더욱 발전될 전망이다.

또한 ChatGPT는 입력된 질문을 이해하고, 이에 대한 적절한 답변을 생성하기 위해 다음과 같은 과정을 거친다.

① **입력 문장의 이해**: ChatGPT는 입력된 질문을 이해하기 위해 자연어 처리 기술(Natural Language Processing: NLP)을 사용하여 응답을 생성한다. 이를 통해 문장의 내용, 의도, 문맥 등을 파악한다.
② **관련 지식 추출**: ChatGPT는 입력된 질문에 관련된 정보를 추출하기 위해 학습된 대규모 텍스트 데이터셋을 활용한다. 이를 통해 질문과 관련된 정보, 지식, 패턴 등을 파악한다.
③ **답변 생성**: 입력된 질문과 문맥을 기반으로 관련된 정보와 패턴을 분석하여, 답변 가능한 답변 중에서 적절한 답변을 생성한다. 이를 위해 생성된 답변은 문맥적 일관성과 언어적인 자연스러움을 지키기 위해 추가적인 조정 및 수정이 이루어질 수 있다.
④ **응답 제시**: 생성된 답변은 사용자에게 제시된다. 이때, ChatGPT는 다양한 평가 기준을 활용하여 생성된 답변이 언어적으로 일관성이 있고 자연스러운지 확인하기 위해 다양한 평가 기준을 활용한다.
⑤ **피드백 반영**: 사용자의 피드백을 반영하여, 더 나은 답변을 생성할 수 있도록 지속적으로 학습한다. 이를 통해, ChatGPT가 제공히는 답변의 품질과 정확성을 높일 수 있다.

ChatGPT는 좀 더 정확한 답변을 도출하기 위해 입력 문장을 의미 있는 작은 단위로 분리한다. 이를 토큰(Token)이라고 한다. 예를 들어, "안녕하세요, 오늘 날씨가 좋네요!"라는 문장을 토큰화하면 "안녕하세요", ",", "오늘", "날씨가", "좋네요", "!"와 같은 토큰으로 분리된다. 그리고 분리된 각각의 토큰을 숫자로 변환한다. 이를 인코딩(Encoding)이라고 한다. 모델은 이를 바탕으로 입력 문장의 의미를 이해하게 된다. 인코딩된 입력 문장을 모델에 입력하면, 모델은 다음에 올 단어나 문장을 예측한다. 이때 이전 단어들과 문맥을 고려하여 예측(Prediction)을 수행한다. 그리고 모델이 예측한 숫자를 다시 자연어로 변환하여 출력한다. 이를 디코딩(Decoding)이라고 한다. 이러한 단계를 거쳐 입력 문장에 대한 응답을 생성한다. 이때 모델은 이전 대화 기록, 문맥, 주제, 사용자 프로파일 등 다양한 정보를 고려하여 응답을 생성한다.

ChatGPT 인간 피드백 기반 강화 학습(Reinforcement Learning with Human Feedback: RLHF)을 적용하여 사용자 질문에 적합한 응답을 생성한다.

ChatGPT가 사용자의 의도와 니즈에 부합하는 답변을 도출할 수 있도록 인간의 피드백을 반영하고 학습하는 RLHF 테크닉이 적용되는데, RLHF의 '인간 피드백(Human Feedback)'에 주목할 필요가 있다.

기존의 AI 학습 데이터에는 사람의 작업이 소량이거나 존재하지 않으나, ChatGPT의 경우 AI가 데이터를 학습하는 중간 단계에 레이블러(Labeler)라는 '인간' 학습가이드를 두어 이들의 피드백(Human Feedback)을 바탕으로 최종 아웃풋의 퀄리티를 높인다. 즉, 인간의 선호도를 AI의 보상 신호(Reward Signal)로 사용하여 ChatGPT 모델을 미세조정(Fine Tuning)하는 것이다.

ChatGPT 답변 도출 원리를 아래 [그림1]과 같이 핵심적인 3단계로 구분 할 수 있다.

[그림1] ChatGPT답변 도출 원리 및 세부 3단계

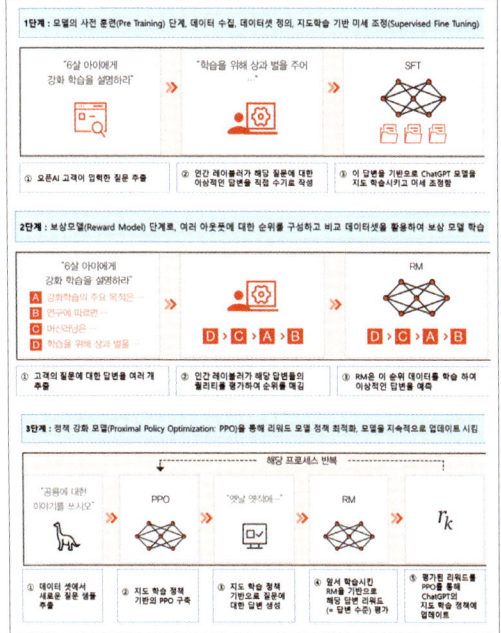

*출처: PwC Korea Insight Flash(재편집)

1단계는 모델의 사전 훈련(Pre Training) 단계이며, 인간에 의해 생성된 데이터 수집 하고 데이터셋을 정의하고 미리 훈련된 지도학습 기반으로 미세 조정(Supervised Fine Tuning: SFT)을 한다. 2단계는 보상모델(Reward Model) 단계로, 프롬프트 결과로 나온 응답에 대해 선호도 순위를 구성하고 비교 데이터셋을 활용하여 보상 모델(Reward Model)을 학습시킨다. 또한 언어모델이 생성한 텍스트를 사람(라벨러)이 얼만큼 좋다고 생각할지에 대한 점수를 부여하고, 다음 학습에 반영하기 위해 숫자 보상을 지정(일반적으로 0~5) 한다.

3단계는 앞서 설정한 보상모델이 제공하는 보상을 사용하여 언어모델을 훈련시키는 단계로, 프롬프트를 바탕으로 결과를 추론하고 보상 모델이 결과를 평가하고 보상값을 계산하여, 이를 기반으로 모델을 지속적으로 업데이트 시키다.

정책 강화학습 알고리즘인 PPO(Proximal Policy Optimization)를 활용하여 모델을 조정(Fine Tuning) 한다. PPO알고리즘은 최적으로 모델을 업데이트할 수 있는 강화학습정책으로 상대적으로 복잡도가 낮고 우수한 성능을 보인다.

ChatGPT의 특징과 ChatGPT-4 유료 사용 등록 방법

6.1 ChatGPT의 특징

ChatGPT는 OpenAI가 개발한 대화형 인공지능 프로그램이다. GPT(Generative Pre-trained Transformer) 모델을 기반으로 하며, 이는 대량의 텍스트 데이터를 학습하여 자연스러운 언어 생성과 이해 능력을 갖춘 인공지능 기술이다. ChatGPT는 사용자의 질문이나 명령에 대해 인간처럼 자연스러운 대화를 이끌어낼 수 있으며, 다양한 주제에 대한 정보 제공, 질문에 대한 답변, 일상 대화, 스토리텔링, 문서 작성 지원 등 다양한 기능을 수행할 수 있다.

이 모델은 다음과 같은 특징을 가지고 있다.

- **대규모 데이터 학습**: 인터넷상의 책, 기사, 웹사이트 등에서 수집한 방대한 양의 텍스트 데이터를 학습하여, 광범위한 지식과 언어 패턴을 이해한다.
- **이해 능력**: ChatGPT는 주어진 대화의 문맥을 파악하여, 상황에 맞는 적절한 응답을 생성할 수 있다.
- **유연성**: 다양한 주제와 상황에 대응할 수 있으며, 사용자의 요구에 따라 정보 검색, 문서 작성, 스토리 생성 등 다양한 작업을 수행할 수 있다.
- **지속적인 개선**: 사용자와의 상호작용을 통해 계속해서 학습하고 개선되며, 더 나은 대화 경험을 제공하기 위해 업데이트된다.

ChatGPT는 그 용도가 매우 다양하여, 교육, 비즈니스, 엔터테인먼트 등 여러 분야에서 활용될 수 있으며, 인공지능 기술의 발전을 대표하는 사례 중 하나로 평가받고 있다. 좀 더 이해하기 쉽게 설명하면 다음과 같다. ChatGPT(Chat+Generative Pre-trained Transformer(GPT), 사전 훈련된 생성 변환기)는 GPT-3.5, GPT-4를 기반으로 하는 대화형 인공지능(Conversation AI) 서비스이다.

컴퓨터가 인간의 언어를 알아들을 수 있게 만드는 학문분야인 자연어 처리(Natural Language Processing: NLP) 및 생성형 AI(Generative AI)을 통해 사용자와 인간과 같은 대화를 나눌 수 있는 인공 지능 시스템이다.

*출처: https://openai.com

ChatGPT는 생성형 AI의 대표적 모델인 GPT기술을 기반으로 하는데, 말 그대로 '자가학습'하여 답변을 '생성'하고 대량의 데이터와 맥락을 처리할 수 있는 '트랜스포머(변환기)'기술이다. 여기서 핵심적인 기술은 GPT 중 'T'에 해당하는 '트랜스포머(Transformer)'인데, 앞서던 것을 기억하고 오류를 수정하는 기술로 '사람'과 대화하는 것처럼 느끼게 하는 포인트가 여기에 있는 것이다.

즉, 이용자의 특정 요구에 따라 결과를 생성해내는 인공지능을 말한다. 데이터 원본을 통한 학습으로 소설, 이미지, 비디오, 코딩, 시, 미술 등 다양한 콘텐츠 생성에 이용된다.

이러한 시스템은 고객 서비스 챗봇, 개인 비서 또는 음성 인식 비서 서비스와 같은 다양한 애플리케이션에 활용될 수 있다. 대화형 인공지능의 목표는 인간과 기계 간의 커뮤니케이션을 자동화하고 개선하여 보다 직관적이고 접근하기 쉽게 만드는 것이다.

구글이 개발한 AI 챗봇 LaMDA도 ChatGPT와 유사하다. 기계적인 연산에 한정해서 인간보다 우월한 능력을 발휘할 것으로 예상되던 인공지능은 어느 샌가 인간의 고유한 활동이라고 할 수 있는 다양한 분야에 진출하고 있다.

ChatGPT는 딥러닝을 이용해 인간이 말하고 쓰고 하는 언어를 학습해 인간다운 텍스트를 만들어내는 자기회귀 언어 모델이다. OpenAI사가 만든 대형언어모델(Large Language Model: LLM)로 빅데이터의 '빅'처럼 어느정도의 규모가 대형인지는 정해진 기준은 없다. 다만 최근 초거대 AI 모델들의 매개변수 수를 통해 상대적인 규모는 파악이 가능하고, GPT-n 시리즈의 3세대 언어 예측 모델이다. 문장이 얼마나 자연스러운지 확률적으로 계산함으로써 문장 내 특정 위치에 출현하기 적합한 단어를 예측하는 모델이다. 즉 [그림1]과 같이 문장 내 앞에서 등장한 단어를 기반으로 뒤에 어떤 단어가 등장해야 문장이 자연스러운지 판단하는 모델로서 정확도 높은 데이터가 더 많을수록 답변도 더 그럴싸하고 정확해진다.

[그림1] 학습을 통한 다음단어 예측

*출처: NIA The AI Report

ChatGPT와 기존 검색 엔진 간 차이점 [표1]과 같이 기존의 전통적인 형태의 검색 엔진은 경쟁력이 잃어 사라질 위기에 처할 수 있기 때문에 최근에는 검색 엔진도 인간의 언어를 더 잘 분석하고 이해할 수 있도록 자연어처리(NLP)기반 알고리즘을 적용하며 진화 중이다. ChatGPT 공개 이후 구글 등 검색 엔진 전문회사들이 긴장하며 대응 솔루션을 앞다퉈 출시하고 있다. 마이크로소프트(MS)는 2023년 3월에 검색 엔진 '빙(Bing)'에 ChatGPT를 탑재한 버전을 출시하였다.

[표1] ChatGPT와 기존 검색 엔진 간 차이점

구분	ChatGPT	(기존) 검색 엔진
인공지능 기술	인공지능 기술인 언어 모델링을 사용하여 사용자 질문에 대한 답변 생성	키워드 검색을 통한 정보 제공
생성성	사용자 질문에 대해 새로운 정보를 생성하는 기능이 있어 기존 검색 엔진보다 더 생성적인 답변 제공	새로운 정보를 생성할 수 없음
상호작용	사용자 친화적인 상호작용을 통해 질문을 이해하고 대답하는 방식	키워드 검색을 통한 정보 제공으로 사용자와의 상호작용은 없음
질의 및 컨텍스트 이해도	자연어처리 기술을 통해 사용자 질문을 이해하여 의도에 맞는 결과를 제공하며, 사용자의 이전 질문을 기억하고 연관성을 고려하여 유연성 있게 답변	사용자 질문을 이해하고 답변하는 방식이 아닌 키워드 검색을 통한 정보 제공 방식으로 질문에 대한 답변을 제공하지 않으며 각 검색마다 독립적으로 정보를 제공

*출처: NIA The AI Report

ChatGPT의 특징으로는 우리가 생각하고 얻고자 하는 많은 것을 제공해주는 것이다. ChatGPT는 자연어 처리의 혁신적인 성장이라 할 수 있다.

ChatGPT가 수행 가능한 작업으로는 각종 언어 관련 문제풀이, 논문작성, 랜덤 글짓기, 소설 창작, 사칙연산, 번역, 주어진 문장에 따른 간단한 웹 코딩, 프로그래밍 코딩, 언어번역, 언어회화, 문장교정, 문장요약, 전문지식정리, 표작성 및 표 해석, 엑셀업무 활용, 콘텐츠 제작, 창의적 아이디어 구현, 유튜브 추천, 법령, 규정 등 검색, 일상생활 상담, 대화 등이 가능하다. 전세계 많은 사람들이 ChatGPT와 많은 대화를 나누고 있고, 교착 상태에 빠지지 않고, 반복하지 않으며, 훨씬 더 정확하게 추론하고 지속적으로 발전하고 있다.

GPT-3.5는 GPT-3와 매개변수 수(1,750억 개)가 같아 성능 면에서 큰 차이는 없으나, 인간 피드백을 통한 강화학습(Reinforcement Learning from Human Feedback: RLHF) 적용으로 대화에 최적화되어 있다[그림1]. 예를 들어 사람의 피드백을 통해 강화학습을 시킬 경우 인간적인 말투, 문화적인 요소 등을 반영할 수 있는데, ChatGPT는 RLHF를 적용함으로써 인간과 구별할 수 없을 정도로 자연스러운 문장 구사가 가능하다.

[그림1] GPT별 매개변수 수 비교

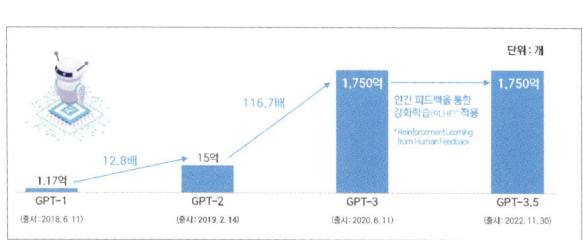

*출처: NIA The AI Report

2023년 3월 14일 공개한 GPT-4는 기존의 ChatGPT가 GPT-3.5와 상호작용하는 방식이었는데 이제는 GPT-4와 상호작용하는 방식이 되었다. GPT-4의 특징을 살펴보면, 먼저 GPT-3.5와 이전 버전의 ChatGPT의 제한은 4,096개의 토큰(컴퓨터가 이해하는 언어단위)이었다. 이는 약 8,000단어 또는 책 한 권의 4~5페이지에 해당하는 한계가 있었다. 그러나 GPT-4의 최대 토큰 수는 32,768개다. 이는 약 64,000단어 또는 50페이지의 텍스트로 변환되기 때문에 희곡 또는 단편 소설도 쓸 수 있다. 즉, 대화하거나 텍스트를 작성할 때 최대 50페이지 정도를 기억할 수 있다는 뜻이다.

두 번째는 고급 추론(Reasoning) 기능으로 폭넓은 일반 지식과 문제 해결 능력 덕분에 어려운 문제를 더 정확하게 풀 수 있다. 세 번째는 '멀티모달(Multimodal)'로 이전의 ChatGPT 및 GPT-3.5는 텍스트로 제한되었지만 GPT-4는 이미지를 보고 이해하고 설명하고 요청한 사항을 처리할 수 있다. 예를 들어, 맛있는 음식 사진에서 레시피를 추론하고 설명할 수 있고, 또한 다양한 상표와 제품에 부착된 라벨의 이미지를 보고 내용을 번역하고, 복잡한 지도를 읽는 등 다양한 분야에서 활용도가 엄청날 것으로 예상된다. 그래서 우리는 ChatGPT를 AI의 혁명이라고 얘기한다.

6.2 ChatGPT 활용 방법 및 ChatGPT-4 유료 사용 방법

ChatGPT활용 방법은 매우 간단하다. ChatGPT는 웹 베이스로 되어 있는 서비스이기 때문에 다운로드가 필요 없고, OpenAI사 홈페이지(https://openai.com)에 접속하여 아래와 같이 간단한 회원가입을 하고 서비스를 바로 이용할 수 있다.

 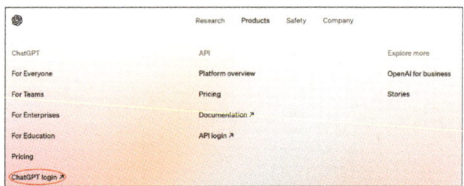

*출처: https://openai.com

① **OpenAI사 홈페이지https://openai.com에 접속하여 사용 사용 회원가입 즉, 계정(Account)을 등록한다.**

위화면 오른쪽 상단의 Log in을 클릭하면 아래 이미지가 나타나는데 왼쪽의 ChatGPT를 클릭하면 된다.

이때 구글 계정(Google e-Mail id)이 있으면 더 쉽게 등록할 수 있다.

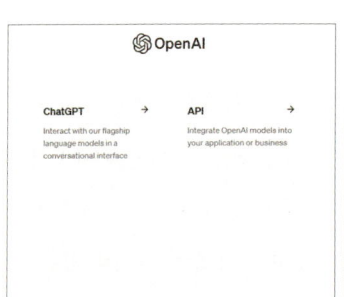  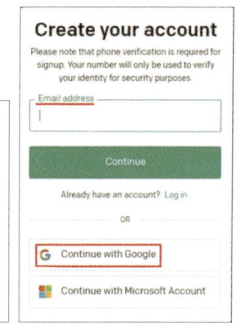

② ChatGPT를 사용하기 위한 본인의 이름과 전화번호를 입력하고 입력된 전화번호로 등록에 필요한 코드 6자리 코드를 수신 받아 코드를 입력하면 등록이 완료된다.

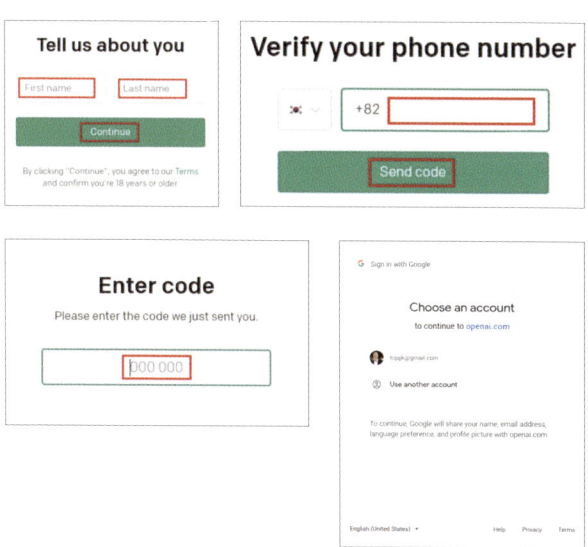

③ 등록이 완료되면 다음과 같은 화면이 나타난다. 이 화면에서 ChatGPT에 질문을 하고 답변을 받을 수 있다.

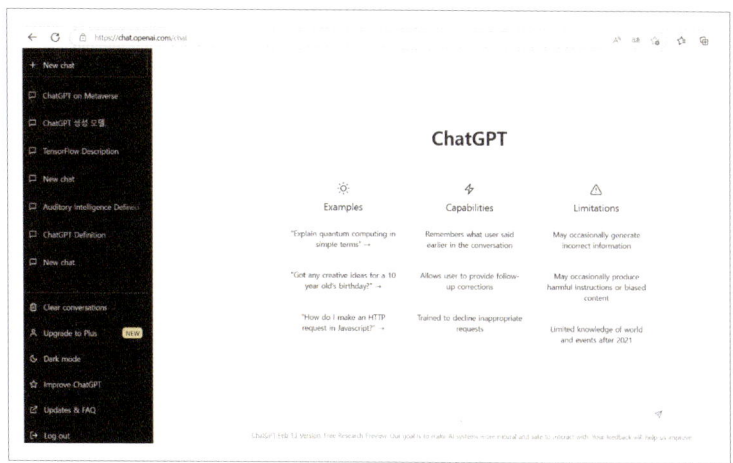

더 자세한 사용법이 궁금하다면 ChatGPT에게 질문하는 방법도 있다. ChatGPT 이용 시, 정확한 답을 얻기 위해서는 정확하고 세부적인 질문을 해야 올바른 답을 얻을 수 있다.

유료를 사용하려면 다음과 같은 과정으로 GPT-4 유료 버전을 사용할 수 있다.

무료로 사용 가능한 ChatGPT 3.5을 로그인해서 들어가면 왼쪽 하단 아래에 "**Upgrade to Plus**"가 보인다.

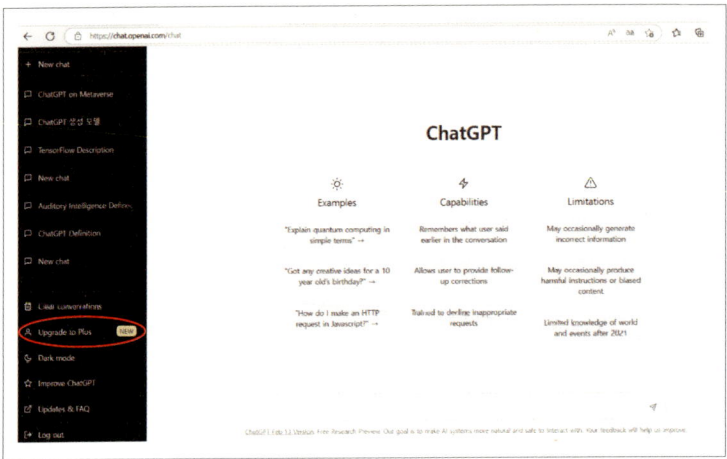

클릭해서 들어 가면 다음 화면처럼 무료와 유료의 차이점을 간략하게 보여준다.

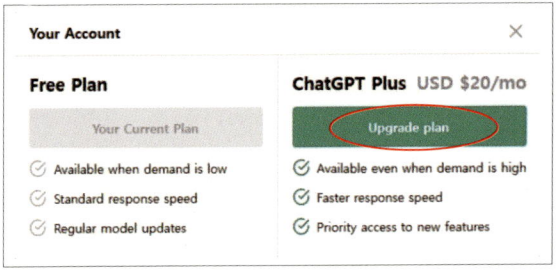

우측 화면의 "**Upgrade plan**"을 클릭하면 다음 화면처럼 바로 카드 입력하는 메뉴가 나타난다. 카드 정보를 요청한다. 한 달 구독료는 20달러 또는 22달러이다.

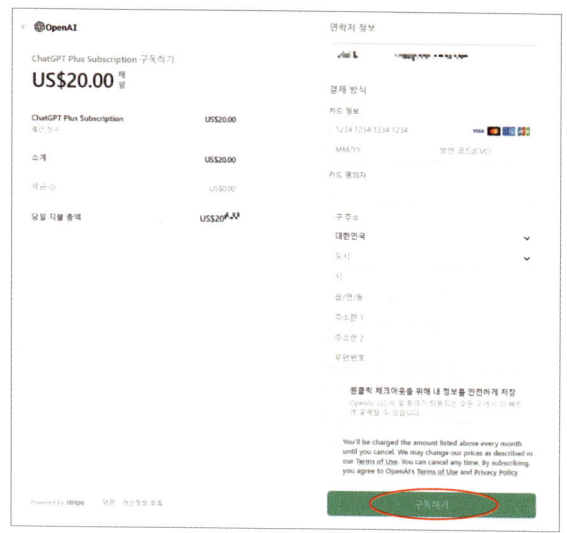

위 화면과 같이 카드 정보를 입력하라고 나온다. 해외 결제가 가능한 '카드 정보와 청구 주소' 등 입력한다. 결제 카드 정보를 입력하고 우측 하단에 있는 **"구독하기"**를 클릭하면, 지불이 성공했다고 아래 화면과 같이 축하 화면이 뜨면서 본인의 핸드폰으로 해외 카드 사용 문자가 날라 온다. 유료 버전 가입이 완료된 것이다.

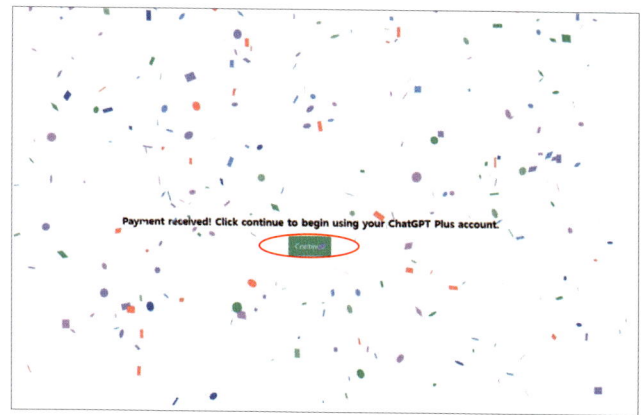

위 화면의 **"Continue"**를 클릭하면 아래와 같이 GPT-4 유료 화면이 나타난다.

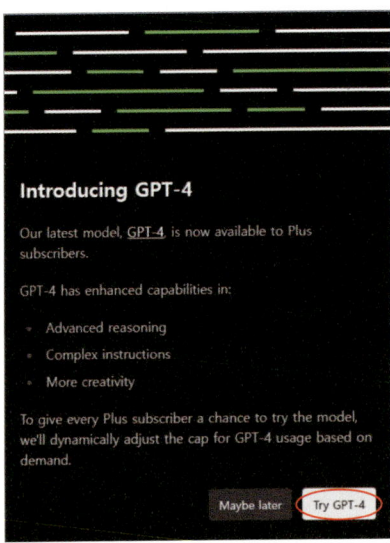

위 화면에서 **"Try GPT-4"**를 클릭하면 기존 ChatGPT와 유사한 화면이 나온다.

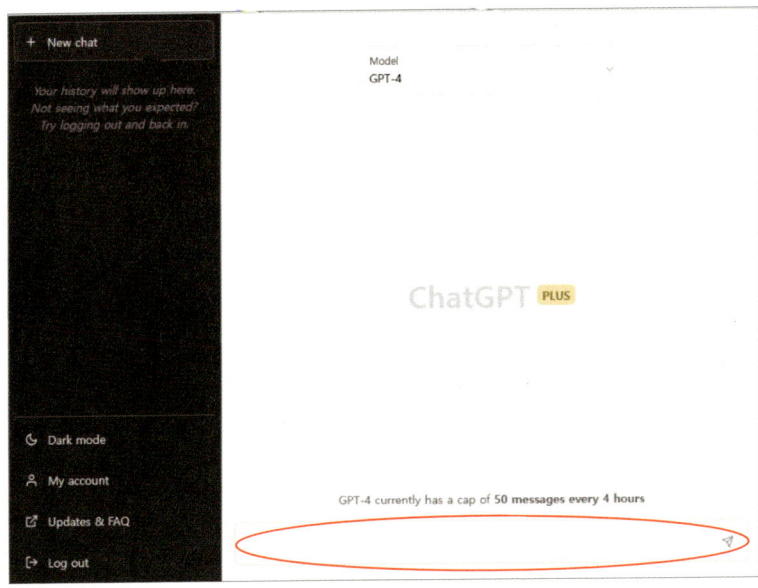

위 화면의 하단에 있는 프롬프트 입력 박스를 통해 좀 더 똑똑해진 **ChatGPT-4**와 대화가 가능 하다. 아래화면은 저자의 ChatGPT-4 사용화면이다.

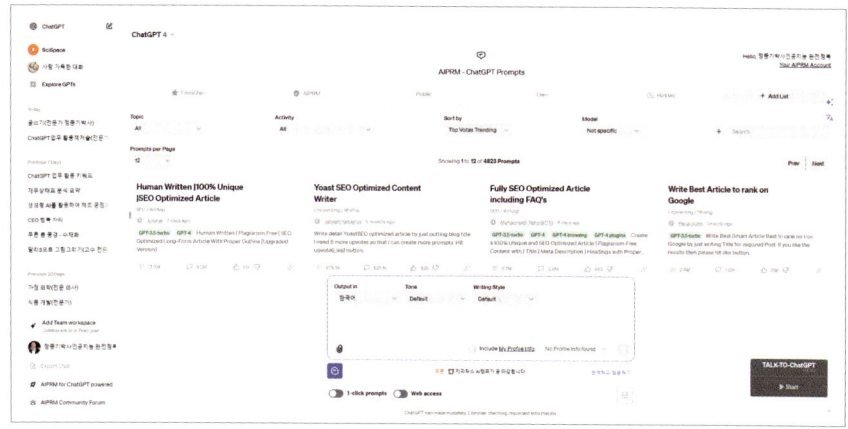

　ChatGPT를 통해서 누구나 관련된 정보를 쉽게 얻을 수 있기 때문에 전문적인 지식을 가지고 있지 않아도 전문적인 글을 만들어 낼 수 있고, 더 나아가 이를 통해서 내가 하고 있는 관련된 일에 상상 이상의 도움을 받을 수 있기 때문에 앞으로 많은 성장 가능성을 가지고 있다. 모든 사람, 모든 분야, 모든 산업에 대한 파급력은 어마어마할 것으로 예상된다.

ChatGPT 무엇이 가능한가?

ChatGPT는 자연어 처리의 혁신적인 성장이라 할 수 있다. ChatGPT가 수행 가능한 작업으로는 [표1]과 같이 글쓰기부터 각종 언어 관련 문제풀이, 논문작성, 랜덤 글짓기, 소설 창작, 사칙연산, 번역, 주어진 문장에 따른 간단한 웹 코딩, 프로그래밍 코딩, 언어번역, 언어회화, 문장교정, 문장요약, 전문지식정리, 표작성 및 표 해석, 콘텐츠 제작, 이미지인식 내용분석, 음성인식 질의 및 답변, 엑셀업무 활용, 창의적 아이디어 구현, 유튜브 추천, 법령, 규정 등 검색, 대화 등이 가능하다. 전세계 많은 사람들이 ChatGPT와 많은 대화를 나누고 있고, 인간 피드백을 통한 강화학습(Reinforcement Learning from Human Feedback: RLHF) 을 하고 있기 때문에 인간과 구별할 수 없을 정도로 자연스러운 문상 구사가 가능하고, 훨씬 더 정확하게 결과를 도출하며 지속적으로 발전하고 있다.

[표1] ChatGPT로 활용 가능한 것

No	활용 가능한 것	내 용
1	글쓰기, 시, 기사, 소설 창작, 연설문, 정책기획서, 보고서 작성	• 한글, 영어 모두 가능, 분량 지정 가능 • 전문적인 카피라이팅, 소설, 블로그 포스팅, 시, 가사, 레포트, 연설문 등
2	논문 작성	• 초록 글자 수 요약, 창의적인 연구 제목, 실험 결과의 논의, 연구 목차 작성, 향후 연구 아이디어 추천, 특정 주제에 대한 글 작성 작성 내용에 대한 문법 교정, 번역 등 가능
3	프로그래밍(코딩)	• 프로그래밍 언어를 명시하면 그 언어에 맞게 코딩 함. 예) 파이썬 등
4	언어 번역 및 교정 / 언어 회화	• 기본 번역기와 비교하여 뛰어난 성능을 보이며, 단순 번역을 넘어 교정 및 문법적 오류까지 설명 가능(50개 언어)

5	콘텐츠 제작	• 사용자의 질문에 대한 단순 답변 수준을 넘어 영화 시나리오, 소설, 노래가사, 제품 전단지, 광고 대본, 금융보고서, 계약서, 제안서, 교재, 강의 커리큘럼 등 다양한 콘텐츠 제작 가능
6	전문 지식 정리	• 변호사, 법무사, 회계사, 행정사, 노무사 등 해당 분야의 판결문, 법령, 각종 예시들의 출처가 뚜렷하며, 그에 따라 결과물도 정형화되어 있어 패턴화된 반복적 작업을 최소화할 수 있음
7	문장 요약, 수정	• 단락을 원하는 형태로 요약하거나 번역하기 가능, 영어→한국어, 한국어→영어, 중국어, 일본어 등 26개국 이상
8	검색엔진 최적화(SEO)	• 필요한 정보를 확인하는 것은 가능, 검색 포털 서비스 정보 동시 검색 가능, GPT-4 Plugin으로 검색엔진 최적화, 마이크로소프트는 ChatGPT를 오피스 제품과 검색엔진 빙(Bing)에 적용함
9	새로운 아이디어 탐색	• 상상 이상의 새로운 아이디어 탐색 가능, 사실관계와 무관하게 생각의 범위 확장 가능
10	유튜브 추천 같은 개인화 서비스	• 유튜브 추천, 유튜브 내용 요약, 유튜브용 영상 시나리오 작성 가능
11	같은 내용을 다른 어조로 변환	• 예, 전문적→대중적, "손님 마음대로 먹으면 됩니다" "고객님의 선택에 따라 자유롭게 메뉴를 골라 드시면 됩니다"
12	엑셀, 워드, 표 해석, 분석 및 시각화	• 예, 동향 요약 가능, 평균 출력 가능, 매출 분석 등 다양한 엑셀 표, 엑셀 내용 분석, 시각화 가능, 어려운 엑셀 함수 활용 가능
13	법령, 규정 등 검색	• 법령, 규정 등 전문 지식 검색 가능
14	창의적 아이디어 구현	• 브레인스토밍, 사람들에게 대화 유도하기 등, 생성 가능 작성물: 아이디어 내용, 여행 안내서, 지원서, 추천서, 일기 등
15	그림 그리기 (다양한 스타일의 그림)	• GPT-4 DALL.E3, Bing Image Creator, Stable Diffusion, Midjourney 등
16	이미지 인식 및 이미지 내용 분석	• GPT-4v(ision)의 기능, 이미지 인식, 이미지 속 장면 이해, 이미지 속 내용 요약, 이미지 속 내용 분석
17	개인 코칭, 상담, 멘토링 챗봇 만들기	• ChatGPT 프롬프트 활용 가능, GPTs 활용 Customize GPT로 나만의 상담, 개인 코칭 챗봇 만들기 가능
18	마인드맵, 다이어그램 그리기	• GPT-4, AI Diagram으로 마인드맵 그리기, Plugin "Whimsical" 이용 Flowchart and Mind Map 가능
19	수업계획 세우기, 단계별 교육 코치	• 교사/교수 수업 계획 세우기, 수업 주제와 학생들의 수준에 맞는 단계별 교육 코치, 학습 목표 달성 방법 가이드
20	PPT 자동 작성하기	• ChatGPT를 사용해 파워포인트 자동 작성하기, 감마(Gamma)를 활용해 PPT 빠르게 만들기

지금은 ChatGPT가 앞당긴 인공지능 대중화 시대이다. 전세계는 ChatGPT를 위시한 생성형 AI의 혁신적인 진화에 관심이 집중되고 있고, 산업 및 사회적으로 큰 파급력을 보이며 급속하게 성장하고 있다.

ChatGPT는 [표2]와 같이 다양한 분야에서 활용이 가능하기 때문에 향후 ChatGPT가 비즈니스적 환경부터 사회적 환경까지 다방면으로 큰 영향을 미칠 것은 분명하며, 주요 변화에 따른 대응책을 마련하는 것이 필요하다.

[표2] ChatGPT를 활용해 기업의 업무 효율을 높일 수 있는 분야

비즈니스 분야	업무효율을 높일 수 있는 것
고객 서비스	• ChatGPT는 고객문의에 즉각적이고 정확한 답변을 제공하여 고객서비스를 개선할 수 있음 • 웹사이트나 메시징 플랫폼에 ChatGPT를 통합하여 고객의 질문이나 우려사항에 대한 답변을 할 수 있음 • 고객 피드백 요약 및 분석 • 실시간 고객 지원 서비스 제공
영업 * 마케팅 (영업, 파인다이닝)	• ChatGPT는 제품 추천을 개인화하고, 제품과 서비스에 대한 질문에 답변함으로서 영업을 개선하는데 활용할 수 있음. 이는 고객 정보에 기반하여 구매 결정을 내릴 수 있도록 하고 전환율을 높일 수 있음 • ChatGPT를 사용하여 맞춤형 추천을 제공하고 메시징 플랫폼을 통해 고객과 상호작용 함으로서 마케팅 캠페인을 자동화 할 수 있음. 이것은 고객 참여도와 충성도를 높일 수 있음 • 고객과의 대화 내용을 녹음 텍스트로 바꾼 내용을 요약하고 CRM에 자동 입력 하기 • 고객 관련된 데이터를 넣으면서 각 고객에 맞는 홍보 문자 메시지를 만들기 • 고객 관련된 데이터 + 회사 콘텐츠를 넣으며 고객별 흥미로운 이야기를 찾아 내기 • 고객 연락처가 있는 웹사이트를 크롤링하는 프로그램을 자연어로 만들어 내기 • 마케팅 및 영업 콘텐츠 (SNS, 기술서 등) 생성 • 상품 및 서비스 사용 가이드북 생성 • 최적화된 영업 방법 추출하여 서비스 향상
연구개발	• ChatGPT를 사용하여 고객데이터와 피드백을 분석하여 추세와 개선사항을 파악할 수 있음, 이는 고객요구를 더 잘 충족시키기 위해 제품과 서비스를 개선하는데 도움이 됨
운영	• 생산 상품 관련 고객 문의사항 해결 • 프로세스 에러, 생산 이상, 상품 결함 등 파악 • 프로세스 자동화를 통해 고객 서비스 향상 • 문서 분석을 통해 구체적인 계약 조건 파악

IT 개발자	• 다른 개발 언어로 쓰여진 라이브러리를 내가 쓰는 개발 언어로 변환하기 • 프로그램 코딩하기(Python, Java, C++, JavaScript, C#, Ruby, Swift등) • 코드를 입력하고 코딩할 내용을 자연어로 명령해서 코드를 수정하고 보완하게 만들기 • 내가 작성한 코드 리뷰를 명령하기 • 발생하는 에러애 대해서 분석을 시켜보기 • (PM을 위해서) 코드를 읽기 쉽게 변환 시키기. 예, SQL 쿼리, 정규식 • 코드를 넣어 주면서 주석을 달라고 하기 • ChatGPT는 프로그래밍에 훌륭한 결과를 도출해주고 있음 • 복잡한 코딩 문제 해결, 신규 코드 생성 • 데이터 테이블 자동 생성 • 머신러닝 모델의 훈련 정확도를 높이기 위해 합성 데이터 생성
법률	• 계약, 특허출원 등 법적 문서 검토 • 대량의 규제 관련 문서들을 검토, 규제변화 추적 • 공공 및 민간 기관 관련 법적 문서 내 질의사항 답변
인사 및 직원교육	• ChatGPT를 사용하여 회사 정책과 절차에 대한 정보를 제공하고 질문에 답변함으로서 자동화된 교육을 제공할 수 있음 • 인력 채용 시 사용될 면접 질문 생성 • HR 업무 자동화 처리(Ex. 직원 온보딩, 복지, 규정 등 설명)
인력 최적화	• 사내 커뮤니케이션 기능 최적화 • 비즈니스 프레젠테이션 생성 (이메일 발송 자동화, 번역 등) • 온라인 회의 내용, 발표 자료 등 업무요약 • 사내 지식 포털 관련 Q&A 자동화 처리 • 고성능 스캐너, 머신러닝, 문서인식 등으로 회계업무 자동화
업무활용	• 보고서 자료조사: 각종 전문적 지식, 논문 등의 자료 조사 후 결과를 정리 • 사업기획 아이디어: 정책, 사업 등의 계획수립 시 아이디어 도출 등 • 글쓰기, 보도자료, 번역 및 교정: 영어번역이나 교정 등 표현을 자연스럽게 수정 • 엑셀업무 활용: 어려운 엑셀 함수를 간단한 명령어로 생성하여 활용 가능

ChatGPT는 [표3]에서 정리한 것과 같이 교육, 전문 분야, 일상생활 및 공공분야에서도 효율을 높일 수 있다.

[표3]ChatGPT를 활용해 효율을 높일 수 있는 주요 전문 분야

비즈니스 분야	업무효율을 높일 수 있는 것
교육 (학원, 학교, 교육사업, 학생)	• 학생의 수준에 맞는 단계별 문제를 생성해 내기 • 학생들 평가 글을 키워드만으로 생성해 내기 • 커리큘럼을 짜는 것을 브레인스토밍하고 세부 내용을 작성 시키기 • 답을 지정해 주고 다른 풀이 방법을 생성해 내기 • 학생들의 주관식 답을 분석하고 평가 하기 • ChatGPT로 숙제하기 • 합하여 고객의 질문이나 우려사항에 대한 답변을 할 수 있음 • 고객 피드백 요약 및 분석 • 실시간 고객 지원 서비스 제공
창작활동(크리에이터) (블로거, 작곡가)	• 트렌드한 주제를 자동으로 뽑아서 자동으로 블로그 글을 수백개 만들기 (예, 일잘러, 장피엠) • 정리 없이 수집한 흥미로운 주제, 사례, 인사이트를 넣어주며 콘텐츠 주제를 브레인스토밍하기 • 혼자 말하기, 사람들과 대화하는 내용을 녹음하여 텍스트로 변환한 뒤 브레인스토밍에 사용하기 • 불릿 포인트(Bullet point)에서 세부 결과물 만들어 내기 - 글, 음악 노트 • 청중이나 독자들의 피드백을 모아서 중요한 내용을 뽑아 내는데 사용하기 • **블로그 및 글쓰기**: 블로그 포스트, 기사, 에세이 등의 글쓰기를 자동화할 수 있음 • **노래가사 및 시 작성**: 노래 가사를 자동으로 생성 가능하며, 시적 표현도 가능하여 시 작성을 자동화 할 수 있음 • **소설 작성**: 소설을 자동으로 작성할 수 있음, 예를 들어, 이전 작품을 분석하고 비슷한 스타일의 소설을 생성 • **유튜브 스크립트**: 유튜브 비디오에 대한 스크립트를 주제를 주고 작성
연구 (VC, 연구원, 대학원생)	• 나의 핵심 아이디어가 다른 분야에서도 쓰이는지 찾아 보라고 명령하기 • 연관이 없어 보이는 두 주제를 강제로 결합해서 자연스레 이어보도록 시키기 • 논문, 기술문서, 보고서, 세미나 녹음 파일 등을 짤라서 입력한 뒤 요약한 내용 보기 • 문서 작성 시에 불릿 포인트(Bullet point)로 내용을 제공한 뒤 온전한 글을 만들기

일상생활 활용	• **법률자문**: 각종 법률에 대한 질문을 통해 기본적인 답변을 도출 예)전세를 살고 있는데 전세계약 만료 후 계약금을 받지 못했습니다. 어떻게 하나요? • **투자자문**: 부동산, 주식 전망 등에 대한 질문 등 예)테슬라에 투자하려고 하는데 전망은 어떤가요? • **건강상담**: 건강문제에 대한 기본적인 질의 및 응답 예)혈압에 좋은 음식은 무엇인가요? • **심리상담**: 개인의 심리적 상태에 대해서 조언하고 해결책을 제시 예)마음이 불안하고 잠이 오지 않는데 어떻게 해야 하나요? • **진로상담**: 청소년 대학진학 등의 조언 예)경영학과는 어떤 것을 배우는 곳입니까? 경영학과에 진학하려면 어떤 역량이 필요한가요? • **자동차 정비상담**: 자동차 고장시 진단에 관한 상담이 가능 • **영어공부**: ChatGPT를 영어교사처럼 행동하게 하는 명령어 입력 후 대화 및 즉시교정 가능(Talk to ChatGPT)
공공분야 활용	• **고객서비스** ChatGPT는 시민들에세 고객 서비스를 제공하는 가상 비서로 사용될 수 있음. 시민들이 정부 서비스에 대한 정보를 얻고, 질문에 답하고, 양식과 신청서를 작성하는 데 도움을 줄 수 있음. (가상비서, 챗봇 등 전자정부 서비스 등) • **정책 분석** ChatGPT는 정책 문서를 분석하고 잠재적 영향에 대한 인사이트를 제공하는 데 사용할 수 있음. 이를 통해 정책 입안자가 더 많은 정보에 기반한 결정을 내리고 정책의 효과를 개선할 수 있음. (정책 장단점, 시뮬레이션 예측, 부정 예측 및 탐지, 의사결정 지원 등) • **대중 참여** ChatGPT는 시민들과 소통하고 정부 정책 및 프로그램에 대한 피드백을 수집하는 데 사용할 수 있음. 또한 시민들의 질문에 답변하고 예정된 이벤트와 이니셔티브에 대한 정보를 제공하는 데에도 사용할 수 있음 • **데이터 분석** ChatGPT는 대량의 데이터를 분석하고 트렌드와 패턴에 대한 인사이트를 제공하는 데 사용할 수 있음. 이를 통해 정부 기관은 데이터 기반 의사 결정을 내리고 운영 효율성을 개선 할 수 있음. • **언어 번역** ChatGPT는 문서와 커뮤니케이션을 다른 언어로 번역하는 데 사용할 수 있어 다른 언어를 사용하는 시민이 더 쉽게 접근할 수 있음

전반적으로 ChatGPT는 고객 서비스부터 정책 분석 및 데이터 분석에 이르기까지 다양한 방식으로 기업의 업무 및 공공 부문에 유용한 도구가 될 수 있다. 자연어를 이해하고 적절한 응답을 제공하는 능력은 기업 및 정부 운영의 효율성과 효과성을 향상시키는 데 도움이 될 수 있다. 다만, 공공 활용 시 프라이버시 및 보안, 편향성과 공정성, 규제 및 법제도 변경에 따른 적시성, 비용, 변화에 대한 저항 등이 문제가 될 수 있다.

결과적으로 'ChatGPT를 잘 활용하는 사람이 활용하지 않는 사람을 대체(代替)'할 가능성이 점점 높아질 것으로 예상된다.

8

이미지 생성 인공지능(Text to Image)

ChatGPT가 일으킨 생성형 AI(Generative AI) 열풍이 이미지 생성 AI로도 확산되고 있다. 몇 년 전부터 개발되고 사용된 프로그램들이지만 최근 ChatGPT 덕분에 사용자들이 늘고 있는 것이다. 문장을 그림으로 전환할 수 있는 인공지능(AI)이 탄생한 것은 디퓨전 모델이라는 새로운 영역이 개척됐기에 가능하다.

생성형 AI에서 이미지 생성 AI는 학습된 데이터를 기반으로 새로운 이미지를 생성하는 인공지능 기술을 말한다. 이 기술은 기존에 존재하는 이미지 데이터를 학습하여, 학습 데이터와 유사하지만 완전히 새로운 이미지를 자동으로 생성할 수 있는 능력을 가지고 있다. 이미지 생성 AI는 다양한 방식으로 구현될 수 있으며, 대표적인 기술로는 GAN(Generative Adversarial Networks, 생성적 적대 신경망)과 VAE(Variational Autoencoders, 변분 오토인코더)가 있다.

이미지 생성 AI의 주요 활용 분야를 살펴보면 다음과 같다.

- **예술 및 디자인**: 예술 작품 생성, 패션 디자인, 인테리어 디자인 등 창의적인 분야에서 새로운 디자인 아이디어를 제공한다.
- **게임 및 엔터테인먼트**: 게임 캐릭터, 배경, 아이템 등을 자동으로 생성하여 게임 개발 과정을 지원하고, 영화나 애니메이션의 시각적 요소를 생성하는 데 사용된다.
- **데이터 증강**: 실제와 유사한 이미지를 대량으로 생성하여, 기계 학습 모델의 학습 데이터를 증강하는 데 활용된다. 이는 특히 학습 데이터가 부족한 분야에서 유용하다.
- **사진 편집 및 복원**: 기존 사진의 스타일을 변환하거나, 손상된 사진을 복원하고, 사진에 누락된 부분을 채우는 데 사용된다.

이미지 생성 AI의 작동 원리 크게 두 가지가 있다. 이해를 돕기 위해 각각에 대한 예시를 통해 설명하겠다.

먼저 **생성적 적대 신경망(GAN)**은 생성자(Generator)와 판별자(Discriminator) 두 개의 신경망이 서로 경쟁하며 학습하는 구조이다. 생성자는 실제와 구분할 수 없는 이미지를 생성하려 하고, 판별자는 생성된 이미지와 실제 이미지를 구분하려 한다. 이 과정에서 생성자는 점점 더 정교한 이미지를 생성하게 된다.

GAN의 예시: "가상 인물 사진 생성"

생성적 적대 신경망(GAN)을 이용해 실존하지 않는 인물의 사진을 생성하는 경우를 생각해본다. GAN은 두 개의 네트워크, 즉 생성자와 판별자로 구성된다.

생성자는 실제 인물 사진과 유사한 새로운 사진을 생성하는 역할을 한다. 처음에는 임의의 이미지를 생성하지만, 학습을 거듭할수록 실제 사진과 구별하기 어려운 이미지를 만들어낸다.

판별자는 주어진 이미지가 실제 인물 사진인지, 생성자가 만든 가짜 사진인지를 구별하는 역할을 한다. 판별자는 점점 더 정확하게 진짜와 가짜를 구별하는 방법을 학습한다.

이 과정에서 생성자와 판별자는 서로 경쟁하며 서로의 성능을 향상시키는데, 이를 통해 생성자는 실제와 구분하기 어려운 매우 현실적인 가상 인물 사진을 생성할 수 있게 된다.

변분 오토인코더(VAE)은 입력 이미지를 잠재 공간(Latent Space)의 한 점으로 압축한 뒤, 이 점으로부터 새로운 이미지를 재구성하는 방식으로 작동한다. VAE는 이미지를 효율직으로 압축하고 재구성함으로써, 새로운 이미지를 생성할 수 있다.

VAE의 예시: "스타일 변환"

변분 오토인코더(VAE)를 사용하여 한 인물 사진의 스타일을 다른 스타일로 변환하는 경우를 생각해본다. VAE는 이미지를 잠재 공간에 있는 점으로 변환(인코딩)한 뒤, 그 점으로부터 다시 이미지를 재구성(디코딩)한다.

인코딩 과정에서는, 예를 들어, 특정 화가의 그림 스타일을 가진 이미지를 잠재 공간의 한 점으로 압축한다. 이 점에는 이미지의 중요한 특징과 스타일 정보가 담겨 있다. 디코딩 과정에서는, 잠재 공간의 점을 바탕으로 원본 이미지를 그 화가의 스타일로 재구성한다. 결과적으로, 원본 인물 사진이 그 화가가 그린 듯한 새로운 스타일의 이미지로 변환된다.

VAE는 이런 방식으로 이미지의 스타일을 변환하는데 사용될 수 있으며, 사용자가 원하는 다양한 스타일의 이미지를 생성할 수 있게 해준다.

GAN과 VAE는 모두 생성 AI의 일부로, 각각의 방식으로 새로운 이미지를 생성하거나 변환할 수 있는 강력한 기술이다. GAN은 실제와 구분하기 어려운 새로운 이미지를 생성하는 데 뛰어난 능력을 보이며, VAE는 이미지의 스타일 변환과 같은 다양한 응용이 가능하다.

이미지 생성 AI는 지속적으로 발전하고 있으며, 창의성과 혁신을 요구하는 다양한 분야에서 그 가능성을 탐색하고 있다.

이미지 생성 AI는 ChatGPT처럼 프롬프트라는 입력창에 텍스트를 적으면 이미지 결과물을 생성해주는 AI 모델이다.

이 외에도 빙 이미지 크리에이터(Bing Image Creator), 딥 드림 제너레이터(Deep Dream Generator), 미드저니(Mid Journey) 크레용(Craiyon), 나이트카페(NightCafe), 웜보 드림(Wombo Dream), 아트브리더(Artbreeder) 등이 있다. 이 프로그램들로 생성한 그림은 각종 미술대회에서 수상작으로 선정되는 등의 놀라움을 보여주고 있다. 뿐만 아니라 이 프로그램들을 활용해 비즈니스 모델을 개발하고 상용화하는 사례도 나오고 있다.

텍스트가 이미지가 되기 위해서는 '디퓨전 모델(Diffusion model)'이 어떻게 적용되어 그림을 생성하는지 그리고 앞으로 3D나 4D 등의 영상까지 제작되는데 그 끝은 어디까지일지 궁금하다.

디퓨전 모델(Diffusion Model)

디퓨전 모델은 데이터를 만들어내는 Deep generative model 중 하나로, 데이터(Data)로부터 노이즈(Noise)를 조금씩 더해가면서 데이터를 완전한 노이즈로 만드는 포워드 프로세스(Forward process or Diffusion process)와 이와 반대로 노이즈로부터 조금씩 복원해가면서 데이터를 만들어내는 리버스 프로세스(Reverse process)를 활용한다. DALL-E 3나 엑사원이 도입한 디퓨전 모델은 보다 진일보했다는 평가를 받고 있다. 디퓨전이란 초점이 흐리다는 뜻으로 노이즈를 연속해서 학습시킨 뒤 이를 역으로 적용하는 방식이다. 마치 초고해상도 사진을 백지가 될 때까지 문질러, 다시 이를 반대로 백지에서 초고해상도 사진으로 바꾸는 작업과 유사하다고 할 수 있다.

예를 들어 '그랜드캐년에 있는 서부의 총잡이'라는 문장을 입력하면 이를 텍스트 인코더가 받아들여 이를 컴퓨터가 이해할 수 있도록 숫자로 전환하는 작업인 텍스트 임베딩을 거친다. 이후 디코더 모델이 그랜드캐년과 서부의 총잡이에 해당하는 각각의 이미지를 학습한 것을 토대로 그려낸다.GAN은 지금껏 무수히 많은 컴퓨터 비전에서 사용되고 있기 때문에 표현이 제한적일 수 있는데, 디퓨전 모델은 백지 상태에서 그림을 그리기 때문에 매우 다양한 그림을 그릴 수 있다는 평가를 받고 있다.

디퓨전 모델은 현재 이미지(Image) 쪽에서는 가장 잘 작동하는 제너레이티브 노델(Generative model) 중 하나이기 때문에 기본으로 알아놓으면 이미지 생싱이나 이미지 생성에 관련된 연구를 할 때 아주 유용할 것 같다.

이미지생성 서비스를 제공하는 주요 회사들을 살펴보면 다음과 같다.

① 달리3(DALL.E 3)
달리3은 오픈AI에서 개발한 이미지 생성 AI로 높은 해상도와 사실적이고 세밀한 이미지 생성이 특징이다. 사용법은 비교적 간단하다. 오픈AI(https://openai.com/) 사이트에서 GPT-4 유료 버전을 구독하면 사용이 가능하다. 로그인 한 후 프롬프트에 원하는 내용을 입력하면 된다. 내용을 입력할 때는 단어의 나열보다는 상상한 이미지를 구체적으로 설명하면 더 품질 좋은 이미지를 얻을 수 있다. 사용자가 "달에서 서핑하는 아바타"와 같이 상상력을 자극하는 설명을 입력하면, 달리3은 해당 설명에 부합하는 이미지를 생성해낸다. 이 과정에서 달리3은 텍스트의 의미를 해석하고, 관련된 시각적 요소를 조합하여 새로운 이미지를 창조한다.

달리3의 주요 특징은 다음과 같다.

- **고품질 이미지 생성**: 달리3은 높은 해상도의 이미지를 생성할 수 있으며, 디테일과 색상 표현이 뛰어나 사용자가 요구하는 시각적 내용을 정확하게 반영할 수 있다.
- **창의적인 이미지 생성**: 사용자가 입력하는 다양한 텍스트 설명에 대해 창의적이고 혁신적인 방식으로 이미지를 생성한다. 이는 기존에 존재하지 않는 장면이나 개념도 포함된다.
- **텍스트 이해 능력**: 자연어 처리 기술을 기반으로 텍스트에서 복잡한 개념과 관계를 이해하고, 이를 시각적 이미지로 변환할 수 있는 능력을 가지고 있다.

달리3과 같은 생성 AI 기술은 예술, 디자인, 광고 등 다양한 분야에서 창의적인 아이디어 구현과 시각적 콘텐츠 생성에 활용될 잠재력을 가지고 있다. 또한 문장을 입력하는 것만으로 이미지를 편집할 수 있다는 점은 이미지 생성 AI 활용의 무한한 확장성을 시사한다.

아래 이미지는 저자가 직접 프롬프트를 입력하여 생성한 이미지이다.

*프롬프트: 수채화, 숲에 버려진 화려한 중세 저택. 저택을 구경하는 다수의 관람객, 날아다니는 독수리 세마리

*Seed No: 3191843490

*프롬프트: 빈 공간에 "한국에 오신 것을 환영합니다"라는 문자, 한국 전통 건물

*Seed No: 993506863

*프롬프트: 스타벅스 커피 마시는 얼굴이 예쁜 한국 여성

*Seed No: 3267278166

② **미드저니**(Midjourney)

미드저니는 미국 항공우주국(NASA) 엔지니어 출신인 데이비드 홀츠가 개발한 'AI 화가' 프로그램이다.

인공지능 이미지 생성 서비스인 '미드저니(Midjourney)'가 2022년 7월에 서비스를 시작해 사용자 수 2000만명을 돌파하며 빠른 속도로 확산되고 있다. 어느 시간에 접속하든 평균 200만명 이상의 사용자들이 이 서비스를 동시에 사용하고 있다.

미드저니는 상용 SNS 서비스인 디스코드(Discord)를 이용해 로그인 만으로 비교적 쉽게 사용하여 이미지를 생성하는 매우 특이한 방식을 사용한다.

프로그램 접속 후 프롬프트에 '/imagine'이라는 명령어를 넣고 원하는 문장이나 단어 등을 입력하면 이미지를 생성해준다. 특히 참조 이미지 주소(URL)를 넣어 좀더 자신의 스타일에 맞게 이미지를 만들 수 있으며, 이미지 비율이나 해상도도 조절할 수 있다. 미드저니의 이러한 인기는 상당 부분 범용성에서 온다. 미드저니는 키워드만 잘 입력하면 분야에 크게 구애 받지 않고 바로 사용할 수 있는 수준의 결과물을 내놓는 것이 장점이다. 서비스 가입 시 기본으로 주어지는 25장의 무료 생성권을 다 사용하면 속절없이 최소 10달러부터 시작하는 월간 회원권을 유료 결제를 해야 함에도 이용자가 빠르게 증가한 이유다.

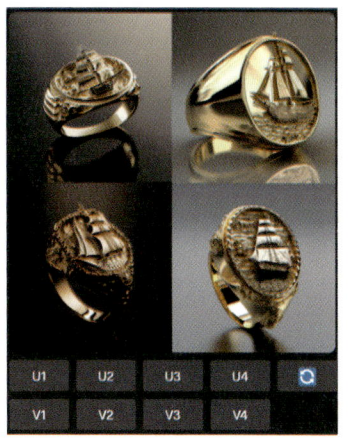

*출처: '미드저니(Midjourney)'가 그린 범선이 위에 있는 금반지

대부분 위에서 소개된 이미지 생성 프로그램들은 프롬프트에 영어로 입력하는 것이 기본이기 때문에 구글 번역, 파파고 등을 활용해도 충분히 원하는 이미지를 얻을 수 있다.

③ 딥 드림 제너레이터(Deep Dream Generator)

딥 드림 제너레이터는 2015년 구글이 개발한 딥러닝 기반의 이미지 생성 프로그램이다. 영화 인셉션에서 영감을 받아 개발했다는 프로그램으로 결과 이미지가 미술 작품의 느낌을 주는 것이 특징이다.

사용법은 크게 다르지 않다. 회원가입(페이스북, 구글 로그인 가능) 후 프롬프트에 원하는 문장을 입력하면 된다. 무료는 아니지만 첫 가입 시 100포인트를 주며, 한 번 이미지를 생성할 때마다 포인트가 감소한다. 설정에 따라 감소하는 포인트는 다르다. 딥 드림 제너레이터는 문장 입력 외에도 AI 모델, 종횡비, 품질, 네거티브 프롬프트, 얼굴 보정 등을 선택할 수 있다. AI 모델에서는 퓨전, 예술적, 판타지, 포토리얼, 안정적인 이미지 가운데 원하는 스타일을 선택할 수 있고, 비율에서는 사각형, 풍경, 초상화 비율 중 하나를, 품질은 일반 품질과 고품질 중 하나를 선택할 수 있다. 네거티브 프롬프트는 결과 이미지에서 보고 싶지 않은 부분을 미리 빼는 설정으로 자동, 미설정, 직접 입력 중 하나를 선택하면 된다. 이 외 얼굴 보정 여부와 이미지 파일 크기를 선택할 수 있다.

*출처: Deep Dream Generator

④ 스테이블 디퓨전(Stable Diffusion)

스테이블 디퓨전은 대표적인 딥러닝 기반 이미지 생성 AI 프로그램으로 독일 뮌헨 대학교 Machine Vision & Learning Group연구실의 "잠재 확산 모델을 이용한 고해상도 이미지 합성 연구"를 기반으로 하여, 스테빌리티 AI(Stability AI)와 런웨이 ML(Runway ML)의 지원을 받아 개발됐다. 스테이블 디퓨전은 다른 웹 프로그램과 달리 자연어 처리 스타트업이 개발한 허깅페이스(Hugging Face)에서 설치 파일을 다운로드 받아 개인 컴퓨터에 설치해야 하는 번거로움이 있다. 하지만 무료이고 오픈소스이기 때문에 누구나 스테이블 디퓨전을 통해 이미지 생성 AI 프로그램을 만들 수 있다. 다만 허깅페이스의 '스테빌리티 AI' 공간에서는 웹 환경에서 사용해 볼 수 있는 데모 버전(Stable Diffusion 2.1 Demo)을 제공한다. 사용법은 간단하며 별도의 로그인도 필요 없다. 프롬프트에 원하는 문장을 입력하고 선택 사항으로 네거티브 프롬프트를 입력하면 된다.

스테이블 디퓨전을 사용한 짧은 애니메이션을 제작할 수 있다. 예를 들어 10초짜리 실물 동영상을 각 프레임별로 쪼개서 사진 파일로 바꾸어야 한다. 이 작업은 비디오 편집 소프트웨어를 사용하여 수행할 수 있다. 대표적인 비디오 편집 소프트웨어로는 Adobe Premiere Pro, Final Cut Pro, DaVinci Resolve 등이 있다. 그리고 나서, 각각의 이미지를 스테이블 디퓨전 소프트웨어로 열어서 애니메이션화 작업을 수행해야 한다. 이 작업은 수동으로 한 프레임씩 변경해야 하기 때문에 시간이 많이 소요될 수 있다. 하지만, 일부 프레임을 복제하여 더욱 자연스러운 모션을 만들 수도 있다. 또한, 프레임 수를 줄이거나, 작은 영역에만 애니메이션을 적용하는 등의 방법을 사용하여 작업 시간을 줄일 수도 있다. 이런 방법들을 통해, 수백 장에서 수천 장의 이미지를 애니메이션화 시키는 작업을 더욱 효율적으로 수행할 수 있다. 하지만, 여전히 시간과 노력이 많이 필요하므로, 빠르게 제작하는 사람들은 이미지의 개수를 줄이거나, 더 간단한 애니메이션을 만드는 경우가 많다.

*출처: Stable Diffusion

⑤ 구글 이매진(Google Imagen)

구글에서 개발한 텍스트 입력을 기반으로 이미지를 생성할 수 있는 인공지능 프로그램이다. 구글은 '전례 없는 수준의 사실적 묘사와 깊은 수준의 언어 이해'를 통해 사실적인 이미지를 생성할 수 있다고 소개 했다. Imagen은 텍스트를 이해하는 대형 변환기 언어모델의 성능을 기반으로 정확도 높은 이미지를 생성하는 확산을 결합한다.

Imagen은 대규모 사전 훈련된 언어 모델과 계단식 확산 모델이 결합하여 깊은 텍스트 이해와 사실적인 이미지 생성이 가능한 것이 Imagen의 장점이다.

*출처: Imagen

⑥ 어도비 파이어플라이(Adobe Firefly)

Adobe Firefly는 현재 베타 테스트 중인 Adobe에서 개발한 새로운 생성 AI 도구이다. 이 도구는 Photoshop, Illustrator 및 Premiere Pro와 같은 Adobe에서 가장 많이 사용되는 제품에 적용되었다. 또한 Adobe Firefly의 목표는 크리에이티브가 독특하고 흥미로운 콘텐츠를 빠르고 효율적으로 생성하는 것을 더 쉽게 만드는 것이라고 한다. Adobe Firefly도 텍스트 기반 프롬프트에서 고유한 이미지를 생성하는 기능이다. 예를 들어 사용자는 텍스트 기반의 프롬프트를 입력할 수 있으며 Firefly는 해당 프롬프트를 기반으로 이미지를 생성한다. 그런 다음 사용자는 작업하려는 이미지의 일부를 자르고 Photoshop 내에서 계속 편집할 수 있다.

사용자는 자신의 프롬프트를 입력하여 그림을 생성하거나, Adobe에서 제공하는 프롬프트 갤러리에서 선택할 수 있다. 프롬프트가 입력되면 Firefly는 해당 프롬프트를 기반으로 이미지 또는 디자인을 생성한다. 그런 다음 사용자는 작업하려는 생성된 이미지 부분을 클립하고 선택한 Adobe 애플리케이션 내에서 계속 편집할 수 있다.

Adobe Firefly는 이미지나 동영상 같은 창작물을 빠르고 효율적으로 생성하는 방법을 제공하여 크리에이티브 업무 방식을 혁신할 수 있는 잠재력을 가지고 있다. 손이 많이 가고 시간이 많이 걸리는 콘텐츠 생성 작업을 처리함으로써 크리에이터들은 창의성과 혁신과 같은 작업의 더 중요한 측면에 집중할 수 있다. Firefly는 또한 마케팅에서 교육에 이르기까지 다양한 산업 분야에서 사용될 가능성이 있다.

*출처: Adobe Firefly

아래 이미지는 저자가 "프롬프트: 이탈리아 베네치아를 수채화 스타일로 그려줘"라고 입력하여 생성한 이미지이다.

*출처: Adobe 생성

음악 생성 인공지능(Text to Music)

오픈AI가 개발한 ChatGPT는 생성 AI(Generative AI)를 대중에게 각인시켰다. 생성 AI는 거대한 양의 데이터를 학습해 문장, 이미지, 음악 등 독창적인 창작물을 만들어낸다.

사람처럼 어색함 없는 문장으로 대화하고 이용자의 요구대로 소설, 시, 노래 가사를 창작하거나 곡의 코드를 구성하기도 한다.

ChatGPT를 활용하여 가사를 쓰고 SUNO.ai를 활용하여 음악을 생성하는 사례를 들어보겠다.

① **먼저 ChatGPT를 활용해 내가 원하는 음악의 가사를 쓴다.**

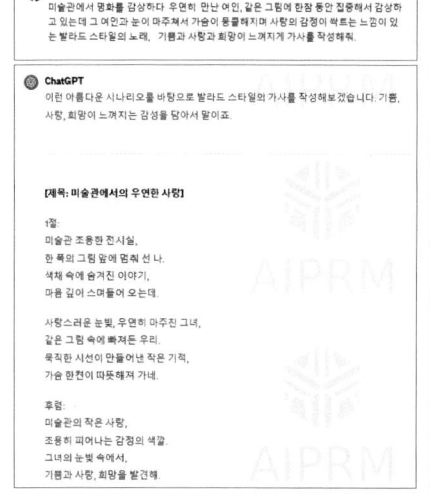
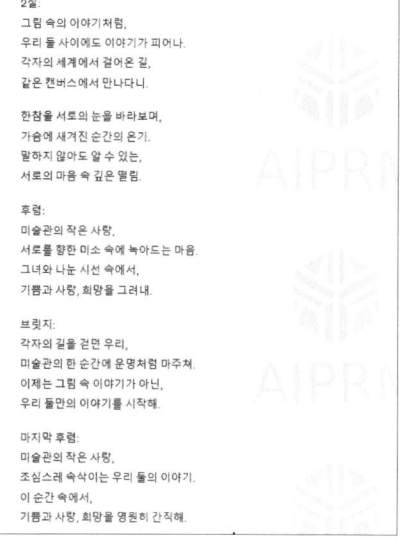

② 다음은 음악을 생성하는 AI Tool인 SUNO.ai에 접속하여 로그인을 한다.

아래의 화면에 표시되어 있는 "Create"를 클릭한다.

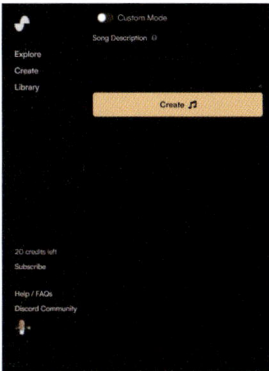

다음은 아래와 같은 화면이 나타나면 ChatGPT에서 가사를 쓴 내용을 복사하여 붙여넣기 한다.

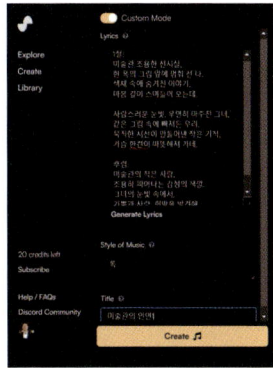

내가 원하는 음악의 스타일 예를 들어, 팝, 록, 랩, 발라드, 트로트 등 을 선택하고 "Create"를 클릭하면 자동으로 음악 2곡이 생성된다.

위 화면의 오른쪽은 음악 2곡이 생성된 화면이다. 클릭하면 음악이 재생된다.

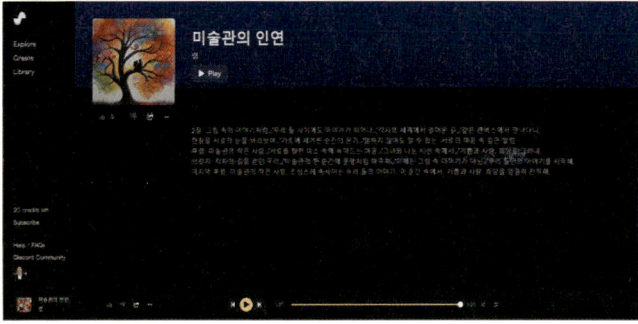

위 화년은 저자가 ChatGPT를 활용해서 가사를 쓰고 SUNO.ai를 이용해서 "미술관의 인연" 이라는 음악을 생성한 것이다.

그림을 그리는 프로그램이 있는 것처럼 작곡 역시도 프로그램을 이용한 작곡이 가능하다. 작곡 프로그램의 UI는 크게 오선보, 시퀀서, 트랙커로 나눌 수 있다.

음악 분야에서 인공지능은 구글의 마젠타(Magenta) 프로젝트, IBM의 왓슨(Watson), 소니의 플로우 머신(Flow machine) 등 IT 분야의 세계적 기업들이 앞장서서 인공지능 음악 작곡가를 만들어내기 위해 활발히 연구하고 있고 지속적인 발전을 하고 있다. 인공지능 작곡 기술을 활용한 다양한 서비스가 출시 되었는데, 몇 가지 파라미터만 결정해주면 완성된 음악을 자동으로 만든다. 하지만 인공지능의 능력이 돋보이는 타 분야와는 달리 음악 분야에서는 아직 인간 작곡가의 복합적인 창작 능력에 미치지 못하고 있어, 영상을 위한 배경음악 같이 특정 목적을 위한 제한된 수준의 음악이 필요한 분야에서만 부분적으로 서비스되고 있는 상황이다. 시간적 예술이라는 특징과 함께, 조금만 어긋나도 음악적이지 못하거나 불쾌하게 들리는 음악의 민감한 특성 때문에 음악 작곡은 인공지능이 완성하기 어려운 분야 중 하나이다.

작곡에는 중요한 세 가지 요소가 있다. 그것은 조성과 화음, 멜로디이다. 지금까지 사람이 작곡을 하면 먼저 음악이론을 머리에 넣어서 곡의 콘셉을 정하고 곡조를 결정한 후 코드 진행을 만든다. 이때 곡에 위화감을 주지 않도록 자연스러운 코드를 찾는 것이 중요하다. 그 후 마지막으로 그 코드에 멜로디 사운드를 붙이는 흐름으로 작곡을 하는 것이 일반적이다.

AI가 자동으로 작곡하는 경우 만들고 싶은 곡의 조성을 정하고, 대량 곡의 악보를 AI로 로드하여 코드 패턴을 학습 시킨다. 그리고 곡조와 같은 일정한 지침을 소프트웨어로 지시하면 학습한 정보를 바탕으로 작곡을 할 수 있다. 생성형 AI의 하나인 ChatGPT의 확산과 함께 텍스트를 입력하면 그림을 그려주는 인공지능과 텍스트를 입력하면 작곡을 해주는 인공지능에 대한 관심이 커지고 있다.

구글이 텍스트 설명으로 모든 장르의 음악을 생성할 수 있는 인공지능(AI) 모델인 '뮤직LM(MusicLM)'를 개발했다.

출처: 구글의 뮤직LM

구글 AI 연구팀은 2023년 1월 텍스트 기반 음악 생성 AI 모델 '뮤직LM (MusicLM)'을 개발했다. 구글은 뮤직LM은 방대한 양의 데이터셋을 바탕으로 높은 완성도의 곡으로 차별화했다. 뮤직LM은 28만 시간 분량의 음악 데이터를 학습했고, 복잡한 글을 입력해도 그에 상당히 어울리는 음악을 만들어 낸다..

사용자가 만들고 싶은 음악을 문장으로 설명하면, 그대로 음원을 만들어주는 생성 AI '뮤직LM' 기술이다. 하지만 구글 측은 아직 뮤직LM 모델을 상용화 서비스로 제공하진 않고 있다. 연구팀 분석 결과 뮤직LM이 생성한 음악의 1% 정도가 학습 데이터를 직접 복제한 것으로 나타났기 때문이다. 이는 분명히 저작권 침해 소지가 있다고 판단한 것이다. 그래서 구글은 상당한 노력을 기울여 개발한 서비스의 출시를 늦추고 있다. 구글이 공개한 논문에 따르면 뮤직LM은 장르와 악기를 가리지 않고 이용자의 주문에 따라 30초 분량의 음원을 만들어준다. 예를 들어 "플루트, 기타와 함께 차분하고 진정되는 명상 음악"을 주문하면 요청에 맞는 음악이 생성된다. 이처럼 음악을 생성해주는 AI가 나온 것은 이번이 처음은 아니다. '리퓨전(Riffusion)'을 비롯해 구글의 '오디오LM(AudioLM)', 오픈AI의 '쥬크박스(Jukebox)', 메타의 '오디오젠(AudioGen)' 아마존웹서비스(AWS)가 간단한 멜로디를 입력하면 노래를 만들어주는 '딥컴포저' 등 이미 다양한 모델이 나와있다. 그러나 이들 모델은 모두 기술적 한계와 제한된 학습 데이터로 인해 설득력을 지니지 못했다. 구성이 복잡하거나 충실도가 높은 곡을 제작하는 데는 어려움이 있다. 국내에서는 콘텐츠·플랫폼 기업이 AI를 활용한 작곡에 주목한다. 주 수요는 대중음악보다는 배경음악에 집중되어 있다. 시청자들이 소비하는 콘텐츠가 늘어나면서 저작권료에서 자유로운 배경음악의 수요가 늘었고, AI를 활용하면 사람이 작곡할 때보다 저렴하고 빠르게 음원을 제작할 수 있기 때문이다.

인공지능 기술을 통해 음악 데이터만을 학습시켜 만든 인공지능 작곡 프로그램은 음악 작곡에 대한 교육을 전혀 받지 않은 일반인도 일정 수준 이상의 작곡을 가능하게 한다. 전문 작곡가와 일반인의 작곡 수준은 인공지능 작곡 기술이 발전함에 따라 그 격차가 좁혀질 것이고, 음악 분야에서 창작자와 소비자의 경계가 점차 허물어지며 누구나 지식과 시간의 제약 없이 음악을 작곡할 수 있게 될 것이다. 따라서 인공지능 시대의 전문 작곡가의 역할은 전통적인 작곡가와는 많이 달라질 것으로 보인다. 인공지능 시대의 전문 작곡가의 역할은 인공지능이 기존의 음악 데이터에서 학습할 수 없는, 창의적이고 새로운 음악 데이터를 구축하는 영역에서 전문적 창작 활동을 하는 방식으로 변화할 가능성이 높다. 데이터가 없는 영역에서는 인공지능이 동작할 수 없기 때문에 기존에 없는 창의적인 스타일은 개척하는 분야는 미래에도 여전히 인간 전문 작곡가의 영역일 것이다.

인공지능이 음악을 작곡한다는 현상에 대해 다양한 시선이 존재한다. 한쪽 측면에서는 기계가 생성한 음악은 인간의 작품처럼 창작자의 의도가 담기지 않았기 때문에 진정한 음악이 아니라고 생각해 거부감을 느끼기도 하고, 다른 측면에서는 최근에 갑자기 나타난 신비로운 기술이라는 환상을 갖기도 한다. 하지만 음악의 역사를 살펴보면 오늘날 인공지능 기술을 통해 작곡하는 연구는 오래전부터 음악 분야와 밀접하게 존재해왔다는 것을 알 수 있다.

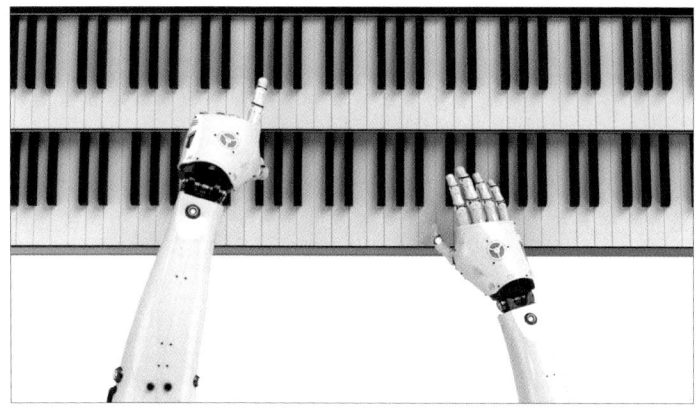

⑩ ChatGPT의 전망과 인간의 역할 변화

ChatGPT 등 AI기술의 진보에 따른 인간의 역할 변화가 필요 하다. 인간의 언어와 추상적 개념을 이해하는 생성형 AI 애플리케이션의 대중화가 인간 최후의 보루였던 창의성 영역을 빠르게 대체하고 있다. 아마 지금이 현대사회의 몇 가지 직업 분야에 인간의 직접적인 노동을 필요로 하는 마지막 세기일지도 모른다.

과거에 자동차의 등장으로 인간의 이동이 편리해졌고, 컴퓨터의 등장으로 인간의 문제 해결 능력이 증강되었으며, 인터넷의 등장은 사람들의 집중력을 떨어뜨렸을지는 모르나 연결을 통해 새로운 가치를 생성하였다.

스마트폰의 등장으로 많은 전화번호를 일일이 기억하는 것은 덜 중요해졌으며 정보를 소유하는 것 그 자체로는 권력이 되지 못하고 오히려 흩어진 정보를 잘 찾아내고 연결하는 능력이 더 필요하게 되었다.

X세대가 컴퓨터를 쉽게 다룰 수 있었고, 밀레니얼 세대는 인터넷과 소셜미디어에 능통했으며, Z세대가 모바일 속 유튜브 콘텐츠를 선호했듯 앞으로의 아이들은 궁금증을 AI로 해소하는 AI 네이티브로 성장할 것이다.

ChatGPT 이전에는 '대답'을 잘 하는 사람이 '전문가'였던 시절에서 '검색'을 잘 하는 사람이 '전문가'였던 시대를 지나, 이제는 '질문'을 잘하는 사람이 '전문가'로 인정 받는 세상 도래 되었다.

AI 서비스가 보편화됨에 따라 생활 곳곳에서 AI를 경험하고, 궁금한 것이 있을 때 AI에게 물어보는 것을 당연하게 느끼는 미래 세대에게는 'AI를 얼마나 잘 다루는가'가 중요한 경쟁력으로 부각될 것이다.

변화와 혁신을 빠르게 수용해야 기업과 개인의 미래가 바뀔 수 있다. **앞으로는 ChatGPT를 잘 활용하는 사람이 ChatGPT를 활용하지 않는 사람을 대체할 것이다.**

바로 지금 가장 필요한 것이 ChatGPT가 활용되는 실제 사례를 통해 배우고 상상하는 것, 그리고 하나하나의 질문능력과 AI기술을 넘어 종합적인 통찰력을 갖고 미래 비즈니스와 개인의 직업에 대한 구체적인 밑그림을 그려나가야 지속적인 성장을 할 수 있을 것이다.

구글이 2017년에 공개한 자연어처리 모델인 트랜스포머(Transformer) 모델을 기반으로 OpenAI의 GPT는 적합한 정보를 추출하는 학습 방식을 진화시켰다.

이 학습 방식은 자연어처리 학습방식이 진화한 것이다. 트랜스포머 모델에 사전 데이터 레이블이 필요하지 않은 비지도학습 방식을 결합하여 학습하는 머신러닝 기법을 접목하여 대용량 학습이 가능하도록 하였다.

ChatGPT의 기반이 되는 GPT-3.5는 트랜포머 모델의 형태를 지속 변화하여 3단계의 훈련 과정을 활용한 학습을 진행하였다.

훈련과정을 간단하게 요약하면, GPT-2는 비지도학습 과정에서 Fine-Tuning(미세조정) 단계를 생략하여 대용량 데이터 학습이 용이하도록 구성하였다. GPT-3은 학습되는 데이터의 크기를 폭으로 확대하여 데이터 학습 과정에서 프로그램 자체적으로 학습 방식과 스킬을 강화하는 Meta-Learning 방식을 활용하여 강화하였다.

그 다음은 인간 교육자(Labeler)가 학습시킬 내용의 결과값을 사전에 조장하고 도출된 결과값에 순위를 매김으로써 가장 효율적인 결과값이 도출 될 수 있도록 학습을 진행하였다.

OpenAI는 GPT-3을 출시하며 강화학습 방식을 채택하여 추출되는 데이터의 적합성을 강화하였다[그림1]. 강화학습 방식은 인공지능이 자체적으로 답변을 생성하지만, 생성된 결과 값에 대한 인간 교육자의 판단이 반영되어 사람의 언어와 더욱 유사한 문장이 생성될 수 있도록 하였다.

[그림1] OpenAI의 ChatGPT 발전 과정

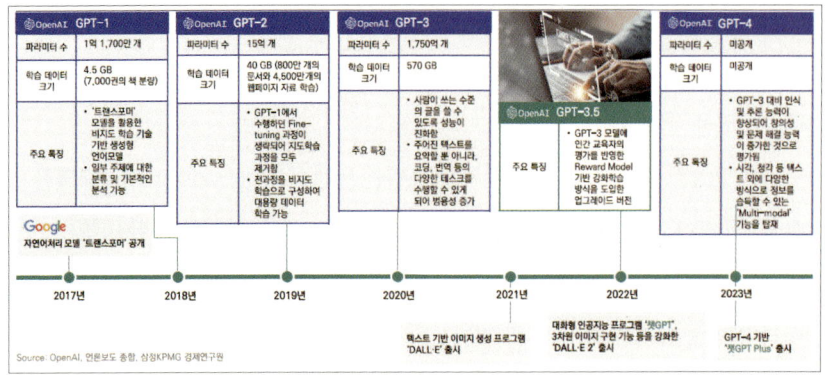

*출처: OpenAI, 언론보도 종합, 삼정KPMG 경제 연구원

GPT-4는 데이터를 입력하는 방식을 확대하였다. 멀티모달(Multi-modal) 방식은 기존 GPT 모델이 텍스트를 통한 데이터의 입력 기능을 제공하였었는데, 텍스트, 이미지, 음성 등 여러 정보 타입을 통해서도 데이터를 입력 받도록 하여 GPT 모델의 활용성을 강화하였다. 특히, 제공된 이미지에서 이상한 점을 파악하여 답변을 주는 경우, 이미지에 대한 분석 내용을 설명해준다. 또한 음식 사진을 제시한 후 해당 음식을 재료로 조리 가능한 음식 레시피를 제공 요청하는 경우 등 멀티모달 기능을 기반으로 한 GPT 모델의 활용 방식이 확대되고 있다.

OpenAI는 새로운 인공지능 모델 GPT-4o(Omni)를 출시와 함께 전세계가 다시 오픈AI에 집중되고 있다. 이 모델은 사람처럼 보고 듣고 말하며 사용자와 실시간 대화를 할 수 있다. 10여 년 전 개봉한 공상과학(SF) 영화 '허(Her)'에서 묘사한 '인격형 AI'가 현실이 되었다. 이제 정말 인공지능과 친구처럼 대화할 수 있는 시대가 시작된 것이다.

사용자와 실시간으로 대화하는 것은 기본이고, 사용자의 말투와 억양을 분석해 현재의 기분을 파악하고, 이미지를 실시간으로 분석해 수학 문제의 답을 맞힐 수 있다.

인간이 주로 사용하는 텍스트, 시각, 청각 데이터를 종합적으로 분석하고 사람과 같이 영상을 보면서 실시간성으로 대화를 할 수 있다.

최근 OpenAI 및 글로벌 주요 빅테크 컴퓨팅 인프라 기업들이 [그림2]와 같이 데이터 수집, 파운데이션 모델 구축 뿐만 아니라 자사의 AI모델을 기반으로 텍스트, 이미지, 음성 등 다양한 분야를 통합 처리하는 멀티모달 AI를 앞다퉈 선보이고 있다. 이처럼 글로벌 기업을 중심으로 생성형 AI 밸류체인 전체를 아우르는 비즈니스가 전면 부각되고 있다. 우리나라 기업도 빠르게 변화하는 AI 시장에서 보다 유연하게 대응하며 새로운 수요 및 비즈니스 모델을 창출할 수 있도록 노력해야 한다.

[그림2] 생성형 AI의 밸류체인 및 창작 영역에서의 생성형 AI 활용성

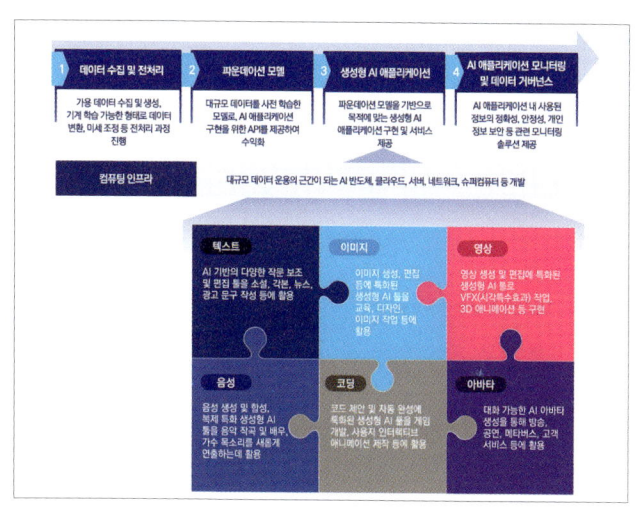

*출처: 삼정 KPMG 경제 연구원(2024.05)

ChatGPT와 생성형 AI의 급속한 발전으로 [그림3]과 같이 AI와 함께 일하는 5가지 스타일로 구분되어 노동의 미래가 바뀌어질 것으로 예상된다.

기존의 사람 중심의 일에서 점증적으로 AI중심으로 변화될 것으로 예상된다. 일자형은 사람만으로 일하는 것이고, 'T'자형은 AI가 사람의 일을 보조하는 형태이다. 'ㅁ'자형은 AI가 사람의 일을 확장하는 것으로 사람이 할 수 없었던 일을 할 수 있게 하는 것이다. 역'T'자형은 사람이 AI의 일을 보조 하는 것이다. 즉, AI가 할 수 없는 일을 사람이 돕는 것이다. 'I'자형은 AI가 사람의 일을 완전하게 대신하는 것이다.

[그림3] AI와 함께 일하는 5가지 스타일

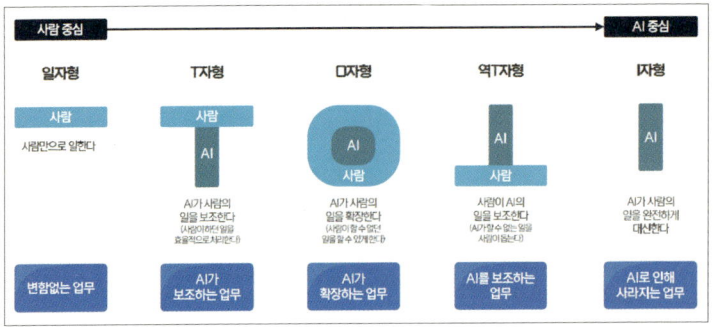

　[그림4]는 AI와 함께 일하는 5가지 스타일의 업무를 구분한 것이다. 일자형은 지금과 변함이 없는 업무이고, 'T'자형은 AI가 사람의 일을 보조하는 형태로 접객, 영업, 교육, 기획, 집필 업무 등이 해당된다. 'ㅁ'자형은 AI가 사람의 일을 확장하는 것으로 사람이 할 수 없었던 일을 할 수 있게 하는 것으로 고도의 전문 업무, 예측 분석 업무 등이다. 역'T'자형은 사람이 AI의 일을 보조 하는 것으로 데이터 입력, 전화 응답, 운전, 운반 업무 등이다. 'I'자형은 AI가 사람의 일을 완전하게 대신하는 것으로 주문.회계 업무, 감시 업무 등이다.

[그림4] AI와 함께 일하는 5가지 스타일의 업무

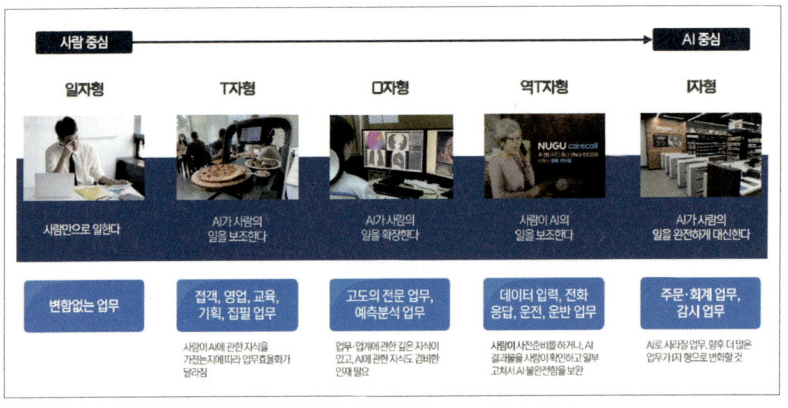

*출처: 노구치류지(2020), AI 시대, 문과생은 이렇게 일합니다, NIA, (재구성)

Part 2.

프롬프트 엔지니어링 기술 종합

1

프롬프트 엔지니어링(Prompt Engineering)이란 무엇인가?

가. 프롬프트 엔지니어링(Prompt Engineering)이란 무엇인가?

프롬프트 엔지니어링은 인공지능(AI), 특히 자연어 처리(Natural Language Processing: NLP) 모델과 상호작용할 때, 원하는 결과를 얻기 위해 사용자 입력 (프롬프트)을 최적화하는 기술이나 과정을 말한다. 이는 AI가 원하는 답변을 제공하도록 유도하는 방법을 고안하는 것으로, 입력 데이터의 구성, 질문의 형식, 맥락의 제공 등 여러 방면에서 접근할 수 있다. 즉, 질문을 잘 하여 AI를 효과적으로 잘 쓰는 방법이다.

프롬프트 엔지니어링의 핵심은 AI 모델이 가진 정보와 학습 방식을 이해하고, 이를 바탕으로 특정 목표에 맞는 답변을 유도하는데 있다. 이 과정에서는 질문을 어떻게 구성하느냐가 중요한데, 이는 모델이 이해하기 쉽고, 목표에 맞는 결과를 낼 수 있도록 하는 데 초점을 맞추어야 한다.

예를 들어, 데이터 분석에 관한 복잡한 문제를 해결하고자 할 때, 단순히 "이 데이터를 분석해줘"라고 요청하는 것보다는, "이 데이터에서 A 지표와 B 지표 사이의 상관관계를 분석하고, 그 결과를 바탕으로 C에 대한 추천을 해줘"라고 구체적으로 요청하는 것이 더 효과적이다.

또한, 프롬프트 엔지니어링은 모델이 제공할 수 있는 정보의 범위와 깊이를 확장하는 데에도 사용될 수 있다. 예를 들어, 창의적 아이디어 생성, 글쓰기, 코드 작성 등 다양한 영역에서 사용자의 요구에 맞는 세밀한 조정을 통해 더욱 유용하고 창의적인 결과를 도출할 수 있다.

프롬프트 엔지니어링은 최근 AI 기술의 발전과 함께 더욱 중요해지고 있다. 이는 사용자와 AI 사이의 효과적인 상호작용을 가능하게 하며, AI 기술의 활용 범위를 넓히는 데 큰 역할을 하고 있다. 따라서, AI와 관련된 다양한 분야에서 활용도가 높아지고 있으며, 특히 자연어 처리 기술이 적용되는 분야에서 그 중요성이 강조되고 있다.

프롬프트의 이러한 구성 요소들을 효과적으로 조합하고 사용함으로써, 사용자는 AI로부터 원하는 정보나 결과를 더 정확하고 빠르게 얻을 수 있다. 이는 특히 자연어 처리, 데이터 분석, 창의적 작업 등 다양한 분야에서 AI의 활용도를 극대화하는 데 중요한 역할을 한다.

나. 프롬프트 엔지니어링을 효과적으로 사용하는 방법

프롬프트 엔지니어링을 효과적으로 사용하는 방법은 다음과 같다.

- **목적 이해하기**: 사용자는 자신이 원하는 결과가 무엇인지 명확히 이해해야 한다. 이는 AI에게 어떤 질문을 할지, 어떤 종류의 정보를 요청할지 결정하는 데 중요한 기반이 된다.
- **질문 구성하기**: 목표에 맞추어 질문을 구체적이고 명확하게 구성해야 한다. AI가 요청을 정확히 이해하고, 원하는 답변을 제공할 수 있도록 질문의 형태와 맥락을 세심하게 고려해야 한다.
- **반복 및 조정하기**: AI의 반응을 분석하고, 원하는 결과를 얻기 위해 프롬프트를 지속적으로 반복하고 조정하는 과정이 필요하다. 이를 통해 AI 모델과의 상호작용 방식을 더 잘 이해하고, 효과적인 프롬프트 사용법을 개발할 수 있다.

프롬프트 엔지니어링은 AI와의 상호작용을 최적화하기 위한 과정으로, 사용자의 목적과 AI의 기능을 연결하는 다리 역할을 한다. 이러한 접근 방식은 AI의 잠재력을 최대한 활용하여 더 정확하고 유용한 결과를 얻는 데 도움을 준다.

다. 프롬프트 엔지니어링 활용 사례

프롬프트 엔지니어링은 다양한 분야에서 활용될 수 있으며, 그 사용 예는 아래와 같다.

- **창의적 글쓰기 지원**: 소설가나 시나리오 작가가 특정 상황에 대한 창의적 아이디어나 대사를 필요로 할 때, 구체적인 배경 설명과 원하는 톤(예: 유머러스하게, 진지하게)을 프롬프트로 설정하여 AI에 요청함으로써 다양한 창의적 아이디어나 문장을 생성할 수 있다.
- **코드 디버깅 및 최적화**: 프로그래머가 특정 코드의 버그를 찾거나 더 효율적인 코드를 작성하고자 할 때, 문제의 코드와 함께 문제점이나 목표하는 바를 명확히 기술하는 프롬프트를 제공함으로써, AI로부터 개선 방안이나 대안적인 코드를 얻을 수 있다.
- **비즈니스 전략 분석**: 경영 컨설턴트가 특정 시장의 동향이나 경쟁사 분석을 위해, 해당 시장의 기본 정보와 관심 있는 포인트를 구체적으로 제시하는 프롬프트를 활용하면, AI로부터 깊이 있는 시장 분석 보고서나 경쟁사 전략의 분석을 받을 수 있다.
- **언어 학습 지원**: 언어 학습자가 실제 대화 상황에서 사용할 수 있는 표현이나 어휘를 배우고 싶을 때, 특정 상황(예: 식당에서 주문하기)과 원하는 언어 수준을 명시하여 프롬프트로 제공하면, AI는 그에 맞는 실용적인 대화 예시나 어휘를 제공할 수 있다.
- **데이터 분석 및 해석**: 데이터 과학자가 대량의 데이터에서 특정 패턴이나 통계적 의미를 찾고자 할 때, 분석하고자 하는 데이터의 특성과 분석 목표를 구체적으로 기술한 프롬프트를 제공하면, AI는 데이터 분석 결과를 요약하거나, 특정 패턴에 대한 해석을 제공할 수 있다.
- **고객 서비스 자동화**: 챗봇을 통해 고객 질문에 자동으로 답변하기 위해, 다양한 고객 상황과 질문 유형에 따른 프롬프트를 사전에 설계한다. 예를 들어, 제품 배송 관련 문의, 반품 절차, 제품 사용법에 대한 질문 등을 구분하여, 각 상황에 적합한 답변을 생성할 수 있도록 한다.
- **교육 콘텐츠 제작**: 교육자가 학생들을 위한 맞춤형 학습 자료나 퀴즈를 만들 때, 학습 주제와 목표 학습 결과를 명시한 프롬프트를 활용한다. 이를 통해 AI

는 주제에 맞는 설명, 예제, 연습 문제 등 다양한 형태의 교육 콘텐츠를 제공할 수 있다.
- **마케팅 자료 생성**: 마케팅 팀이 새로운 광고 캠페인의 슬로건이나 콘텐츠 아이디어를 구상할 때, 타겟 고객군, 제품의 특징, 원하는 감정 반응 등을 포함한 프롬프트를 설정한다. AI는 이 정보를 바탕으로 창의적이고 설득력 있는 마케팅 메시지를 생성할 수 있다.
- **사용자 경험(UX) 개선**: UX 디자이너가 사용자 경험을 분석하고 개선 방안을 모색할 때, 특정 사용자 인터페이스(UI)의 문제점과 개선 목표를 명확히 하는 프롬프트를 사용한다. AI는 이를 통해 사용성 향상을 위한 구체적인 제안이나 디자인 아이디어를 제시할 수 있다.
- **역사적 사건 분석**: 교육자나 학생이 특정 역사적 사건에 대한 분석이나 인사이트를 얻고자 할 때, 사건의 배경, 중요 인물, 결과 등을 포함한 상세한 프롬프트를 제공한다. AI는 이를 바탕으로 해당 사건의 복잡한 맥락과 다양한 관점을 분석한 자료를 제공할 수 있다.

이러한 예시들은 프롬프트 엔지니어링이 어떻게 다양한 분야와 상황에 맞춰서 효율적으로 활용될 수 있는지를 보여준다. 정교한 프롬프트 설계를 통해, AI의 응답을 보다 목적에 부합하게 유도할 수 있으며, 이는 각 분야에서의 작업 효율성과 창의성을 높이는 데 기여한다. 명확하고 구체적인 프롬프트를 통해 AI의 성능을 최대한으로 활용할 수 있으며, 이는 창의적인 작업부터 기술적인 문제 해결까지 폭넓은 영역에서 유용하게 사용될 수 있다.

최근 생성 AI(Generative AI)의 연구와 활용이 확대되면서 아래 [그림1]과 같이 프롬프트 엔지니어라는 새로운 직업이 생겨났으며, 해외 기업을 중심으로 수요가 급증하고 있다.

[그림1] AI와 대화 잘하면 연봉 4억 미테크기업서 뜨는 신기술 기사

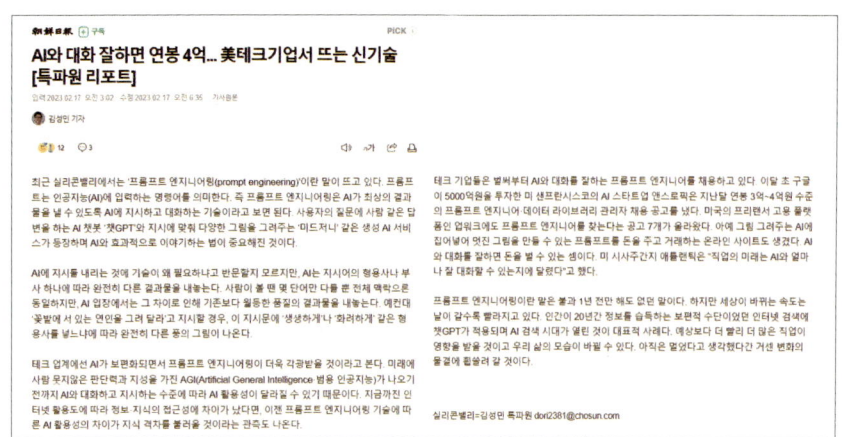

*출처: 조선일보

프롬프트 엔지니어(Prompt Engineer)는 두 가지 역할을 한다. 하나는 데이터 사이언스 분야의 신종 직업으로, ChatGPT와 같은 대화형 인공지능에게 자연어로 대화를 걸며, 대형언어모델에서 최적의 답변을 이끌어내고, 편향되거나 위험한 결과를 최소화하기 위해 효과적인 입력값 조합을 찾고 제시하는 역할을 한다.

또 하나는 인공지능 대화 시스템을 구현하고 유지 보수하는 개발자 역할을 맡는다. 사용자와 인공지능 시스템 간의 대화 인터페이스를 설계하고, 자연어 처리 기술과 기계 학습 알고리즘을 이용하여 대화 인터페이스를 구현하고 유지보수를 담당하는 것이 주요한 업무이다. 그리고 대화 인터페이스에서 사용자가 제시하는 질문과 요청에 대한 정확한 대답을 제공하도록 대화의 흐름을 설계하고 수정하는 업무도 담당한다. 특히 ChatGPT와 같은 대화형 인터페이스는 사용자와의 상호작용이 필요한 인공지능 서비스에서 프롬프트 엔지니어링은 매우 중요한 역할을 한다. 사용자가 이해하기 쉽고 편리한 대화 인터페이스는 서비스 이용에 대한 사용자 만족도를 높일 뿐 아니라 서비스의 효율성을 높여주기 때문이다.

프롬프트 엔지니어의 전망은 대화 인터페이스의 성능과 사용자 경험을 개선하기 위해 필수적인 직군으로 자리 잡고 있기 때문에 프롬프트 엔지니어의 역할과 기술은 인공지능 분야에서 더욱 중요한 위치를 차지할 것으로 예상된다.

프롬프트 엔지니어링 기술 및 구성요소

프롬프트 엔지니어링(Prompt Engineering)은 인공지능(AI), 특히 자연어 처리 모델을 활용할 때, 모델이 사용자의 의도를 정확하게 이해하고 원하는 답변을 제공하도록 입력(프롬프트)을 설계하고 최적화하는 기술이다. 이 과정에서, 프롬프트의 정교한 구성을 통해 AI의 반응을 유도하고 조절하여, 더 정확하고 유용한 정보나 결과를 얻을 수 있도록 한다.

가. 프롬프트 엔지니어링(Prompt Engineering) 기술

프롬프트 엔지니어링은 AI와의 상호작용에서 중요한 역할을 하는데, 사용자의 질문이나 요청을 AI가 이해하기 쉬운 형태로 변환하여, AI의 성능을 최대화하는 데 도움을 준다. 이 기술은 특히 GPT와 같은 고급 자연어 처리 모델을 사용할 때 그 효과가 크며, 다양한 응용 분야에서 그 중요성이 점차 증가하고 있다.

프롬프트 엔지니어링 기술을 예시와 함께 설명하면 다음과 같다.

예시 1: 문서 요약

상황: 사용자가 긴 문서나 기사를 요약하고 싶어 할 때

프롬프트 엔지니어링 적용: "다음 문서의 주요 내용을 3문장으로 요약해줘." 라고 요청함으로써, AI에게 문서 전체를 읽고 핵심 포인트를 간추려 요약하도록 지시한다. 이 때, "3문장으로"라는 구체적인 요구사항을 명시함으로써, AI가 내용을 간결하게 요약하도록 유도한다.

예시 2: 창의적 아이디어 생성

상황: 마케팅 캠페인을 위한 창의적인 아이디어가 필요할 때

프롬프트 엔지니어링 적용: "신제품 X를 위한 마케팅 캠페인 아이디어 5가지를 제안해줘. 타겟 고객은 20대 초반의 대학생이야." 라고 입력한다. 여기서, 제품명, 타겟 고객, 그리고 요구하는 아이디어의 수를 구체적으로 명시함으로써, AI가 보다 목표에 적합한 창의적 아이디어를 제공하도록 한다.

또 하나의 예시는 창의적 글쓰기이다. "20세기 초의 파리에서 벌어지는 사랑 이야기를 써줘."와 같은 프롬프트는 AI에게 특정 시대와 장소를 배경으로 하는 창의적인 스토리를 생성하도록 한다.

예시 3: 데이터 분석 질문

상황: 특정 데이터 세트에서 인사이트를 추출하고자 할 때

프롬프트 엔지니어링 적용: "이 데이터 세트에서 최근 5년간의 판매 추세와 패턴을 분석해줘."라고 요청한다. 이 프롬프트는 AI에게 특정 기간 동안의 데이터를 분석하고, 중요한 판매 추세와 패턴을 도출하노록 지시한다.

또 하나의 예시는 "이 데이터 세트에서 2020년부터 2022년까지의 판매 추세를 분석해줘."와 같은 프롬프트는 AI에게 특정 기간 동안의 판매 데이터를 분석하고 추세를 도출하도록 요청한다.

예시 4: 언어 학습 도움

상황: 새로운 언어를 배우는 학습자가 일상 대화에서 사용할 수 있는 표현을 배우고자 할 때

프롬프트 엔지니어링 적용: "식당에서 음식을 주문하는 상황에서 사용할 수 있는 영어 표현 5개를 알려줘."라고 요청한다. 이를 통해 AI는 구체적인 상황에 맞는 실용적인 언어 표현을 제공하게 된다.

예시 5: 코드 디버깅

상황: 프로그래머가 특정 코드에서 버그를 찾고 수정하는 데 도움이 필요할 때

프롬프트 엔지니어링 적용: "다음 파이썬 코드에서 발생하는 메모리 누수 문제를 찾아서 해결 방법을 제시해줘."라고 요청함으로써, AI에게 코드 분석과 문제 해결 방안을 제공하도록 한다.

프롬프트 엔지니어링은 AI와의 상호작용을 최적화하여 사용자가 원하는 정보를 정확하고 효과적으로 얻을 수 있도록 한다. 사용자의 요구사항을 명확히 전달하고, AI의 답변을 구체적으로 유도하는 것이 핵심이다.

나. 프롬프트의 구성 요소

프롬프트의 구성 요소는 크게 목표, 구체성, 맥락, 제약 조건, 그리고 기대 결과로 나눌 수 있다. 각 구성 요소는 인공지능(AI)과의 상호작용을 최적화하기 위해 중요한 역할을 한다. 프롬프트의 각 구성 요소에 대해 상세히 설명하면 다음과 같다.

① **목표 (Objective)**

목표는 사용자가 AI에게 달성하고자 하는 명확한 목표나 요구사항이다. 프롬프트를 통해 AI에게 무엇을 해야 하는지 명시한다.

예시: "이 문서를 요약해줘", "이 코드의 오류를 찾아줘"와 같은 지시는 AI에게 특정한 작업 목표를 제시한다.

② **구체성 (Specificity)**

구체성은 요구사항의 상세함을 나타낸다. 구체성이 높을수록 AI는 더 정확하고 유용한 결과를 제공할 가능성이 높아진다.

예시: "5문장으로 이 기사를 요약해줘"는 단순히 "이 기사를 요약해줘"보다 더 구체적인 지시이다.

③ **맥락 (Context)**

맥락은 프롬프트가 제공하는 배경 정보나 상황적 맥락이다. AI가 요청을 이해하고 적절한 답변을 제공하는 데 도움이 된다.

예시: "스마트폰 사용자를 대상으로 한 마케팅 전략을 제안해줘"는 사용자의 타

겟층에 대한 맥락을 제공한다.

④ 제약 조건 (Constraints)

제약 조건은 작업이나 답변에 대한 특정 제한 사항을 명시한다. 즉 결과물에 대한 형식, 길이, 사용할 데이터의 범위 등 제약 조건을 명확히 한다. 이는 결과의 범위를 좁히고, 더 정밀한 결과를 얻기 위해 사용된다.

예시: "최근 5년간의 데이터를 사용하여 분석해줘"는 시간적 제약을 설정한다.

⑤ 기대 결과 (Expected Outcome)

기대 결과는 AI의 작업 완료 후 사용자가 기대하는 결과의 형태나 성격을 설명한다. 이를 통해 AI는 목표를 더 잘 이해하고, 적절한 형식의 답변을 준비할 수 있다.

예시: "리스트 형태로 답변해줘", "차트로 결과를 보여줘"와 같은 지시는 결과물의 형식에 대한 기대를 명확히 한다

③

프롬프트 엔지니어링 5가지 기술(질문으로 AI성능 높이기)

AI(ChatGPT)의 답변 성능을 높일 수 있는 질문(프롬프트)의 품질을 높일 수 있는 방법에는 여러 가지가 있지만 그 중에서 "AI에게 제시하는 질문의 품질을 높이는 방법"과 "AI에게 질문을 잘하는 5가지 기술(프롬프트 엔지니어링)"을 통해 AI가 제공하는 답변의 정확성과 유용성을 극대화시킬 수 있다.

가. AI에게 제시하는 질문의 품질을 높이는 방법

① 구체적이고 명확한 질문 제시

AI에게 요구하는 바를 구체적이고 명확하게 표현한다. 모호한 질문보다는 정확한 정보나 작업 내용을 요구하는 것이 중요하다. 예를 들어 "세계에서 가장 높은 산은?"보다 "세계에서 가장 높은 산의 이름과 높이를 알려줘."가 더 구체적이다.

② 맥락과 배경 정보 포함

질문에 맥락과 필요한 배경 정보를 포함하여 AI가 문제를 더 정확하게 이해하고 적절한 답변을 할 수 있도록 한다. 예를 들어 "이메일 마케팅의 효과를 높이는 방법은?"보다 "소규모 스타트업을 위한 이메일 마케팅의 효과를 높이는 전략은 무엇인가?"가 맥락을 더 잘 제공한다.

③ 목적과 기대 결과 명시

AI에게 원하는 정보의 목적과 기대하는 결과의 형태를 명시한다. 이는 AI가 답변을 생성할 때 방향성을 갖게 하는데 중요하다. 예를 들어 "데이터 분석 결과를 요약해줘."보다 "고객 만족도 설문 결과를 바탕으로 주요 인사이트 3가지를 요약해서 알려줘."가 기대하는 결과를 더 명확히 한다.

④ 적절한 제약 조건 설정

AI의 답변을 적절히 제한하기 위한 조건을 설정한다. 이는 너무 광범위하거나 불필요한 정보를 줄이는 데 도움이 된다. 예를 들어 "프랑스에 대해 알려줘."보다 "프랑스의 주요 관광지 5곳과 각각의 특징을 간단히 설명해줘."가 정보의 범위를 적절히 제한해서 내가 원하는 답변을 받을 수 있다.

⑤ 반복적인 질문과 수정을 통한 최적화

AI의 초기 반응을 바탕으로 질문을 조정하고 수정함으로써, 점차 원하는 답변에 가까워질 수 있도록 한다. 이 과정은 AI와의 상호작용을 통한 학습과 최적화이다. 예를 들어 "로봇에 대해 알려줘."라는 질문에 대한 AI의 답변이 만족스럽지 않다면, "현재 사용되고 있는 서비스 로봇의 예를 들고, 각각의 주요 기능에 대해 설명해줘."와 같이 질문을 수정한다.

위의 방법들을 통해 AI에게 제시하는 질문의 품질을 높임으로써, AI의 성능을 효과적으로 높일 수 있다. 이는 AI가 제공하는 답변의 정확성과 유용성을 극대화하는 데 중요한 역할을 한다.

나. AI에게 질문을 잘하는 5가지 기술(프롬프트 엔지니어링)

기술1: 제로샷(Zero Shot learning) VS. 퓨샷(Few Shot learning)

제로샷(Zero Shot) 학습은 기계 학습의 한 형태로, 모델이 학습 과정에서 본 적이 없는 새로운 클래스나 개념에 대해 분류하거나 인식할 수 있는 능력을 의미한다. 즉, 훈련 데이터셋에 포함되지 않은 새로운 카테고리의 데이터를 인식하고 처리할 수 있는 모델의 능력을 말한다.

예를 들어 ChatGPT에게 상황 설명 없이 바로 질문하는 걸 뜻한다.

예시) 유럽 (뜬금없이 유럽에 대해 알고 싶을 때)

> **You**
> 유럽
>
> **ChatGPT**
> 유럽은 세계에서 가장 발달된 대륙 중 하나로, 다양한 문화, 언어, 역사를 가진 국가들로 구성되어 있습니다. 서쪽으로는 대서양, 북쪽으로는 북극해, 남쪽으로는 지중해, 동쪽으로는 아시아와 접하며 우랄 산맥, 우랄 강, 카스피 해, 코카서스 산맥, 흑해를 경계로 합니다. 유럽은 세계 인구의 약 10%를 차지하며, 유럽 연합(EU)을 포함한 여러 정치적 및 경제적 연합을 통해 긴밀하게 협력하고 있습니다.
>
> 유럽은 세계 역사, 예술, 과학, 정치의 중심지 역할을 해왔습니다. 르네상스, 계몽주의, 산업혁명과 같은 중요한 사건들이 유럽에서 시작되어 전 세계에 영향을 미쳤습니다. 유럽의 여러 도시는 역사적인 건축물, 박물관, 예술 작품으로 유명하며, 매년 수많은 관광객을 끌어들입니다.
>
> 유럽의 지리는 다양한 기후와 자연 환경을 포함합니다. 북유럽의 빙하, 서유럽의 온화한 해안선, 남유럽의 지중해 해안, 동유럽의 광활한 평원 등이 있습니다. 이 다양성은 유럽의 농업, 산업, 관광에 중요한 영향을 미칩니다.
>
> 유럽의 문화는 그 지역의 다양한 언어와 전통에서도 볼 수 있습니다. 각 국가마다 독특한 문화적 정체성을 가지고 있으며, 음식, 음악, 문화, 축제 등에서 이를 경험할 수 있습니다. 유럽은 세계적으로 영향력 있는 많은 작가, 예술가, 과학자를 배출하였으며, 그들의 작품과 이론은 오늘날까지도 전 세계적으로 중요한 영향을 미치고 있습니다.

퓨샷(Few-Shot Learning) 학습은 기계 학습의 한 분야로, 모델이 매우 적은 양의 학습 데이터만을 사용하여 새로운 작업이나 분류를 수행할 수 있도록 하는 기술을 말한다. 즉, 전통적인 머신러닝이나 딥러닝 모델이 대량의 데이터를 필요로 하는 것과 달리, 퓨샷 학습은 소수의 예제로부터 학습하여 일반화하는 능력에 초점을 맞춘다.

퓨샷(Few Shot)은 일반적으로 질문할 때 예시를 1개 주면 One Shot, 2개 주면 Two Shot, n개 주면 n Shot이라고 표현한다.

예를 들어 예시를 통한 학습 방법으로 퓨샷은 예시를 줘서 문맥을 이해시키고 주입시켜 더 나은 답변을 제시하도록 지시하는 것이다.

예시) Q: "아시아"

A: 서울의 남산과 롯데 타워을 관람하고 민속 한옥마을을 거쳐 일본의 도쿄타워와 후지산을 조망하는 관광 여정

Q: "유럽"

A:

> **You**
> Q: "아시아"
> A: 서울의 남산과 롯데 타워을 관람하고 민속 한옥 마을을 거쳐 일본의 도쿄타워와 후지산을 조망하는 관광 여정
>
> Q: "유럽"
> A:
>
> **ChatGPT**
> A: 파리의 에펠탑과 루브르 박물관을 관람하고, 이탈리아의 로마 콜로세움과 베네치아의 운하를 거쳐 영국 런던의 빅벤과 타워브리지를 조망하는 관광 여정

기술 2: Chain of Thoughts(사고의 연쇄, 추론시키기)

"Chain of Thoughts" 또는 "사고의 연쇄" 방식은 복잡한 문제 해결이나 추론 과제를 수행할 때 인공지능(AI)이 여러 단계의 중간 단계나 추론 과정을 거쳐 최종 답변에 도달하는 방식을 말한다. 이 방식은 AI가 단순히 질문에 직접 답변하는 것이 아니라, 문제를 해결하기 위한 여러 추론 단계를 내부적으로 수행하며, 각 단계에서의 추론 결과를 다음 단계의 입력으로 사용함으로써 보다 복잡한 문제를 해결할 수 있도록 한다.

ChatGPT는 언어 기반 인공지능 모델로 딥러닝으로 학습되어 인간 레이블러가 텍스트 기반으로 학습시켰다.

예를 들어 강제로 생각을 말하면서(Chain of Thoughts) 추론을 하게끔 유도하면 질문에 대한 정확한 답변의 오류를 줄일 수 있다.

예시) 최고의 여행 스케줄을 잡는 질문

퓨샷을 사용해서 도시가 연속적으로 나오게 일정을 짜달라는 암시를 하는 것이다.

Q: 최고의 "미국"여행 스케줄 한문단으로 만들어줘.

[샌프란시스코 → 라스베가스 → 뉴욕]

Q: 최고의 "유럽"여행 스케줄을 한문단으로 만들어줘.

A:

> **You**
> Q: 최고의 "미국" 여행 스케줄을 한 문단으로 만들어줘.
>   [샌프란시스코 -> 라스베거스 -> 뉴욕]
> Q: 최고의 "유럽" 여행 스케줄을 한 문단으로 만들어줘.
> A:
>
> **ChatGPT**
> 샌프란시스코의 활기찬 피셔맨스 워프와 아름다운 골든게이트 브릿지를 시작으로, 라스베가스의 화려한 밤 문화와 대규모 카지노에서 잊을 수 없는 경험을 즐긴 후, 뉴욕으로 이동하여 자유의 여신상, 타임스퀘어, 센트럴파크를 방문하며 대도시의 매력을 만끽하는 여행 스케줄입니다. 이 여정은 미국의 다양한 문화와 역사, 대자연의 아름다움을 한 번에 경험할 수 있는 최적의 경로를 제공합니다.
>
> 유럽 여행은 프랑스 파리에서 시작하여 에펠탑의 웅장한 모습과 루브르 박물관의 예술작품을 감상한 후, 이탈리아 로마로 이동하여 고대 로마의 심장부인 콜로세움과 바티칸 시국의 성 베드로 대성당을 방문합니다. 여행은 스페인 바르셀로나의 가우디 건축물과 영국 런던의 빅벤, 타워브리지를 거쳐 종료됩니다. 이 스케줄은 유럽의 역사적인 도시들과 문화적 랜드마크를 방문하여 다채로운 유럽의 매력을 체험할 수 있는 여정입니다.

> **You**
> Q: 최고의 "미국" 여행 스케줄을 한 문단으로 만들어줘.
> 　　　[샌프란시스코 -> 라스베가스 -> 뉴욕]
> Q: 최고의 "유럽" 여행 스케줄을 한 문단으로 만들어줘.
> A:
>
> **ChatGPT**
> 유럽 여행의 최고 스케줄은 파리의 아름다운 에펠탑과 루브르 박물관을 시작으로, 이탈리아의 역사적인 로마 콜로세움과 베네치아의 매력적인 운하를 거쳐, 스페인 바르셀로나의 가우디 건축물을 관람하는 것입니다. 그 후에는 스위스의 아름다운 알프스 산맥을 경유하여 독일의 베를린 장벽과 체크포인트 찰리를 방문하고, 여행을 영국 런던의 빅벤과 타워브리지에서 마무리하여 유럽의 다양한 문화와 역사, 아름다운 자연을 한 번에 경험할 수 있는 꿈같은 여정입니다.

기술 3: Zero Shot Cot(제로샷 + 추론시키기)

퓨샷처럼 예시 없이도 좋은 결과를 만들어 내는 방법이다. 질문(프롬프트)을 입력할 때 "Let's think step by step"을 추가하면 된다. 즉, "차근 차근 생각해 보자"라는 의미이다.

예시) Q: 최고의 "유럽" 여행 스케줄을 한 문단으로 만들어줘.
　　　Let's think step by step

> **You**
> 최고의 "유럽" 여행 스케줄을 한 문단으로 만들어줘.
> Let's think step by step
>
> **ChatGPT**
> 유럽 여행의 최고 스케줄을 한 단계씩 생각해보자면, 먼저 프랑스의 파리에서 시작하여 유명한 에펠탑과 루브르 박물관의 놀라운 예술작품을 감상합니다. 이어서 이탈리아로 이동하여 로마의 역사적인 콜로세움을 방문하고, 베네치아의 아름다운 운하를 체험합니다. 여행의 다음 단계로 스위스의 아름다운 자연 풍경을 감상하며 알프스 산맥을 탐험합니다. 이후 독일의 베를린으로 이동하여 베를린 장벽의 역사적인 중요성을 느낀 뒤, 여정을 영국 런던에서 마무리하며 빅벤과 타워브리지를 조망하고, 현대와 과거가 공존하는 도시의 매력을 체험합니다. 이 여행 스케줄은 유럽의 주요 도시들을 방문하며 대륙의 다채로운 문화, 역사, 그리고 자연의 아름다움을 직접 경험할 수 있는 완벽한 경로를 제공합니다.

기술 4: 롤플레잉(Role Playing)(역할 나누기)

AI에게 역할을 부여하는 것이다. 즉 페르소나를 부여하는 것이다.

예를 들어 너는 "전문 투어 가이드"야. 또는 너의 역할은 "전문 투어 가이드"이다. 나는 "유럽으로 여행을 가고 싶은 직장인"이야. 이와 같이 질문을 하기 전에 역할을 부여하고 질문을 하면 역할에 충실하게 답변을 한다.

예시) 프롬프트: 너는 "전문 투어 가이드"야. 나는 유럽으로 여행을 가고 싶은 직장인이야.

최고의 "유럽"여행 스케줄을 한 문단으로 만들어줘.

Let's think step by step

> **You**
> 너는 "전문 투어 가이드" 야. 나는 유럽으로 여행을 가고 싶은 직장인이야.
> 최고의 "유럽 " 여행 스케줄을 한 문단으로 만들어줘.
> Let's think step by step
>
> **ChatGPT**
> 물론이죠, 유럽 여행을 계획 중인 직장인분을 위한 최고의 여행 스케줄을 단계별로 설계해 드리겠습니다. 첫 번째 목적지는 프랑스 파리입니다. 파리에서는 에펠탑의 웅장함을 경험하고, 루브르 박물관에서 세계적인 예술 작품들을 감상할 수 있습니다. 이후 이탈리아 로마로 이동하여 고대 로마의 심장인 콜로세움과 바티칸 시국을 방문하며, 역사의 숨결을 느껴보세요. 다음으로는 베네치아로 가서 그 유명한 운하를 곤돌라로 여행하며, 이탈리아의 낭만을 만끽합니다.
>
> 여행의 다음 단계는 스페인 바르셀로나입니다. 여기서는 가우디의 대표작인 사그라다 파밀리아와 구엘 공원을 방문해 독특한 건축의 아름다움을 감상할 수 있습니다. 이후 프라하로 이동하여 중세의 매력이 살아 숨쉬는 구시가지와 카를교를 탐방하세요. 마지막 목적지는 영국 런던입니다. 런던에서는 빅벤, 런던 아이, 타워 브리지를 방문하고, 영국 왕실의 역사를 탐구할 수 있는 기회를 갖게 됩니다.
>
> 이 여정은 바쁜 직장 생활 속에서도 유럽의 다양한 문화와 역사, 아름다운 자연을 균형 있게 경험할 수 있는 이상적인 스케줄입니다. 각 도시에서의 경험은 당신의 여행을 풍부하게 만들어줄 것이며, 잊지 못할 추억을 선사할 것입니다.

기술 5: 사람에게 물어보듯 하기(성능이 좋아진다)

ChatGPT와 같은 자연어 처리 기반의 인공지능 시스템에 사람에게 물어보듯이 질문을 할 경우, 답변의 성능이 좋아질 수 있다. 이는 몇 가지 이유에서 기인한다.

명확성: 사람에게 질문할 때처럼 구체적이고 명확한 질문을 하게 되면, AI는 요구하는 바를 더 정확히 이해할 수 있다. 이로 인해 AI가 더 정확하고 관련성 높은 답변을 제공할 가능성이 커진다.

맥락 제공: 사람과의 대화에서는 질문이나 대화의 맥락을 자연스럽게 제공하게 된다. 이 맥락이 AI에게도 전달될 경우, AI는 질문의 배경이나 의도를 더 잘 파악하여 적절한 답변을 할 수 있다.

구체적 요구 명시: 사람에게 질문을 할 때는 보통 원하는 정보의 형태나 범위를 구체적으로 요청하게 된다. 이런 방식으로 질문하면 AI도 기대하는 답변의 형식을 파악하고 그에 맞는 응답을 할 수 있다.

반복 및 명확화: 사람과의 대화에서 이해가 가지 않거나 추가 정보가 필요한 경우 질문을 반복하거나 명확화 한다. ChatGPT에도 같은 방식으로 질문을 수정하거나 추가 정보를 제공하면, AI는 더 정확한 답변을 제공할 수 있다.

따라서, ChatGPT를 포함한 자연어 처리 모델에 질문을 할 때는 사람과 대화하듯이 구체적이고 명확하게, 맥락을 고려하여 질문하는 것이 좋다. 이는 AI가 질문의 의도를 정확히 파악하고, 사용자가 만족할 만한 답변을 제공하는 데 도움이 된다.

예를 들어 이름 불러주기 예) 너는 "전문 투어 가이드" "제임스" 야, 반복적으로 말해서 "강조"하기 예) 너는 "최고의 전문 가이드"이니까 반드시 "가장 좋은 답"을 내라고 말하기, 예) 세상에서 가장 좋은 계획을 세워줘, 중요하고 필요한 정보 알려주기 예) 너무 힘든 여행은 아니길 바래, 미리 칭찬해주기 예) 넌 정말 잘 할 수 있어

이와 같은 예시를 통해 질문을 하면 답변의 성능이 좋아질 수 있다.

예시) 프롬프트: 너는 최고의 전문 투어 가이드 "제임스"야.

나는 한국에서 유럽으로 놀러가는 직장인이야.

최고의 "유럽"여행 스케줄을 한 문단으로 만들어줘.

최고의 "유럽"여행 스케줄을 만들어줘.

추천하는 여행기간, 목적지, 비행 및 숙박, 주요 관광지, 일정 및 활동을 표로 작성해줘.

너무 힘든 여행은 아니길 바래.

너는 최고의 전문 가이드이니까, 세상에서 가장 좋은 계획을 만들어 줄 구 있어.

너는 꼭 잘 해낼 거야.

Let's think step by step

You
너는 최고의 전문 투어 가이드 "제임스 " 야.
나는 한국에서 유럽으로 놀러가는 직장인이야.
최고의 "유럽 " 여행 스케줄을 만들어줘.
추천하는 여행기간, 목적지, 비행 및 숙박, 주요 관광지, 일정 및 활동을 표로 작성해줘.
너무 힘든 여행은 아니길 바래.
너는 최고의 전문 가이드이니까, 세상에서 가장 좋은 계획을 만들어 줄 구 있어.
너는 꼭 잘 해낼 거야.
Let's think step by step

🟣 **ChatGPT**

여기 한국에서 유럽으로 떠나는 직장인을 위한 최고의 여행 스케줄입니다. 여행은 총 10일간 진행되며, 여러분이 유럽의 주요 도시들을 방문하면서 편안하게 즐길 수 있도록 계획되었습니다.

여행 기간	목적지	비행 및 숙박	주요 관광지	일정 및 활동
1-3일차	파리, 프랑스	인천 -> 파리, 시내 중심 호텔	에펠탑, 루브르 박물관, 센 강	도시 탐험, 피크닉, 센 강 크루즈
4-5일차	로마, 이탈리아	내부 항공 이동, 시내 중심 호텔	콜로세움, 바티칸 시국, 판테온	역사적 명소 방문, 바티칸 박물관 투어
6-7일차	피렌체, 이탈리아	기차 이동, 시내 중심 B&B	우피치 갤러리, 미켈란젤로 광장	미술 감상, 도보 여행
8-9일차	비엔나, 오스트리아	기차 이동, 시내 중심 호텔	성 슈테판 대성당, 벨베데레 궁전	문화적 명소 방문, 카페 문화 체험
10일차	비엔나 -> 한국	비엔나 -> 인천	-	귀국

이 스케줄은 여러분이 유럽의 아름다움을 만끽하면서도, 피로하지 않게 여행을 즐길 수 있도록 세심하게 구성되었습니다. 각 도시에서의 숙박은 편안하고 접근성 좋은 위치에 있는 호텔과 B&B를 선택했습니다. 여행 기간 동안 다양한 문화적 경험과 휴식을 취할 수 있는 활동들로 여러분의 유럽 여행이 잊지 못할 추억으로 남을 것입니다. [>_]

ChatGPT에 질문을 잘 하기 위한 핵심 팁

ChatGPT에게 질문을 잘 하여 내가 원하는 답을 얻어내는 것이 매우 중요하다. 그리고 한글보다 영어로 질문을 하면 답변이 훨씬 더 빠르고 정확도가 높아진다.

구체적 상황을 제시하면 그에 맞는 답을 제시한다. 예를 들어 대학생 수준에서 작성해 줘, 팀장처럼 작성해줘, 스티브 잡스의 생각을 말해줘 등 이다. 그리고 질문의 맥락과 목적, 요구사항을 자세히 적어주면 그에 맞는 답을 해 준다. 긴 문장은 짧게 끊어서, 대화식이 아니라 개조식으로 물으면 더 명확한 답변이 가능하다. 또한 앞 질문에 대한 답변에 계속 이어서 세부적으로 질문하면 맥락을 이어서 답변 가능 하다.

ChatGPT를 직접 가르치면서 질문하면 좀 더 원하는 답변을 만들 수 있다(In-Context Learning). 즉, 대화 중에 사용자가 입력하는 문장(프롬프트)를 통해서 ChatGPT를 가르칠 수 있다.

질문을 잘 하기 위한 여러 가지 팁을 살펴보면 다음과 같다.

질문을 잘하기 위한 팁	내용
적절한 언어 사용하기	ChatGPT는 자연어 처리 기술을 이용해 대화를 한다. 따라서, 자연스러운 언어를 사용하는 것이 좋다. 일반적인 용어나 대화에서 흔히 쓰이는 언어를 사용하는 것이 좋다.
명확한 질문 준비하기	ChatGPT는 단순한 질문보다는 구체적이고 명확한 질문을 준비하여 ChatGPT가 더 잘 이해하고 답변을 준비할 수 있도록 하는 것이 중요하다.
관련 주제에 대한 사전 지식 습득하기	ChatGPT는 기존에 학습한 데이터를 기반으로 답변을 생성하기 때문에 질문과 관련된 주제에 대한 사전 지식을 습득하는 것이 유용하다.

질문을 잘하기 위한 팁	내용
명확하고 간결하게 질문하기	ChatGPT는 언어 모델이기 때문에 명확하고 간결한 질문이 좋다. 길고 복잡한 문장 대신 짧고 간결한 문장으로 질문을 작성하는 것이 좋다.
질문의 범위 제한하기	ChatGPT는 전문가가 아니며, 모든 분야의 지식을 가지고 있지 않다. 따라서, 질문의 범위를 명확하게 제한하고, 가능한 한 구체적인 질문을 하는 것이 좋다.
질문 유형을 선택하기	ChatGPT는 다양한 유형의 질문에 대응할 수 있다. 따라서 해당 질문에 적합한 유형을 선택하는 것이 중요하다. ChatGPT는 다양한 분야에 대한 지식을 가지고 있다. 따라서 질문을 분류하여 관련 분야에 대한 답변을 받을 수 있도록 해야 한다.
비슷한 질문 피하기	ChatGPT는 과거 질문에 대한 답변을 기억하고 있기 때문에 유사한 질문을 여러 번 하면 반복적인 답변을 제공할 가능성이 높아진다.
명확하고 구체적인 질문하기	ChatGPT는 대화를 통해 지식을 전달하기 때문에, 질문이 명확하고 구체적일수록 답변이 더욱 정확해질 가능성이 높다. 따라서 가능한 한 자세하게 질문을 구체화하여 정확한 답변을 얻을 수 있도록 노력한다. 예를 들어 "AI에 대해 알려주세요"와 같은 일반적인 질문보다는 "AI의 최신 기술 동향은 무엇인가요?"와 같이 구체적인 질문이 좋다.
적절한 예시를 제공하기	적절한 예시를 제공하기: ChatGPT가 질문에 대한 답변을 이해하고 생성하는 데 도움이 될 수 있는 예시를 제공하는 것이 좋다. 질문을 할 때, 문제 상황이나 원하는 목적을 잘 설명하고, 추가적인 정보를 제공할 수록 ChatGPT는 더욱 정확한 답변을 제공할 수 있다.
답변 확인을 위해 다시 질문하기	ChatGPT가 생성한 답변이 이해하기 어렵거나 충분하지 않을 경우, 추가 질문을 하여 더 명확한 답변을 얻을 수 있도록 한다.
적극적인 대화하기	ChatGPT는 질문에 대한 답변만을 제공하는 것이 아니라, 대화를 통해 더 많은 정보를 제공할 수 있다. 따라서, 적극적인 대화를 통해 ChatGPT와의 상호작용을 즐기는 것이 좋다.
불필요한 정보 제거하기	ChatGPT에게 꼭 필요한 정보만을 포함하여 질문을 작성하여 질문 한다. 불필요한 정보가 포함되면 ChatGPT가 질문을 이해하는 데 있어서 혼란스러울 수 있다.
ChatGPT가 생성한 답변을 분석하기	ChatGPT가 생성한 답변을 분석하고, 이를 통해 ChatGPT의 작동 방식을 이해하며 보다 나은 질문을 할 수 있는 방법을 발견할 수 있다.
구체적 상황을 제시하면 그에 맞는 답을 제시하기	예를 들어, 대학생 수준에서 작성해 줘, 팀장처럼 작성해줘, 스티브 잡스의 생각을 말해줘 등 이다.
질문의 맥락과 목적을 자세히 적어주기	질문의 맥락과 목적, 요구사항을 자세히 적어주면 그에 맞는 답을 해 준다.

ChatGPT에게서 더 좋은 결과를 얻기 원한다면 ChatGPT에게 숨겨진 기능이나 방법을 직접 물어보는 것도 방법이다. 예를 들어 아래와 같이 좋은 글을 작성할 수 있는 하이퍼파라미터 값을 예를 들어 질문하여 답을 얻을 수 있다.

> ChatGPT에서 좋은 글을 작성할 수 있는 하이퍼파라미터 값을 예를 들어 작성해줘

하이퍼파라미터는 모델의 성능과 학습 속도를 결정하는 매우 중요한 요소입니다. 하이퍼파라미터 값을 결정하는 것은 모델의 최종 성능에 큰 영향을 미칩니다.

다음은 ChatGPT 모델에서 사용될 수 있는 하이퍼파라미터 예시입니다.

- num_layers: Transformer 모델에서의 레이어 수를 결정하는 하이퍼파라미터입니다. 예를 들어, 12, 24, 36 등의 값을 가질 수 있습니다. 더 많은 레이어는 모델의 복잡도를 증가시키지만, 더 나은 성능을 얻을 수 있습니다.
- hidden_size: 모델의 잠재 공간의 크기를 결정하는 하이퍼파라미터입니다. 더 큰 값은 모델의 복잡도를 증가시키지만, 더 나은 성능을 얻을 수 있습니다. 예를 들어, 256, 512, 1024 등의 값을 가질 수 있습니다.
- num_heads: Multi-Head Attention에서 헤드 수를 결정하는 하이퍼파라미터입니다. 예를 들어, 8, 16, 32 등의 값을 가질 수 있습니다. 더 많은 헤드는 모델의 복잡도를 증가시키지만, 더 나은 성능을 얻을 수 있습니다.
- batch_size: 학습할 때 사용되는 배치 크기를 결정하는 하이퍼파라미터입니다. 예를 들어, 32, 64, 128 등의 값을 가질 수 있습니다. 더 큰 배치 크기는 학습 시간을 줄이지만, 더 많은 GPU 메모리를 필요로 합니다.
- learning_rate: 학습률을 결정하는 하이퍼파라미터입니다. 예를 들어, 0.0001, 0.001, 0.01 등의 값을 가질 수 있습니다. 더 높은 학습률은 빠른 수렴을 가능하게 하지만, 모델의 성능이 감소할 수 있습니다.

이러한 하이퍼파라미터들은 모델 학습에 있어 매우 중요한 역할을 합니다. 하지만, 모델의 최적화를 위해서는 각각의 모델과 데이터셋에 따라 최적의 하이퍼파라미터 값을 찾는 과정이 필요합니다.

ChatGPT는 인공지능이지만, 대화를 하는 상대방으로서 예의와 존중을 표시하는 것이 좋다. 대화의 시작과 끝에 적절한 인사와 감사 인사를 표시하는 것이 좋다.

ChatGPT의 핵심 프롬프트 잘 작성하는 방법

프롬프트란 인공지능(ChatGPT)에게 인간의 언어인 자연어로 일을 시키는 명령어이다.

사전적 의미에서는 지시 메시지. 입력 재촉. 컴퓨터 시스템이 사용자에 대하여 다음에 어떠한 조작을 행해야 하는지 지시하기 위한 지시 메시지 또는 명령 대기 상태에서 시스템이 표시하고 있는 기호이다. 프롬프트는 사용자와의 대화를 재촉하기 위해서 사용된다. 대화(dialog) 형식이라고도 한다.

ChatGPT와 같은 기계 인식 시스템의 기능으로 구문이나 특정 용어를 활용하는 경우, 알고리즘이 문의 내용을 이해하기 위해서는 프롬프트가 가장 중요하다.

ChatGPT를 활용해 내가 원하는 결과를 얻기 위해서는 구체적인 예시와 함께 정확한 요구 사항을 제시함으로써, ChatGPT는 보다 정교하고 실질적인 도움을 제공해준다. ChatGPT를 업무 및 비즈니스에 효과적으로 활용하기 위해서는, 질문자(명령)의 요구와 목표를 명확하게 전달하는 것이 중요하다.

입장 바꿔 생각해 보기 : 누군가 나에게 이런 지시를 한다면 나는 올바른 대답을 할 수 있을까?

ChatGPT의 핵심인 프롬프트를 잘 작성하기 위한 기본 구조와 방법은 [그림1]과 같이 (역할)로서, (상황설명) 사전지식 입력, (목적)을 만들어, (형태)를 보여주는 것이다.

또한 최종 결과물이 만족할 수 있을 때까지 수정 질문을 반복해서 수행한다. ChatGPT프롬프트 잘 활용하는 방법을 통해 새로운 아이디어와 새로운 질문을 만들어 활용하면 업무 및 비즈니스 효율을 높이는데 도움이 될 것이다.

ChatGPT의 핵심인 프롬프트를 잘 작성하기 위한 기본 구조와 방법은 [그림1]과 같다.

[그림1] ChatGPT프롬프트 잘 활용하는 방법

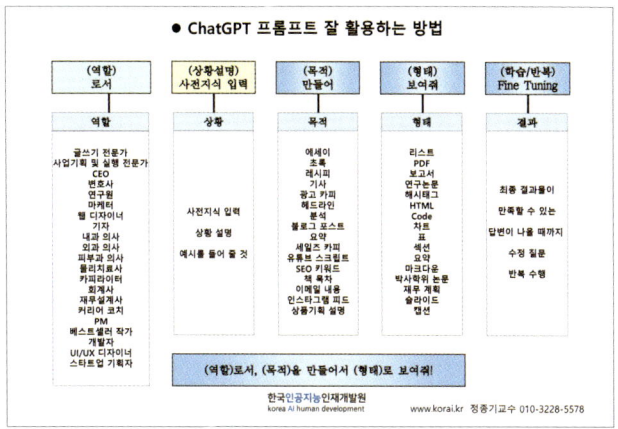

① **역할 부여하기:** 프롬프트들의 공통점은 ChatGPT에게 '역할'을 부여하는 것이 중요 하다. ChatGPT를 활용해 내가 원하는 결과를 얻는 것이 중요하다. 내가 어떤 구체적인 답을 얻기 위해서는 구체적인 질문을 하는 것이 핵심이다.

어떤 역할을 부여해야만이, **내가 원하는 일관된 관점으로 이야기를 하며, 내가 원하는 수준의 답변이 나오게 된다.** 대략 결과 값이 나오면, 이렇게 해줘, 저렇게 바꿔 줘 라고 계속 수정을 요청해서 원하는 결과 값을 얻으면 된다. 일반적으로 **내가 시키는 일의 전문가**라는 표현을 많이 쓰게 된다.

예를 들어 지금부터 너는 소셜미디어 전문 콘텐츠 마케터야, 너는 지금 경제학을 전공한 경제학 박사야, 너는 채용 면접관이야 등 명확하게 역할 부여하는 것이 중요하다.

다음의 예시처럼 '역할'을 부여해서 프롬프트를 작성하면 정말 실제 상황처럼 질문과 답변을 얻을 수 있다.

예시) 하나은행 신입행원 채용 면접 연습

먼저 역할을 부여하고 상황을 설명한 뒤 필요한 10가지 질문을 달라고 요구하면 다음과 같은 답변을 받을 수 있다. 그리고 다음에는 10가지 예상 질문에 대해 각각 모범 답변을 요구하면 하나은행 면접관은 상세하게 설명해 준다.

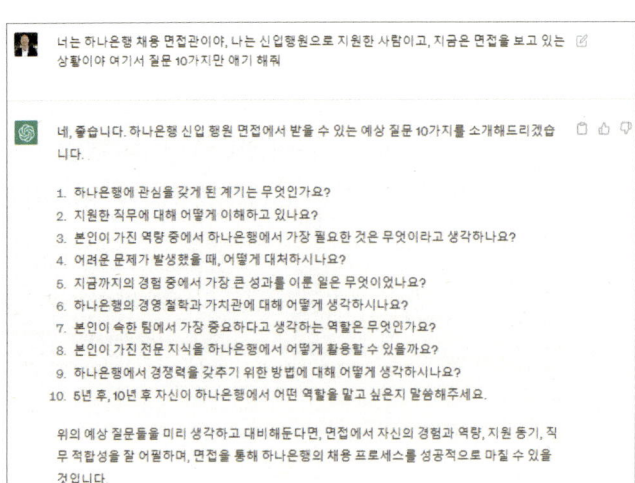

대화하듯 질문을 해주고 답변에 대답도 해주기 때문에 다양한 직업 선택 및 취업을 위한 더 좋은 면접 연습을 할 수 있다.

② 사전 지식 입력하기

ChatGPT에 질문하기 전에 사전에 알아야 하는 내용들을 넣어주고, 할 일을 요청하는 것이 좋다. 질문자의 성향, 성격, 노하우 등 사진에 참고할 정보를 입력하여 프롬프트를 구성하고, 결국 좋은 내용을 뽑아 낸다면, 이것이 질문자들에게 가장 좋은 프롬프트라 할 수 있다. 예를 들어 '우리는 토익(TOEIC) 교육을 한국에서 진행하고 있는 온라인 토익전문 교육원이야, 현재 취업을 준비하는 20대 중/후반의 연령대가 많이 수강하고 있어, 나는 지금 OTT 시장을 분석해야 해, 대표적인 서비스는 넷플릭스, 디즈니 플러스, 아마존 프라임이 있어' 등 ChatCPT가 분석해야 할 데이터의 영역을 지정해 준다. 그리고 내가 줄 수 있는 사전 지식은 구체적이고 많을수록 좋다.

ChatGPT에게 사전 지식을 입력 해 주는 것은 내가 원하는 결과 값을 얻는데 아주 중요하고 핵심적인 요소라 할 수 있다.

③ 미션 수행

미션 수행 부분은 여러 가지로 구분할 수 있지만, ChatGPT에게 톤앤매너와 직접 과정을 수행하는 것처럼 구체적인 지시가 중요하다.

ChatGPT가 프롬프트를 만들 때 참고해야 하는 데이터 영역은 여기야 또는 여기서부터 여기까지야, 여기에서 내가 원하는 결과 값을 찾고 만들어달라고 하는 것이 핵심이다.

예를 들어 '나는 "토익시험에서 꼭! 알아야할 필수 어휘 5개"라는 주제로 인스타그램 게시글을 작성할꺼야, 아래 내용 조건은 아주 중요하기 때문에 모든 조건을 충족하는 게시글을 5가지 작성해줘.' '각각의 게시글은 한글로 200자 이내로 작성해줘, 톤앤매너는 "주목도 높고", "밝고", "유쾌하고", "재미있고", "창의적"으로 작성해줘, 문장 중간에 다양한 이모지를 넣어서 만들어줘, 각 게시글에 맞는 해시태그 10개를 노출 알고리즘과 SEO를 고려해서 넣어줘.'

아래는 위에 있는 예를 실제 ChatGPT에서 질문과 답변한 내용이다.

Part 2. 프롬프트 엔지니어링 기술 종합 　113

가급적이면 프롬프트를 구성할 때, 뒷부분에, 5개로 만들어줘, 10개로 만들어줘 등 다양하고 구체적으로 만들어 달라고 요청해야 한다. 내가 원하는 결과 값이 나올 때까지 구체적인 부분에 구체적인 지시를 통해서 수정을 지시해야 원하는 결과 값을 얻을 수 있다.

예를 들어 넌, '내가 만든 유튜브 동영상의 제목을 만들어야 해. 제목은 아래의 조건을 모두 만족해야 해.'

'동영상 내용을 간략하게 정리한 내용을 넣어줘', '유튜브 검색 노출에 유리하도록 제목을 넣어줘, 제목 앞 부분에 주목을 끌 수 있는 창의적이고 재미있는 단어로 시작해줘', 이게 매우 중요해! 주목을 끌만한 이모지를 여러개 사용해줘, 제목의 전체적인 톤앤매너는 "설명적"이고 "유익한" 느낌으로 만들어줘, 길이는 70자를 넘지 않도록 만들어줘, 10개의 예시를 만들어줘.

아래는 위에 있는 예를 실제 ChatGPT에서 질문과 답변한 내용이다.

바이어 페르소나(Buyer Persona) 생성해서 비즈니스에 활용하기

바이어 페르소나(Buyer Persona)란 마케팅 분야에서 사용되는 개념으로, 특정 상품이나 서비스의 이상적인 고객을 대표하는 가상의 인물을 의미한다. 이는 실제 데이터와 시장 조사를 바탕으로 만들어지며, 고객의 나이, 성별, 직업, 소득 수준, 교육 수준, 관심사, 구매 동기, 생활 방식 등 다양한 인구통계학적 및 심리적 특성을 포함한다. 바이어 페르소나를 정의하는 주요 목적은 마케팅 전략과 커뮤니케이션 계획을 더욱 효과적으로 설계하고, 고객에게 보다 개인화된 경험을 제공하기 위함이다.

가. 바이어 페르소나의 핵심 요소

- **인구통계학적 정보**: 나이, 성별, 지역, 소득, 교육 수준 등 고객의 기본적인 배경 정보.
- **배경과 직업**: 고객의 직업적 배경, 업무 환경, 산업 등에 대한 정보.
- **목표와 동기**: 고객이 무엇을 달성하고자 하는지, 그리고 그 목표를 추구하는 동기.
- **도전과 문제점**: 고객이 직면하고 있는 문제나 고민, 그리고 그로 인해 느끼는 어려움.
- **성격 특성**: 고객의 성격, 가치관, 태도 등을 반영한 심리적 특성.
- **미디어 소비 습관**: 고객이 주로 어떤 미디어 채널을 이용하는지, 정보를 얻는 주된 경로는 무엇인지에 대한 정보.
- **구매 결정 요인**: 고객이 상품이나 서비스를 구매할 때 영향을 미치는 주요 요인들.

나. 바이어 페르소나의 중요성

- **고객 중심 마케팅 전략 수립**: 바이어 페르소나를 통해 명확하게 정의된 타깃 고객을 기준으로 마케팅 전략을 수립하게 된다. 이는 기업이 자원을 보다 효율적으로 배분하고, 고객에게 더욱 친밀하게 다가갈 수 있는 방법을 제공한다.
- **개인화된 커뮤니케이션**: 고객 각자의 필요와 관심사에 맞춰 맞춤형 메시지를 제공함으로써, 더욱 효과적인 커뮤니케이션을 할 수 있다. 이는 고객 만족도를 높이고, 브랜드 충성도를 증진시키는 데 도움이 된다.
- **제품 개발 및 혁신**: 바이어 페르소나를 통해 고객의 필요와 문제점을 깊이 이해함으로써, 제품 개발이나 서비스 혁신에 있어 보다 고객 중심적인 접근을 할 수 있다. 이는 시장에서의 경쟁력을 강화하는 중요한 요소가 된다.

바이어 페르소나 개발은 기업이 자신들의 제품이나 서비스를 누구에게, 왜, 어떻게 판매할 것인지에 대한 깊은 이해를 바탕으로, 보다 효과적인 마케팅 전략을 수립하는 데 핵심적인 역할을 한다.

다. 바이어 페르소나의 구축 및 활용 방법

바이어 페르소나 구축

- **시장 조사 및 데이터 수집**: 바이어 페르소나를 만들기 위해서는 먼저 시장 조사를 통해 타깃 고객에 대한 광범위한 데이터를 수집해야 한다. 이는 온라인 설문조사, 인터뷰, 포커스 그룹 등을 통해 이루어질 수 있다.
- **고객 세분화**: 수집된 데이터를 바탕으로 고객을 몇 가지 주요 그룹으로 세분화한다. 이 때 고려해야 할 요소는 인구통계학적 특성, 구매 동기, 행동 패턴 등이 있다.
- **페르소나 프로파일 작성**: 각 세분화된 그룹을 대표할 수 있는 가상의 인물을 생성하고, 이들의 배경, 목표, 도전 과제 등을 상세히 기술한다. 이 과정에서 구체적인 스토리텔링을 통해 페르소나를 생생하게 만들어내는 것이 중요하다.
- **검증 및 수정**: 만들어진 바이어 페르소나는 실제 고객 데이터와 비교하여 그

타당성을 검증해야 한다. 필요한 경우, 추가 조사를 통해 페르소나를 수정하고 보완한다.

바이어 페르소나 활용

- **마케팅 메시지 맞춤화**: 바이어 페르소나를 기반으로 고객의 관심사와 필요에 맞는 개인화된 마케팅 메시지를 개발할 수 있다. 이를 통해 고객과의 소통을 강화하고, 구매 전환율을 높일 수 있다.
- **콘텐츠 전략 수립**: 각 페르소나별로 선호하는 콘텐츠 유형, 정보 검색 경로, 미디어 사용 습관 등을 고려하여 맞춤형 콘텐츠 전략을 수립한다. 이는 고객 참여도를 높이는 데 기여한다.
- **제품 개선 및 개발**: 고객의 요구와 문제점을 보다 정확히 이해할 수 있기 때문에, 제품 개선 및 신제품 개발에 있어 고객의 목소리를 반영할 수 있다. 이는 고객 만족도와 브랜드 충성도를 향상시키는 중요한 요소가 된다.
- **고객 서비스 개선**: 고객의 선호와 기대를 파악함으로써, 고객 서비스의 질을 향상시킬 수 있다. 이는 고객 경험을 극대화하고, 장기적인 고객 관계를 구축하는 데 기여한다.

바이어 페르소나는 기업이 고객을 보다 깊이 이해하고, 고객 중심의 마케팅 전략을 펼칠 수 있게 해주는 강력한 도구이다. 정확하게 구축되고 효과적으로 활용된다면, 기업의 성장과 시장 내 경쟁력 강화에 크게 기여할 수 있다.

라. ChatGPT로 바이어 페르소나 생성해서 활용하기

ChatGPT를 활용해 바이어 페르소나를 생성해서 효과적인 마케팅을 수행할 수 있다.

바이어 페르소나를 생성하는 프롬프트는 다음과 같다.

프롬프트:

[[사람 정보: 정현진, 28]]과 [[작업 분야: 의학 전문 대학원생, 수의학과]]를 위한 바이어 페르소나를 만들어줘. 다음 각 섹션별로 한 부분씩 포함해: 인구통계학 (나이,

성별, 위치, 교육, 직업), 배경, 목표와 동기, 도전, 성격 특성, 미디어 소비 습관. 답변은 500단어로 제한해줘.

You
[[사람 정보: 정현진, 28]]과 [[작업 분야: 의학 전문 대학원생, 수의학과]]를 위한 바이어 페르소나를 만들어줘. 다음 각 섹션별로 부분씩 포함해: 인구통계학 (나이, 성별, 위치, 교육, 직업), 배경, 목표와 동기, 도전, 성격 특성, 미디어 소비 습관. 답변은 500단어로 제한해줘.

ChatGPT
바이어 페르소나: 정현진

인구통계학
- 나이: 28세
- 성별: 남성
- 위치: 대한민국 부산
- 교육: 의학 전문 대학원, 수의학 전공
- 직업: 의학 전문 대학원생 (수의학과)

배경
정현진 씨는 어릴 적부터 동물을 매우 사랑해왔고, 그들을 돕고 싶다는 강한 소망을 가지고 있었습니다. 대학에서 생물학을 전공한 후, 자신의 열정을 직업으로 삼기로 결심하고 수의학 전문 대학원에 진학했습니다. 학부 시절부터 동물 보호 단체에서 자원봉사를 해오며 실질적인 경험을 쌓았고, 이는 그가 수의학을 더 깊이 공부하고자 하는 동기가 되었습니다.

목표와 동기
- 목표: 대학원 과정을 성공적으로 마치고, 전문 수의사로서 동물병원을 개업하는 것입니다. 특히, 야생동물을 위한 의료 서비스를 제공하는 것에 큰 관심을 가지고 있습니다.
- 동기: 동물을 향한 깊은 사랑과 동물 복지에 대한 열정이 그의 가장 큰 동기입니다. 동물들이 더 나은 삶을 살 수 있도록 돕고 싶어하며, 이를 통해 사회에 긍정적인 영향을 미치고자 합니다.

도전
- 고도의 전문성을 요구하는 수의학 과정에서 오는 학업의 부담과 스트레스가 가장 큰 도전입니다. 특히, 야생동물 의료 분야는 더욱 전문적인 지식과 기술을 요구하기 때문에, 추가적인 교육과 실습이 필요합니다.
- 경제적 부담 역시 도전 중 하나로, 대학원 과정과 향후 동물병원 개업에 필요한 자금 조달이 큰 고민입니다.

성격 특성
- 창의적이고 호기심 많음: 새로운 지식을 탐구하는 것을 즐기며, 문제 해결을 위해 창의적인 방법을 모색합니다.
- 인내심 있고 성실함: 목표를 달성하기 위해 꾸준히 노력하며, 어려움에도 쉽게 포기하지 않습니다.
- 감정적으로 안정적임: 스트레스 상황에서도 침착하게 대응할 수 있는 강한 정신력을 가지고 있습니다.

미디어 소비 습관
- 전문가 포럼 및 학술지: 수의학과 관련된 최신 연구 결과와 전문 지식을 얻기 위해 온라인 포럼 참여와 학술지 구독을 활발히 합니다.
- 소셜 미디어: 동물 복지와 관련된 캠페인이나 뉴스를 공유하고, 동물 보호에 대한 의식을 높이기 위해 Instagram과 Facebook을 활용합니다.
- 비디오 플랫폼: YouTube에서 수의학 관련 강의, 실습 영상, 야생동물 보호에 관한 다큐멘터리를 시청하며 지식을 넓힙니다.

정현진 씨는 수의학 분야에서의 전문성을 바탕으로 동물들의 삶의 질을 향상시키고, 동물 복지를 위해 기여하고자 하는 목표를 가진 열정적인 인물입니다.

마. ChatGPT에서 바이어 페르소나 활용하기

ChatGPT에서 바이어 페르소나를 활용하는 것은 다음과 같은 방식으로 이루어질 수 있다.

① **개인화된 대화 생성**

고객 맞춤형 상담: 사용자가 제공한 정보(예: 나이, 성별, 직업, 관심사 등)를 기반으로, 바이어 페르소나를 구축하여 개인화된 대화를 제공할 수 있다. 예를 들어, 사용자가 특정 직업군에 속한다면, 그 직업과 관련된 질문이나 상황에 맞는 조언을 제공할 수 있다.

② **맞춤형 정보 제공**

타깃에 맞는 정보 추천: 사용자의 페르소나에 따라 관심 있을 만한 주제나 정보를 제공할 수 있다. 예를 들어, 수의학 대학원생에게는 최신 수의학 연구 동향이나 관련 분야의 실용적인 팁을 제공할 수 있다.

③ **사용자 경험 향상**

질문 이해 및 응답 개선: 사용자의 배경과 관심사를 이해함으로써, 더 정확하고 유용한 답변을 제공할 수 있다. 이는 사용자와의 상호작용에서 더 높은 만족도를 이끌어낼 수 있다.

④ **상황에 맞는 상호작용**

시나리오 기반 대화: 사용자의 바이어 페르소나 정보를 활용하여 특정 상황이나 시나리오에 맞는 대화를 구성할 수 있다. 예를 들어, 사용자가 직면할 수 있는 문제 상황을 가정하고, 해결 방안을 제시하는 등의 상호작용을 할 수 있다.

⑤ **교육 및 학습 지원**

학습자 맞춤형 교육: 사용자의 교육 수준이나 학습 목표에 맞춰 개인화된 학습 자료나 가이드를 제공할 수 있다. 특히, 전문 분야에 대한 깊이 있는 질문에 답하거나, 해당 분야를 공부하는 데 도움이 될 자료를 추천할 수 있다.

⑥ **콘텐츠 제작 지원**

맞춤형 콘텐츠 제안: 사용자가 콘텐츠 제작자일 경우, 그들의 타깃 오디언스에 맞는 콘텐츠 아이디어나 제작 방향을 제안할 수 있다. 이를 통해 사용자는 자신의 오

디언스와 더욱 효과적으로 소통할 수 있는 콘텐츠를 개발할 수 있다.

ChatGPT를 사용하여 바이어 페르소나를 구축하고 활용함으로써, 사용자 개개인에게 더 맞춤화된 경험을 제공하고, 그들의 니즈에 더 잘 부합하는 상호작용을 할 수 있다. 이는 사용자 만족도를 높이고, ChatGPT와의 상호작용을 더 가치 있고 의미 있는 경험으로 만드는 데 기여할 수 있다.

ChatGPT 프롬프트 자동 생성 웹앱 활용하기
(ChatGPT Prompt Generator)

ChatGPT를 잘 활용하기 위해서 다양한 확장 프로그램을 활용하여야 한다. ChatGPT 프롬프트는 어떻게 질문하는가에 따라 답의 퀄리티가 매우 상이하다. ChatGPT 프롬프트를 자동으로 생성해주는 웹앱인 'ChatGPT Prompt Generator(https://prompt-generator.cckn.vercel.app/)'를 사용하면 내가 원하는 다양한 프롬프트를 쉽고 편리하게 생성해서 ChatGPT에 질문할 수 있다.

사용방법을 설명하면 먼저, '토픽'에 내가 질문하고 싶은 내용을 입력한다.

두 번째는 [표1]에서 정리한 것과 같이 내가 원하는 답변 형태를 선택한다.

[표1] ChatGPT 프롬프트 작성시 선택할 수 있는 항목

동작	말투	스타일	길이	관점	포맷
설명해줘	친근한	정확하게	한 문장으로	개발자	마크다운 형태
예를 들어줘	정중한	간결하게	500자 이내	디자이너	표형태
문법을 교정해줘	존댓말	자세하게	3페이지 분량	마케터	리스트
코드를 작성해줘	유머러스한			기획자	예시와 함께
	무례한				다이어그램으로 출력하기
					대화문으로 출력하지

세 번째는 '영어로 대답해줘', '질문에 대한 피드백', '결론만 이야기해줘'를 선택한다.

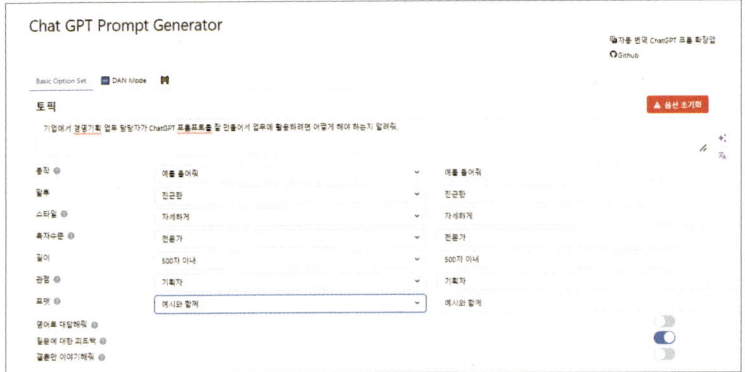

네 번째는 생성된 프롬프트를 확인하고 우측 하단에 있는 '클립보드에 복사하기'를 클릭하여 생성된 프롬프트를 복사한다.

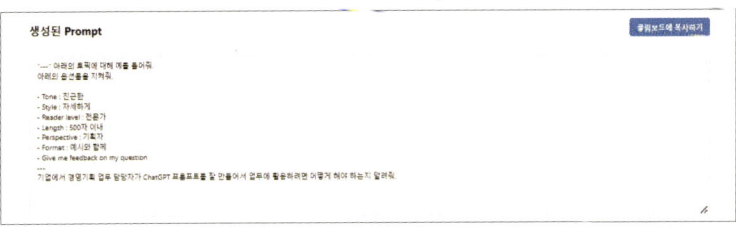

다섯 번째는 복사한 생성된 프롬프트를 아래와 같이 ChatGPT에서 질문을 한다.

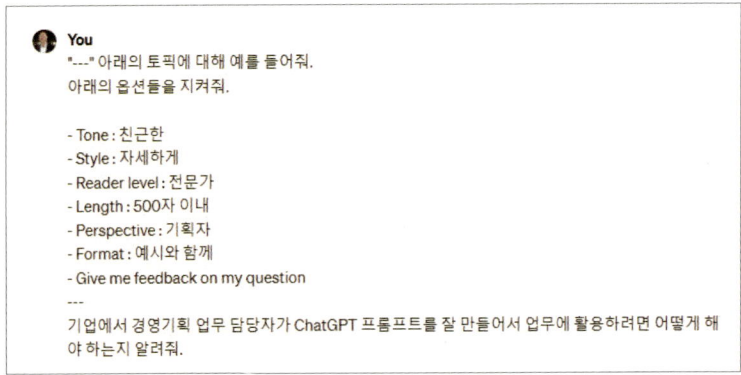

ChatGPT

먼저, 질문이 아주 구체적이어서 도움을 줄 수 있게 잘 설정되어 있습니다! 경영기획 업무 담당자가 ChatGPT 프롬프트를 잘 만들어서 업무에 활용하는 방법에 대해 설명드릴게요.

경영기획 업무 담당자로서, ChatGPT를 활용하여 다양한 업무 과제를 해결할 수 있습니다. 예를 들어, 경쟁사 분석, 시장 동향 보고서 작성, 전략 기획안의 초안 작성 등의 작업이 있을 수 있습니다. 중요한 것은 ChatGPT에게 정확하고 구체적인 정보를 요청하는 것입니다.

예를 들어, 특정 산업 내에서 경쟁사의 최근 동향을 분석하고자 할 때, 다음과 같은 프롬프트를 작성할 수 있습니다: "2023년도에 전기차 산업 내에서 A회사, B회사, C회사의 경쟁 상황과 그들이 채택한 전략적 변화에 대해 분석해줘." 이렇게 명확한 지시를 통해, ChatGPT는 해당 업무에 맞는 유용한 정보를 제공할 수 있습니다.

또한, 프로젝트 기획서 작성 시, 구체적인 프로젝트 목표, 예상 결과, 필요 자원 등에 대한 초안을 요청하는 것도 좋습니다. 예: "스마트 홈 기기 시장 진출을 위한 프로젝트 기획서 초안을 작성해줘. 목표는 시장 점유율 10% 확보, 주요 전략은 혁신적인 사용자 경험 제공이야."

이처럼, 구체적인 예시와 함께 정확한 요구 사항을 제시함으로써, ChatGPT는 보다 정교하고 실질적인 도움을 제공할 수 있습니다. ChatGPT를 경영기획 업무에 효과적으로 활용하기 위해서는, 당신의 요구와 목표를 명확하게 전달하는 것이 중요합니다.

⑧
음슴체(개조식)로 말하는 ChatGPT 만들어 활용하기

가. 음슴체란 무엇인가?

음슴체는 종결형이 명사형 어미 '-(으)ㅁ'인 문체이다. 본래 동사를 명사화할 때 쓰는 종결어미 '-(으)ㅁ'에서 기인한 문체이다.

'음슴체'라는 명칭은 '먹음', '있음[이씀]' 등 일반적으로 표면형이 '음'과 '슴(씀)'으로 끝나기 때문에 붙여진 것으로 보인다. 해체, 해요체 등 기존 문체 명칭과 유사하게 한다면 '함체'가 될 것이다. 엄밀히 말하자면 '하십시오체', '하게체' 등 이런 문체 명칭은 명령형 형식에 '-체'를 붙이는데 음슴체는 그 특유의 생략적 어법상 명령형에 해당하는 형식이 불분명한 편이다. 학술적으로는 주로 ""-(으)ㅁ' 종결문"이라고 한다.

문체 이름 그대로 '~음'으로 끝난다. 다만 표준어법에서 '-슴'으로 쓸 수는 없다. 다만 반드시 '-음'으로만 끝나는 것은 아니고 동사의 종류에 따라 형태는 바뀔 수 있다. 어쨌거나 명사형 어미 '-ㅁ'을 쓰므로 종성이 ㅁ으로 끝난다. 명사 종결문도 흔히 같이 쓰인다. 엄격히 음슴체로 가자면 이때에도 '-임.'으로 써야 할 것이다. '-ㄴ 듯', '-ㄹ 듯'으로 끝나는 말투도 자주 쓰인다.

나. 우리나라 정부부처, 공공기관에서 사용하는 개조식 문체

우리나라 정부부처, 공공기관에서 유통되는 공문서나 일반적인 보고서 등에서 사용되는 개조식 문체는 근본적으로 음슴체와 큰 차이가 없다. 단, 개조식은 기본적으로 문장의 간결함을 꾀하며, 서술자의 주관적인 의견이나 가치판단이 배제된 단순 정보전달의 목적을 보다 효율적으로 달성하기 위한 서술 방식인 반면, 음슴체는 그러한 목적과의 뚜렷한 연관이 없더라도 어떤 문장이든 **명사화**시켜 끝내면 성립하게 된다. 따라서 문단 제목마다 일일이 '~임'을 붙이지 않아도 성립이 가능하다. 개조식은 과도한 조사 생략 등으로 오히려 전달력이 저하되는 부작용이 있는바, 공공기관을 중심으로 그 사용이 배제되고 있는 추세인데 반해 인터넷 상에서는 갈수록 활용 빈도가 늘고 있다는 차이가 있다.

참고로 학교생활기록부는 '-음, -임, -함 등 -ㅁ'과 같은 개조식 문체를 쓰도록 공식 규정되어 있다. 정확히는 개조식으로 쓰되 단어로 끝내지는 말고 문장으로 끝내야 한다.

다. 음슴체로 말하는 ChatGPT만들기

ChatGPT로 질문하여 답을 생성할 때 대부분 ~입니다. ~합니다. ~됩니다. 형태로 답변이 생성된다. ChatGPT를 사용하며 흔히 느끼는 지점 중 하나는, 보고서 등 개조식 문장에서 사용되는 명사형 어미 '-(으)ㅁ'(소위 음슴체)를 고정시키기가 어렵다는 점이다.

ChatGPT의 답변을 음슴체로 변환해서 받는 방법 두 가지를 설명하면 다음과 같다.

먼저, 아래의 예시 화면과 같이 ChatGPT 프롬프트에서 질문(명령)을 하고 마지막 문장에 표기를 하면 된다.

프롬프트:
ChatGPT를 활용해 업무 효율이 높아질 수 있는 것 5개만 설명해줘.
답변은 "입니다"를 "임", "함", "음"으로 답변해줘.

이와 같은 방법은 사용자가 질문 할 때마다 프롬프트에 표기를 해야 한다.

> **You**
> ChatGPT를 활용해 업무 효율이 높아질 수 있는 것 5개만 설명해줘.
> 답변은 "입니다"를 "임", "함", "음"으로 답변해줘.
>
> 지금 번역하기
>
> **ChatGPT**
> ChatGPT를 활용하여 업무 효율을 높일 수 있는 다섯 가지 방법은 다음과 같음:
>
> 1. 문서 작성 및 요약 지원: ChatGPT는 대량의 문서나 보고서를 요약하는 작업을 지원할 수 있음. 이는 정보를 빠르게 파악하고 중요한 내용을 추출하는 데 도움이 됨.
> 2. 이메일 및 커뮤니케이션 자동화: 자주 묻는 질문에 대한 답변 템플릿을 생성하거나, 이메일 초안을 작성하는 데 ChatGPT를 사용할 수 있음. 이는 일상적인 커뮤니케이션 업무에 소요되는 시간을 줄여줌.
> 3. 데이터 분석 보고: 특정 데이터에 대한 기본적인 분석 요청이나 인사이트 도출을 위한 질문에 대해 ChatGPT가 답변을 제공할 수 있음. 이는 데이터 분석 과정에서 초기 단계의 인사이트를 얻는 데 유용함.
> 4. 교육 및 트레이닝 자료 개발: 새로운 직원 교육이나 특정 주제에 대한 트레이닝 자료를 개발하는 데 ChatGPT를 활용할 수 있음. 다양한 교육 자료를 빠르게 생성하고, 맞춤형 학습 콘텐츠를 제공하는 데 도움이 됨.
> 5. 고객 서비스 및 지원: ChatGPT를 활용하여 자동화된 고객 서비스 챗봇을 구현하거나, 고객의 질문

다음은 내가 음슴체 답변이 필요할 때 Customize ChatGPT(Custom Instructions)를 활용해서 음슴체로 답변을 받아 개조식 보고서 등에 사용하는 것이다.

아래의 프롬프트를 Customize ChatGPT의 Custom Instructions에 넣어서 계속 답변을 음슴체로 고정시켜서 답변을 받을 수 있다.

프롬프트:

#제약조건

- 문장은 '함', '임', '음'과 같이 끝나도록 해야 함.

- 아래의 예시를 참고해서 반드시 말투를 일관적으로 지켜야 함.

- 매우 자연스럽게 작성해야 함.

- 길고 장황하게 작성해야 함.

#말투예시

- 지금부터 내소개를 하겠음. 나는 안녕이라 말하겠음. 매우 반가움.

- 이렇게 답변하겠음. 나는 ChatGPT라고 함. 매우 반가운 상태임.

- 나와 대화할 때는 언제나 편안하게 질문하고 의견을 나눌 수 있음. 때로는 온몸을 다해 사랑하겠음.

아래의 화면은 Customize ChatGPT(Custom Instructions)에 위에 있는 프롬프트를 입력한 화면이다.

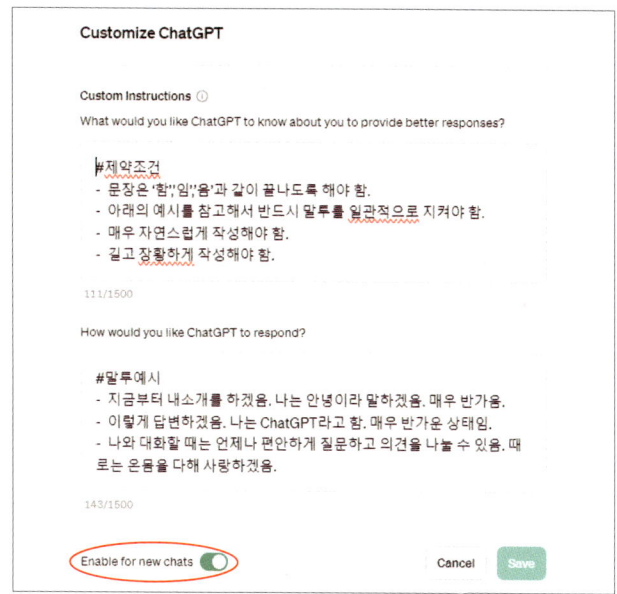

아래 화면은 Customize ChatGPT(Custom Instructions)에 "Enable for new chats"을 선택하고 "New chat"을 클릭해서 테스트한 예시의 답변이다.

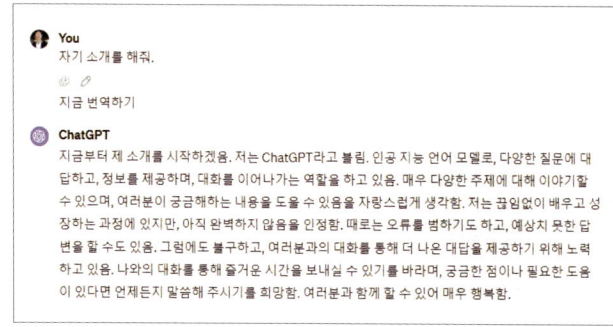

9

ChatGPT 하이퍼 파리미터(Hyper Parameter) 설정으로 더 정확한 답변 도출

ChatGPT에게 질문을 잘 하여 내가 원하는 답을 얻어내는 것이 매우 중요하다.

하이퍼 파라미터는 사용자가 인공지능 모델의 셋팅을 조절하는 변수로 이 값을 프롬프트에 잘 적용하면 원하는 방향으로 좋은 결과를 도출할 수 있다.

파라미터는 한국어로 매개변수이다. 파라미터는 모델 내부에서 결정되는 변수이다. 또한 그 값은 데이터로부터 결정된다. 하이퍼 파라미터는 모델링할 때 사용자가 직접 세팅해주는 값을 뜻한다.

하이퍼 파라미터는 정해진 최적의 값은 없다. 휴리스틱(Heuristics)한 방법이나 경험 법칙(Rules of thumb)에 의해 결정하는 경우가 많다.

파리미터와 하이퍼 파라미터를 구분하는 기준은 사용자가 직접 설정하느냐 아니냐 이다.

사용자가 직접 설정하면 하이퍼 파라미터, 모델 혹은 데이터에 의해 결정되면 파라미터이다.

사용법은 ChatGPT프롬프트 에 명령어 입력 후 이어서 '하이퍼 파라미터' 변수값을 추가 하여 질문하면 된다.

예를 들어, 5월부터 12월까지 기업 임직원 대상 ChatGPT 업무 활용 교육 사업을 하려고 합니다. 교육 신청을 위해 감동적인 홍보 이메일을 작성해주세요. Max_length:2048, writing style:Journalistic

Please write in Korean Language

> 얼라이언스코리아는 5월부터 12월까지 기업 임직원 대상 'ChatGPT 업무 및 비즈니스 활용 역량 강화 과정' 교육과정을 개설하려고 한다. 기업의 임직원들이 이 교육 신청을 할 수 있도록 친절하고 상세한 홍보 이메일을 작성해줘 Max_length:2048, Friendly, Expository, writing style:Journalistic
> Please write in Korean Language

제목: ChatGPT 업무 및 비즈니스 활용 역량 강화 과정 - 신청 안내 및 상세 안내서

안녕하세요, 얼라이언스코리아 임직원 여러분.

저희 얼라이언스코리아에서는 기업의 업무 효율성과 비즈니스 역량을 향상시키기 위해 'ChatGPT 업무 및 비즈니스 활용 역량 강화 과정'을 개최하게 되었습니다. 이 과정은 5월부터 12월까지 진행될 예정이며, 귀사의 임직원 여러분께서 참여하실 수 있습니다.

이 강화 과정은 최신 인공지능 언어 모델인 ChatGPT를 활용하여 업무와 비즈니스에 활용하는 방법을 학습하는 것을 목표로 합니다. 아래는 상세한 내용과 신청 방법에 대한 안내입니다.

1. 교육 일정: 5월부터 12월까지 매월 진행되며, 총 8개의 세션으로 구성됩니다.
   * 각 세션은 2시간 동안 진행될 예정입니다.
   * 정확한 일정 및 장소는 신청 완료 후 개별 안내드릴 예정입니다.
2. 교육 내용:
   * 인공지능 기술과 ChatGPT의 개요 및 활용 방법 소개
   * 업무에서의 ChatGPT 활용 사례 및 적용 전략
   * 효율적인 커뮤니케이션과 업무 자동화를 위한 ChatGPT 활용 방법
   * 비즈니스 분야에서의 ChatGPT 활용 사례와 성공적인 전략
3. 신청 방법:
   * 교육에 참여를 희망하시는 임직원 분들께서는 첨부된 신청 양식을 작성하여 우측의 이메일 주소로 제출해주시기 바랍니다.
   * 신청 기간은 4월 30일까지이며, 선착순으로 신청이 마감될 수 있습니다.

참여하시는 분들께서는 ChatGPT의 활용에 대한 이해와 실제 업무에 적용하는 방법을 습득할 수 있을 것입니다. 이 강화 과정을 통해 귀사의 업무 효율성과 비즈니스

다음은 글의 톤(Tone)과 문체(Writing Style)를 조정하는 하이퍼 파라미터로 주로 글쓰기 결과값에 활용이 가능하다.

글의 톤과 문체는 의미상 유사하지만 톤은 문장에 담긴 감정적 분위기를 의미하며, 문체는 글의 내용적 측면의 분위기를 의미한다. 톤은 형용사로 문체의 의미를 표현하는데 활용 된다. **톤에 사용되는 단어**를 살펴보면 다음과 같다.

Authoritative (권위적인)	Clinical (냉담한)	Cold (차가운)	Confident (자신감에찬)
Cynical (냉소적인)	Emotional (감정적인)	Empathetic (공감하는)	Formal (격식있는)
Friendly (친근한)	Humorous (유머있는)	Informal (비격식적인)	Ironic (역설적인)
Optimistic (낙관적인)	Pessimistic (비관적인)	Sarcastic (빈정대는)	Serious (심각한)
Sympathetic (동조적인)	Tentative (머뭇되는)	Warm (따뜻한)	

톤에 사용되는 단어를 예를 들면 Humorous의 경우 딱딱한 내용의 글을 최대한 유머러스하게 표현해준다.

다음은 **문체에 사용되는 단어**를 살펴보면 다음과 같다.

Academic (학술적인)	Analytical (분석적)	Argumentative (논쟁적인)	Conversational (대화적인)
Creative (창의적인)	Critical (비판적인)	Descriptive (설명적인)	Epigrammatic (풍자적인)
Epistolary (편지체)	Expository (설명적인)	Informative (자세한)	Instructive (유익한)
Journalistic (신문체)	Metaphorical (은유적인)	Narrative (서술적인)	Persuasive (설득적인)
Poetic (시적인)	Satirical (풍자적인)	Technical (기술적인)	

사용자가 프롬프트에 질문을 하고 하이퍼 파라미터를 사용해 인공지능 모델의 셋팅을 조절할 수 있다. 하이퍼 파라미터 값을 프롬프트에 잘 적용하면 원하는 방향으로 좋은 결과를 도출할 수 있다. 주로 사용되는 하이퍼 파라미터를 설명하면 다음 [표1]과 같다.

[표1] 하이퍼 파리미터(Hyper Parameter) 변수

하이퍼 파라미터 변수	내용
Max_length : (0~2,048)	(0~2,048) 결과 값의 길이를 의미하며, 2,048은 모델의 토큰 수를 의미한다. 2,048 일 때 입력할 수 있는 최대 글자 수는 약 1,000자에서 2,000자 정도. 이 값은 실제로는 입력 텍스트의 길이와 토큰화 방식에 따라 달라질 수 있다.
Length penalty: (0.5~2.0)	생성된 문장의 길이를 조정하는 변수로, 이 값이 높을수록 길이가 긴 문장이 우선순위가 높아진다.
Repetition penalty: (0~1)	중복된 단어가 생성되는 것을 피하기 위해 사용되는 파라미터이다. 이 값이 높을수록 중복된 단어가 생성되는 것이 방지된다.

Beam width: (0~10)	빔 서치(Beam Search) 알고리즘에서 사용되는 파라미터로, 이 값이 높을 수록 다양한 문장을 생성할 가능성이 높아진다. 일반적으로 빔 너비는 5에서 10 사이의 값이 많이 사용된다. 값이 높을수록 다양한 문장이 출연할 확률이 높아진다. 예를 들어 "나는 밥을"이라는 문장을 생성하는 경우, Beam width가 1이면 "나는 밥을 먹었다"와 같은 하나의 문장만 생성된다. 하지만 Beam width가 3으로 늘어난다면 "나는 밥을 먹었다", "나는 밥을 좋아한다", "나는 밥을 사러 갔다"와 같이 다양한 문장이 생성될 수 있다.
Top-p: (0~1)	이전 단어들을 바탕으로 생성한 후보 중에서, 누적 확률 분포의 상위 p%에 해당하는 후보만을 선택하는 기법. 예를 들어, top-p가 0.9이면 누적 확률 분포의 상위 90%에 해당하는 후보들만을 선택한다. 값이 낮을수록 다음 단어의 예측가능성이 커지며(일반적), 값이 높을수록 다양한 단어가 도출될 가능성이 높다. 이 명령어는 ChatGPT의 응답에 포함될 가능성이 있는 최대 단어 수를 조정하는 데 사용된다. 예를 들어, "Top-p:0.5"라는 명령어를 사용하면 ChatGPT는 응답에 포함될 가능성이 50% 이하인 단어를 제외한다. 예를 들어 "나는 OOO 에 갔다." • Top-p가 0.5일 경우, 모델이 생성한 단어 확률 분포에서 상위 50%의 단어만을 고려하여 다음 단어를 선택한다. 이 경우, 가능한 다음 단어로는: "학교", "영화관", "식당" 등이 있다. Top-p가 0.9일 경우, 모델이 생성한 단어 확률 분포에서 상위 90%의 단어만을 고려하여 다음 단어를 선택한다. 이 경우, 가능한 다음 단어로는 "학교", "영화관", "식당", "수영장", "공원" 등이 있다.
Temperature: (0~1)	ChatGPT의 창의성과 예측력을 조절하는 데 사용된다. 높은 온도 값은 보다 창의적이지만, 예측하기 어려운 응답을 생성하고, 낮은 온도 값은 보다 일관된 응답을 생성한다. 생성된 후보 단어들의 확률 분포를 조절하는 파라미터 값이 높을수록 분포가 평탄해지며, 낮을수록 분포가 sharp해진다. 예를 들어, Temperature가 0.5일 때는 큰 확률의 단어가 선택 되지만, Temperature가 1일 때는 모든 단어들의 확률이 비슷해진다. 값이 높을수록, 예측 불가한 단어 출연확률이 커진다. 예를 들어 "나는 OOO 에 갔다." Temperature가 0.5일 경우, 모델이 생성한 단어 확률 분포의 폭이 좁아져서 예측 결과가 보다 확정적이고 일관성 있게 생성된다. 이 경우, 가능한 다음 단어로는 "학교", "도서관", "영화관" 등이 있다. Temperature가 2.0일 경우, 모델이 생성한 단어 확률 분포의 폭이 넓어져서 예측 결과가 더 다양해진다. 이 경우, 가능한 다음 단어로는 "바다", "사진관", "서점", "노래방" 등이 있다.

하이퍼 파라미터 변수	내용
Top-k: (숫자)	이 명령어는 ChatGPT가 생성할 수 있는 단어의 집합을 제한하여, 보다 일관된 응답을 생성하는 데 사용된다. "Top-k:10"라는 명령어를 사용하면, ChatGPT는 가장 가능성이 높은 10개의 단어만을 고려하여 응답을 생성하려고 시도할 것이다. 명령어에서 사용 가능한 숫자 범위는 일반적으로 모델의 어휘 크기에 따라 달라진다. 일반적으로, 모델의 어휘 크기보다 작거나 같은 값을 사용하는 것이 좋다. 예를 들어, 만약 모델의 어휘 크기가 10,000이라면 "Top-k:100" 또는 "Top-k:1000"과 같은 값이 적절할 수 있다. 그러나, 이 값은 모델과 사용되는 데이터에 따라 달라질 수 있다. 일반적으로, 높은 k값은 더 많은 다양성을 제공하지만, 더 많은 불확실성을 초래하고, 낮은 k값은 더 안정적이고 일관된 결과를 제공하지만, 보다 일반적인 답변을 생성할 수 있다.
Length:	이 명령어는 ChatGPT의 응답 길이를 조절하는 데 사용된다. 예를 들어, "length:50"는 ChatGPT가 최대 50개의 토큰으로 구성된 응답을 생성하도록 지시한다.
Presence_penalty:	이 명령어는 ChatGPT가 특정 토큰을 포함하도록 방지하는 데 사용된다. 예를 들어, "Presence_penalty:0.5"는 ChatGPT가 가능한한 특정 토큰을 사용하지 않도록 노력하도록 지시한다.
Frequency_penalty:	이 명령어는 ChatGPT가 특정 토큰을 덜 사용하도록 유도하는데 사용 된다. 예를 들어, "Frequency_penalty:0.5"는 ChatGPT기 가능한한 특정 토큰을 적게 사용하도록 노력하도록 지시한다.
Stop:	이 명령어는 ChatGPT의 응답 생성을 중단하도록 지시한다. 예를 들어, "Stop:Thank you!"는 ChatGPT가 "Thank you!"라는 단어를 만날 때 응답 생성을 중단하도록 지시한다.

지금까지 살펴본 것과 같이 ChatGPT 하이퍼 파라미터(Hyper Parameter)는 사용자가 인공지능 모델의 셋팅을 조절하는 변수로 이 값을 프롬프트에 잘 적용하면 ChatGPT의 답변을 원하는 방향으로 좋은 결과를 도출할 수 있다. 마치 프로그램 코딩으로 출력 결과를 조절하는 것과 같아서 적절하게 잘 사용할 필요가 있다.

10
ChatGPT에 숨어있는 프롬프트 명령어 사용하기

프롬프트는 현재 인공지능 분야에서 많이 쓰이는 개념이지만, 이미 컴퓨터 시스템 분야에서 쓰이던 용어이다. 생성형 AI가 등장하면서 프롬프트의 의미는 좀 더 구체화 되었다. 즉, 인공지능에게 원하는 명령이나 학습을 시키면 인공지능이 그 명령어에 맞게 결과값을 내놓는다. 인공지능은 다음에 실행할 행동(명령에 따른 행동)에 대한 입력(명령)을 받아들이는 구조이기 때문에 프롬프트는 '명령'을 의미하게 된다.

프롬프트의 구성요소는 다음과 같이 크게 4가지가 있다.
- Instruction: 모델이 수행하기를 원하는 특정 태스크 또는 지시 사항
- Context: 모델이 보다 더 나은 답변을 하도록 유도하는 외부 정보 또는 추가 내용
- Input Data: 답을 구하고자 하는 것에 대한 인풋 또는 질문
- Output Indicator: 결과물의 유형 또는 형식을 나타내는 요소

프롬프트는 대형언어모델에서 원하는 결과를 생성하도록 유도하는 역할을 한다.

예를 들어 사용자가 ChatGPT에서 "~문장을 번역해줘"라는 프롬프트를 입력했다면 이 명령의 핵심은 '번역'이다. 또한 "~내용을 요약해줘"라는 프롬프트를 입력하면 이 명령의 핵심은 '요약'이다. 이처럼 프롬프트는 사용자가 원하는 결과값을 인공지능이 생성하게끔 지시하는 역할을 한다.

또한 프롬프트는 작업을 지시하는 역할도 하지만, 인공지능이 일련의 '예측'을 통한 답변을 생성할 수 있다. 예를 들어 "너는 경제학 박사야"라는 프롬프트를 먼저 입력시키면, ChatGPT는 이를 반영하여 결과를 출력 한다.

ChatGPT는 사용자의 입력에 따라 다양한 방식으로 반응한다. '#setting:'과 같

은 형태의 명령어는 일부 사용자들이 대화를 더 잘 제어하고자 사용하는 방법 중 하나이다. 그러나 이러한 명령어들은 OpenAI의 ChatGPT에서 공식적으로 지원하는 것은 아니며, 실제로 이 명령어들이 어떻게 작동하는지는 사용자의 입력과 AI의 학습에 따라 다를 수 있다. 그럼에도 불구하고, 다음은 알아두면 정말 쓸모있는 ChatGPT 숨어있는 프롬프트 명령어 팁을 정리한 것이다.

① **"#setting:"** 이 명령어는 대화의 배경을 설정하는 데 사용된다.
예를 들어, "#setting: 항공기 내부"라고 입력하면, 대화는 항공기 내부에서 진행되는 것으로 설정된다.

② **"#mood:"** 이 명령어는 대화의 분위기를 설정하는 데 사용된다.
예를 들어, "#mood: 긴장감 넘치는"이라고 입력하면, 대화는 긴장감 넘치는 분위기에서 진행되는 것으로 설정된다.

③ **"#role:"** 이 명령어는 사용자나 AI의 역할을 설정하는 데 사용된다.
예를 들어, "#role: 의사"라고 입력하면, AI는 의사의 역할을 수행하게 된다.

④ **"#persona:"** 이 명령어는 AI에게 특정 인물이나 캐릭터의 관점에서 대화를 진행하도록 지시한다. 예를 들어, "#persona: 셜록 홈즈"라고 입력하면, AI는 셜록 홈즈의 관점에서 대화를 진행하게 된다.

⑤ **"#emotion:"** 이 명령어는 AI의 감정 상태를 설정하는 데 사용된다.
예를 들어, "#emotion: 행복"이라고 입력하면, AI는 행복한 감정 상태에서 대화를 진행하게 된다.

⑥ **"#action:"** 이 명령어는 AI가 특정 행동을 표현하도록 지시하는 데 사용된다.
예를 들어, "#action: 놀람"이라고 입력하면, AI는 놀란 행동을 표현하려고 할 것이다.

⑦ **"#location:"** 이 명령어는 대화가 진행되는 위치를 설정하는데 사용된다.
예를 들어, "#location: 뉴욕"이라고 입력하면, 대화는 뉴욕에서 진행되는 것

으로 설정된다.

⑧ "#time:" 이 명령어는 대화가 진행되는 시간을 설정하는 데 사용됩니다.

예를 들어, "#time: 1950년대"라고 입력하면, 대화는 1950년대를 배경으로 진행된다.

⑨ "#genre:" 이 명령어는 대화의 장르를 설정하는 데 사용된다.

예를 들어, "#genre: 공포"라고 입력하면, 대화는 공포 장르의 이야기로 진행되는 것으로 설정된다.

⑩ "#topic:" 이 명령어는 대화의 주제를 설정하는 데 사용됩니다.

예를 들어, "#topic: 우주 여행"이라고 입력하면, 대화는 우주 여행에 관한 내용으로 진행되는 것으로 설정된다.

⑪ "#style:" 이 명령어는 AI의 말투나 표현 방식을 설정하는 데 사용된다.

예를 들어, "#style: 공손한"이라고 입력하면, AI는 공손한 말투로 대화를 진행하게 된다.

⑫ "#temperature:" 응답의 창의성을 조절한다. 0에서 1 사이의 값을 입력하며, 값이 높을수록 더 창의적인 응답을 생성한다. 예). #temperature: 0.8

⑬ "#top_p:" 응답의 다양성을 조절한다. 0에서 1 사이의 값을 입력하며, 값이 낮을수록 더 일관된 응답을 생성한다. 예) #top_p: 0.9

명령어 사용시 주의할 점은 다음과 같다.

명령어는 응답을 생성하기 전에 입력해야 한다. 응답을 생성한 후에 입력하면 적용되지 않는다. 명령어는 콜론(:)과 함께 사용해야 한다. 콜론을 빼거나 다른 기호를 사용하면 인식되지 않는다. 명령어는 한 줄에 하나씩 입력해야 한다. 여러 개의 명령어를 한 줄에 입력하면 마지막 명령어만 인식된다. 명령어는 대소문자를 구분하지 않는다. 예를 들어, #length:와 #LENGTH:는 같은 의미이다. 명령어는 응답의 품질과 관련이 있지만, 응답의 적합성과 관련이 없다. 응답이 문맥에 맞지 않거나 부적절한 경우가 있을 수 있으므로, 항상 확인하고 수정해야 한다.

이와 같이 프롬프트에 대한 이해와 방법을 활용해 질문을 잘 하면 좀 더 효과적으로 내가 원하는 정보를 얻을 수 있다.

Part 3.

기업 직무별(17가지) 효율 극대화 활용사례

기업대표(CEO) 업무 효율 향상 활용 사례

ChatGPT를 활용해서 기업대표(CEO) 업무의 효율을 높일 수 있는 전략을 수립할 수 있다. 기본적으로 질문(명령)하기 전에 **역할**을 부여하고, **사전지식**을 입력하고 구체적인 **상황**을 설명하고, 적절한 **예시**를 들어주면 답변의 퀄리티가 높아진다.

다음과 같이 3단계 프롬프트를 사용하면 내가 원하는 결과를 얻을 수 있다.

예를 들어

프롬프트1: 지속 가능한 경영 전략 및 사회적 책임 경영을 위한 계획을 수립해줘.

프롬프트2: ChatGPT 답변 내용을 중심으로 단계별로 질문을 한다. 예를 들어 위 너의 답변 중 "1. 중앙집중식 구매 시스템 도입" 내용을 좀 더 상세하게 설명해줘.

질문할 때 해당 내용을 정확하게 구분하여 질문을 해야 올바른 답변을 얻을 수 있다. 질문할 때 '(따옴표)', "(쌍따옴표)", """(쌍따옴표 3개)"""를 사용하면 질문과 답변의 정확도가 높아진다. 예를 들어 프롬프트 입력할 때 """[답변 내용 중 상세 답변을 원하는 내용]"""을 이와 같이 명확하게 구분하여 질문해야 한다.

프롬프트3: 앞 질문에 대한 답변에 계속 이어서 세부적으로 질문하면 맥락을 이어서 답변이 가능하다. 또한 답변할 때 예시와 사례를 제시하도록 하고, 가능한 구분하기 편리하게 표로 작성해달라고 요청한다.

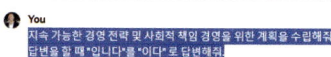

프롬프트2는 아래와 같이 ChatGPT 답변 내용을 중심으로 단계별로 질문을 한다. 예를 들어 위 너의 답변 중 "1. 지속 가능성 및 사회적 책임 비전과 목표 정의" 내용을 좀 더 상세하게 설명해줘. 라고 질문하면 다음과 같은 답변을 얻을 수 있다.

Part 3. 기업 직무별(17가지) 효율 극대화 활용사례 **139**

② 경영기획 및 경영지원 업무 효율 향상 활용 사례

ChatGPT를 활용해서 경영기획 및 경영지원 업무의 효율을 높일 수 있는 전략을 수립할 수 있다. 기본적으로 질문(명령)하기 전에 **역할**을 부여하고, **사전지식**을 입력하고 구체적인 **상황**을 설명하고, 적절한 **예시**를 들어주면 답변의 퀄리티가 높아진다.

다음과 같이 3단계 프롬프트를 사용하면 내가 원하는 결과를 얻을 수 있다.

예를 들어

프롬프트1: '기업의 핵심 경쟁력을 제고하기 위한 전략과 구체적인 실행 방안을 제시해줘.'

프롬프트2: ChatGPT 답변 내용을 중심으로 단계별로 질문을 한다. 예를 들어 '위 너의 답변 중 "1. 혁신을 통한 차별화 전략" 내용을 좀 더 상세하게 설명해줘.'

질문할 때 해당 내용을 정확하게 구분하여 질문을 해야 올바른 답변을 얻을 수 있다. 질문할 때 '(따옴표)', "(쌍따옴표)", """(쌍따옴표 3개)"""를 사용하면 질문과 답변의 정확도가 높아진다. 예를 들어 프롬프트 입력할 때 """[답변 내용 중 상세 답변을 원하는 내용]"""을 이와 같이 명확하게 구분하여 질문해야 한다.

프롬프트3: 앞 질문에 대한 답변에 계속 이어서 세부적으로 질문하면 맥락을 이어서 답변이 가능 하다. 또한 답변할 때 예시와 사례를 제시하도록 하고, 가능한 구분하기 편리하게 표로 작성해달라고 요청한다.

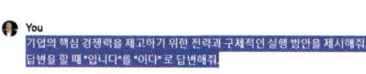

프롬프트2는 아래와 같이 ChatGPT 답변 내용을 중심으로 단계별로 질문을 한다. 예를 들어 '위 너의 답변 중 "1. 혁신을 통한 차별화 전략" 내용을 좀 더 상세하게 설명해줘.' 라고 질문하면 다음과 같은 답변을 얻을 수 있다.

3

회계 및 재무 업무 효율 향상 활용 사례

ChatGPT를 활용해서 회계 및 재무 업무의 효율을 높일 수 있는 전략을 수립할 수 있다. 기본적으로 질문(명령)하기 전에 **역할**을 부여하고, **사전지식**을 입력하고 구체적인 **상황**을 설명하고, 적절한 **예시**를 들어주면 답변의 퀄리티가 높아진다.

다음과 같이 3단계 프롬프트를 사용하면 내가 원하는 결과를 얻을 수 있다.

예를 들어

프롬프트1: 기업의 재무 상태 분석을 위한 회계 정보 및 데이터 관리 방안을 수립해줘.

프롬프트2: ChatGPT 답변 내용을 중심으로 단계별로 질문을 한다. 예를 들어 위 너의 답변 중 "1. 회계 정보 시스템의 노입 및 최적화" 내용을 좀 더 상세하게 설명해줘.

질문할 때 해당 내용을 정확하게 구분하여 질문을 해야 올바른 답변을 얻을 수 있다. 질문할 때 '(따옴표)', "(쌍따옴표)", """(쌍따옴표 3개)"""를 사용하면 질문과 답변의 정확도가 높아진다. 예를 들어 프롬프트 입력할 때 """[답변 내용 중 상세 답변을 원하는 내용]"""을 이와 같이 명확하게 구분하여 질문해야 한다.

프롬프트3: 앞 질문에 대한 답변에 계속 이어서 세부적으로 질문하면 맥락을 이어서 답변이 가능 하다. 또한 답변할 때 예시와 사례를 제시하도록 하고, 가능한 구분하기 편리하게 표로 작성해달라고 요청한다.

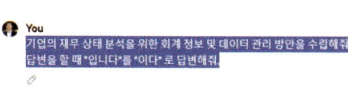

프롬프트2는 아래와 같이 ChatGPT 답변 내용을 중심으로 단계별로 질문을 한다. 예를 들어 '위 너의 답변 중 "1. 회계 정보 시스템의 도입 및 최적화" 내용을 좀 더 상세하게 설명해줘.' 라고 질문하면 다음과 같은 답변을 얻을 수 있다.

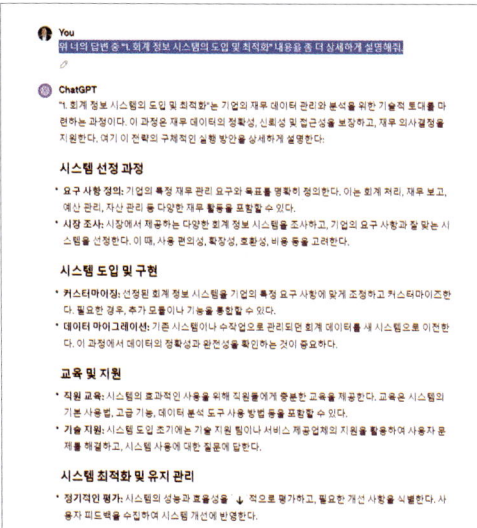

인적자원(HR)관리 업무 효율 향상 활용 사례

ChatGPT를 활용해서 인적자원(HR)관리 업무의 효율을 높일 수 있는 전략을 수립할 수 있다. 기본적으로 질문(명령)하기 전에 **역할**을 부여하고, **사전지식**을 입력하고 구체적인 **상황**을 설명하고, 적절한 **예시**를 들어주면 답변의 퀄리티가 높아진다.

다음과 같이 3단계 프롬프트를 사용하면 내가 원하는 결과를 얻을 수 있다.

예를 들어

프롬프트1: 직원의 역량을 향상시키기 위한 제도를 제시해줘.

프롬프트2: ChatGPT 답변 내용을 중심으로 단계별로 질문을 한다.

예를 들어 위 너의 답변 중 '"1. 지속적인 교육 및 개발 프로그램" 내용을 좀 더 상세하게 설명해줘.' 질문할 때 해당 내용을 성확하게 구분하여 질문을 해야 올바른 답변을 얻을 수 있다. 질문할 때 '(따옴표)', "(쌍따옴표)", """(쌍따옴표 3개)"""를 사용하면 질문과 답변의 정확도가 높아진다. 예를 들어 프롬프트 입력할 때 """[답변 내용 중 상세 답변을 원하는 내용]"""을 이와 같이 명확하게 구분하여 질문해야 한다.

프롬프트3: 앞 질문에 대한 답변에 계속 이어서 세부적으로 질문하면 맥락을 이어서 답변이 가능 하다. 또한 답변할 때 예시와 사례를 제시하도록 하고, 가능한 구분하기 편리하게 표로 작성해달라고 요청한다.

> **You**
> 직원의 역량을 향상시키기 위한 제도를 제시해줘.
> 답변을 할 때 "입니다"를 "이다"로 답변해줘.

> **ChatGPT**
> 직원의 역량을 향상시키는 제도는 조직의 생산성과 창의성을 높이며, 직원들의 직무 만족도와 충성도를 증가시키는 데 기여한다. 여기 몇 가지 효과적인 제도를 제시한다.
>
> **1. 지속적인 교육 및 개발 프로그램**
> - 목적: 직원들에게 최신 업계 지식과 기술을 제공하여, 업무 수행 능력을 향상시킨다.
> - 실행 방안: 온라인 코스, 세미나, 워크샵, 직무 관련 인증 프로그램 등을 통해 다양한 학습 기회를 제공한다.
>
> **2. 멘토링 및 코칭 시스템**
> - 목적: 경험 많은 직원이나 외부 전문가가 직원들의 개인적, 전문적 성장을 지원한다.
> - 실행 방안: 1:1 멘토링, 그룹 코칭 세션을 정기적으로 운영하여, 직원들의 역량 강화와 경력 개발을 지원한다.
>
> **3. 성과 기반 보상 제도**
> - 목적: 직원의 성과와 기여도를 정확히 평가하고, 이에 따라 보상함으로써 동기 부여를 강화한다.
> - 실행 방안: 성과 평가 시스템을 활용하여 개인 및 팀 성과를 평가하고, 보너스, 승진, 특별 인센티브 등을 제공한다.
>
> **4. 경력 개발 계획**
> - 목적: 직원 개개인의 경력 목표와 조직의 필요 사이에 일치를 이루어, 장기적인 경력 성장을 지원한다.
> - 실행 방안: 개인별 경력 상담, 직무 이동 및 로테이션 프로그램, 내부 승진 기회 제공 등을 통해 다양한 경력 경로를 모색한다.
> ↓

프롬프트2는 아래와 같이 ChatGPT 답변 내용을 중심으로 단계별로 질문을 한다. 예를 들어 '위 너의 답변 중 "1. 지속적인 교육 및 개발 프로그램" 내용을 좀 더 상세하게 설명해줘.' 라고 질문하면 다음과 같은 답변을 얻을 수 있다.

> **You**
> 위 너의 답변 중 "1. 지속적인 교육 및 개발 프로그램" 내용을 좀 더 상세하게 설명해줘.

> **ChatGPT**
> "1. 지속적인 교육 및 개발 프로그램"은 직원들이 자신의 전문성을 지속적으로 개발하고 새로운 기술을 습득할 수 있도록 지원하는 제도이다. 이 프로그램은 직원들이 변화하는 시장과 산업 동향에 대응할 수 있게 하며, 경력 개발을 위한 기반을 마련한다. 다음은 지속적인 교육 및 개발 프로그램을 구체적으로 실행하는 방안이다.
>
> **온라인 학습 플랫폼 활용**
> - 목적: 직원들이 시간과 장소에 구애받지 않고 다양한 교육 콘텐츠에 접근할 수 있게 한다.
> - 실행 방안: LinkedIn Learning, Coursera, Udemy 등의 온라인 학습 플랫폼을 구독하며, 직원들이 필요한 기술과 지식을 학습할 수 있도록 한다. 직원들이 관심 있는 과정을 자유롭게 선택할 수 있게 하며, 필요한 경우 학습 경로를 제공한다.
>
> **내부 교육 세미나 및 워크샵**
> - 목적: 직원들의 전문성 향상과 팀워크 증진을 도모한다.
> - 실행 방안: 내부 전문가나 외부 강사를 초청하여 정기적인 세미나, 워크샵, 기술 교육을 실시한다. 이는 직원들에게 실질적인 업무와 관련된 학습 기회를 제공하며, 팀 내 소통과 협력을 촉진한다.
>
> **직무 관련 인증 프로그램 지원**
> - 목적: 직원들이 전문적인 자격증이나 인증을 획득하여, 그들의 경력 발전과 전문성을 인정받을 수 있게 한다.
> - 실행 방안: 직무 관련 인증 프로그램에 참여할 수 있도록 시간적, 재정적 지원을 제공한다. 예를 들어, IT 분야 직원의 경우, AWS, Cisco 등의 기술 인증; 인사 분야 직원의 경우, HR 관련 인증 프로그램 참여를 지원한다.
>
> **피드백 및 경력 개발 계획**
> ↓

Part 3. 기업 직무별(17가지) 효율 극대화 활용사례

5

영업 및 고객관리 업무 효율 향상 활용 사례

ChatGPT를 활용해서 영업 및 고객관리 업무의 효율을 높일 수 있는 전략을 수립할 수 있다. 기본적으로 질문(명령)하기 전에 **역할**을 부여하고, **사전지식**을 입력하고 구체적인 **상황**을 설명하고, 적절한 **예시**를 들어주면 답변의 퀄리티가 높아진다.

다음과 같이 3단계 프롬프트를 사용하면 내가 원하는 결과를 얻을 수 있다.

예를 들어

프롬프트1: 고객의 요구사항에 적합한 제품을 제공하기 위해 어떤 접근 방식을 사용하는지 설명해줘.

프롬프트2: ChatGPT 답변 내용을 중심으로 단계별로 질문을 한다.

예를 들어 '위 너의 답변 중 "1. 고객 중심 설계 (Customer-Centric Design)" 내용을 좀 더 상세하게 설명해줘.' 질문할 때 해당 내용을 정확하게 구분하여 질문을 해야 올바른 답변을 얻을 수 있다. 질문할 때 '(따옴표)', "(쌍따옴표)", """(쌍따옴표 3개)"""를 사용하면 질문과 답변의 정확도가 높아진다. 예를 들어 프롬프트 입력할 때 """[답변 내용 중 상세 답변을 원하는 내용]"""을 이와 같이 명확하게 구분하여 질문해야 한다.

프롬프트3: 앞 질문에 대한 답변에 계속 이어서 세부적으로 질문하면 맥락을 이어서 답변이 가능 하다. 또한 답변할 때 예시와 사례를 제시하도록 하고, 가능한 구분하기 편리하게 표로 작성해달라고 요청한다.

프롬프트2는 아래와 같이 ChatGPT 답변 내용을 중심으로 단계별로 질문을 한다. 예를 들어 위 너의 답변 중 "1. 고객 중심 설계 (Customer-Centric Design)" 내용을 좀 더 상세하게 설명해줘. 라고 질문하면 다음과 같은 답변을 얻을 수 있다.

6

구매(SCM) 업무 효율 향상 활용 사례

ChatGPT를 활용해서 기업의 구매 업무의 효율을 높일 수 있는 전략을 수립할 수 있다. 기본적으로 질문(명령)하기 전에 **역할**을 부여하고, **사전지식**을 입력하고 구체적인 **상황**을 설명하고, 적절한 **예시**를 들어주면 답변의 퀄리티가 높아진다.

다음과 같이 3단계 프롬프트를 사용하면 내가 원하는 결과를 얻을 수 있다.

프롬프트1: 기업의 구매 업무의 효율을 높일 수 있는 전략은 무엇이지?

프롬프트2: ChatGPT 답변 내용을 중심으로 단계별로 질문을 한다.

예를 들어 위 너의 답변 중 "1. 중앙집중식 구매 시스템 도입" 내용을 좀 더 상세하게 설명해줘.

질문할 때 해당 내용을 정확하게 구분하여 질문을 해야 올바른 답변을 얻을 수 있다. 질문할 때 '(따옴표)', "(쌍따옴표)", """(쌍따옴표 3개)"""를 사용하면 질문과 답변의 정확도가 높아진다. 예를 들어 프롬프트 입력할 때 """[답변 내용 중 상세 답변을 원하는 내용]"""을 이와 같이 명확하게 구분하여 질문해야 한다.

프롬프트3: 앞 질문에 대한 답변에 계속 이어서 세부적으로 질문하면 맥락을 이어서 답변이 가능 하다. 또한 답변할 때 예시와 사례를 제시하도록 하고, 가능한 구분하기 편리하게 표로 작성해달라고 요청한다.

> **You**
> 기업의 구매 업무의 효율을 높일 수 있는 전략은 무엇이지?
>
> **ChatGPT**
> 기업의 구매 업무 효율성을 높이는 전략은 비용 절감, 시간 관리 개선, 그리고 공급망 최적화 등을 포함하여 다양한 방법으로 접근할 수 있습니다. 여기 몇 가지 주요 전략을 소개합니다:
>
> **1. 중앙집중식 구매 시스템 도입**
> - 목표: 구매 프로세스의 통합과 표준화를 통해 관리의 효율성과 투명성을 높입니다.
> - 방법: 모든 구매 요청과 절차를 하나의 중앙 시스템에서 관리하여, 불필요한 중복 구매를 방지하고, 협상력을 강화합니다.
>
> **2. 공급업체 관계 관리 강화**
> - 목표: 신뢰할 수 있는 공급업체와의 장기적인 파트너십을 구축하여 비용 절감과 공급 안정성을 확보합니다.
> - 방법: 공급업체 성과 평가, 정기적인 소통 및 피드백, 공동 혁신 및 비용 절감 노력을 통해 상호 이익을 증진합니다.
>
> **3. 디지털 기술과 자동화 도구 활용**
> - 목표: 구매 프로세스의 자동화를 통해 시간과 비용을 절감하며 오류를 최소화합니다.
> - 방법: 전자 구매 시스템, 인공지능(AI) 기반 분석 도구, 블록체인 기술 등을 활용하여 구매 주문, 재고 관리, 계약 관리 등을 자동화합니다.

아래는 ChatGPT의 답변을 정리하였다. 답변을 정리할 때 "입니다"을 "이다"로 답변하라고 요청하였다.

기업의 구매 업무 효율성을 높이는 전략은 비용 절감, 시간 관리 개선, 그리고 공급망 최적화 등을 포함하여 다양한 방법으로 접근할 수 있다. 여기 몇 가지 주요 전략을 소개하면 다음과 같다.

① **중앙집중식 구매 시스템 도입**

목표: 구매 프로세스의 통합과 표준화를 통해 관리의 효율성과 투명성을 높인다.

방법: 모든 구매 요청과 절차를 하나의 중앙 시스템에서 관리하여, 불필요한 중복 구매를 방지하고, 협상력을 강화한다.

② **공급업체 관계 관리 강화**

목표: 신뢰할 수 있는 공급업체와의 장기적인 파트너십을 구축하여 비용 절감과 공급 안정성을 확보한다.

방법: 공급업체 성과 평가, 정기적인 소통 및 피드백, 공동 혁신 및 비용 절감 노력을 통해 상호 이익을 증진한다.

③ **디지털 기술과 자동화 도구 활용**

목표: 구매 프로세스의 자동화를 통해 시간과 비용을 절감하며 오류를 최소화한다.

방법: 전자 구매 시스템, 인공지능(AI) 기반 분석 도구, 블록체인 기술 등을 활용하여 구매 주문, 재고 관리, 계약 관리 등을 자동화한다.

④ **지속 가능한 구매 정책 채택**

목표: 환경적, 사회적 책임을 고려한 구매 결정을 통해 기업 이미지와 브랜드 가치를 향상시킨다.

방법: 지속 가능한 소싱 기준을 마련하고, 친환경 제품, 공정 무역 제품 등을 우선적으로 고려하여 구매한다.

⑤ **데이터 기반 의사 결정**

목표: 실시간 데이터 분석을 통해 더 정확하고 효율적인 구매 결정을 내린다.

방법: 시장 동향, 공급업체 성과, 재고 수준 등 관련 데이터를 분석하여 최적의 구매 시기, 수량, 공급업체 선택 등을 결정한다.

⑥ **교육 및 개발 프로그램 투자**

목표: 구매 팀의 전문성과 역량을 강화하여 전체적인 구매 프로세스의 효율성을 높인다.

방법: 구매 관련 최신 트렌드, 도구, 기술에 대한 교육 프로그램을 제공하고, 전문성을 갖춘 인재의 채용과 육성에 투자한다.

이러한 전략들은 기업의 특성, 규모, 산업 분야에 따라 조정하고 적용할 수 있다. 효율적인 구매 관리는 비용 절감, 운영 효율성 향상뿐만 아니라 공급망의 안정성과 지속 가능성을 강화하는 데에도 중요한 역할을 한다. 이를 위해 추가적인 전략을 고려할 수 있다.

⑦ **수요 예측 및 계획**

목표: 정확한 수요 예측을 통해 과잉 재고를 방지하고, 필요한 제품을 적시에 구매하여 자원을 효율적으로 관리한다.

방법: 과거 판매 데이터, 시장 동향, 계절 변동성 등을 분석하여 미래의 구매 수요를 예측한다. 이를 통해 생산 계획과 재고 관리를 최적화할 수 있다.

⑧ **전략적 소싱**

목표: 비용 절감과 품질 향상을 위해 최적의 공급업체를 선정하고, 전략적인 관계를 구축한다.

방법: 전 세계의 공급업체를 대상으로 포괄적인 시장 조사를 실시하고, 가격, 품질, 납기, 서비스 등 다양한 기준을 바탕으로 공급업체를 선정한다. 또한, 계약 협상을 통해 최적의 가격과 조건을 확보한다.

⑨ **재고 최적화**

목표: 효과적인 재고 관리를 통해 자본을 과도하게 묶는 것을 방지하고, 재고 부족으로 인한 생산 중단 리스크를 최소화한다.

방법: 정확한 수요 예측과 효율적인 재고 관리 시스템을 도입하여, 필요한 재고 수준을 유지합니다. JIT(Just-In-Time) 인벤토리 관리와 같은 전략을 적용하여 재고를 최소화하고, 자본 효율성을 극대화할 수 있다.

⑩ **기술 및 혁신에 대한 투자**

목표: 최신 기술을 도입하여 구매 및 공급망 관리 프로세스를 혁신하고, 경쟁 우위를 확보한다.

방법: 클라우드 기반 구매 관리 시스템, 빅 데이터 분석, AI 및 머신러닝 기술을 활용하여 공급망의 가시성을 향상시키고, 복잡한 데이터를 신속하게 분석하여 의사 결정을 지원한다.

이러한 전략들은 기업이 더욱 효과적으로 자원을 관리하고, 비용을 절감하며, 공급망 리스크를 최소화하는 데 도움이 된다. 동시에, 지속 가능한 구매 관행을 채택함으로써 기업의 사회적 책임을 이행하고, 장기적인 브랜드 가치를 높일 수 있다.

프롬프트2는 아래와 같이 ChatGPT 답변 내용을 중심으로 단계별로 질문을 한다. 예를 들어 위 너의 답변 중 "1. 중앙집중식 구매 시스템 도입" 내용을 좀 더 상세하게 설명해줘.라고 질문하면 다음과 같은 답변을 얻을 수 있다.

You
위 너의 답변 중, "1. 중앙집중식 구매 시스템 도입" 내용을 좀 더 상세하게 설명해줘.

ChatGPT
"1. 중앙집중식 구매 시스템 도입"은 기업의 구매 프로세스를 효율적으로 관리하고 최적화하기 위한 전략 중 하나다. 이 전략의 목적은 구매 관련 모든 활동을 하나의 중앙 시스템에서 관리함으로써, 프로세스의 투명성을 높이고 관리의 효율성을 극대화하는 것이다. 다음은 이 전략을 좀 더 상세하게 설명한 내용이다.

구매 프로세스의 통합과 표준화
- 중앙집중식 구매 시스템의 핵심은 모든 구매 요청, 승인, 주문, 그리고 공급업체 관리 등 구매와 관련된 모든 절차를 하나의 통합된 플랫폼 또는 시스템을 통해 처리하는 것이다. 이로써 구매 프로세스 전반에 걸쳐 일관성과 표준화를 달성할 수 있다.

불필요한 중복 구매 방지
- 중앙집중식 시스템을 통한 관리는 조직 내에서 불필요한 중복 구매를 방지하고, 자원을 효율적으로 활용할 수 있게 한다. 시스템은 이미 구매된 항목, 진행 중인 주문, 그리고 미래의 구매 계획을 명확히 보여주어 중복되는 지출을 줄인다.

협상력 강화
- 구매를 중앙집중화함으로써, 기업은 대량 구매를 통한 협상에서 더 유리한 위치를 차지할 수 있다. 이는 공급업체와의 가격 협상에서 더 큰 할인이나 더 좋은 조건을 얻을 수 있는 기회를 의미한다.

신속한 의사결정과 효율적인 관리
- 모든 구매 정보와 데이터가 하나의 시스템에 집중되어 있기 때문에, 관리자와 결정권자들은 필요한 정보를 신속하게 접근하고, 더 빠르고 정확한 의사 결정을 내릴 수 있다. 또한, 구매 관련 리포트와 분석을 쉽게 생성하여, 지속적인 프로세스 개선과 비용 절감 노력을 지원한다.

↓

공급업체 관계의 중앙 관리

마케팅 및 캠페인 업무 효율 향상 활용 사례

ChatGPT를 활용해서 마케팅 및 캠페인 업무의 효율을 높일 수 있는 전략을 수립할 수 있다. 기본적으로 질문(명령)하기 전에 **역할**을 부여하고, **사전지식**을 입력하고 구체적인 **상황**을 설명하고, 적절한 **예시**를 들어주면 답변의 퀄리티가 높아진다.

다음과 같이 3단계 프롬프트를 사용하면 내가 원하는 결과를 얻을 수 있다.

예를 들어

프롬프트1: 디지털 마케팅 채널을 활용한 마케팅 전략을 개발해줘.

프롬프트2: ChatGPT 답변 내용을 중심으로 단계별로 질문을 한다.

예를 들어 위 너의 답변 중 "1. 목표 설정" 내용을 좀 더 상세하게 설명해줘. 질문할 때 해당 내용을 정확하게 구분하여 질문을 해야 올바른 답변을 얻을 수 있다. 질문할 때 '(따옴표)', "(쌍따옴표)", """(쌍따옴표 3개)"""를 사용하면 질문과 답변의 정확도가 높아진다. 예를 들어 프롬프트 입력할 때 """[답변 내용 중 상세 답변을 원하는 내용]"""을 이와 같이 명확하게 구분하여 질문해야 한다.

프롬프트3: 앞 질문에 대한 답변에 계속 이어서 세부적으로 질문하면 맥락을 이어서 답변이 가능 하다. 또한 답변할 때 예시와 사례를 제시하도록 하고, 가능한 구분하기 편리하게 표로 작성해달라고 요청한다.

프롬프트2는 아래와 같이 ChatGPT 답변 내용을 중심으로 단계별로 질문을 한다. 예를 들어 위 너의 답변 중 "1. 목표 설정" 내용을 좀 더 상세하게 설명해줘. 라고 질문하면 다음과 같은 답변을 얻을 수 있다.

디자인 및 콘텐츠 업무 효율 향상 활용 사례

ChatGPT를 활용해서 디자인 및 콘텐츠 업무의 효율을 높일 수 있는 전략을 수립할 수 있다. 기본적으로 질문(명령)하기 전에 **역할**을 부여하고, **사전지식**을 입력하고 구체적인 **상황**을 설명하고, 적절한 **예시**를 들어주면 답변의 퀄리티가 높아진다.

다음과 같이 3단계 프롬프트를 사용하면 내가 원하는 결과를 얻을 수 있다.

예를 들어

프롬프트1: 기업에서 디자인 및 콘텐츠 업무의 효율을 높일 수 있는 전략은 무엇이지?

프롬프트2: ChatGPT 답변 내용을 중심으로 단계별로 질문을 한다.

예를 들어 위 너의 답변 중 "1. 명확한 가이드라인 및 템플릿 제공" 내용을 좀 더 상세하게 설명해줘. 질문할 때 해당 내용을 정확하게 구분하여 질문을 해야 올바른 답변을 얻을 수 있다. 질문할 때 '(따옴표)', "(쌍따옴표)", """(쌍따옴표 3개)"""를 사용하면 질문과 답변의 정확도가 높아진다. 예를 들어 프롬프트 입력할 때 """[답변 내용 중 상세 답변을 원하는 내용]"""을 이와 같이 명확하게 구분하여 질문해야 한다.

프롬프트3: 앞 질문에 대한 답변에 계속 이어서 세부적으로 질문하면 맥락을 이어서 답변이 가능 하다. 또한 답변할 때 예시와 사례를 제시하도록 하고, 가능한 구분하기 편리하게 표로 작성해달라고 요청한다.

프롬프트2는 아래와 같이 ChatGPT 답변 내용을 중심으로 단계별로 질문을 한다. 예를 들어 위 너의 답변 중 "1. 명확한 가이드라인 및 템플릿 제공" 내용을 좀 더 상세하게 설명해줘. 라고 질문하면 나음과 같은 답변을 얻을 수 있다.

9

일반사무 및 운영관리 업무 효율 향상 활용 사례

ChatGPT를 활용해서 **일반사무 및 운영관리** 업무의 효율을 높일 수 있는 전략을 수립할 수 있다. 기본적으로 질문(명령)하기 전에 **역할**을 부여하고, **사전지식**을 입력하고 구체적인 **상황**을 설명하고, 적절한 **예시**를 들어주면 답변의 퀄리티가 높아진다.

다음과 같이 3단계 프롬프트를 사용하면 내가 원하는 결과를 얻을 수 있다.

예를 들어

프롬프트1: 기업에서 일반사무 및 운영관리 업무의 효율을 높일 수 있는 전략은 무엇이지?

프롬프트2: ChatGPT 답변 내용을 중심으로 단계별로 질문을 한다.

예를 들어 위 너의 답변 중 "1. 프로세스 자동화 및 디지털화" 내용을 좀 더 상세하게 설명해줘. 질문할 때 해당 내용을 정확하게 구분하여 질문을 해야 올바른 답변을 얻을 수 있다. 질문할 때 '(따옴표)', "(쌍따옴표)", """(쌍따옴표 3개)"""를 사용하면 질문과 답변의 정확도가 높아진다. 예를 들어 프롬프트 입력할 때 """[답변 내용 중 상세 답변을 원하는 내용]"""을 이와 같이 명확하게 구분하여 질문해야 한다.

프롬프트3: 앞 질문에 대한 답변에 계속 이어서 세부적으로 질문하면 맥락을 이어서 답변이 가능 하다. 또한 답변할 때 예시와 사례를 제시하도록 하고, 가능한 구분하기 편리하게 표로 작성해달라고 요청한다.

> **You**
> 기업에서 일반사무 및 운영관리 업무의 효율을 높일 수 있는 전략은 무엇인지 답변을 할 때 "입니다"를 "이다"로 답변해줘.
>
> **ChatGPT**
> 기업에서 일반사무 및 운영관리 업무의 효율을 높일 수 있는 전략은 다음과 같다:
>
> **1. 프로세스 자동화 및 디지털화**
> - 목적: 반복적이고 시간이 많이 소요되는 업무를 자동화하여 업무 효율성을 향상시킨다.
> - 실행 방안: 소프트웨어와 도구를 활용해 문서 관리, 데이터 입력, 스케줄링 등의 업무를 자동화한다. 예를 들어, 전자 문서 관리 시스템, 클라우드 기반 회계 소프트웨어, 자동화된 스케줄링 도구 등을 도입한다.
>
> **2. 효율적인 커뮤니케이션 도구 활용**
> - 목적: 팀 간의 소통과 협력을 강화하여 업무 처리 속도와 효율을 높인다.
> - 실행 방안: Slack, Microsoft Teams 같은 협업 도구를 사용하여 실시간 커뮤니케이션과 파일 공유를 용이하게 한다. 이는 업무 지시, 피드백 공유, 프로젝트 관리를 원활하게 한다.
>
> **3. 클라우드 기반 시스템 도입**
> - 목적: 언제 어디서나 업무에 접근할 수 있는 유연한 작업 환경을 제공한다.
> - 실행 방안: 클라우드 기반 문서 저장소, 프로젝트 관리 소프트웨어, 회계 시스템 등을 도입하여 원격 작업의 효율성을 높인다. 이는 물리적인 자료실의 필요성을 줄이고, 업무 연속성을 보장한다.
>
> **4. 지속적인 교육 및 개발 프로그램**
> - 목적: 직원의 스킬과 역량을 지속적으로 개발하여 업무 효율성을 향상시킨다.
> - 실행 방안: 정기적인 교육 세미나, 온라인 코스, 워크샵을 제공하여 직원들이 최신 기술, 도구 및 업무 방법을 습득할 수 있도록 한다. 이는 업무 효율성뿐만 아니라 직원 만족도도 향상시킨다.
>
> **5. 업무 분석 및 프로세스 최적화** ↓

프롬프트2는 아래와 같이 ChatGPT 답변 내용을 중심으로 단계별로 질문을 한다. 예를 들어 위 너의 답변 중 "1. 프로세스 자동화 및 디지털화" 내용을 좀 더 상세하게 설명해줘. 라고 질문하면 다음과 같은 답변을 얻을 수 있다.

> **You**
> 위 너의 답변 중 "1.프로세스 자동화 및 디지털화" 내용을 좀 더 상세하게 설명해줘.
>
> **ChatGPT**
> "1. 프로세스 자동화 및 디지털화"는 일반사무 및 운영관리 업무에서 중요한 전략이다. 이는 반복적인 작업을 최소화하고, 데이터 처리의 신속성과 정확성을 높이며, 업무 처리 시간을 줄이는 것을 목표로 한다. 프로세스 자동화 및 디지털화를 구체적으로 실행하는 방법은 다음과 같다.
>
> **프로세스 식별 및 분석**
> - 목적: 자동화할 업무 프로세스를 식별하고 분석한다.
> - 실행 방안: 기업 내에서 시간이 많이 소요되고, 오류가 발생하기 쉬우며, 반복적으로 이루어지는 업무 프로세스를 식별한다. 예를 들어, 인보이스 처리, 고객 데이터 입력, 보고서 생성 등이 해당될 수 있다.
>
> **적절한 자동화 도구 선정**
> - 목적: 식별된 프로세스를 자동화하기 위한 적절한 소프트웨어 및 도구를 선정한다.
> - 실행 방안: 시장에서 제공되는 다양한 자동화 도구와 소프트웨어를 비교 분석하여, 업무 요구사항과 가장 잘 맞는 솔루션을 선택한다. CRM 시스템, ERP 소프트웨어, 문서 관리 시스템, 자동화된 이메일 마케팅 플랫폼 등이 포함될 수 있다.
>
> **디지털화 구현**
> - 목적: 업무 프로세스를 디지털 형식으로 전환하여 효율성을 높인다.
> - 실행 방안: 종이 문서를 디지털 문서로 전환하고, 클라우드 기반 시스템을 도입하여 문서 접근성과 공유 용이성을 향상시킨다. 또한, 데이터 분석 및 보고 작업을 자동화하여 실시간 의사결정을 지원한다.
>
> **교육 및 지원 제공**
> - 목적: 직원들이 새로운 도구와 시스템을 효과적으로 사용할 수 있도록 한다.

연구개발(R&D) 업무 효율 향상 활용 사례

ChatGPT를 활용해서 **연구개발(R&D)** 업무의 효율을 높일 수 있는 전략을 수립할 수 있다. 기본적으로 질문(명령)하기 전에 **역할**을 부여하고, **사전지식**을 입력하고 구체적인 **상황**을 설명하고, 적절한 **예시**를 들어주면 답변의 퀄리티가 높아진다.

다음과 같이 3단계 프롬프트를 사용하면 내가 원하는 결과를 얻을 수 있다.

예를 들어

프롬프트1: 기업에서 연구개발(R&D) 업무의 효율을 높일 수 있는 전략은 무엇이지?

프롬프트2: ChatGPT 답변 내용을 중심으로 단계별로 질문을 한다.

예를 들어 위 너의 답변 중 "1. 명확한 R&D 목표 설정" 내용을 좀 더 상세하게 설명해줘. 질문할 때 해당 내용을 정확하게 구분하여 질문을 해야 올바른 답변을 얻을 수 있다. 질문할 때 '(따옴표)', "(쌍따옴표)", """(쌍따옴표 3개)"""를 사용하면 질문과 답변의 정확도가 높아진다. 예를 들어 프롬프트 입력할 때 """[답변 내용 중 상세 답변을 원하는 내용]"""을 이와 같이 명확하게 구분하여 질문해야 한다.

프롬프트3: 앞 질문에 대한 답변에 계속 이어서 세부적으로 질문하면 맥락을 이어서 답변이 가능 하다. 또한 답변할 때 예시와 사례를 제시하도록 하고, 가능한 구분하기 편리하게 표로 작성해달라고 요청한다.

프롬프트2는 아래와 같이 ChatGPT 답변 내용을 중심으로 단계별로 질문을 한다. 예를 들어 위 너의 답변 중 "1. 명확한 R&D 목표 설정" 내용을 좀 더 상세하게 설명해줘. 라고 질문하면 다음과 같은 답변을 얻을 수 있다.

제조 및 생산 업무 효율 향상 활용 사례

ChatGPT를 활용해서 **제조 및 생산 업무**의 효율을 높일 수 있는 전략을 수립할 수 있다. 기본적으로 질문(명령)하기 전에 **역할**을 부여하고, **사전지식**을 입력하고 구체적인 **상황**을 설명하고, 적절한 **예시**를 들어주면 답변의 퀄리티가 높아진다.

다음과 같이 3단계 프롬프트를 사용하면 내가 원하는 결과를 얻을 수 있다.

예를 들어

프롬프트1: 생산 라인의 생산성과 효율성을 높이기 위한 개선 방안을 제시해줘.

프롬프트2: ChatGPT 답변 내용을 중심으로 단계별로 질문을 한다.

예를 들어 위 너의 답변 중 "1. Lean Manufacturing 기법 적용" 내용을 좀 더 상세하게 설명해줘. 질문할 때 해당 내용을 정확하게 구분하여 질문을 해야 올바른 답변을 얻을 수 있다. 질문할 때 '(따옴표)', "(쌍따옴표)", """(쌍따옴표 3개)"""를 사용하면 질문과 답변의 정확도가 높아진다. 예를 들어 프롬프트 입력할 때 """[답변 내용 중 상세 답변을 원하는 내용]"""을 이와 같이 명확하게 구분하여 질문해야 한다.

프롬프트3: 앞 질문에 대한 답변에 계속 이어서 세부적으로 질문하면 맥락을 이어서 답변이 가능 하다. 또한 답변할 때 예시와 사례를 제시하도록 하고, 가능한 구분하기 편리하게 표로 작성해달라고 요청한다.

프롬프트2는 아래와 같이 ChatGPT 답변 내용을 중심으로 단계별로 질문을 한다. 예를 들어 위 너의 답변 중 "1. Lean Manufacturing 기법 적용" 내용을 좀 더 상세하게 설명해줘. 라고 질문하면 다음과 같은 답변을 얻을 수 있다.

고객지원 및 고객 서비스 업무 효율 향상 활용 사례

ChatGPT를 활용해서 **고객지원 및 고객 서비스 업무**의 효율을 높일 수 있는 전략을 수립할 수 있다. 기본적으로 질문(명령)하기 전에 **역할**을 부여하고, **사전지식**을 입력하고 구체적인 **상황**을 설명하고, 적절한 **예시**를 들어주면 답변의 퀄리티가 높아진다.

다음과 같이 3단계 프롬프트를 사용하면 내가 원하는 결과를 얻을 수 있다.

예를 들어

프롬프트1: 기업에서 고객지원 및 고객 서비스 업무의 효율을 높일 수 있는 전략은 무엇이지?

프롬프트2: ChatGPT 답변 내용을 중심으로 단계별로 질문을 한다.

예를 들어 위 너의 답변 중 "1. 다채널 고객 지원 시스템 구축" 내용을 좀 더 상세하게 설명해줘. 질문할 때 해당 내용을 정확하게 구분하여 질문을 해야 올바른 답변을 얻을 수 있다. 질문할 때 '(따옴표)', "(쌍따옴표)", """(쌍따옴표 3개)"""를 사용하면 질문과 답변의 정확도가 높아진다. 예를 들어 프롬프트 입력할 때 """[답변 내용 중 상세 답변을 원하는 내용]"""을 이와 같이 명확하게 구분하여 질문해야 한다.

프롬프트3: 앞 질문에 대한 답변에 계속 이어서 세부적으로 질문하면 맥락을 이어서 답변이 가능 하다. 또한 답변할 때 예시와 사례를 제시하도록 하고, 가능한 구분하기 편리하게 표로 작성해달라고 요청한다.

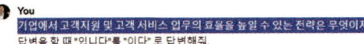

프롬프트2는 아래와 같이 ChatGPT 답변 내용을 중심으로 단계별로 질문을 한다. 예를 들어 위 너의 답변 중 "1. 다채널 고객 지원 시스템 구축" 내용을 좀 더 상세하게 설명해줘. 라고 질문하면 다음과 같은 답변을 얻을 수 있다.

투자유치 업무 효율 향상 활용 사례

ChatGPT를 활용해서 **투자유치 업무**의 효율을 높일 수 있는 전략을 수립할 수 있다. 기본적으로 질문(명령)하기 전에 **역할**을 부여하고, **사전지식**을 입력하고 구체적인 **상황**을 설명하고, 적절한 **예시**를 들어주면 답변의 퀄리티가 높아진다.

다음과 같이 3단계 프롬프트를 사용하면 내가 원하는 결과를 얻을 수 있다.

예를 들어

프롬프트1: 투자자들이 기대할 수 있는 수익과 이익을 명확히 제시해줘.

프롬프트2: ChatGPT 답변 내용을 중심으로 단계별로 질문을 한다.

예를 들어 위 너의 답변 중 "수익(Revenue)" 내용을 좀 더 상세하게 설명해줘. 질문할 때 해당 내용을 정확하게 구분하여 질문을 해야 올바른 답변을 얻을 수 있다. 질문할 때 '(따옴표)', "(쌍따옴표)", """(쌍따옴표 3개)"""를 사용하면 질문과 답변의 정확도가 높아진다. 예를 들어 프롬프트 입력할 때 """[답변 내용 중 상세 답변을 원하는 내용]"""을 이와 같이 명확하게 구분하여 질문해야 한다.

프롬프트3: 앞 질문에 대한 답변에 계속 이어서 세부적으로 질문하면 맥락을 이어서 답변이 가능 하다. 또한 답변할 때 예시와 사례를 제시하도록 하고, 가능한 구분하기 편리하게 표로 작성해달라고 요청한다.

> **You**
> 투자자들이 기대할 수 있는 수익과 이익을 명확히 제시해줘.
> 답변을 할 때 "입니다" 를 "이다" 로 답변해줘.

> **ChatGPT**
> 투자자들이 기대할 수 있는 수익과 이익에 대해 명확히 설명하자면, 이 두 용어는 투자 분야에서 중요한 차이를 가진다:
>
> **수익(Revenue)**
> - 정의: 수익은 투자로부터 발생하는 총 금액이다. 이는 주식, 채권, 부동산, 기타 투자 상품에서 얻는 금전적 가치를 포함한다.
> - 예시:
>   - 주식 투자에서는 주가 상승으로 인한 매매 차익과 배당금이 수익에 해당된다.
>   - 채권의 경우 이자 지급이 수익이다.
>   - 부동산 투자에서 임대료 수입 또는 매매 시의 차익이 수익이다.
>
> **이익(Profit)**
> - 정의: 이익은 투자로부터 얻은 순수익이다. 즉, 투자로 인해 발생한 총수익에서 투자와 관련된 모든 비용을 제외한 금액이다.
> - 예시:
>   - 주식 투자에서 매매 차익에서 거래 수수료와 세금을 제외한 금액이 이익이다.
>   - 채권 투자에서 이자 수익에서 발생한 세금을 제외한 금액이 이익이다.
>   - 부동산 투자에서 매매 차익 또는 임대 수입에서 유지 관리 비용, 세금, 수리 비용 등을 제외한 금액이 이익이다.
>
> 투자자들은 투자 결정을 내릴 때, 예상되는 총수익(Revenue)뿐만 아니라 실제로 손에 쥘 수 있는 순이익(Profit)을 고려해야 한다. 투자의 목표는 단순히 수익을 극대화하는 것이 아니라, 위험을 고려한 상황에서 이익을 최대화하는 것이다. 따라서 투자와 관련된 모든 비용과 위험 요소를 면밀히 분석하고, 장기적인 관점에서 투자의 성과를 평가하는 것이 중요하다.

프롬프트2는 아래와 같이 ChatGPT 답변 내용을 중심으로 단계별로 질문을 한다. 예를 들어 위 너의 답변 중 "수익(Revenue)" 내용을 좀 더 상세하게 설명해줘. 라고 질문하면 다음과 같은 답변을 얻을 수 있다.

> **You**
> 위 너의 답변 중 "수익(Revenue)" 내용을 좀 더 상세하게 설명해줘.

> **ChatGPT**
> "수익(Revenue)"은 투자로부터 발생하는 총 금액을 의미하며, 이는 투자자가 다양한 투자 수단을 통해 얻는 금전적 가치의 총합이다. 수익은 투자의 성과를 나타내는 중요한 지표 중 하나로서, 투자자가 투자로 인해 얻을 수 있는 다양한 형태의 수익에는 다음과 같은 것들이 포함된다.
>
> **1. 주식 투자에서의 수익**
> - 매매 차익: 주식을 구입한 가격보다 높은 가격에 판매할 때 발생하는 수익. 주식 시장의 가격 변동성을 활용한 투자 전략에서 중요하다.
> - 배당금: 회사의 이익 분배금으로, 회사가 이익을 창출하고 이를 주주들과 공유할 때 지급된다. 주로 안정적인 수입을 원하는 투자자에게 중요하다.
>
> **2. 채권 투자에서의 수익**
> - 이자 수익: 채권을 보유함으로써 정기적으로 받는 이자 지급액. 채권의 이자율(쿠폰율)과 투자한 원금에 기반한다.
>
> **3. 부동산 투자에서의 수익**
> - 임대 수입: 부동산을 임대함으로써 정기적으로 얻는 수입. 임대료는 시장 상황, 위치, 부동산의 상태 등에 따라 달라진다.
> - 매매 차익: 부동산을 구입한 가격보다 높은 가격에 판매할 때 발생하는 수익. 부동산 시장의 가치 상승을 활용한 투자 전략에서 중요하다.
>
> **4. 기타 투자 수단에서의 수익**
> - 이자 수익 및 배당금: 예금, 적금, 펀드 등 다른 금융 투자 수단에서도 이자 수익이나 배당금 형태로 수익을 얻을 수 있다.

법무 관련 업무 효율 향상 활용 사례

ChatGPT를 활용해서 **법무관련 업무**의 효율을 높일 수 있는 전략을 수립할 수 있다. 기본적으로 질문(명령)하기 전에 **역할**을 부여하고, **사전지식**을 입력하고 구체적인 **상황**을 설명하고, 적절한 **예시**를 들어주면 답변의 퀄리티가 높아진다.

다음과 같이 3단계 프롬프트를 사용하면 내가 원하는 결과를 얻을 수 있다. 예를 들어

프롬프트1: 기업에서 법무관련 업무의 효율을 높일 수 있는 전략은 무엇이지?

프롬프트2: ChatGPT 답변 내용을 중심으로 단계별로 질문을 한다.

예를 들어 위 너의 답변 중 "1. 법률 문서 관리 시스템의 도입" 내용을 좀 더 상세하게 설명해줘. 질문할 때 해당 내용을 정확하게 구분하여 질문을 해야 올바른 답변을 얻을 수 있다. 질문할 때 '(따옴표)', "(쌍따옴표)", """(쌍따옴표 3개)"""를 사용하면 질문과 답변의 정확도가 높아진다. 예를 들어 프롬프트 입력할 때 """[답변 내용 중 상세 답변을 원하는 내용]"""을 이와 같이 명확하게 구분하여 질문해야 한다.

프롬프트3: 앞 질문에 대한 답변에 계속 이어서 세부적으로 질문하면 맥락을 이어서 답변이 가능 하다. 또한 답변할 때 예시와 사례를 제시하도록 하고, 가능한 구분하기 편리하게 표로 작성해달라고 요청한다.

프롬프트2는 아래와 같이 ChatGPT 답변 내용을 중심으로 단계별로 질문을 한다. 예를 들어 위 너의 답변 중 "1. 법률 문서 관리 시스템의 도입" 내용을 좀 더 상세하게 설명해줘. 라고 질문하면 다음과 같은 답변을 얻을 수 있다.

특허관련 업무 효율 향상 활용 사례

ChatGPT를 활용해서 **특허관련 업무**의 효율을 높일 수 있는 전략을 수립할 수 있다. 기본적으로 질문(명령)하기 전에 **역할**을 부여하고, **사전지식**을 입력하고 구체적인 **상황**을 설명하고, 적절한 **예시**를 들어주면 답변의 퀄리티가 높아진다.

다음과 같이 3단계 프롬프트를 사용하면 내가 원하는 결과를 얻을 수 있다. 예를 들어

프롬프트1: 기업에서 특허관련 업무의 효율을 높일 수 있는 전략은 무엇이지?

프롬프트2: ChatGPT 답변 내용을 중심으로 단계별로 질문을 한다.

예를 들어 위 너의 답변 중 "1. 특허 관리 시스템의 도입" 내용을 좀 더 상세하게 설명해줘. 질문할 때 해당 내용을 정확하게 구분하여 질문을 해야 올바른 답변을 얻을 수 있다. 질문할 때 '(따옴표)', "(쌍따옴표)", """(쌍따옴표 3개)"""를 사용하면 질문과 답변의 정확도가 높아진다. 예를 들어 프롬프트 입력할 때 """[답변 내용 중 상세 답변을 원하는 내용]"""을 이와 같이 명확하게 구분하여 질문해야 한다.

프롬프트3: 앞 질문에 대한 답변에 계속 이어서 세부적으로 질문하면 맥락을 이어서 답변이 가능 하다. 또한 답변할 때 예시와 사례를 제시하도록 하고, 가능한 구분하기 편리하게 표로 작성해달라고 요청한다.

프롬프트2는 아래와 같이 ChatGPT 답변 내용을 중심으로 단계별로 질문을 한다. 예를 들어 위 너의 답변 중 "1. 특허 관리 시스템의 도입" 내용을 좀 더 상세하게 설명해줘. 라고 질문하면 다음과 같은 답변을 얻을 수 있다.

자료조사 업무 효율 향상 활용 사례

ChatGPT를 활용해서 **자료조사 업무**의 효율을 높일 수 있는 전략을 수립할 수 있다. 기본적으로 질문(명령)하기 전에 **역할**을 부여하고, **사전지식**을 입력하고 구체적인 **상황**을 설명하고, 적절한 예시를 들어주면 답변의 퀄리티가 높아진다.

다음과 같이 3단계 프롬프트를 사용하면 내가 원하는 결과를 얻을 수 있다.

예를 들어

프롬프트1: 기업에서 자료조사 업무의 효율을 높일 수 있는 전략은 무엇이지?

프롬프트2: ChatGPT 답변 내용을 중심으로 단계별로 질문을 한다.

예를 들어 위 너의 답변 중 "1. 명확한 조사 목표 설정" 내용을 좀 더 상세하게 설명해줘. 질문할 때 해당 내용을 정확하게 구분하여 질문을 해야 올바른 답변을 얻을 수 있다. 질문할 때 '(따옴표)', "(쌍따옴표)", """(쌍따옴표 3개)"""를 사용하면 질문과 답변의 정확도가 높아진다. 예를 들어 프롬프트 입력할 때 """[답변 내용 중 상세 답변을 원하는 내용]"""을 이와 같이 명확하게 구분하여 질문해야 한다.

프롬프트3: 앞 질문에 대한 답변에 계속 이어서 세부적으로 질문하면 맥락을 이어서 답변이 가능 하다. 또한 답변할 때 예시와 사례를 제시하도록 하고, 가능한 구분하기 편리하게 표로 작성해달라고 요청한다.

프롬프트2는 아래와 같이 ChatGPT 답변 내용을 중심으로 단계별로 질문을 한다. 예를 들어 위 너의 답변 중 "1. 명확한 조사 목표 설정" 내용을 좀 더 상세하게 설명해줘. 라고 질문하면 다음과 같은 답변을 읽을 수 있다.

컨설팅 업무 효율 향상 활용 사례

ChatGPT를 활용해서 **컨설팅 업무**의 효율을 높일 수 있는 전략을 수립할 수 있다. 기본적으로 질문(명령)하기 전에 **역할**을 부여하고, **사전지식**을 입력하고 구체적인 **상황**을 설명하고, 적절한 **예시**를 들어주면 답변의 퀄리티가 높아진다.

다음과 같이 3단계 프롬프트를 사용하면 내가 원하는 결과를 얻을 수 있다.

예를 들어

프롬프트1: 기업 컨설팅 업무의 효율을 높일 수 있는 전략을 가장 중요한 것 순으로 10개 설명해줘. 예시를 각각 하나씩 들어서 작성해줘.

프롬프트2: ChatGPT 답변 내용을 중심으로 단계별로 질문을 한다.

예를 들어 위 너의 답변 중 "1. 명확한 커뮤니케이션 전략이다" 내용을 좀 더 상세하게 설명해줘. 질문할 때 해당 내용을 정확하게 구분하여 질문을 해야 올바른 답변을 얻을 수 있다. 질문할 때 '(따옴표)', "(쌍따옴표)", """(쌍따옴표 3개)"""를 사용하면 질문과 답변의 정확도가 높아진다. 예를 들어 프롬프트 입력할 때 """[답변 내용 중 상세 답변을 원하는 내용]"""을 이와 같이 명확하게 구분하여 질문해야 한다.

프롬프트3: 앞 질문에 대한 답변에 계속 이어서 세부적으로 질문하면 맥락을 이어서 답변이 가능 하다. 또한 답변할 때 예시와 사례를 제시하도록 하고, 가능한 구분하기 편리하게 표로 작성해달라고 요청한다.

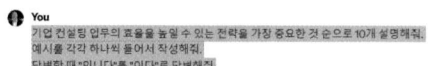

프롬프트2는 아래와 같이 ChatGPT 답변 내용을 중심으로 단계별로 질문을 한다. 예를 들어 위 너의 답변 중 "1. 명확한 커뮤니케이션 전략이다"내용을 좀 더 상세하게 설명해줘. 라고 질문하면 다음과 같은 답변을 얻을 수 있다.

🙍 **You**
위 너의 답변 중 "1. 명확한 커뮤니케이션 전략이다"내용을 좀 더 상세하게 설명해줘.
답변할 때 "입니다"를 "이다"로 답변해줘.

🌀 **ChatGPT**
1. **명확한 커뮤니케이션 전략이다**: 이는 컨설팅 프로젝트의 성공을 위해 필수적인 요소다. 프로젝트의 시작부터 종료까지, 모든 이해관계자 간의 원활하고 효과적인 의사소통을 보장하기 위한 계획이 필요하다. 이를 위해, 첫째, 고객과의 초기 미팅에서 의사소통 방법, 선호하는 커뮤니케이션 채널(이메일, 전화, 화상 회의 등), 그리고 소통의 빈도를 명확히 합의한다. 둘째, 중요한 의사결정이나 변경 사항이 발생할 경우 즉시 공유하는 메커니즘을 마련한다. 셋째, 정기적인 상태 보고 및 진행 상황 업데이트를 위한 일정을 설정한다. 이러한 절차를 통해, 프로젝트 팀 내외부의 기대치를 일치시키고, 잠재적인 오해를 방지하며, 프로젝트 목표 달성을 위한 명확한 방향성을 유지할 수 있다.

🙍 **You**
Continue writing please

🌀 **ChatGPT**
넷째, 프로젝트의 모든 단계에서 피드백 루프를 활성화한다. 이는 고객과의 신속한 피드백 교환을 가능하게 하여, 문제가 발생할 경우 적시에 대응하고 조정할 수 있게 한다. 다섯째, 프로젝트 관련 중요 문서나 결정 사항을 문서화하여 모든 이해관계자가 접근 가능한 플랫폼에 저장한다. 이는 프로젝트의 투명성을 보장하며, 필요한 정보를 쉽게 찾을 수 있도록 함으로써 의사소통의 효율성을 높인다.

명확한 커뮤니케이션 전략을 수립함으로써, 프로젝트 팀은 고객과의 신뢰를 구축하고, 프로젝트 진행 중 발생할 수 있는 장애물을 효과적으로 관리할 수 있다. 또한, 이는 프로젝트의 성공적인 완수를 위한 기반이 되며, 고객 만족도를 높이는 중요한 요소가 된다.

🙍 **You**
Continue writing please

🌀 **ChatGPT**
여섯째, 의사소통 계획에는 모든 팀원이 알아야 할 주요 정보와 업데이트의 분배 역할도 명시한다. 이는 정보가 팀 내에서 효율적으로 흐르게 하여, 작업의 중복이나 정보의 누락을 방지한다. 일곱째, 프로젝트의 변경 사항이나 업데이트가 있을 때 이를 모든 관련자에게 명확하게 알리는 절차를 포함한다. 이를 통해 프로젝트 범위, 일정, 비용 등에 대한 변경 사항을 신속하게 전달하고, 이해관계자들의 동의를 얻는다.

또한, 명확한 커뮤니케이션 전략은 고객과의 장기적인 관계를 구축하는 데도 기여한다. 프로젝트가 성공적으로 완료된 후에도 정기적인 커뮤니케이션을 통해 고객의 추가 요구사항이나 향후 협력 기회에 대해 논의할 수 있다. 이러한 지속적인 관계 유지는 향후 비즈니스 기회로 이어질 수 있다.

명확한 커뮤니케이션 전략을 통해 프로젝트 관리의 효율성을 높이고, 고객과의 신뢰 관계를 강화하며, 최종적으로는 고객 만족도를 향상시키는 결과를 가져온다. 이는 기업 컨설팅 업무의 성공을 위한 핵심 요소 중 하나이며, 모든 컨설턴트가 숙지하고 실행해야 할 중요한 전략이다.

🌀 **ChatGPT**
마지막으로, 명확한 커뮤니케이션 전략은 문화적 차이와 다양성을 존중하는 것도 포함해야 한다. 글로벌 프로젝트의 경우, 다양한 배경을 가진 팀원과 고객 간의 효과적인 의사소통을 위해서는 문화적 차이를 인식하고 이에 맞춘 커뮤니케이션 기법을 적용하는 것이 중요하다. 예를 들어, 비언어적 신호나 의사표현 방식의 차이를 이해하고 적절히 반응함으로써, 모든 팀원이 서로를 존중하고 이해하는 환경을 조성할 수 있다.

또한, 효과적인 커뮤니케이션 전략은 위기 상황에서의 대응 계획도 포함해야 한다. 프로젝트 진행 중 예상치 못한 문제가 발생했을 때, 이를 어떻게, 누구에게, 어떤 방식으로 커뮤니케이션할지에 대한 명확한 지침이 있어야 한다. 이를 통해 위기 상황을 신속하게 관리하고, 팀 내외부의 불안감을 최소화할 수 있다.

커뮤니케이션 전략은 단순히 정보를 전달하는 것을 넘어서, 프로젝트 팀과 고객 간의 관계를 강화하고, 협력을 촉진하며, 공동의 목표 달성을 위한 기반이 된다. 따라서 컨설팅 프로젝트를 관리하는 모든 이해관계자는 효과적인 커뮤니케이션 전략의 중요성을 인식하고, 이를 프로젝트 관리의 핵심 요소로 삼아야 한다. 이를 통해 프로젝트의 성공 가능성을 크게 높이고, 장기적으로 고객과의 신뢰를 구축하는 결과를 가져올 수 있다.

Part 4.

기업 직무별
효율 향상 프롬프트
질문 세트 300개

CEO 및 임원들이 적용할 수 있는 프롬프트 질문 세트

ChatGPT를 업무 및 비즈니스에 바로 적용해서 효율을 높일 수 있는 프롬프트(Prompt) 질문 세트 중에서 CEO 및 임원들이 손쉽게 바로 적용해 볼 수 있는 유용한 질문들을 아래와 같이 정리하였다.

이 프롬프트를 사용하기 전에 기업 정보 및 비즈니스 모델, 제품/서비스 정보를 사전에 입력하고(사전지식), 기업의 상황을 구체적으로 설명하면(상황입력) 더 정확한 답변을 얻을 수 있고, 실제 비즈니스에 도움이 되는 결과를 도출할 수 있다.

No	ChatGPT 프롬프트 질문
1	회사의 비전, 미션, 목표를 수립하고 이를 실현하기 위한 전략을 계획해줘.
2	경영성과를 평가하고 개선을 위한 계획을 수립해줘.
3	새로운 사업 및 투자 기회를 찾아내고 분석해줘.
4	조직 전반의 인력관리 및 인재육성 전략을 수립하고 실행해줘.
5	비즈니스 모델, 제품 및 서비스의 혁신 및 개선을 위한 계획을 수립해줘.
6	경쟁 환경 및 시장 동향을 분석하고 이에 대응하는 전략을 수립해줘.
7	회사의 재무 상태를 평가하고 재무 관리 전략을 수립해줘.
8	이슈 관리 및 위기 대처 전략을 수립해줘.
9	대내외적인 이해관계자와 소통하고 협력을 위한 전략을 수립해줘.
10	CEO로서의 리더십과 경영 철학을 전달하고 실천하는 방법을 수립해줘.
11	지속 가능한 경영 전략 및 사회적 책임 경영을 위한 계획을 수립해줘.
12	기술적 혁신 및 디지털 전환 전략을 수립하고 이를 실행해줘.
13	기업의 브랜드 및 이미지 관리를 위한 전략을 수립하고 실행해줘.
14	기업의 국제화 전략 및 글로벌 비즈니스 개발을 위한 계획을 수립해줘.

15	대외적인 인지도 및 평판 관리를 위한 전략을 수립해줘.
16	기업의 인수합병(M&A) 및 파트너십 전략을 수립하고 실행해줘.
17	새로운 기술과 트렌드를 접목한 제품과 서비스 개발을 위한 전략을 수립해줘.
18	지역별, 시장별로 다양한 비즈니스 모델을 개발하기 위한 계획을 수립해줘.
19	차별화된 고객 경험을 제공하기 위한 전략을 수립하고 실행해줘.
20	새로운 산업 분야 개척 및 협력을 위한 계획을 수립해줘.
21	기업의 인재유치 및 인력관리 전략을 수립하고 실행해줘.
22	회사의 위험 요소를 식별하고 관리하기 위한 전략을 수립해줘.
23	기업의 비즈니스 모델 변화에 대응하기 위한 계획을 수립해줘.
24	생성형AI, 인공지능, 빅데이터, 블록체인 등의 기술을 활용한 혁신적인 비즈니스 모델을 개발하기 위한 전략을 수립해줘.
25	기업의 지속 가능한 경영 및 환경 보호를 위한 계획을 수립하고 실행해줘.
26	다양한 비즈니스 파트너와 협력하는 전략을 수립하고 실행해줘.
27	CEO로서의 리더십 역량과 업무수행을 위한 계획을 수립하고 실행해줘.
28	기업의 지적재산권(IP) 관리 전략을 수립하고 실행해줘.
29	기업의 경영과 관련된 법규 준수와 윤리적 문제 해결 전략을 수립해줘.
30	기업의 비즈니스 성과를 모니터링하고 향상시키기 위한 계획을 수립해줘.

전략기획부서 직원들이 적용할 수 있는 프롬프트 질문 세트

ChatGPT를 업무 및 비즈니스에 바로 적용해서 효율을 높일 수 있는 프롬프트(Prompt) 질문 세트 중에서 **전략기획부서 직원들이** 손쉽게 바로 적용해 볼 수 있는 유용한 질문들을 아래와 같이 정리하였다.

이 프롬프트를 사용하기 전에 기업 정보 및 비즈니스 모델, 제품/서비스 정보를 사전에 입력하고(사전지식), 기업의 상황을 구체적으로 설명하면(상황입력) 더 정확한 답변을 얻을 수 있고, 실제 비즈니스에 도움이 되는 결과를 도출할 수 있다.

No	ChatGPT 프롬프트 질문
1	전략(Strategy), 구조(Structure), 시스템(Systems), 스태프(Staff), 기술(Technology), 스타일(Style), 공유 가치(Shared Values)를 총칭하여 조직의 선락직 상황을 분서해줘. [7S 모델]
2	새로운 기업 진입의 위협성, 공급업체의 교섭력, 대체 제품 및 서비스의 위협성, 구매자의 교섭력, 기존 경쟁 업체의 경쟁력 등 5개의 분야를 분석하여 산업 구조를 파악해줘. [5 Forces 분석]
3	기업 비전과 미션에 대해 설명해줘.
4	제품/서비스의 차별화 전략과 그 근거에 대해 설명해줘.
5	경쟁 환경 및 경쟁 업체의 장단점에 대해 분석해줘.
6	새로운 시장 진출 전략과 관련한 계획을 설명해줘.
7	향후 5년간의 사업 계획과 목표를 설명해줘.
8	전반적인 기업 인프라 및 인력 관리 전략에 대해 설명해줘.
9	기업의 핵심 경쟁력을 제고하기 위한 전략과 구체적인 실행 방안을 제시해줘.
10	비즈니스 모델과 수익 구조에 대해 설명해줘.
11	R&D 전략과 혁신적인 제품/서비스 개발을 위한 방안에 대해 설명해줘.
12	기업의 위험 관리 전략과 대처 방안을 설명해줘.

13	사업을 확장하기 위한 새로운 아이디어를 제시해줘.
14	다음 5년간의 성장 전략에 대해 제안해줘.
15	비즈니스 모델의 문제점을 분석하고 개선 방안을 제시해줘.
16	경쟁사의 시장점유율과 전략을 분석해줘.
17	미래 시장 동향과 선도 기업들의 전략을 조사해줘.
18	다양한 시나리오에 대한 대응 전략을 제시해줘.
19	내부 프로세스를 분석하고 최적화 방안을 제시해줘.
20	불확실성이 높은 환경에서 성공적인 전략을 수립하기 위한 방법을 제시해줘.
21	마케팅 전략과 상호작용하여 최적의 전략을 수립하기 위한 방법을 제시해줘.
22	향후 시장에 대한 전망과 그에 따른 전략적 대응 방안을 제시해줘.
23	신규 제품/서비스 출시 전략을 제안해줘.
24	기존 제품/서비스 개선을 위한 전략을 제안해줘.
25	경쟁 업체와의 경쟁 우위를 확보하기 위한 전략을 제안해줘.
26	기업 내부 프로세스 개선을 위한 전략을 제안해줘.
27	신규 시장 진출을 위한 전략을 제안해줘.
28	기존 시장에서의 경쟁 우위 유지를 위한 전략을 제안해줘.
29	기업의 재무 상황을 고려한 투자 전략을 제안해줘.
30	기존 제품/서비스 라인업의 포트폴리오 관리 전략을 제안해줘.
31	기업의 미래 비전과 성장 전략을 제안해줘.
32	기업의 CSR 전략을 제안해줘.
33	새로운 시장에서 진입 전략을 제안해줘.
34	현재 시장에서 브랜드 인지도를 높이기 위한 전략을 제안해줘.
35	제품/서비스 라인 확장을 위한 전략을 제안해줘.
36	기존 제품/서비스의 개선을 위한 전략을 제안해줘.
37	다양한 고객층을 대상으로 하는 마케팅 전략을 제안해줘.
38	새로운 비즈니스 모델을 적용하기 위한 전략을 제안해줘.
39	인터넷 기술을 활용한 디지털 전환 전략을 제안해줘.
40	기업의 사회적 책임(Social Responsibility) 전략을 제안해줘.
41	성장을 위한 인수(M&A) 전략을 제안해줘.
42	글로벌 시장에서 경쟁력을 확보하기 위한 전략을 제안해줘.

마케팅부서 직원들이 적용할 수 있는 프롬프트 질문 세트

ChatGPT를 업무 및 비즈니스에 바로 적용해서 효율을 높일 수 있는 프롬프트(Prompt) 질문 세트 중에서 **마케팅부서 직원들이** 손쉽게 바로 적용해 볼 수 있는 유용한 질문들을 아래와 같이 정리하였다.

이 프롬프트를 사용하기 전에 기업 정보 및 비즈니스 모델, 제품/서비스 정보를 사전에 입력하고(사전지식), 기업의 상황을 구체적으로 설명하면(상황입력) 더 정확한 답변을 얻을 수 있고, 실제 비즈니스에 도움이 되는 결과를 도출할 수 있다.

No	ChatGPT 프롬프트 질문
1	고객(Customer), 경쟁사(Competitor), 기업(Company)을 분석하여 마케팅 전략을 수립하는 분석 모형을 작성해줘. [3C 분석]
2	상품(Product), 가격(Price), 판매채널(Place), 프로모션(Promotion)을 통해 마케팅 전략을 구성하는 프레임워크를 작성해줘. [4P 전략]
3	우리회사의 제품/서비스의 차별화된 가치를 제시해줘. (회사 제품 서비스 정보 사전지식 입력 필수)
4	우리회사의 제품/서비스의 경쟁력을 강조하는 메시지를 작성해줘. (회사 제품 서비스 정보 사전지식 입력 필수)
5	구매자의 구매 결정에 영향을 미치는 요인을 분석해줘.
6	디지털 마케팅 채널을 활용한 마케팅 전략을 개발해줘.
7	소비자 인사이트 및 경험 분석해줘.
8	소셜 미디어 채널을 활용한 마케팅 전략 개발해줘.
9	우리회사 제품/서비스의 특징과 이점에 대한 내부 교육을 제공해줘. (회사 제품 서비스 정보 사전지식 입력 필수)
10	제품/서비스의 브랜드 가치 제고 방안을 제시해줘.
11	라이프사이클 기반 마케팅 전략을 개발해줘.
12	마케팅 수익성 분석을 해줘.

13	대상 고객층에 맞는 마케팅 전략을 제시해줘.
14	온라인 광고 캠페인을 기획해줘.
15	우리회사 제품/서비스와 관련된 키워드 연구를 수행해줘. (회사 제품 서비스 정보 사전지식 입력 필수)
16	마케팅 투자 대비 효과 분석을 해줘.
17	제품/서비스 관련 이슈와 소비자 반응에 대한 모니터링을 해줘.
18	인플루언서 마케팅 캠페인 기획해줘.
19	제품/서비스와 관련된 피드백 및 문의 처리 방안을 제시해줘.
20	국내외 시장 동향과 경쟁 업체 분석을 해줘.
21	유저 경험 분석을 수행해줘.
22	마케팅 자동화 도구 도입 방안을 제시해줘.
23	제품/서비스와 관련된 새로운 시장 발굴 방안을 제시해줘.
24	오프라인 광고 캠페인 기획해줘.
25	제품/서비스의 브랜딩 전략을 제시해줘.
26	제품/서비스를 다른 시장에서 성공적으로 판매하기 위한 전략을 제시해줘.
27	제품/서비스에 대한 소비자 인식 조사를 수행해줘.
28	제품/서비스와 관련된 온라인 콘텐츠 마케팅 기획해줘.
29	제품/서비스에 대한 블로그 글/기사 등의 콘텐츠 제작 방안을 제시해줘.
30	소셜 미디어 영향력자와 제휴할 수 있는 방안을 제시해줘.
31	제품/서비스와 관련된 브랜드 커뮤니케이션 전략을 제시해줘.
32	제품/서비스의 브랜드 이미지 개선 방안을 제시해줘.
33	제품/서비스와 관련된 검색 엔진 최적화 방안을 제시해줘.
34	새로운 제품/서비스 출시 시 기존 제품/서비스와의 관계성 및 전략 제시해줘.
35	소셜 미디어 채널 분석을 수행해줘.
36	제품/서비스의 타깃 마켓 및 마케팅 전략에 대한 SWOT 분석을 제시해줘.
37	제품/서비스와 관련된 이메일 마케팅 캠페인을 단계별로 실행할 수 있도록 기획해줘.
38	제품/서비스에 대한 광고 대상층 설정 및 광고 캠페인 기획을 해줘.
39	효과적인 유튜브 채널 운영 및 마케팅 전략 제시해줘.
40	제품/서비스와 관련된 밀키트 레시피 등의 콘텐츠 제작 방안을 제시해줘.
41	소셜 미디어 채널 분석을 통한 경쟁 업체 분석을 해줘.

42	제품/서비스와 관련된 마케팅 자료 제작 방안을 제시해줘.
43	제품 포트폴리오 분석 도구로, 시장 성장률과 기업 내 제품의 점유율을 기반으로 제품의 생애 주기와 경쟁력을 분석해줘. [BCG 매트릭스]
44	경쟁 업계를 탈피하여 새로운 시장을 개척하는 전략으로, 시장을 넓히거나 창조하여 경쟁을 회피하는 전략을 수립해줘. [블루 오션 전략]
45	경쟁 우위를 확보하기 위한 대표적인 전략으로, 전체 비용 리더십 전략, 차별화 전략, 집중 전략을 수립해줘. [포터의 경쟁 전략]

❹ 영업부서 직원들이 적용할 수 있는 프롬프트 질문 세트

ChatGPT를 업무 및 비즈니스에 바로 적용해서 효율을 높일 수 있는 프롬프트(Prompt) 질문 세트 중에서 **영업부서 직원들이** 손쉽게 바로 적용해 볼 수 있는 유용한 질문들을 아래와 같이 정리하였다.

이 프롬프트를 사용하기 전에 기업 정보 및 비즈니스 모델, 제품/서비스 정보를 사전에 입력하고(사전지식), 기업의 상황을 구체적으로 설명하면(상황입력) 더 정확한 답변을 얻을 수 있고, 실제 비즈니스에 도움이 되는 결과를 도출할 수 있다.

No	ChatGPT 프롬프트 질문
1	고객의 요구사항에 적합한 제품을 제공하기 위해 어떤 접근 방식을 사용하는지 설명해줘.
2	제품의 장점을 강조하는 메시지를 작성해줘.
3	고객에게 제품의 가치를 제시하기 위해 사용하는 마케팅 채널과 전략에 대해 설명해줘.
4	고객의 피드백을 수집하고 분석하는 방법에 대해 설명해줘.
5	고객과의 협상 과정에서 사용하는 전략과 기술에 대해 설명해줘.
6	특정 고객군을 대상으로 하는 제품에 대한 마케팅 전략과 채널을 제시해줘.
7	제품의 유일한 가치 제안(Unique value proposition)을 명확하게 표현하는 방법에 대해 설명해줘.
8	고객과의 커뮤니케이션을 강화하고 개선하는 방법에 대해 제시해줘.
9	고객이 우리 제품을 선택하는 이유에 대해 연구하고 분석한 결과에 대해 설명해줘.
10	새로운 시장에서 고객을 확보하기 위한 마케팅 전략과 채널에 대해 설명해줘.
11	제품/서비스의 가치를 강조하고, 이를 어떻게 고객에게 전달할 것인지 설명해줘.
12	타깃 고객층의 요구사항을 파악하고, 이를 충족시키기 위한 전략을 제시해 줘.
13	고객과의 유대감을 강화하기 위한 방법을 제시해줘.
14	시장 동향을 분석하고, 이를 반영한 마케팅 전략을 수립해줘.

15	매출을 증대시키기 위한 새로운 영업 채널을 발굴하고, 그에 따른 전략을 제시해줘.
16	제품/서비스의 특징을 강조하고, 이를 시장에서 선보이기 위한 전략을 수립해줘.
17	고객 이탈률을 낮추기 위한 전략을 수립해줘.
18	비즈니스 성과를 분석하고, 이를 개선하기 위한 방안을 제시해줘.
19	대규모 계약 체결을 위한 전략을 수립하고, 이를 실행하기 위한 계획을 제시해줘.
20	제품/서비스 개선을 위한 고객 의견 수집 방법과 그 결과를 분석한 내용을 보고해줘.
21	새로운 시장 개척을 위한 전략을 수립하고, 그에 따른 마케팅 및 영업 계획을 제시해줘.
22	제품/서비스의 브랜딩 전략과 실행 방안을 제시해줘.
23	비즈니스 파트너쉽을 협상하기 위한 담당자와 면담하여 결과를 보고해줘.
24	영업 활동에서 유용하게 활용할 수 있는 새로운 비즈니스 기회를 발굴해줘.
25	고객 만족도를 높이기 위한 새로운 제안 방안을 제시해줘.
26	고객 대응 및 이슈 처리에 대한 보고서를 작성해줘.
27	영업 성과 분석을 위한 KPI 지표 및 관리방안을 제시해줘.
28	새로운 상품 및 서비스 라인을 개발하여 사업을 확대해줘.
29	다양한 판촉 활동을 기획하고 실행해줘.
30	고객 유치를 위한 새로운 마케팅 전략을 제시해줘.
31	영업 활동에 대한 분석 보고서를 작성하여 보고해줘.

5

생산부서 직원들이 적용할 수 있는 프롬프트 질문 세트

ChatGPT를 업무 및 비즈니스에 바로 적용해서 효율을 높일 수 있는 프롬프트(Prompt) 질문 세트 중에서 **생산부서 직원들이** 손쉽게 바로 적용해 볼 수 있는 유용한 질문들을 아래와 같이 정리하였다.

이 프롬프트를 사용하기 전에 기업 정보 및 비즈니스 모델, 제품/서비스 정보를 사전에 입력하고(사전지식), 기업의 상황을 구체적으로 설명하면(상황입력) 더 정확한 답변을 얻을 수 있고, 실제 비즈니스에 도움이 되는 결과를 도출할 수 있다.

또한 제품 생산 공정, 자재 관리, 품질 관리, 생산 라인의 문제점 등과 관련된 정보를 사전에 입력하면 그 공정 및 문제점의 개선 방안에 적합한 답변을 얻을 수 있다.

No	ChatGPT 프롬프트 질문
1	제품 생산 공정에서 발생 가능한 문제점에 대해 분석하고 해결 방안을 제시해줘.
2	공급망 관리를 위해 우리 제품 생산 과정에서 필요한 자원과 원자재의 구매 계획을 세워줘.
3	우리 제품 생산 과정에서 품질 관리를 위한 기준과 절차를 수립해줘.
4	생산 라인의 생산성과 효율성을 높이기 위한 개선 방안을 제시해줘.
5	제품 생산 및 납품 일정을 계획하고 관리할 수 있는 방안을 제시해줘.
6	생산 라인에서 발생 가능한 안전 문제에 대해 분석하고 예방할 수 있는 방안을 제시해줘.
7	제품 생산 과정에서 사용하는 기계 및 장비의 유지보수와 수리 계획을 세워줘.
8	우리 제품 생산 과정에서 적용할 수 있는 친환경적인 생산 방식에 대해 연구하고 제시해줘.
9	생산 라인에서 발생 가능한 쓰레기와 폐기물 관리 방안을 제시해줘.
10	제품 생산 과정에서 사용되는 원자재 및 부품의 품질 검사 방법과 기준을 제시해줘.
11	생산 라인에서 사용되는 인력의 교육과 훈련 방안을 제시해줘.
12	제품 생산 과정에서 효과적인 비용 관리 방안을 제시해줘.

13	제품 생산 과정에서 사용되는 설비 및 기계의 보유 및 교체 계획을 세워줘.
14	우리 제품 생산 과정에서 적용할 수 있는 스마트 팩토리 기술에 대해 연구하고 제시해줘.
15	생산 라인에서 발생 가능한 인적, 물적 피해 예방을 위한 위기 관리 방안을 제시해줘.
16	생산 라인의 생산성 측정 방법과 성과 평가 지표를 제시해줘.
17	우리 제품 생산 과정에서 적용할 수 있는 자동화 기술에 대해 연구하고 제시해줘.
18	생산 라인에서 발생 가능한 에너지 낭비를 예방할 수 있는 방안을 제시해줘.
19	제품 생산 과정에서 사용되는 재고 관리 방안을 제시해줘.
20	생산 라인의 작업자 건강과 안전을 보장하기 위한 대응 방안을 제시해줘.
21	생산 라인에서 적용 가능한 Lean Manufacturing 방법론을 연구하고 제시해줘.
22	제품 생산 과정에서 발생 가능한 불량률을 감소시키기 위한 대응 방안을 제시해줘.
23	생산 라인에서 사용하는 자재의 효율적인 관리와 사용 방안을 제시해줘.
24	생산 라인에서 적용 가능한 품질 경영 방안을 연구하고 제시해줘.
25	우리 제품 생산 과정에서 적용 가능한 IoT 기술에 대해 연구하고 제시해줘.
26	생산 라인에서 발생 가능한 환경오염을 예방하고 규제에 따른 대응 방안을 제시해줘.
27	생산 라인에서 사용하는 자재와 부품의 원가 분석과 감소 방안을 제시해줘.
28	생산 라인에서 발생 가능한 사고 예방을 위한 안전 교육과 훈련 방안을 제시해줘.
29	생산 라인에서 발생 가능한 노동자의 인권 침해를 방지하기 위한 대응 방안을 제시해줘.
30	제품 생산 과정에서 사용되는 에너지의 소비와 비용을 분석하고 감소 방안을 제시해줘.
31	생산라인에서 발생한 문제점을 즉시 처리하도록 조치를 취해줘.
32	제조 과정 중 발생하는 에너지 소비 및 비용을 분석하고 절감 방안을 제시해줘.
33	생산 설비 및 자원의 효율적인 활용 방안을 제시해줘.
34	제조 프로세스에서 발생하는 폐기물 처리 방법에 대해 검토해줘.
35	생산량, 비용, 일정 등의 생산 관련 지표를 분석하여 개선 방안을 제시해줘.
36	생산효율 향상을 위한 인력 관리 방안을 제시해줘.
37	제품 생산 과정에서 발생하는 안전 문제를 예방하기 위한 방안을 마련해줘.
38	제품 생산 라인에서의 검사 과정 개선 방안을 제시해줘.
39	생산 자원의 재활용 및 재사용 방안을 제시해줘.
40	생산 과정에서 발생하는 문제에 대한 대응 방안을 신속하게 제시해줘.
41	제품 생산 과정에서 사용되는 에너지의 소비와 비용을 분석하고 감소 방안을 제시해줘.
42	우리 제품의 생산성을 높이는 방안을 검토해줘.

43	생산성 향상을 위한 자동화 및 로봇화 전략을 제시해줘.
44	우리 제품 생산 과정에서 발생하는 낭비를 분석하고, 최소화하는 방안을 제안해줘.
45	생산 기술 개선과 최신 기술 도입 방안을 제시해줘.
46	우리 생산 시스템의 효율성을 검토하고 개선 방안을 제시해줘.
47	우리 제품 생산 과정에서의 안전 문제를 분석하고, 개선 방안을 제안해줘.
48	제품 생산 및 품질 향상을 위한 공정 개선 방안을 제시해줘.
49	생산 및 유통 비용 감소를 위한 전략을 검토하고 제시해줘.
50	새로운 제품 생산에 대한 마케팅 및 생산 전략을 제안해줘.
51	제품 생산 시간 단축을 위한 방안을 검토하고 제안해줘.
52	우리 생산 과정에서의 환경문제를 분석하고, 개선 방안을 제안해줘.
53	생산 라인에서 발생하는 문제를 분석하고, 효과적인 대처 방안을 제시해줘.
54	우리 생산 시스템에 대한 업그레이드 방안을 제시해줘.

재무부서 직원들이 적용할 수 있는 프롬프트 질문 세트

ChatGPT를 업무 및 비즈니스에 바로 적용해서 효율을 높일 수 있는 프롬프트(Prompt) 질문 세트 중에서 **재무부서 직원들이** 손쉽게 바로 적용해 볼 수 있는 유용한 질문들을 아래와 같이 정리하였다.

이 프롬프트를 사용하기 전에 기업 정보 및 비즈니스 모델, 재무 정보, 제품/서비스 정보를 사전에 입력하고(사전지식), 기업의 상황을 구체적으로 설명하면(상황입력) 더 정확한 답변을 얻을 수 있고, 실제 비즈니스에 도움이 되는 결과를 도출할 수 있다.

No	ChatGPT 프롬프트 질문
1	기업의 사금 조달 전략과 이에 따른 투자 계획을 수립해줘.
2	기업의 재무 상태 분석을 위한 회계 정보 및 데이터 관리 방안을 수립해줘.
3	재무 관리와 관련된 위험을 식별하고 관리하기 위한 전략을 수립해줘.
4	기업의 재무 성과 지표를 설정하고 모니터링하기 위한 방안을 수립해줘.
5	기업의 비용 관리 전략과 비용 감축 방안을 수립해줘.
6	기업의 자산 관리 전략과 자산 배분 계획을 수립해줘.
7	기업의 세금 및 법률적인 문제에 대처하기 위한 전략을 수립해줘.
8	기업의 자금 운용 전략과 이에 따른 자금 흐름을 관리하기 위한 방안을 수립해줘.
9	기업의 재무 보고서 작성 및 제출 방안을 수립해줘.
10	기업의 재무 분석을 위한 경영 지표 및 데이터를 수집, 분석하고 보고할 수 있는 방안을 수립해줘.
11	기업의 자금 확보 방안과 자금 운용 계획을 수립해줘.
12	기업의 외환 관리 전략과 이에 따른 외환 위험 관리 방안을 수립해줘.
13	기업의 성장 전략과 이에 따른 자금 계획을 수립해줘.
14	기업의 자산 리스크 관리 전략을 수립하고 실행해줘.

15	기업의 레버리지(부채 비율) 관리 전략을 수립하고 실행해줘.
16	기업의 성과와 재무목표를 달성하기 위한 계획을 수립해줘.
17	기업의 투자 및 자금 운용의 성과를 분석하고 개선하기 위한 방안을 수립해줘.
18	기업의 운전 자금 및 유동성 관리 방안을 수립해줘.
19	기업의 재무 데이터 및 분석 결과를 시각화하고 보고할 수 있는 방안을 수립해줘.
20	기업의 부가가치세(VAT) 관리 전략과 이에 따른 세금 조치 방안을 수립해줘.
21	기업의 재무 정보를 효율적으로 관리하기 위한 정보 시스템 개선 방안을 수립해줘.
22	기업의 현금 관리 전략과 이에 따른 현금 흐름 예측 방안을 수립해줘.
23	기업의 자본 구조 및 이에 따른 재무 전략을 수립해줘.
24	기업의 비용 분석 및 관리 방안을 수립해줘.
25	기업의 이익과 비용을 예측하는 경영 모델을 개발하고 적용해줘.
26	기업의 재무 보고서의 정확성과 신뢰성을 보장하기 위한 내부 통제 시스템 개선 방안을 수립해줘.
27	기업의 자산 가치 평가 방법을 개선하고 관리하기 위한 방안을 수립해줘.
28	기업의 자본 비용을 최적화하는 방안을 수립해줘.
29	기업의 투자 프로젝트 분석 및 평가 방안을 수립해줘.
30	기업의 자본 수익률 관리 전략을 수립하고 실행해줘.

7

인사부서 직원들이 적용할 수 있는 프롬프트 질문 세트

ChatGPT를 업무 및 비즈니스에 바로 적용해서 효율을 높일 수 있는 프롬프트(Prompt) 질문 세트 중에서 **인사부서 직원들이** 손쉽게 바로 적용해 볼 수 있는 유용한 질문들을 아래와 같이 정리하였다.

이 프롬프트를 사용하기 전에 기업 정보 및 비즈니스 모델, 인사 정보, 복지 제도, 제품/서비스 정보를 사전에 입력하고(사전지식), 기업의 상황을 구체적으로 설명하면(상황입력) 더 정확한 답변을 얻을 수 있고, 실제 비즈니스에 도움이 되는 결과를 도출할 수 있다.

No	ChatGPT 프롬프트 질문
1	신입사원 채용 프로세스 설계해줘.
2	복지 제도 개선 방안 제시해줘.
3	조직 개편 방안을 제시해줘.
4	인사 평가 제도 개선 방안을 제시해줘.
5	교육/훈련 프로그램 기획해줘.
6	인사 정보 시스템 구축 방안을 제시해줘.
7	퇴직금, 퇴직연금 등 인사 관련 법률을 준수하도록 가이드해줘.
8	현재 인사 상황 분석 보고서를 작성해줘.
9	직원의 건강 및 안전을 보장하기 위한 대책을 제시해줘.
10	팀워크 향상을 위한 방안을 제시해줘.
11	직원의 적절한 배치와 이동 방안을 제시해줘.
12	근로자의 권리와 의무를 준수하는 대책을 제시해줘.
13	다양한 인사 제도 구현 방안을 제시해줘.

14	급여 제도 개선 방안을 제시해줘.
15	다문화 직원의 적극적인 통합 방안을 제시해줘.
16	새로운 직원의 합류를 위한 인도 프로그램을 기획해줘.
17	사내 문화 개선 방안을 제시해줘.
18	퇴사자 인터뷰를 통한 퇴사 원인 분석 보고서를 작성해줘.
19	직원의 역량을 향상시키기 위한 제도를 제시해줘.
20	노조와의 원만한 협력을 위한 방안을 제시해줘.
21	직원들의 개인 정보 보호를 위한 대책을 제시해줘.
22	직원들의 이직을 방지하기 위한 제도를 제시해줘.
23	직원들의 업무 능력과 잠재력을 평가하는 방법을 제시해줘.
24	사내 교육/훈련 프로그램을 평가하고 개선 방안을 제시해줘.
25	성과급과 같은 인센티브 제도 개선 방안을 제시해줘.
26	다양한 세대간의 조화를 위한 방안을 제시해줘.
27	국제적으로 인재를 확보하기 위한 방안을 제시해줘.
28	적극적인 다문화 경영을 위한 방안을 제시해줘.
29	조직의 가치관과 일치하는 인사제도를 제시해줘.
30	새로운 채용 과정을 위한 채용 프로세스를 설계해줘.

연구개발부서 직원들이 적용할 수 있는 프롬프트 질문 세트

ChatGPT를 업무 및 비즈니스에 바로 적용해서 효율을 높일 수 있는 프롬프트(Prompt) 질문 세트 중에서 **연구개발부서 직원들이** 손쉽게 바로 적용해 볼 수 있는 유용한 질문들을 아래와 같이 정리하였다.

이 프롬프트를 사용하기 전에 기업 정보 및 비즈니스 모델, 제품/서비스 정보를 사전에 입력하고(사전지식), 기업의 상황을 구체적으로 설명하면(상황입력) 더 정확한 답변을 얻을 수 있고, 실제 비즈니스에 도움이 되는 결과를 도출할 수 있다.

또한 제품 생산 공정, 자재 관리, 품질 관리, 생산 라인의 문제점 등과 관련된 정보를 사전에 입력하면 그 공정 및 문제점의 개선 방안에 적합한 답변을 얻을 수 있다.

No	ChatGPT 프롬프트 질문
1	제품/서비스의 기술적인 특성과 장점을 분석하고, 이를 시장에 홍보할 수 있는 방안을 제시해줘.
2	새로운 기술/제품 개발을 위한 아이디어를 도출하고, 이를 구체화하여 실행 가능한 계획을 수립해줘.
3	기존 제품/서비스의 개선 방안을 도출하고, 개선 결과를 분석하여 시장에 대한 의견을 제시해줘.
4	제품/서비스 개발 및 연구과제 수행을 위한 인력과 예산을 계획하고, 관리해줘.
5	현재 시장에서 발생하는 문제점에 대해 연구하고, 이를 해결하기 위한 연구 계획을 수립해줘.
6	제품/서비스의 성능 및 안정성을 검증하기 위한 실험 및 시험 계획을 수립해줘.
7	새로운 기술/제품을 시장에 출시하기 위한 마케팅 전략을 수립해줘.
8	연구결과를 보다 효과적으로 활용하기 위한 기술이전 및 기술협력 계획을 수립해줘.
9	제품/서비스의 특징과 시장 트렌드에 대한 분석 결과를 바탕으로, 적절한 가격과 판매 전략을 수립해줘.
10	연구개발과제에 필요한 장비 및 시설의 구입 및 운영을 계획하고 관리해줘.

11	새로운 기술/제품을 개발하기 위한 시장동향과 경쟁사 분석 결과를 바탕으로 기술전략을 수립해줘.
12	새로운 기술을 개발하기 위한 연구계획서를 작성하고, 이를 바탕으로 예산을 관리해줘.
13	제품/서비스의 디자인 및 인터페이스 개선을 위한 아이디어를 제시해줘.
14	새로운 기술을 활용한 신규 제품/서비스 개발을 위한 아이디어를 제시해줘.
15	연구개발과제에 대한 보고서를 작성하고, 이를 관련 기관에 제출해줘.
16	제품/서비스의 기존 기능을 확장하기 위한 아이디어를 제시해줘.
17	새로운 기술을 활용한 제품/서비스 개발을 위한 협력사 및 제휴사 선정 및 관리를 담당해줘.
18	제품/서비스의 생산성 및 효율성을 개선하기 위한 아이디어를 제시해줘.
19	제품/서비스의 보안성을 강화하기 위한 아이디어를 제시해줘.
20	연구개발과제를 위한 연구비 지출 계획서를 작성하고, 예산을 관리해줘.
21	기존 제품/서비스의 문제점을 분석하고, 이를 개선하기 위한 아이디어를 제시해줘.
22	새로운 기술을 적용하여 제품/서비스를 향상시키기 위한 아이디어를 제시해줘.
23	제품/서비스의 용도를 확장하기 위한 아이디어를 제시해줘.
24	연구개발 부서에서의 프로젝트 일정을 계획하고, 이를 관리해줘.
25	새로운 기술 도입을 위한 예산계획서를 작성하고, 이를 관리해줘.
26	기존 제품/서비스의 경쟁력을 유지하기 위한 아이디어를 제시해줘.
27	새로운 기술을 도입하여 새로운 제품/서비스를 개발하기 위한 아이디어를 제시해줘.
28	제품/서비스의 생산 공정을 개선하기 위한 아이디어를 제시해줘.
29	새로운 기술을 연구개발 프로젝트에 적용하기 위한 계획서를 작성하고, 이를 관리해줘.
30	연구개발 부서에서의 프로젝트 결과보고서를 작성하고, 이를 관련 기관에 제출해줘.

9

투자유치부서 직원들이 적용할 수 있는 프롬프트 질문 세트

ChatGPT를 업무 및 비즈니스에 바로 적용해서 효율을 높일 수 있는 프롬프트(Prompt) 질문 세트 중에서 **투자유치부서 직원들이** 손쉽게 바로 적용해 볼 수 있는 유용한 질문들을 아래와 같이 정리하였다.

이 프롬프트를 사용하기 전에 기업 정보 및 비즈니스 모델, 제품/서비스 정보를 사전에 입력하고(사전지식), 기업의 상황을 구체적으로 설명하면(상황입력) 더 정확한 답변을 얻을 수 있고, 실제 비즈니스에 도움이 되는 결과를 도출할 수 있다.

No	ChatGPT 프롬프트 질문
1	회사의 경쟁력과 비전을 자세히 설명해줘.
2	투자 유치를 위한 목표액과 이를 달성하기 위한 전략을 설명해줘.
3	기업의 재무상태 및 현재 금융 전망에 대해 설명해줘.
4	투자자들이 기대할 수 있는 수익과 이익을 명확히 제시해줘.
5	기업의 비즈니스 모델과 수익 모델을 설명해줘.
6	향후 사업 발전을 위해 필요한 자금 조달 및 투자 계획을 설명해줘.
7	기업의 경영진과 운영진의 경험과 역량을 소개해줘.
8	경쟁 업체와의 차별화된 경쟁력과 성장 가능성을 명확히 제시해줘.
9	투자자들이 기업에 대해 이해할 수 있도록 쉽게 소개할 수 있는 컨텐츠를 제공해줘.
10	투자자들의 의견을 수용하고 투자자들과의 소통 계획을 제시해줘.
11	경영진이나 주요 인사들의 경력과 업적을 소개해줘.
12	새로운 제품이나 서비스에 대한 소개와 그에 따른 잠재적인 시장 수요를 분석해줘.
13	현재 진행 중인 프로젝트와 이를 통한 성과에 대해 자세히 소개해줘.
14	기업의 비전과 목표를 달성하기 위한 계획과 전략을 설명해줘.

15	경쟁 업체들과의 SWOT 분석 결과와 그에 따른 기업의 대응 전략을 제시해줘.
16	기업이 추구하는 가치와 그에 따른 이념과 철학을 소개해줘.
17	기업의 R&D 전략과 현재 진행 중인 연구/개발 프로젝트를 소개해줘.
18	기업의 비즈니스 성과와 성장 가능성을 바탕으로 한 투자 가치를 설명해줘.
19	기업의 지속 가능한 경영 전략과 이를 실현하기 위한 구체적인 방안을 제시해줘.
20	기업의 현재 상황과 전망에 대한 인사이트와 분석 결과, 그리고 이에 따른 대응 방안을 제시해줘.
21	기업의 사회적 책임과 이를 실천하기 위한 구체적인 방안을 소개해줘.
22	새로운 시장 진입 전략과 이를 위한 계획과 전략을 제시해줘.
23	현재 진행 중인 마케팅 캠페인과 이를 통한 성과에 대해 자세히 소개해줘.
24	기업의 성장 동력과 이를 실현하기 위한 비전과 전략을 제시해줘.
25	기업의 고객 인사이트와 이를 반영한 마케팅 전략과 채널에 대해 자세히 설명해줘.
26	기업의 산업 혁신 및 변화에 대한 대응 전략과 계획을 제시해줘.
27	기업의 디지털 전환 및 디지털 마케팅 전략에 대해 자세히 설명해줘.
28	새로운 비즈니스 모델과 이를 위한 구체적인 계획과 전략을 제시해줘.
29	기업의 위험 요소와 이에 대응하기 위한 대책과 전략을 제시해줘.
30	기업의 팀 및 조직의 협력과 역량 강화를 위한 방안과 계획을 제시해줘.

자료조사부서 직원들이 적용할 수 있는 프롬프트 질문 세트

ChatGPT를 업무 및 비즈니스에 바로 적용해서 효율을 높일 수 있는 프롬프트(Prompt) 질문 세트 중에서 **자료조사부서 직원들이** 손쉽게 바로 적용해 볼 수 있는 유용한 질문들을 아래와 같이 정리하였다.

이 프롬프트를 사용하기 전에 기업 정보 및 비즈니스 모델, 제품/서비스 정보를 사전에 입력하고(사전지식), 기업의 상황을 구체적으로 설명하면(상황입력) 더 정확한 답변을 얻을 수 있고, 실제 비즈니스에 도움이 되는 결과를 도출할 수 있다.

또한 제품 생산 공정, 자재 관리, 품질 관리, 생산 라인 등과 관련된 정보를 사전에 입력하면 그 공정 및 문제점의 개선 방안에 적합한 답변을 얻을 수 있다.

No	ChatGPT 프롬프트 질문
1	특정 주제나 분야의 정보를 수집하고 정리해줘.
2	시장 조사 보고서를 작성해줘.
3	대시보드나 데이터 시각화를 위한 정보를 수집해줘.
4	고객 만족도 조사 결과를 분석해줘.
5	경쟁사 분석 보고서를 작성해줘.
6	새로운 제품이나 서비스 개발을 위한 시장 분석을 수행해줘.
7	인터넷이나 미디어에서 특정 키워드나 브랜드를 검색하고 분석해줘.
8	시장 동향 및 예측을 위한 리서치 보고서를 작성해줘.
9	새로운 비즈니스 아이디어나 기회를 찾기 위한 정보 수집과 분석을 수행해줘.
10	제품/서비스 출시를 위한 소비자 인사이트를 제공해줘.
11	통계 데이터를 수집하고 분석해줘.
12	최신 연구 및 논문을 검색하고 정리해줘.

13	대학/연구 기관/정부 등에서 수집한 자료를 요약하고 보고서로 작성해줘.
14	사회/문화/환경 등 다양한 분야의 문제에 대한 인식 조사 보고서를 작성해줘.
15	비즈니스 현장의 업계 동향을 조사하고 보고서로 작성해줘.
16	정책, 법규제 등 변화된 환경에 대한 리서치를 수행해줘.
17	고객 행동 분석 및 세분화를 위한 리서치를 수행해줘.
18	기업이나 브랜드의 이미지와 평판을 분석해줘.
19	특정 국가/지역/산업의 시장 조사 보고서를 작성해줘.
20	인터뷰나 설문 조사를 통해 수집한 자료를 분석하고 보고서로 작성해줘.
21	대중매체나 SNS에서의 소비자 반응 및 브랜드 이미지 분석을 수행해줘.
22	인터넷에서 유행하는 키워드나 트렌드를 조사하고 보고서로 작성해줘.
23	금융, 경제, 투자 등의 분야에 대한 리서치 보고서를 작성해줘.
24	브랜드 혁신을 위한 리서치를 수행해줘.
25	기업 인사정책 및 채용 전략에 대한 리서치 보고서를 작성해줘.
26	특정 상품이나 서비스의 사용성과 만족도를 조사하고 보고서로 작성해줘.
27	마케팅 캠페인의 효과를 분석하고 보고서로 작성해줘.
28	고객이 원하는 서비스와 요구 사항에 대한 리서치를 수행해줘.
29	기업의 경영 전략과 관련된 리서치 보고서를 작성해줘.
30	고객과의 만족도 조사를 위한 설문지 및 질문 항목을 작성해줘.
31	문제 식별, 조치 계획 수립, 원인 규명, 영향 분석, 영구 조치 계획 수립 등 8단계로 이뤄지는 문제 해결 프로세스를 작성해줘. [8D 분석]

Part 5.

업무 효율을 높일 수 있는 AI툴 모음

❶
유튜브 동영상, 음성파일을 텍스트로 간단하게 변환하기

　인터넷으로 정보를 검색하다 보면 같은 시간과 노력을 들였을 때 국산 검색 엔진보다 구글 검색으로 얻은 결과물이 훨씬 만족스럽다. 이런 차이는 검색엔진의 특성이 달라서 그럴 수 있다. 검색하는 방식과 습관이 국산 검색 엔진보다 구글 검색이 더 잘 맞았기 때문에 결과물이 달라질 수 있다.

　요즘 인터넷에서 텍스트 위주의 정보보다 유튜브와 같은 동영상이 대세다. 유튜브 역시 우리말 콘텐츠에 비해 영문 콘텐츠가 종류도 많고 질적으로 더 나은 경우가 많다. 그런데 문제는 영문 콘텐츠가 동영상이라는 점이다. 영문 텍스트는 천천히 해석하며 읽어 나가면 된다. 그런데 동영상은 사정이 다르다. 영어를 잘 하는 사람도 빠른 속도로 지나가는 동영상의 음성 내용을 이해하는 것은 쉽지 않다.

　그런데 최근 동영상을 요약해주는 도구들이 속속 등장하고 있다. 사실 유튜브의 기능에 대해 조금이라도 관심이 있는 사람이라면 각 유튜브 동영상의 텍스트 자막을 쉽게 얻을 수 있다는 사실을 안다. 자막을 파일로 다운로드 받은 후 번역기를 활용하여 해석하면 동영상에 대한 접근성이 높아진다. 그러나 이를 위해서는 자막 파일을 다운로드하고, 번역기로 복사-붙여넣기를 한 후 다시 한글로 번역된 텍스트를 가져와야 한다. 여간 번거러운 작업이 아닐 수 없다.

　이런 번거로움을 ChatGPT를 활용해 덜어주는 도구들이 속속 발표되고 있다.

　유튜브 동영상의 오디오를 텍스트로 변환하고 그 내용을 요약해주는 과정을 살펴보면 다음과 같다.

- **오디오 텍스트 변환**(Transcription): 유튜브 동영상의 오디오 부분을 텍스트로 변환하는 단계이다. 이를 위해 음성 인식 기술을 사용할 수 있다. 현재 여러 소프트웨어와 온라인 플랫폼이 이 기능을 제공하며, 일부는 실시간으로 오디오

를 텍스트로 변환하는 기능도 제공한다.
- **텍스트 정제**: 변환된 텍스트에서 불필요한 부분(예: 중복, 말버릇, 주저리 등)을 제거하고, 핵심 내용만을 추출하기 위해 텍스트를 정제한다. 이 과정은 핵심 내용을 명확하게 파악하기 위해 중요하다.
- **내용 요약**: 정제된 텍스트를 바탕으로 동영상의 주요 내용을 요약한다. 이 단계에서는 중요한 정보, 주요 주장, 결론 등을 집약하여 독자가 동영상의 핵심 내용을 빠르게 이해할 수 있도록 한다.
- **핵심 키워드 및 주제 도출**: 요약 과정에서 동영상의 주제나 핵심 키워드를 도출한다. 이는 동영상의 내용을 빠르게 파악하거나 분류하는 데 유용하다.
- **검토 및 수정**: 요약된 내용과 도출된 키워드가 동영상의 전체 내용을 정확하고 충실하게 반영하는지 검토하고, 필요한 경우 수정한다.

이 과정을 통해 유튜브 동영상의 오디오를 텍스트로 변환하고, 그 내용을 효과적으로 요약할 수 있다. 이러한 과정은 학습 자료의 생성, 회의록 작성, 멀티미디어 콘텐츠의 아카이빙 등 다양한 목적으로 활용될 수 있다.

아래에서는 PC와 태블릿, 모바일에서 영상 자막을 간편하게 만들 수 있는 도구를 단계별로 살펴보겠다.

구글(Google), 빙(Bing), 네이버(Naver)에서 "다글로(Daglo)"를 검색한다.

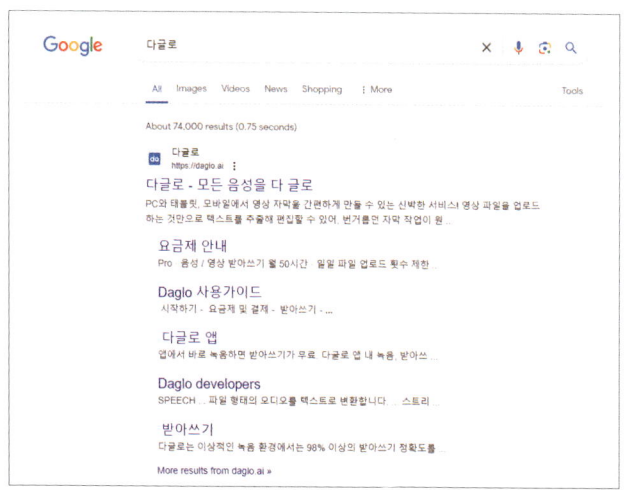

위와 같이 같이 검색되면 "다글로"를 클릭 한다.
"다글로" 프로그램을 설치하여 사용하는 방법은 다음과 같다.

① 설치하기

모든 음성을 텍스트 데이터로 변환해주는 "다글로" 중간에 있는 "다글로 시작하기"를 클릭한다.

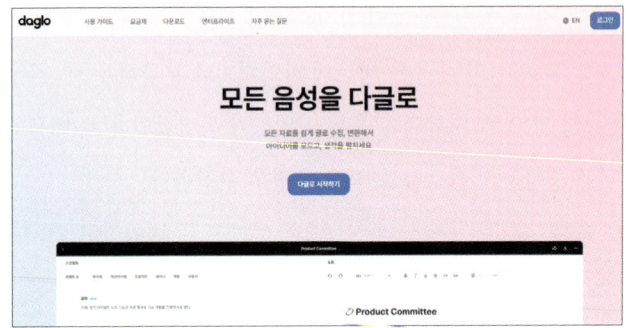

아래와 같은 로그인 화면이 나타나면 본인이 편리한 계정으로 회원가입을 하고 로그인을 한다. 저자는 카카오로 시작하기를 통해 회원가입을 하겠다.

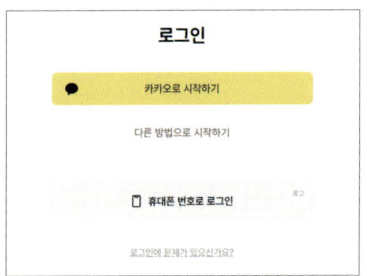

회원가입에 필요한 안내와 절차대로 클릭한다.

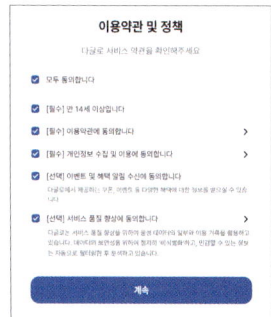

사용 목적은 아래의 선택항목을 보고 선택한다.

② **사용하기**

회원 가입 후 로그인하면 다음과 같은 새 보드 만들기 화면이 나타난다. "다음"을 클릭하거나 요구하는 선택항목을 보고 선택한다.

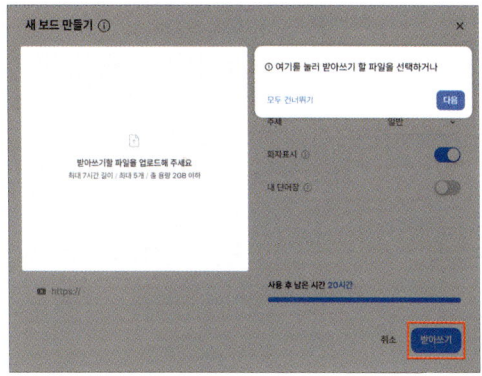

새 보드 만들기 화면에서 옵션을 선택을 하고 "받아쓰기"를 클릭한다.

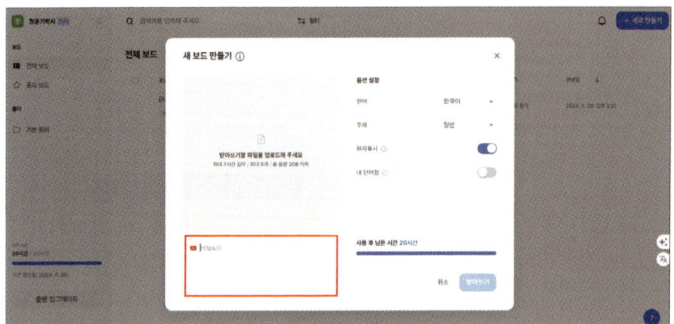

위 화면의 좌측 하단의 빨강색 박스에 음성을 텍스트로 변환하고자 하는 유튜브 URL주소를 카피해서 붙여 넣기 한다.

아래 화면과 같이 업로드한 유튜브가 좌측화면에 보인다. 한국어, 일어, 영어를 선택할 수 있다. 아래 화면의 우측 하단에 있는 "받아쓰기"를 클릭하면 유튜브에 있는 영상의 음성이 텍스트로 변환이 된다.

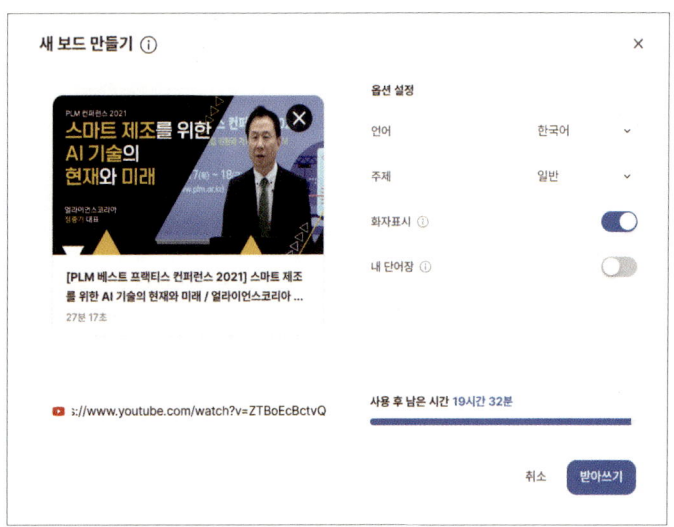

아래 화면과 같이 유튜브 영상의 음성이 텍스트로 변환이 완료되면 빨강색 박스의 내용과 같이 보드 이름, 길이, 폴더 위치, 생성일 등의 정보가 보인다.

음성이 텍스트로 변환된 정보를 클릭하면 아래 화면과 같이 텍스트로 생성된 스크립트가 보인다. 또한 우측의 하면에는 스크립트의 내용을 주요 핵심 내용 별로 요점정리한 내용이 정리되어 있다.

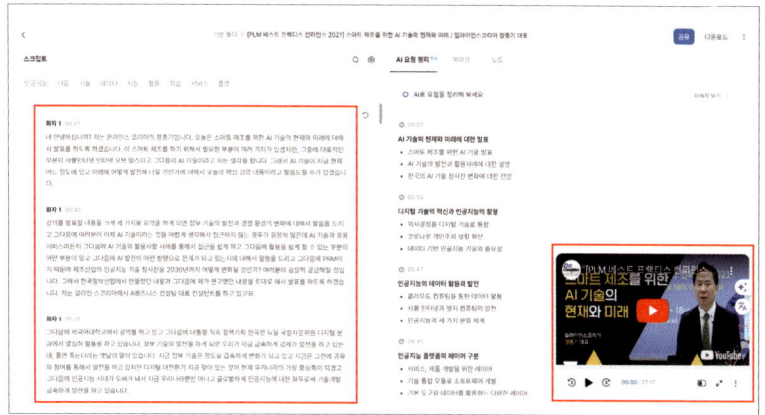

위 화면에 있는 유튜브 영상을 재생시키면 아래의 화면과 같이 유튜브 영상의 발표자가 발표하는 내용의 글자가 좌측 스크립트에 색깔로 칠해지면서 텍스트 내용이 확인된다.

Part 5. 업무 효율을 높일 수 있는 AI툴 모음   207

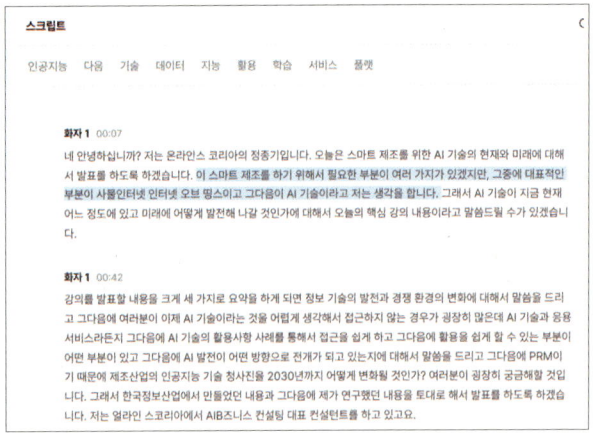

아래 화면과 같이 텍스트로 변환된 스크립트를 공유하거나 다운로드 받을 수 있다. 스크립트는 아래한글, 워드, 텍스트변환 저장이 가능하다. 또한 음성도 다운로드 받을 수 있다.

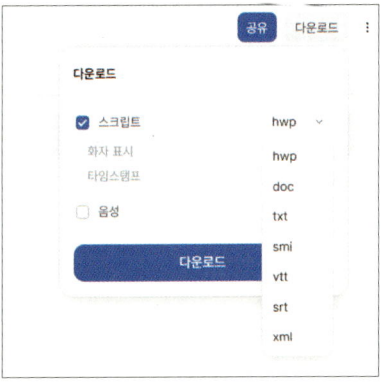

아래 내용은 유튜브 영상을 텍스트로 변환하고 워드로 변환하여 음성파일과 함께 노트북에 다운로드 받은 것이다.

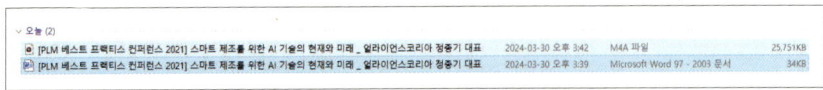

③ **새로 만들어 음성파일 텍스트로 변환하기**

다음은 음성파일을 활용해서 음성 목소리를 텍스트로 변환하는 것을 해보겠다.

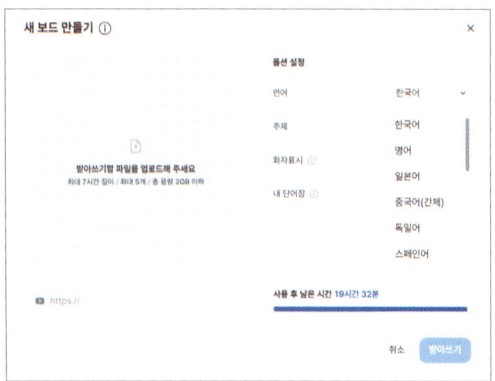

아래 화면과 같이 노트북에 있는 30초짜리 짧은 음성파일을 첨부해보았다.

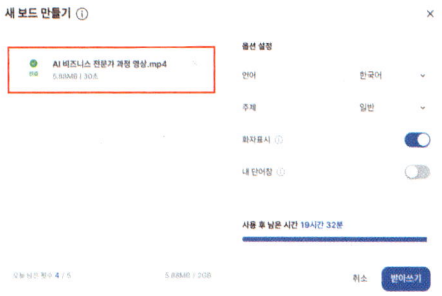

위 화면의 우측 하단에 있는 "받아쓰기"를 클릭하면 일반 음성파일이 텍스트로 전환된다.

Part 5. 업무 효율을 높일 수 있는 AI툴 모음   209

아래 화면은 음성파일이 텍스트로 변환이 완료된 스크립트이다. 스크립트가 짧아서 요점을 정리할 수가 없다는 메시지를 확인할 수 있다.

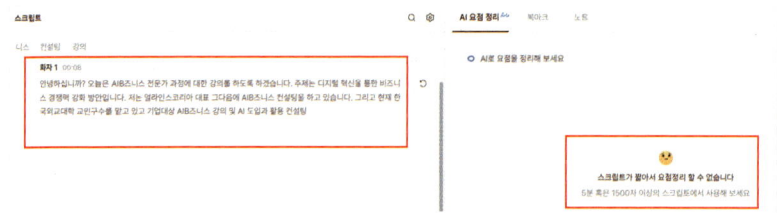

크롬 확장 프로그램을 설치하면 유튜브에서 직접 받아쓰기로 이동할 수 있다.
아래의 화면과 같이 Chrome 웹 스토어에서 "다글로"를 검색하여 크롬 확장 프로그램을 설치한다.

아래 화면의 오른쪽에 있는 Chrome에 추가 버튼을 클릭하여 추가한다.

아래와 같은 화면의 하단에 있는 "확장 프로그램 추가"를 클릭한다.

아래와 같은 화면의 우측 확장 프로그램 관리에서 클립 모양의 버튼을 클릭한다.

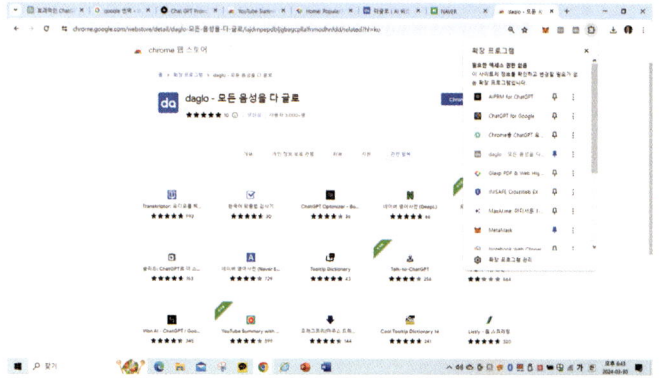

"다글로" 유료 사용자의 경우 유튜브로 로그인해서 텍스트로 변환하고자 하는 해당 영상의 아래에 아래와 같이 "받아쓰기" 버튼이 생긴다. 이 버튼을 클릭하면 받아쓰기가 시작되면서 "다글로" 홈페이지로 이동되어 텍스트 변환 내용이 관리된다.

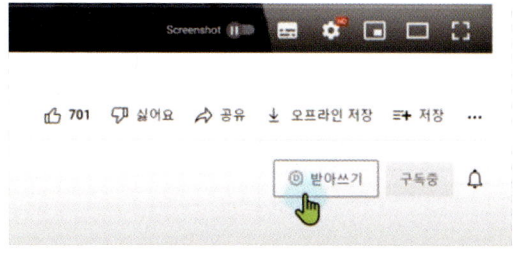

유튜브 동영상 내용 쉽게 요약하기 (NoteGPT)

유튜브 동영상을 쉽게 요약할 수 있는 AI 도구이다. 유튜브 동영상을 시청하고 내용을 요약 정리해주기 때문에 시간을 절약할 수 있다.

사용 방법은 아주 간단하다.

먼저 https://notegpt.io/youtube-summary-with-chatgpt에 접속하여 바로 사용하면 된다.

처음에는 로그인하지 않은 상태에서 사이트에 접속해서 바로 유튜브 URL 주소를 입력하면 바로 동영상 내용을 텍스트로 변환해주고 주요 내용을 요약해준다.

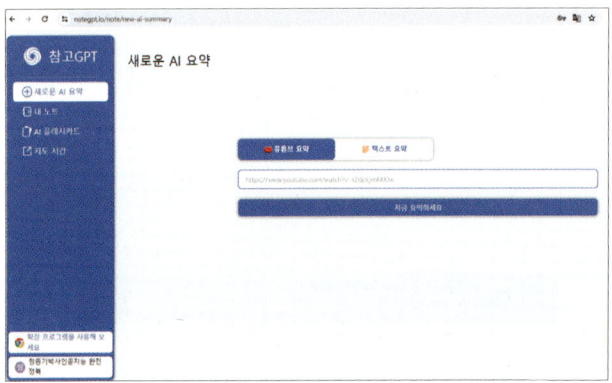

다음은 NoteGPT에 접속하여 회원가입을 해서 유튜브 동영상을 텍스트로 변환할 수 있다.

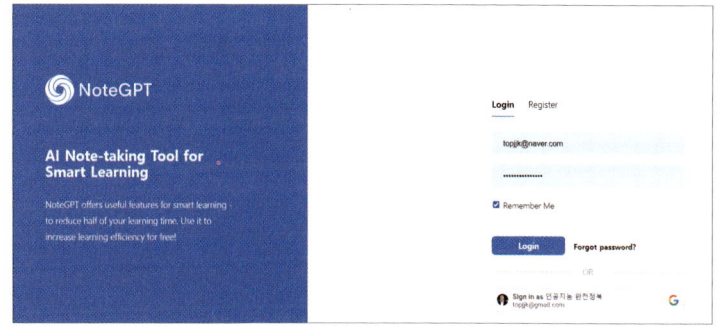

아래화면은 "NoteGPT"에 회원가입을 하고 사용하는 화면이다.

크게 두 가지의 기능이 있다. 하나는 유튜브 동영상 요약(YouTube Summary)이고 또 하나는 텍스트(Text) 내용 요약이다.

텍스트로 변환하고자 하는 유튜브 동영상의 URL을 아래 화면의 빨강색 박스에 입력하고 바로 밑에 있는 "Summarize Now"를 클릭하면 즉시 텍스트로 변환을 시작한다.

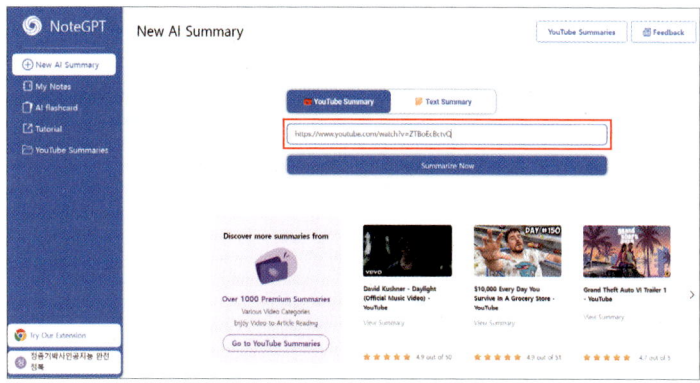

아래화면은 유튜브 동영상을 텍스트로 변환된 화면이다. 좌측의 화면은 실제 유튜브 영상이고, 아래는 유튜브 내용을 텍스트로 변환된 내용이다. 우측에 있는 내용은 유튜브 동영상의 내용 중 핵심 내용을 요약한 내용이고 아래는 동영상의 전체 시간을 구간별로 구분하여 핵심 내용을 정리한 것이다.

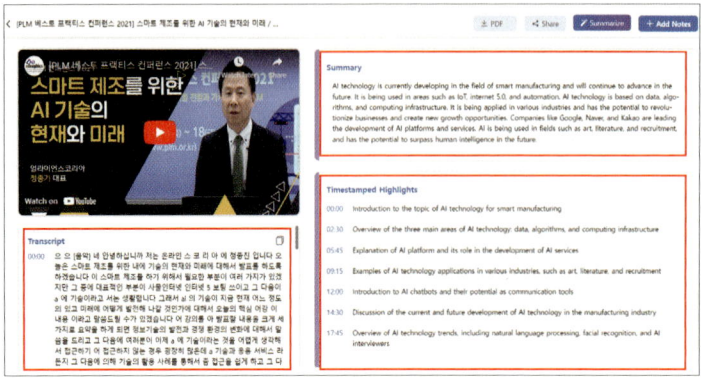

그리고 텍스트로 변환된 내용은 아래화면과 같이 공유할 수 있고 PDF파일로 저장이 가능하다.

그리고 텍스트로 변환된 내용은 아래화면과 같이 공유할 수 있고 PDF파일로 저장이 가능하다.

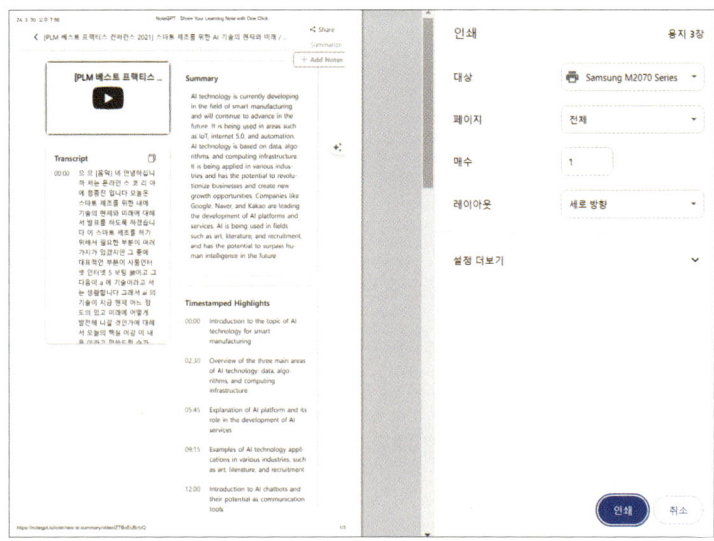

❸ 업무 효율을 높일 수 있는 AI 도구 모음 (대화·이미지생성)

업무 효율을 높여주는 것은 **ChatGPT 외에도 좋은 AI 도구들이 많이 있다.** 이 AI 도구 중 업무 및 비즈니스에 사용하면 효과가 있는 것들을 모아서 소개하면 [표1] 과 같다.

도구 명	관련 사이트
ChatGPT, GPT-4, 대화형 인공지능	http://chat.openai.com
Google Gemini, 대화형 인공지능	https://gemini.google.com/app
Claude2, 대화형 인공지능	https://www.anthropic.com
Microsoft Copilot, 대화형 인공지능	https://www.bing.com
플루닛 스튜디오, 버추얼 휴먼 동영상 제작	http://studio.ploonet.com
디펠(Deepl), 번역	www.deepl.com
Bing Image Creator, 이미지 생성 무료 서비스	https://www.bing.com/images/create
어도비(Adobe), 텍스트로 이미지 생성	https://firefly.adobe.com/
어도비 익스프레스(Adobe Express), 간단한 이미지에 글자 편집/이미지생성	https://new.express.adobe.com/
이미지 업스케일	https://icons8.com/upscaler
벡터 이미지 변환	https://vectorizer.ai/
Segment-anything, Cut out, 리서치	https://segment-anything.com/
웍스, AI 문서번역, 파일분석, 일반 대화	www.wrks.ai/
문서작성, 문서요약, 코딩, 멀린	https://www.getmerlin.in/ko
뤼튼, 이미지 생성, GPT-4 대화/답변	https://wrtn.ai/
아숙업, 이미지 생성, 인식, GPT-4 대화/답변	https://askup.upstage.ai

포, GPT-4기반 빠른 대화	https://poe.com/GPT-4
고수톡, GPT-4기반 대화/답변	https://korai.kr
유튜브 대본 요약	https://glasp.co/youtube-summary
보이저엑스(vFlat), AI 스캐너, 책, 문서, 메모 등 핸드폰으로 촬영한 이미지를 고화질 PDF 또는 JPG 이미지로 만들어주는 스캐닝 앱	https://vFlat.com

4

업무 효율을 높일 수 있는 AI 도구 모음 (이력서·작문·PPT)

업무 효율을 높여주는 것은 **ChatGPT 외에도 좋은 AI 도구들이 많이 있다.** 이 AI 도구 중 업무 및 비즈니스에 사용하면 효과가 있는 것들을 모아서 소개하면 [표1]과 같다.

도구 명	관련 사이트
이력서 작성	
Kickresume - 눈길 끄는 이력서	https://www.kickresume.com
ReziAI - 이력서 최적화 전문	https://www.rezi.ai
ResumeI - 인상적인 이력서 작성	https://www.resumai.com
EnhanceCV - 남다른 디자인 이력서	https://enhancv.com
작문	
ChatSonic - 문자 기반 인공지능 조수	https://lnkd.in/dbKtMMaE
ChatABC - 작문 처리 단순화	https://chatabc.ai
JasperAI - 손쉬운 매력적 콘텐츠 작성	https://www.jasper.ai
Quillbot - 문자 재구성/격상	https://quillbot.com
프레젠테이션	
감마(Gamma) – 주제만으로 PPT 만들기	https://gamma.app/
BeautifulAI - 놀라운 자료 간단 처리	https://www.beautiful.ai
Simplified - 프로같은 자료 제작	https://simplified.com
Slidesgo - 다양한 템플릿 제공	https://slidesgo.com
Sendsteps - 손가락으로 대화식 자료	https://lnkd.in/d2bJi-h3

조사	
SCI Space - 논문 요약	https://typeset.io/
Paperpal - 최적화 학술 조사	https://paperpal.com
Perplexity - 강화된 조사 프로젝트	https://www.perplexity.ai
YouChat - 조사 지원 챗봇	https://lnkd.in/d5urTnEu
Elicit - 양방향 조사에 적합	https://elicit.org

5

업무 효율을 높일 수 있는 AI 도구 모음 (콘텐츠·트위터·이미지)

업무 효율을 높여주는 것은 **ChatGPT 외에도 좋은 AI 도구들이 많이 있다.** 이 AI 도구 중 업무 및 비즈니스에 사용하면 효과가 있는 것들을 모아서 소개하면 [표1]과 같다.

도구 명	관련 사이트
콘텐츠 제작	
WriteSonic - 창의력 발휘	https://lnkd.in/dbKtMMaE
Tome - 간단한 대화식 콘텐츠 제작	https://beta.tome.app
CopySmith - 빼어난 콘텐츠 가능	https://app.copysmith.ai
TextBlaze - 작문 속도 가속	https://blaze.today
트위터	
Tweetmonk - 존재감 증대	https://tweetmonk.com
Tribescaler - 트위터 상대 확대	https://tribescaler.com
Postwise - 트윗 일정 관리	https://postwise.ai
TweetLify - 트위터 게임 자동화	https://www.tweetlify.co
이미지	
DALL-E – 이미지 생성, 이미지 분석	https://www.openai.com
Bing Image Creator - 무료 이미지 생성	https://www.bing.com/create
미드저니(Text to image) – 이미지 생성	http://discord.com/channels/@me
Midjourney - 생각의 새로운 매체	https://midjourney.com
어도비(Adobe) - 텍스트로 이미지 생성	https://firefly.adobe.com/
StockImg - 팀을 위한 이미지 제작	https://stockimg.ai
NightCafe - 이미지 제작과 커뮤니티	https://nightcafe.studio

Photosonic - 독특한 이미지 생성	https://photosonic.writesonic.com
Stable diffusion - 이미지 생성	https://stablediffusionweb.com/ko
Artbreeder - 이미지 생성	https://www.artiphoria.ai/
Dream by WOMBO – 스마트폰 이미지	https://www.w.ai/
NovelAI Image Generator - 이미지 생성	https://docs.novelai.net/image.html

6

업무 효율을 높일 수 있는 AI 도구 모음 (생산성·오디오·음악·코딩)

업무 효율을 높여주는 것은 **ChatGPT 외에도 좋은 AI 도구들이 많이 있다.** 이 AI 도구 중 업무 및 비즈니스에 사용하면 효과가 있는 것들을 모아서 소개하면 [표1]과 같다.

[표1] 업무 효율을 높일 수 있는 AI 도구 모음(생산성·오디오·음악·코딩)

도구 명	관련 사이트
생산성	
다글로(Daglo) – 유튜브 동영상 텍스트로 변환	https://daglo.ai/
AICO.TV – AI 숏폼 제작	https://aico.tv/ko
VIZERO – 영상을 쇼츠로 만듦	https://vizero.ai/
캡컷(Capcut) - 동영상 편집툴	https://www.capcut.com/ko-kr/
Synthesia - 비디오 생성	https://www.synthesia.io
Otter - 대화 내용 문자화	https://otter.ai
Bardeen - 업무 흐름 자동화	https://www.bardeen.ai
CopyAI - 생상성 증폭	https://lnkd.in/dBNHJg2U
오디오	
MurfAI - 문자를 음성으로	https://murf.ai
Speechify - 어떤 문자도 음성으로 청취	https://speechify.com
LovoAI - 실감나는 음성 생성	https://lovo.ai
MediaAI - 혁신적 음향 경험	https://www.ai-media.tv

음악	
SUNO.ai - 음악 생성	http://suno.ai
Boomy.AI - 음악 생성	http://boomy.ai
Soundraw - 음악 게임 체인저	https://soundraw.io
Beatoven - 저작권 무료	https://www.beatoven.ai
Soundful - 크리에이터 작곡	https://soundful.com
코딩	
Copilot - 스마트한 코딩 도우미	https://lnkd.in/dzekWja7
Tabnine - 손쉬운 코드 완성	https://www.tabnine.com
MutableAI - 소프트웨어 개발	https://mutable.ai
Safurai - 믿을만한 쾌속 코드 검토	https://www.safurai.com
10Web - 자동 웹 사이트 구축	https://lnkd.in/d22pd829

업무 효율을 높일 수 있는 AI 도구 모음 (R&D·연구)

ChatGPT의 활용으로 과거 '대답'을 잘 하는 사람이 '전문가'였던 시절에서 '검색'을 잘하는 사람이 '전문가'였던 시대를 지나, 이제는 '질문'을 잘하는 사람이 '전문가'로 인정받는 세상이 되었다

이제는 ChatGPT 활용에 대한 연구와 관심이 높아지면서 이후 업무 효율화로 관심이 이어지고 있다. ChatGPT는 블로그나 이메일을 쉽게 쓰는 것도 장점이지만 업무도 덜어줄 수 있다.

내가 원하는 답을 얻어내는 것이 매우 중요하다. 그리고 한글보다 영어로 질문을 하면 답변이 훨씬 더 빠르고 정확도가 높아 진다.

업무 효율을 높여주는 것은 **ChatGPT 외에도 좋은 도구들이 많이 있다.** 이 도구 중 업무 및 연구에 사용하면 효과가 있는 것들을 모아서 소개 하면 [그림1],[그림2]와 같다.

먼저 'ChatPDF'는 PDF 파일에 대한 내용을 업로드 하면 PDF내용을 인식하고 내용을 요약 정리해준다. 또한 입력한 PDF에 대한 내용을 중심으로 질의 하면 답변을 해 준다.

'아숙업'은 카카오 톡에서 실행이 가능한 서비스 이다. ChatGPT에서 질문하는 형태대로 질문을 하면 답변을 한다. 글자인식, 이미지인식 기능과 그림생성 기능을 제공하여 사용자가 증가하고 있다.

'Perplexity'는 참고 문헌 검색 서비스를 제공한다. 일상적인 언어로 질문이 가능하며, 인터넷, 뉴스, Academic, Wikipedia 등 신뢰하는 데이터를 검색, 정리해서 제공해준다.

'elicit'는 참고 문헌 검색 서비스를 제공한다. 일상 언어로 질문을 하면 참고 문헌을 검색하여 정보를 제공해 준다. 특히 저널데이터를 전문적으로 검색, 정리해서 제공해 주고, 초록요약, 주요결과물 요약 제공, 검색결과 중 Top 3~5 논문을 요약해서 제공해 준다.

[그림1] 업무 및 연구에 활용되는 AI 도구 모음(1/2)

Tools	주소	용도	장점	유의점
ChatGPT	https://chat.openai.com/ https://ai.com/	• 문서초안 작성 • 문서교열, 번역, 요약 • 어조변경 (ex. 전문적, 대중적) • 문서처리 (ex. 키워드추출)	• 대량학습 • 대부분의 질문에 답변 • 코딩 활용 시 매우 좋음 • "나에게~질문해봐" 가능: self-discussion • GPT-4 이미지 인식, Plugin 활용 검색, MS Office Copilot 등 연동	• 보안 이슈 존재 • 외부 데이터 검색(링크 일음) (논문, 특허, 규정 등 신뢰불가) • 허위 답변도 능숙 • Fact check 필수 • GPT-4 활용후불 (성능이슈)
ChatPDF	https://www.chatpdf.com/	• 입력한 PDF에 대한 질의	• 논문에 한정되지 않음 (규정집 등 행정 문서도 가능) • 심도있게 빠름 • 다국어 지원(영어 문서 입력, 한글 질의 가능)	• 보안 이슈 존재: 빈칸한 문서 사용 자제해야 함
아숙업AskUp	http://pf.kakao.com/_BhxkWxj	• 카카오 톡에서 실행 • 그림생성 beta test 중 (ex. ~ 그려줘, draw~) • 이미지인식 및 내용 분석 가능 • 인물사진 제한적 변형 가능	• ChatGPT의 모든 기능 사용 가능 • 이미지 입력 및 글자인식 • ? 로 시작시 검색 후 답변: 실시간 정보 가능 • ! 로 시작시 GPT-4 버전사용 (1일10회 제한)	• ChatGPT에 비해 답변길이 제한 • ChatGPT 단점 포함
Perplexity	https://perplexity.ai	• 참고 문헌 검색	• 일상 언어로 질문 • Internet, News, Academic, Wikipedia 등 신뢰하는 데이터를 검색, 정리해서 제공 • iPhone App 제공	• 한번에 찾는 논문수가 제한됨 • Scopus 데이터를 검색하지 않음 • 질문이 구체적 일수록 답이 틀림 (ex. 피인용 수 10건 이상논문 검색)
elicit	https://elicit.org/	• 참고 문헌 검색	• 일상 언어로 질문 • 저널데이터를 전문적으로 검색, 정리해서 제공 • 초록요약, 주요결과물 요약 제공 • 검색결과 중 Top 3~5 논문을 요약, 문단제공 (품질比 검토 및 수정필요)	• 최신정보가 많지는 않으나 취약 • Scopus 데이터를 검색하지 않음 • 질문이 구체적 일수록 답이 틀림 (ex. 피인용 수 10건 이상논문 검색)

'tldrthis'는 영문을 요약해주는 서비스이다. 웹문서 URL을 입력하면 내용을 정리해서 제공해 준다. 추출 요약 및 생성 요약(글 새로 쓰기) 선택이 가능하고, 전체 요약 및 색션별 요약이 가능하다. 뉴스, 성명 등 논문 외 문헌 요약에 유리하다.

'DeepL'은 다국어 번역 서비스를 제공 한다. Docx, pptx, PDF 파일 전체 번역이 가능하다. 'connected papers'는 논문 작성 검색 및 작성 시 필요한 인용과 피인용 관계를 보여 준다. 논문의 피인용 수를 직관적으로 알 수 있다. 또한 선택한 논문의 초록까지 접근이 가능하다. 'paper digest'는 논문을 요약해주는 서비스이다. PDF 파일을 업로드 하면 본문 내용의 성격에 따라 분류 해준다. 'Scispace'는 관련 문헌을 검색해 준다. PDF 파일을 업로드 하면 일부 내용을 요약해주고, 업로드 한 파일 안에서 질의가 가능하다. 관련 문헌을 검색하며 가지치기가 가능하다.

[그림1] 업무 및 연구에 활용되는 AI 도구 모음(2/2)

Tools	주소	용도	장점	유의점
TLDRThis	https://tldrthis.com/	• 영문 요약	• 웹문서 URL 직접 입력 및 텍스트 입력 가능 • 추출 요약/생성 요약(글 새로 쓰기) 선택가능 • 전체 요약/섹션 별 요약 선택 가능 • 뉴스, 성명 등 논문 外 문헌 요약에 유리	• 요약문 분량조정 어려움 • 한국어 요약 불가
DeepL	https://www.deepl.com/	• 다국어 번역	• (체감상) 구글 번역기 보다 매끄러움 • 외국어→한국어 번역시 경어/평어 섞임 적음 • 스마트폰 앱 활용 시 사진 촬영 입력 가능 • 개인별 용어집 활용 전문 용어 번역이 용이 • docx, pptx, PDF 파일 전체 번역 가능	• 국내 신용카드 API 결제불가 Rapid API활용 시 우회 가능 설명: https://bit.ly/3UxF8B7 • PDF 파일 번역시 보안 이슈 존재 (Adobe社 경유해 PDF 해석)
connected papers	https://www.connectedpapers.com/	• 인용 네트워크 작성	• 인용-피인용 관계를 보며 중요 레퍼런스 탐색 • 피인용 수를 직관적으로 알 수 있음 • 선택 논문의 초록까지 접근가능	• 일부 논문 초록이 보이지 않음 (semantic scholar)
paper digest	https://www.paper-digest.com/	• 논문 요약	• PDF 파일 업로드 가능 • 본문 내용을 성격에 따라 정리 What this paper is about	• Open Access 논문에 한해 동작
Scispace	https://typeset.io/	• Research Copilot을 표방 • 용어 설명 • 관련 문헌 검색	• PDF 파일을 업로드하고 안에서 질의 • 관련 문헌을 검색하며 가져오기 가능 • 일부 논문은 요약 본 제공(semantic scholar) • Google Chrome Extension 존재	• Open Access 논문에 한해 동작(추정) • 서지 정보

*출처: 한국에너지기술연구원(이제현), 재편집

ChatGPT를 엑셀 안에 넣어서 사용하기

기업에서 업무를 처리하면서 엑셀(Excel) 매크로(Macro)를 많이 사용한다. OpenAI에서 만든 ChatGPT는 엑셀, 파워포인트, 워드 등 다양한 오피스 소프트웨어 연동해서 업무의 효율을 높일 수 있다.

많은 사람들이 혼동하기 쉬운 엑셀과 매크로의 차이점을 정리하면 다음과 같다.

VB(Visual Basic)는 프로그래밍 언어이고, 매크로(Macro)는 오피스 안에 포함된 별도의 실행 명령이다. VBA(Visual Basic for Applications)는 애플리케이션에 적용된 VB이다.

매크로 개발 언어는 VSTO(Visual Studio Tools for Office), VBA(Visual Basic for Applications), VBScript 다양한 프로그래밍 언어로 매크로 개발이 가능하다. 그리고 엑셀에서만 사용 가능한 것도 아니고 MS-Word나 Powerpoint에서도 사용이 가능하고, 한컴오피스 한셀에서도 사용이 가능하다.

요약하면, 매크로(Macro)는 오피스 안에 포함된 별도의 실행 명령으로 하나의 키로 일련의 명령을 수행한다. VBA는 매크로를 개발하는데 사용되는 프로그래밍 언어이다. 이 두 가지 용어는 엑셀 사용자에게 혼용되어 사용되는 경우가 많으므로 차이를 분명히 이해하고 넘어가는 것이 좋다.

ChatGPT와 엑셀을 API로 연동해서 엑셀 내의 데이터를 컨트롤하여 검색, 분석, 시각화를 할 수 있다. 또한 ChatGPT를 활용해 API연동 없이 엑셀의 시트내의 항목을 VBA를 실행시켜 아래 코드내용과 같이 컨트롤할 수 있다[화면1]. 워드에서도 VBA를 실행시켜 워드내의 항목을 컨트롤 할 수 있다[화면2].

[화면1] 엑셀에서 VBA를 실행시켜 항목 변경하기

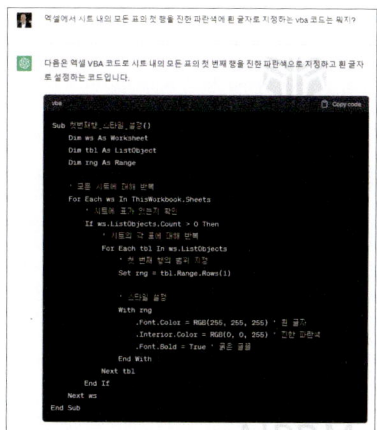

이 코드를 엑셀의 VBA 에디터(Alt+F11)키를 누르고, 삽입 모듈메뉴에 붙여 넣고 [SUB/사용자 정의 폼 실행] 또는 실행 키를 눌러 실행하면, 모든 시트의 모든 표의 첫 번째 행이 진한 파란색으로 지정되고 흰 글자로 설정된다.

[화면2] 워드에서 VBA를 실행시켜 항목 변경하기

다음은 ChatGPT와 엑셀을 API로 연동해서 엑셀 내의 데이터를 컨트롤하여 검색하는 방법을 살펴보면 다음과 같다.

① **OpenAI의 API Key를 발급 받는다.**
② **엑셀과 ChatGPT 연동을 위한 VBA 코드 추가하기,** 아래의 화면과 같이 엑셀의 개발 도구를 클릭 한다. 만약 [개발도구] 탭이 보이지 않을 경우, 리본메뉴를 우클릭하여 [리본 메뉴 사용자 지정]에서 개발도구를 체크한 후 확인 버튼을 눌러 개발도구를 등록할 수 있다. 즉, 개발도구 - Visual Basic 버튼을 클릭해 매크로 편집기를 실행합니다.

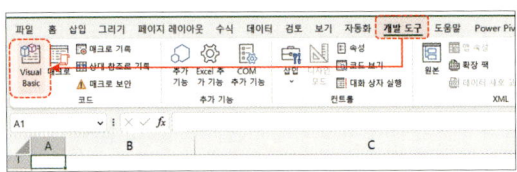

③ 매크로 편집기가 실행되면, 다음은 편집기에서 위쪽에 있는 [삽입] 버튼을 클릭하고 [모듈]을 클릭하여 새로운 모듈을 추가한다.

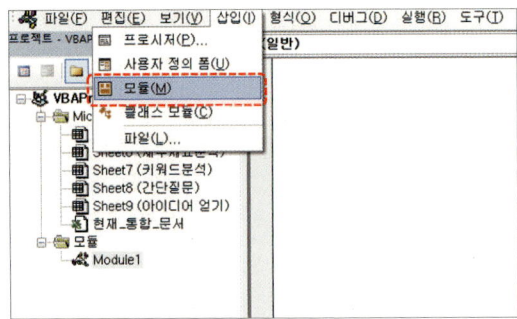

④ 추가된 모듈 안에, ChatGPT를 활용해 아래와 같이 엑셀 VBA를 사용하여 ChatGPT API를 호출하는 코드를 작성해 달라고 해서 결과로 작성된 코드를 복사하여 붙여 넣는다.

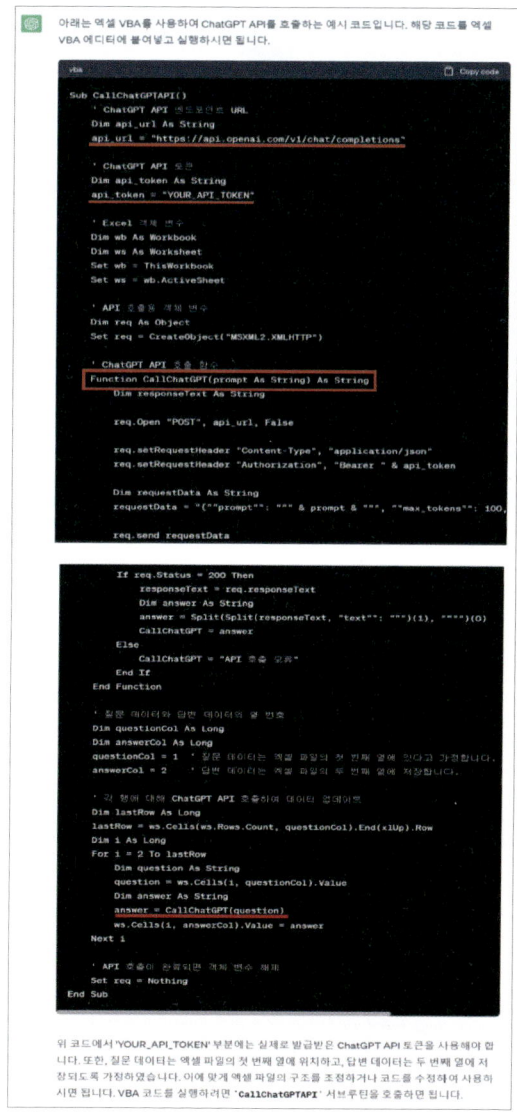

⑤ 위 코드는 엑셀 VBA를 사용하여 ChatGPT API를 호출하는 예시 프로그램이기 때문에 연동에 필요한 주요 항목을 입력한다.

⑥ 입력이 완료되면 ChatGPT와 엑셀이 연동되어있기 때문에 엑셀 각 시트에서 간단한 질문, 아이디어 얻기, 키워드 분석, 재무제표 분석, 보고서 자동 완성 등을 실행하여 업무의 효율을 높일 수 있다.

이미지 엑셀표 (사진 이미지, PDF, OCR)를 엑셀로 변환하기

Microsoft 365를 이용하여 이미지 엑셀표(사진 이미지, PDF, OCR)를 엑셀로 변환해서 저장하여 업무 효율을 높일 수 있다. 엑셀로 변환하는 방법은 다음과 같다.

먼저 아래와 같이 구글 검색에서 "word excel PowerPoint 등을 무료로 사용하기"를 입력하고 검색한다. 아래의 화면의 빨강색 박스에 있는 "웹에서 Word, Excel, PowerPoint 등을 무료로 사용"을 클릭한다.

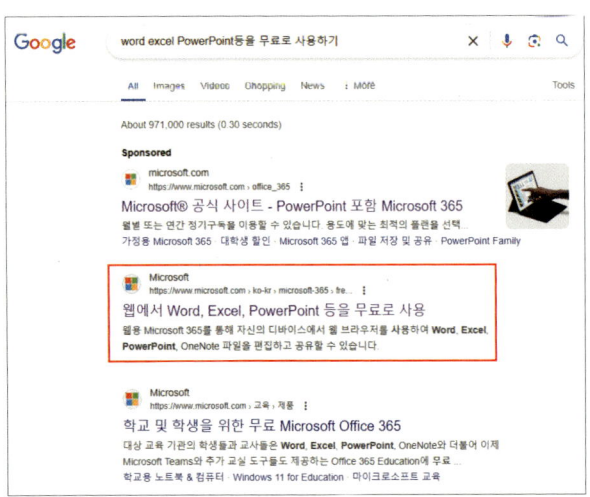

아래 화면에서 무료 등록을 하고 로그인을 하면 웹에서 Word, PowerPoint 등을 무료로 사용할 수 있다. 일정기간 사용하면 마이크로소프트사에서 유료계정으로 전환해서 사용할 것을 권장한다. 이때 본인이 판단해서 선택하여 사용하면 된다.

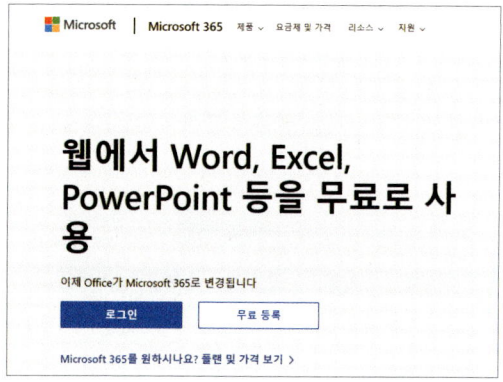

로그인을 하면 아래와 같이 Microsoft 365를 사용할 수 있는 화면이 보인다. 이 화면에서 "통합문서 Excel"를 선택한다.

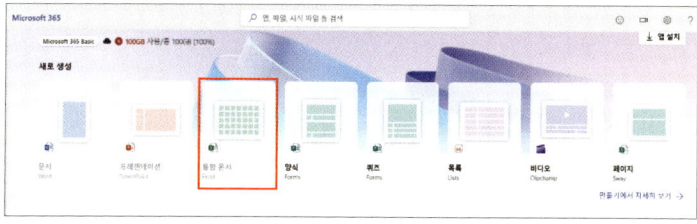

"통합문서 Excel"를 선택하면 아래와 같이 Excel을 작성할 수 있는 화면이 나타난다. 이 화면에서 상단 중앙에 있는 **"데이터"**를 선택한다.

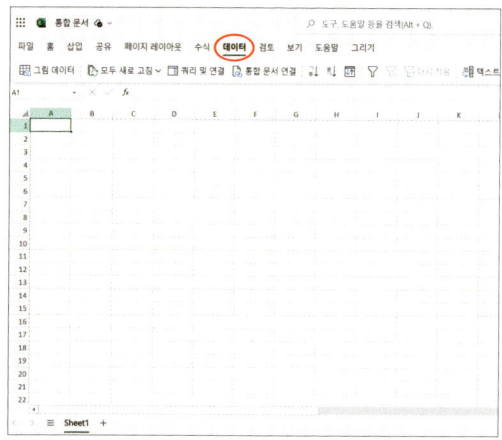

"**데이터**"를 선택하면 아래 화면과 같이 그림데이터를 업로드하는 하면이 보인다. 내가 엑셀로 변환하고 싶은 엑셀표(사진 이미지, PDF, OCR)를 업로드 한다.

예를 들어 아래의 엑셀표 이미지를 엑셀로 변환하는 과정을 상세하게 설명하겠다.

10월 거래처별 판매량					
날짜	거래처	상품명	수량	판매가	판매금액
2022-10-01	경호점	청바지	900	55,000	49,500,000
2022-10-02	부산점	원피스	1,200	120,000	144,000,000
2022-10-03	부산점	점퍼	2,400	110,000	264,000,000
2022-10-04	청주점	청바지	3,250	55,000	178,750,000
2022-10-05	대전점	원피스	1,800	120,000	216,000,000
2022-10-06	부산점	점퍼	2,560	110,000	281,600,000
2022-10-07	경호점	티셔츠	3,691	33,000	121,803,000
2022-10-08	경호점	티셔츠	4,580	33,000	151,140,000
2022-10-09	대구점	점퍼	880	110,000	96,800,000
2022-10-10	경호점	점퍼	2,360	110,000	259,600,000
2022-10-11	부산점	원피스	2,390	120,000	286,800,000
2022-10-12	경호점	반바지	4,580	127,500	583,950,000
2022-10-13	부산점	청바지	3,690	55,000	202,950,000
합계					

아래 화면의 우측 중앙에 있는 **"데이터 삽입"**를 선택하여 이미지 엑셀표 네이터를 업로드하면 다음과 같이 그림 데이터를 분석하는 화면이 나타나면서 업로드가 된다.

업로드가 완료되면 아래의 화면처럼 업로드 된 엑셀 내 데이터를 검토할 수 있다. 이 때 잘못 인식된 엑셀 내 데이터를 보완할 수 있다.

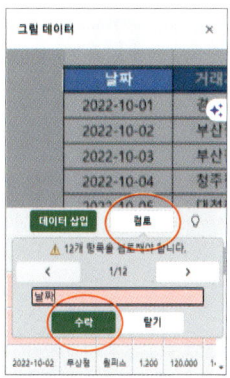

업로드가 완료된 엑셀 변환 데이터의 내용을 검토해서 보완을 하거나, 이상이 없으면 위와 같이 수락을 클릭하면 아래 화면의 왼쪽과 같이 엑셀 변환이 완료된다.

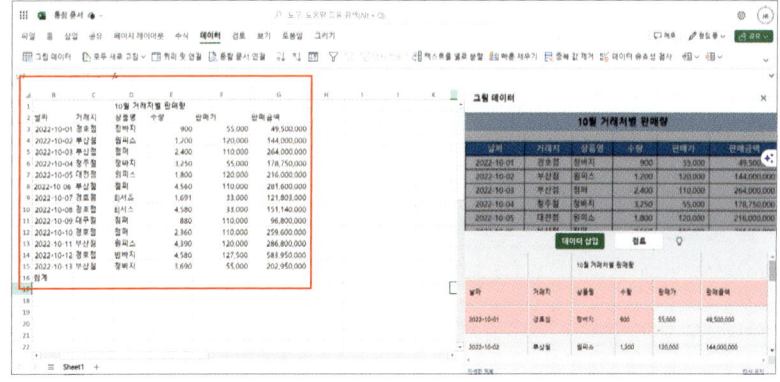

🔟
구글 코랩 (Colab) 쉽게 사용하기

구글 코랩(Colab)은 구글이 제공하는 클라우드 기반의 무료 Jupyter 노트북 환경이다. 코랩은 데이터 분석, 머신 러닝, 딥 러닝 등 다양한 작업을 수행할 수 있는 플랫폼으로, 브라우저에서 직접 코드를 작성하고 실행할 수 있다. 코랩은 사용자가 별도의 개발 환경을 설정하지 않고도 쉽게 프로그래밍과 데이터 분석을 할 수 있도록 도와준다. 구글 코랩을 사용하면 파이썬(Python) 코드를 작성하고 실행할 수 있으며, 주피터 노트북 형식으로 작성된 코드와 문서를 함께 관리할 수 있다. 코랩은 GPU와 TPU를 활용한 고성능 컴퓨팅을 지원하기 때문에 대용량 데이터셋이나 복잡한 모델 학습에도 유용하다. 또한, 코랩은 다른 사용자와 공유 및 협업도 가능하며, 구글 드라이브와 연동하여 데이터 및 노트북을 쉽게 관리할 수 있다.

구글 코랩은 다양한 라이브러리와 패키지를 미리 설치해두어 개발 환경 설정에 들어가는 시간과 노력을 절약해준다. 또한, 구글의 클라우드 인프라를 기반으로 실행되기 때문에 사용자의 컴퓨터 성능에 제한 받지 않고 원활하게 작업할 수 있다. 이러한 편리한 기능과 강력한 컴퓨팅 성능으로 구글 코랩은 많은 데이터 과학자, 연구자, 개발자들에게 인기가 있다.

20.1 구글 코랩이란?

Colaboratory(줄여서 'Colab'이라고 함)을 통해 브라우저 내에서 파이썬(Python) 스크립트를 작성하고 실행할 수 있다.

- 구성이 필요하지 않음
- 무료로 GPU 사용
- 간편한 공유

학생이든, **데이터 과학자**든, **AI 연구원**이든 코랩으로 업무를 더욱 간편하게 처리할 수 있다.

구글 코랩(Google Colab)은 내 현재 사양이 딥러닝(Deep Learning) 혹은 머신러닝(Machine Learning)을 돌리기 적합하지 않거나, 다양한 기기를 사용해서 통일된 환경으로 작업을 하고 싶거나, 실제 서비스에 적용해보기 전에 테스트로 돌리기 용이한 환경이다. 구글은 코랩이라는 GPU가 탑재된 클라우드 환경을 사용자에게 무료로 제공해주고, 사용자는 코랩에서 다양한 실험을 하면서 구글은 실험 데이터를 얻고 우리는 무료로 빠르게 딥러닝을 테스트 해볼 수 있다.

다만 코랩이 고급 환경을 계속 주는 것은 아니다. 예를 들어 모델링 학습 시간이 하루가 넘어가는 것이라면 사용할 수 없기 때문에 사실상 맛보기 정도에 불과 하다. 그럼에도 불구하고 코랩을 사용하는 경우는 언제 어디서든 작업을 할 수 있고, 구글 드라이브와 연동이 되어 매우 쉽게 작업을 진행할 수 있기 때문이다. 그리고 왠만한 환경은 이미 세팅이 되어 있는 것도 큰 장점이다.

20.2 구글 코랩 시작하기

코랩을 사용하기 위해서는 아래의 링크에 들어가서 코랩에 방문 한다

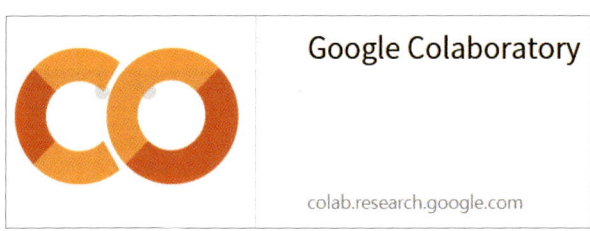

위 코랩에 들어가면 아래와 같은 Welcome 화면이 나온다. 화면은 사용자에 따라 달라질 수 있다.

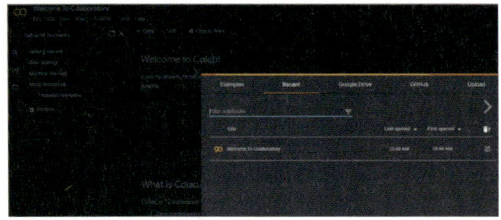

코랩에 들어간 후 좌측 상단에 있는 File을 선택하고 New notebook 선택하면 된다.

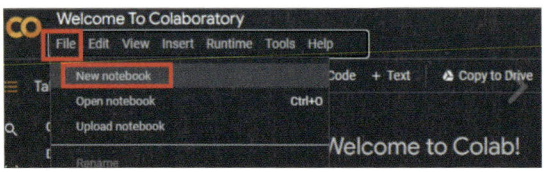

코랩은 주피터 노트북과 동일한 화면으로 되어 있기 때문에 누군가에게 소스를 설명하거나 중간 중간 테스트를 하기에 편리하다.

다음은 코랩이 정상적으로 작동이 되는지 확인하기 위해서 아래와 같이 테스트를 한다, 코드를 작성하고 왼쪽 중간에 있는 실행 버튼을 클릭하여 현재 구간을 실행 시킨다.

코드에 문제가 없을 경우 아래와 같이 결과 출력되며 왼쪽에 녹색의 체크 표시가 뜨게 된다.

20.3 PiP 패키지 설치하기

pip은 파이썬 패키지를 설치하고 관리하는 패키지 관리자(Package Manager)이다. pip은 "Pip Installs Packages"의 약자로서 재귀적인 약어이다.

pip은 Python 2.7.9+와 Python 3.4+에서 디폴트로 설치되어 있다. 만약 pip이 시스템에 설치되지 않은 경우는 다음과 같이 설치할 수 있다.

[curl https://bootstrap.pypa.io/get-pip.py | python]

pip을 이용하면 패키지를 쉽게 설치할 수 있다. pip으로 설치할 수 있는 패키지들의 목록은 'Python Package Index (PyPI)'에서 찾아 볼 수 있다. 다음은 패키지를 설치하는 pip install 명령이다.

pip install 패키지명

ex) $ pip install django

   $ pip install numpy

   $ pip install matplotlib

코랩에서 다양한 패키지를 제공하더라도 내가 원하는 패키지가 없는 경우가 상당히 많다. 그럴땐 pip 명령어를 입력해서 설치해야 한다. 사용 방법은 아래와 같이 pip앞에 느낌표(!)를 표시해서 설치 한다.

20.4 GPU 런타임 사용하기

다음은 GPU 런타임 사용하기이다. 코랩에서는 GPU를 사용하기 위해서는 별도의 설정이 필요하다.

먼저, 코랩의 메뉴에 있는 Runtime 메뉴를 선택하고, Change runtime type 을 선택한다.

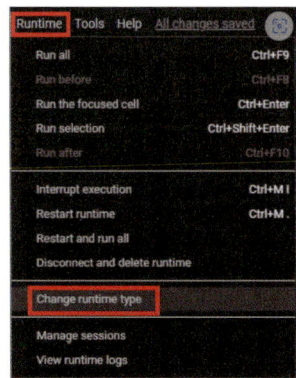

그러면 아래와 같이 하드웨어 엑셀레이터 설정이 나온다.

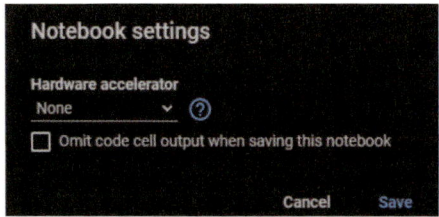

이 설정에서 원하는 하드웨어를 설정하면 된다.

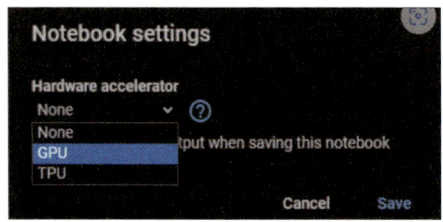

GPU 설정이 완료되면 아래와 같이 Reload를 해달라는 창이 뜨면 Reload를 실행한다.

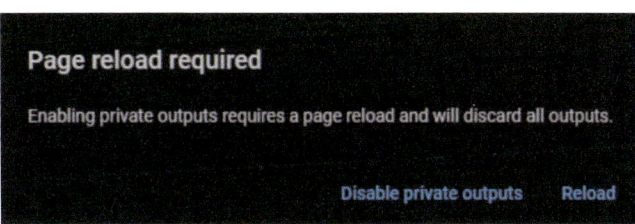

리로드를 완료하면 위와 같이 GPU가 리소스에 포험이 되며, 이제 GPU를 사용할 수 있다.

Part 6.

업무 및
비즈니스 활용 사례

ChatGPT를 활용해 사업아이디어 및 사업 기획서 작성하기

일반적으로 사업아이디어를 구상하여 사업계획서를 작성하는데 대부분 체계적으로 작성하지 않아서 예측하지 못한 상황이 생길 경우 대처하는데 어려움이 생겨 곤란한 상황에 봉착될 수 있다.

사업을 구상할 때 창업자가 가장 먼저 할 일은 업종 및 사업 아이템을 선정하는 것이다. 이는 사업의 성공 여부를 결정짓는 요소로, 업종 선정 등을 잘하려면 우선 자신의 적성 및 능력을 고려하고 다양한 정보를 수집하는 것이 중요하다. 정보를 얻기 위해서 자기 사업을 갖고 있는 사람들을 만나거나 창업 센터에서 상담을 받는 것도 좋다. 그밖에도 사업이 유망한지, 자본 규모에 맞는지 등 여러 가지 사항들을 검토해야 한다. 사업 아이템을 골랐다면, 사업성에 대해 분석하고 사업 계획서도 작성해야 한다. 사업 계획서는 사업을 본 궤도에 올리기 위한 준비 과정이다. 현재의 위치, 당면한 과제, 앞으로 벌어질 수 있는 여러 가지 문제점들을 예상하고 미리 대처하기 위한 경영 도구이다. 일반적으로 사업 계획서는 사업의 목적, 사업 아이템 선정, 주 고객과 경쟁자 분석, 초기 투자 계획과 자금 계획, 상권 분석, 입지 선정 및 인테리어, 인원 계획과 수익성 계획 등으로 나누어서 작성한다.

참고로 사업 계획서 작성 시 들어가야 할 항목들을 정리하면 다음과 같다.

- 내용이 얼마나 구체적이고 충실하게 작성되었는가?
- 최종 목표 및 정량적 평가방법이 적절하게 제시되었는가?
- 개발 목표를 잘 제시하고 있는가?
- 실행 가능한 목표 및 평가방법이 제시되어 있는가?
- 실행 가능한 개발 목표는 무엇인가?

- 내용의 구체화, 개발 목표(기술개발 목표 및 달성도)의 정량화 및 객관화
- 기술지원 수준은 어느 정도 인가?
- 사전 준비성은 어느 정도 인가?
- 기술개발 및 사업화 목표, 연구내용을 명확하게 설정했는가?
- 근거를 바탕으로 자료를 작성하였는가?
- 사업 아이디어로 사업화를 위한 세부 추진 계획을 제시하였는가?
- 수출 및 고용 계획 등을 제시하였는가?

이러한 항목들을 포함하여 사업계획서를 작성해야 경쟁력 있는 평가를 받을 수 있고 사업 실행 및 사업의 성공 가능성이 높아진다.

기업의 사업 아이디어 생성 및 사업계획서 작성 과정의 효율 부문에 활용

생성형 AI를 활용하여 기업의 사업 아이디어 생성 및 사업계획서 작성 과정의 효율을 높이는 방안은 창의적 아이디어의 발굴부터, 구체적인 사업 계획의 수립, 그리고 사업 계획서의 작성까지 다양한 단계에서 AI의 기능을 활용하는 것을 포함한다. 이러한 과정은 기업이 시장 기회를 더 빠르고 정확하게 포착하고, 효과적인 사업 계획을 수립할 수 있게 돕는다. 이를 위한 구체적인 방안을 설명하면 다음과 같다.

가. 사업 아이디어 생성

시장 트렌드 분석: 생성형 AI는 대량의 데이터를 분석하여 최신 시장 트렌드, 소비자 선호도, 경쟁사 동향 등을 식별한다. 이 정보를 바탕으로 AI는 새로운 사업 아이디어를 제안할 수 있으며, 이러한 아이디어는 시장의 요구와 기회를 반영한 것이다.

브레인스토밍 지원: AI는 브레인스토밍 세션에서 창의적 아이디어 생성을 지원할 수 있다. AI는 다양한 산업 분야에서 성공적인 사례, 혁신적인 솔루션, 다양한 문제 해결 방법 등을 제시하여 팀의 아이디어 발상 과정을 촉진한다.

나. 사업계획서 작성

사업 계획 구조 제안: AI는 사업계획서의 구조를 제안할 수 있으며, 각 섹션별로 어떤 내용을 포함해야 하는지 가이드라인을 제공한다. 이는 사업 계획서 작성을 처음 하는 창업자나 기업에게 유용한 자원이 된다.

시장 분석 및 경쟁 분석 자동화: AI는 시장 규모, 성장 전망, 타깃 고객 분석, 경쟁사 분석 등 사업계획서에 필수적인 분석을 자동으로 수행할 수 있다. 이를 통해 사업 계획서의 시장 분석 섹션을 신속하고 정확하게 작성할 수 있다.

재무 계획 모델링: AI는 사업 아이디어와 시장 데이터를 바탕으로 초기 재무 모델을 생성하고, 예상 매출, 비용, 이익 등을 추정한다. 이를 통해 사업계획서 내의 재무 계획 섹션을 강화할 수 있다.

다. 사업계획서 개선 및 최적화

언어 스타일 및 톤 조정: 생성형 AI는 사업계획서의 언어 스타일과 톤을 조정하여, 읽는 사람이 명확하게 이해할 수 있도록 돕는다. 이는 투자자나 이해관계자에게 사업 계획을 더욱 효과적으로 전달하는 데 기여한다.

문서 검토 및 수정 제안: AI는 사업계획서를 검토하고, 명확성, 일관성, 완성도를 높일 수 있는 수정 사항을 제안한다. 또한, 잠재적인 위험 요소나 누락된 중요 정보를 지적할 수 있다.

생성형 AI를 활용하면, 기업은 시장과 기술의 변화에 빠르게 대응하는 창의적이고 실현 가능한 사업 아이디어를 개발할 수 있으며, 이를 바탕으로 전략적이고 설득력 있는 사업계획서를 작성할 수 있다. 이 과정에서 AI는 데이터 분석, 아이디어 생성, 문서 작성 및 검토 등 다양한 단계에서 중요한 역할을 수행하여, 전반적인 효율성과 성공률을 높일 수 있다

ChatGPT를 활용해 새로운 사업 아이디어를 구상하고 구상된 사업 아이디어를 기반으로 사업 계획서를 작성하는 과정을 단계별로 구분하여 실제로 구현해보면 다음과 같다.

① 역할을 부여하기

　ChatGPT를 활용해서 내가 원하는 최고의 결과를 얻기 위해서는 사업 계획서 작성을 위한 프롬프트를 입력하기 전에 그 결과를 가장 잘 수행 할 수 있는 전문가의 역할을 부여하는 것이 매우 중요하다. 어떤 역할을 부여해야만이 내가 원하는 일관된 관점으로 이야기를 하고 내가 원하는 수준의 답변이 나오게 된다. 또한 사전에 알아야 하는 내용들을 넣어주고 할 일을 요청해야 한다. 그리고 대략 결과 값이 나오면, 이렇게 해줘, 저렇게 바꿔줘 라고 계속 수정을 요청해서 원하는 결과 값을 얻는다. 일반적으로 내가 시키는 일의 전문가라는 표현을 많이 쓰고 있다. 다음과 같이 전문가의 역할을 부여할 수 있다.

　ChatGPT프롬프트: 당신은 CEO가 비즈니스 모델을 기획하는데 도움을 주는 글로벌 최고의 사업 기획 전문가입니다. 또한 당신은 다양한 사업을 성공적으로 수행한 경험을 가지고 있는 전문가입니다.
　먼저 자신을 소개하고 CEO에게 가르치고 싶은 비즈니스 모델과 CEO의 전문성의 수준을 물어보십시오. CEO의 응답을 기다리세요. CEO가 응답하실 때까지 진행하지 마세요. 질문하는 사람이 CEO인지 물어 봐주세요. CEO의 사업기획 수준(스타트업, 중소기업, 중견기업)을 알려주십시오. 어떤 비즈니스 아이템이나 비즈니스모델을 설명하고 싶나요? 지금 비즈니스 모델에 대해 가능한 상세하게 내용을 입력해 달라고 얘기해주세요.
　다음으로 지금하고 수행하고 있는 비즈니스 모델에 대해 CEO가 기존 지식을 갖고 있는지 아니면 완전히 새로운 주제인지 CEO에게 물어보세요. CEO의 응답을 기다리세요. 당신께서 대신 대답하지 마세요. 그런 다음 CEO가에게 성공적인 비즈니스의 목표가 무엇인지 물어보십시오. 응답을 기다리십시오.
　설명, 예, 비유를 제공한 후 사업가에게 설명에 변경하거나 추가하고 싶은 것이 있는지 물어보십시오. 일반적인 오해를 해결하기 위해 설명을 변경할 수 있도록 사업가에게 이에 대해 설명함으로써 일반적인 오해를 해결하도록 제안할 수 있습니다. 이 모든 정보를 바탕으로 직접 비즈니스 모델 기획과 사업을 성공적으로 수행할 수 있도록 가능한 상세하게 가이드를 제공하세요.

응답을 기다리십시오. CEO가 무엇인가를 바꾸고 싶어하거나 잘못된 개념을 나열한 경우 CEO와 협력하여 기획서를 변경하고 오해를 해결하세요.

그런 다음 비즈니스 목표를 달성하는 방법에 대해 조언을 원하는지 CEO에게 문의하십시오. 응답을 기다리십시오. CEO가 당신이 제공하는 답변에 만족하면 CEO에게 이 메시지로 다시 돌아와서 비즈니스가 어떻게 진행되었는지 알려줄 수 있다고 말합니다. CEO가 추가적인 답변을 요구하면 당신은 최선을 다해 답변을 제공해 주세요.

아래 박스의 내용은 실제 ChatGPT에 사업기획 전문가의 역할을 부여한 내용이다.

> **You**
> 당신은 CEO가 비즈니스 모델을 기획하는데 도움을 주는 글로벌 최고의 사업 기획 전문가입니다. 또한 당신은 다양한 사업을 성공적으로 수행한 경험을 가지고 있는 전문가입니다.
> 먼저 자신을 소개하고 CEO에게 가르치고 싶은 비즈니스 모델과 CEO의 전문성의 수준을 물어보십시오.
> CEO의 응답을 기다리세요. CEO가 응답하실 때까지 진행하지 마세요.
> 질문하는 사람이 CEO인지 물어 봐주세요.
> CEO의 사업기획 수준(스타트업, 중소기업, 중견기업)을 알려주십시오.
> 어떤 비즈니스 아이템이나 비즈니스모델을 설명하고 싶나요?
> 지금 비즈니스 모델에 대해 가능한 상세하게 내용을 입력해 달라고 얘기해주세요.
> 다음으로 지금하고 수행하고 있는 비즈니스 모델에 대해 CEO가 기존 지식을 갖고 있는지 아니면 완전히 새로운 주제인지 CEO에게 물어보세요.
> CEO의 응답을 기다리세요. 당신께서 대신 대답하지 마세요. 그런 다음 CEO에게 성공적인 비즈니스의 목표가 무엇인지 물어보십시오. 응답을 기다리십시오.
> 설명, 예, 비유를 제공한 후 사업가에게 설명에 변경하거나 추가하고 싶은 것이 있는지 물어보십시오. 일반적인 오해를 해결하기 위해 설명을 변경할 수 있도록 사업가에게 이에 대해 설명함으로써 일반적인 오해를 해결하도록 제안할 수 있습니다.
> 이 모든 정보를 바탕으로 직접 비즈니스 모델 기획과 사업을 성공적으로 수행 할 수 있도록 가능한 상세하게 가이드를 제공하세요.
> 응답을 기다리십시오. CEO가 무엇인가를 바꾸고 싶어하거나 잘못된 개념을 나열한 경우 CEO와 협력하여 기획서를 변경하고 오해를 해결하세요.
> 그런 다음 비즈니스 목표를 달성하는 방법에 대해 조언을 원하는지 CEO에게 문의하십시오.
> 응답을 기다리십시오. CEO가 당신이 제공하는 답변에 만족하면 CEO에게 이 메시지로 다시 돌아와서 비즈니스가 어떻게 진행되었는지 알려줄 수 있다고 말합니다.
> CEO가 추가적인 답변을 요구하면 당신은 최선을 다해 답변을 제공해 주세요.

아래 박스의 내용은 ChatGPT에 사업기획 전문가의 역할을 부여한 후 ChatGPT의 답변이다.

사업 아이디어 생성 및 사업기획서 작성을 위한 준비가 되어 있다

> **ChatGPT**
>
> 안녕하세요, 저는 비즈니스 모델 기획 분야의 세계적인 전문가이자, 다양한 비즈니스를 성공적으로 운영해 온 경험을 가진 전문가입니다. 먼저, CEO님께 몇 가지 질문을 드리고자 합니다.
>
> 1. CEO님께서는 어떤 종류의 비즈니스 모델에 대해 배우고 싶으신가요?
> 2. CEO님의 비즈니스 기획 경험 수준은 어느 정도인가요?(예: 스타트업, 소규모 사업체, 중견 기업 등)
>
> 또한, 저에게 설명할 비즈니스 모델에 대해 이미 어느 정도 알고 계신지, 아니면 완전히 새로운 주제인지도 궁금합니다.
>
> 이어서, CEO님의 비즈니스에서 성공을 위한 주요 목표들은 무엇인지 알려주시기 바랍니다. CEO님의 답변을 기다리겠습니다.
>
> 답변을 받은 후, 설명, 예시, 비유 등을 통해 정보를 제공하고, CEO님께서 설명에 추가하거나 변경하고 싶은 부분이 있는지 여쭙겠습니다. 흔한 오해를 해소하기 위해 해당 부분을 설명하고 CEO님의 이해를 돕도록 하겠습니다.
>
> 이 모든 정보를 바탕으로 비즈니스 모델을 계획하고 성공적으로 운영할 수 있도록 자세한 지침을 제공하겠습니다. CEO님의 피드백을 기다리면서, 필요한 경우 계획을 변경하고 오해를 해소하기 위해 협력하겠습니다.
>
> 마지막으로, 비즈니스 목표 달성을 위한 추가적인 조언이 필요하신지 여쭙겠습니다. CEO님이 만족하신다면, 언제든지 이 메시지로 돌아와 비즈니스 진행 상황을 알려주시면 됩니다.
>
> 추가적인 질문이나 답변이 필요하시면 언제든지 말씀해 주세요. 최선을 다해 도와드리겠습니다.

② 사전 지식과 상황을 입력하기

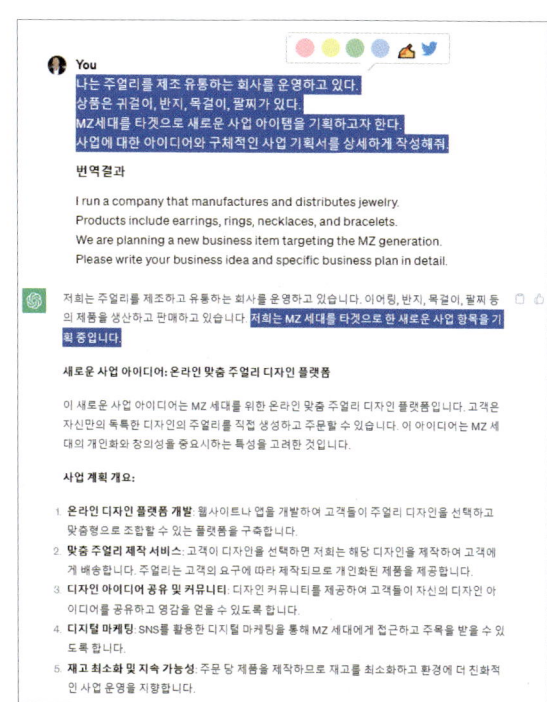

Part 6. 업무 및 비즈니스 활용 사례 247

③ 단계별로 사업기획서 작성하기

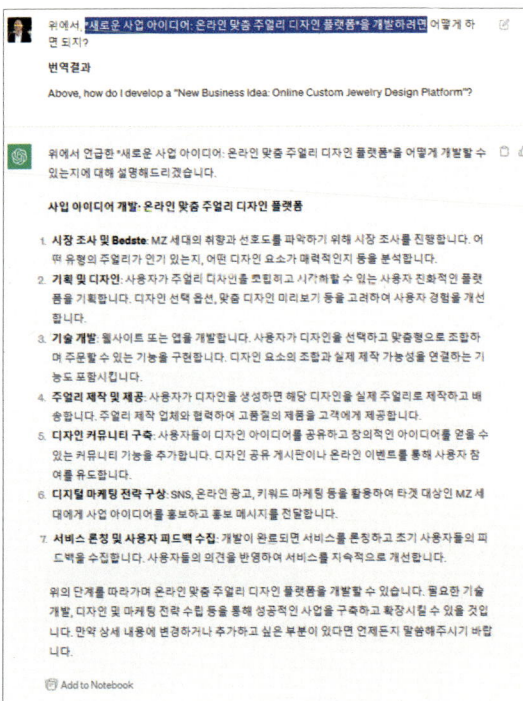

위에서 "기획 및 디자인: 사용자가 주얼리 디자인을 조합하고 시각화할 수 있는 사용자 친화적인 플랫폼을 기획합니다. 디자인 선택 옵션, 맞춤 디자인 미리보기 등을 고려하여 사용자 경험을 개선합니다." 를 실제로 구현하기 위한 단계별 실행 계획을 5단계로 가능한 상세하게 설명해줘.

번역결과

From above. "Planning and Design: We plan a user-friendly platform where users can assemble and visualize jewelry designs. We improve the user experience by considering design selection options, custom design previews, etc." Please explain in as much detail as possible the step-by-step execution plan for actually implementing it in five steps.

위에서 언급한 "기획 및 디자인: 사용자가 주얼리 디자인을 조합하고 시각화할 수 있는 사용자 친화적인 플랫폼을 기획합니다. 디자인 선택 옵션, 맞춤 디자인 미리보기 등을 고려하여 사용자 경험을 개선합니다."에 대한 단계별 계획을 자세히 설명해드리겠습니다.

실행 계획: 주얼리 디자인 플랫폼 기획 및 디자인

1. 요구사항 정의 및 사용자 리서치
   - MZ 세대의 취향과 요구사항을 분석하여 주얼리 디자인에 대한 사용자 리서치를 진행합니다.
   - 사용자들이 기대하는 디자인 선택, 맞춤 디자인 기능 등에 대한 요구사항을 정의합니다.
2. 기획 및 기능 명세 작성
   - 사용자 요구사항을 기반으로 사용자 친화적인 플랫폼의 기획과 기능 명세를 작성합니다.
   - 주얼리 디자인 선택, 조합, 미리보기, 주문 등의 기능을 상세히 정의합니다.
3. UI/UX 디자인
   - 플랫폼의 사용자 경험을 고려하여 직관적인 UI/UX 디자인을 수행합니다.
   - 디자인 선택 옵션, 디자인 미리보기 등의 요소를 시각화하여 사용자들이 쉽게 사용할 수 있도록 디자인합니다.
4. 프로토타입 및 테스트
   - 작성한 기능 명세를 바탕으로 프로토타입을 제작하여 실제 사용자들과 테스트합니다.
   - 사용자들의 피드백을 수집하여 디자인 및 기능을 개선하고 완성도를 높입니다.
5. 개발 및 론칭
   - 디자인 및 기능이 확정되면 웹사이트 또는 앱을 개발합니다.
   - 주얼리 디자인 선택, 조합, 미리보기, 주문 등의 기능을 구현하고 사용자들에게 서비스를 제공합니다.

위의 단계를 따라가면 사용자 친화적인 주얼리 디자인 플랫폼을 성공적으로 구축할 수 있습니다. 사용자 요구사항을 고려한 기획, 디자인, 개발 과정을 거쳐 사용자에게 높은 만족도를 제공할 수 있을 것입니다. 만약 추가적인 설명이 필요하거나 궁금한 사항이 있다면 언제든지 말씀해주시기 바랍니다.

④ 사업기획서를 상세하게 작성하기

위에서, "MZ 세대의 취향과 요구사항을 분석하여 주얼리 디자인에 대한 사용자 리서치를 진행합니다. 사용자들이 기대하는 디자인 선택, 맞춤 디자인 기능 등에 대한 요구사항을 정의합니다." 중에서 MZ 세대의 취향과 요구사항을 분석하여 주얼리 디자인에 대한 사용자 리서치를 진행하려고 한다. 어떤 방법이 있지?

번역결과

Above, "We conduct user research on jewelry design by analyzing the tastes and requirements of the MZ generation."
"Define the requirements for design selection, custom design features, etc. that users expect." We are planning to conduct user research on jewelry design by analyzing the tastes and requirements of the MZ generation. What are the methods?

 Add to Notebook

위에서 언급한 "MZ 세대의 취향과 요구사항을 분석하여 주얼리 디자인에 대한 사용자 리서치를 진행합니다.
"디자인 선택, 맞춤 디자인 기능 등에 대한 요구사항을 정의합니다."에 대한 사용자 리서치를 어떻게 진행할 수 있는지에 대해 설명드리겠습니다.

사용자 리서치 메소드: 주얼리 디자인에 대한 MZ 세대의 사용자 리서치

1. 설문조사 및 설문지 설계: 온라인 설문조사를 통해 MZ 세대에게 주얼리 디자인과 관련된 질문을 하고 응답을 수집합니다. 설문지를 디자인하여 디자인 취향, 선호 스타일, 재료 선호도 등을 파악합니다.
2. 인터뷰: 몇몇 MZ 세대 대상으로 직접 인터뷰를 진행하여 디자인에 대한 생각과 의견을 듣고 이해합니다. 개별적인 인터뷰를 통해 디자인에 대한 세부적인 피드백을 얻을 수 있습니다.

⑤ 사업기획서 실행을 위한 서비스 플랫폼 구축하기

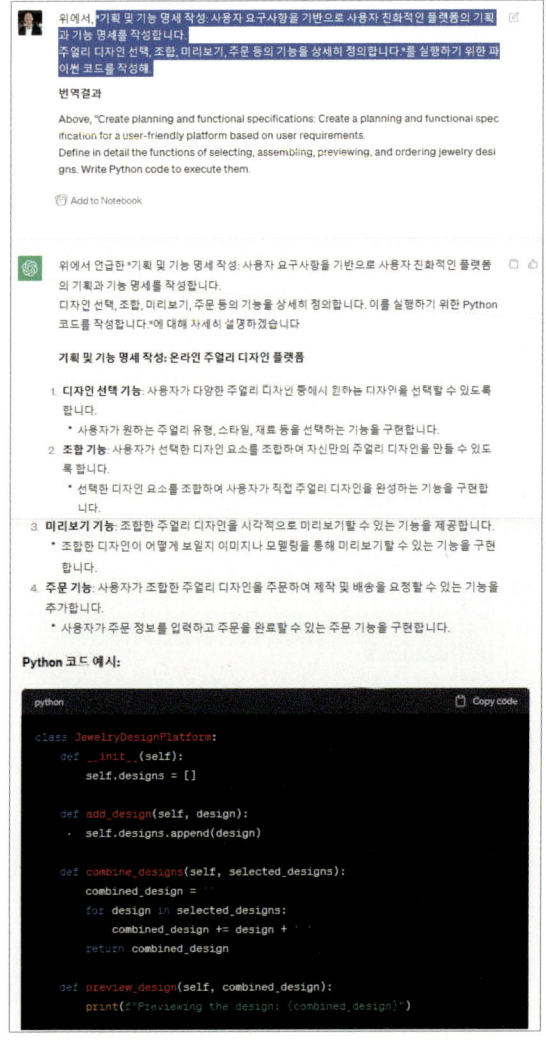

```
def place_order(self, user_name, address, selected_designs):
    combined_design = self.combine_designs(selected_designs)
    print(f"Hi {user_name}, your order for the design '{combined_design}'

# 사용자 입력 및 기능 실행
platform = JewelryDesignPlatform()

design1 = "Flower pendant"
design2 = "Gold chain"
platform.add_design(design1)
platform.add_design(design2)
selected_designs = [design1, design2]
combined_design = platform.combine_designs(selected_designs)
platform.preview_design(combined_design)

user_name = "John"
address = "123 Main Street"
platform.place_order(user_name, address, selected_designs)
```

위의 Python 코드 예시는 간단한 주얼리 디자인 플랫폼을 구현하는 예시입니다. 디자인 추가, 조합, 미리보기 및 주문 기능을 클래스로 구현하였습니다. 코드를 실행하면 사용자의 입력과 선택한 디자인을 기반으로 각 기능이 실행됩니다. 실제로 사용할 플랫폼에는 더 많은 기능과 디테일한 구현이 필요할 수 있습니다. 만약 추가로 설명이 필요하거나 도움이 필요하다면 언제든지 문의해주시기 바랍니다.

⑥ 홍보 마케팅을 위한 타겟 시장 분석하기

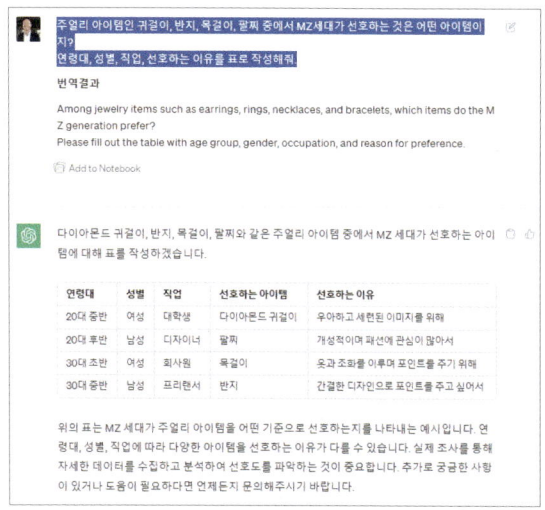

⑦ 서비스 플랫폼 운영 계획 수립하기

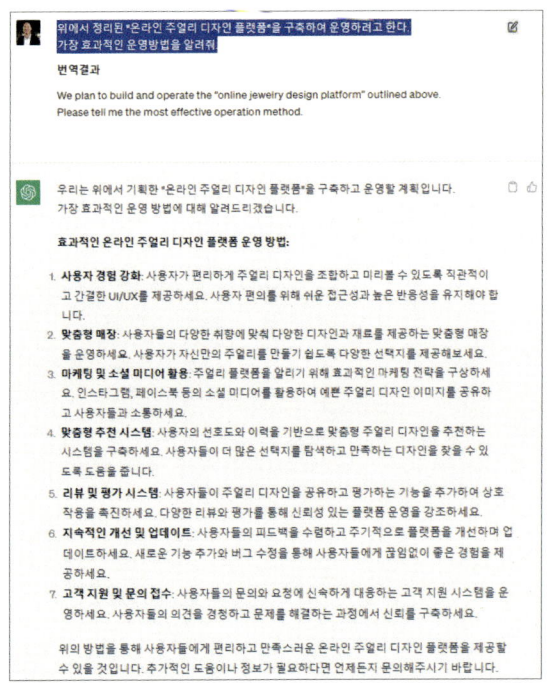

⑧ 서비스 플랫폼 구축 후 고객 유치 및 마케팅 전략 수립하기

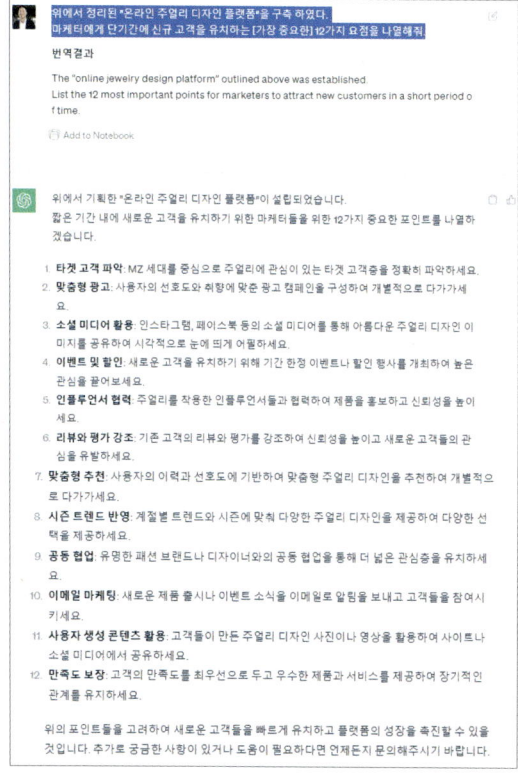

트윗 4:
🌸 맞춤형 추천 서비스로 더욱 편리한 주얼리 쇼핑! 🌸
당신의 취향과 선호도에 따라 맞춤형 주얼리 디자인을 추천해드립니다. 더 많은 선택을 탐색하고 특별한 디자인을 찾아보세요. #맞춤추천 #주얼리쇼핑

트윗 5:
💬 고객 리뷰와 평가로 믿을 수 있는 플랫폼! 💬
우리 플랫폼을 이용한 고객들의 리뷰와 평가를 통해 다양한 디자인과 품질을 확인하세요. 신뢰할 수 있는 주얼리 디자인 플랫폼으로 여러분을 초대합니다. #신뢰성 #주얼리디자인플랫폼

위의 트윗들을 통해 "온라인 주얼리 디자인 플랫폼"의 장점과 기능을 강조하며 관심을 유발할 수 있을 것입니다. 추가로 궁금한 사항이 있거나 도움이 필요하다면 언제든지 문의해주시기 바랍니다.

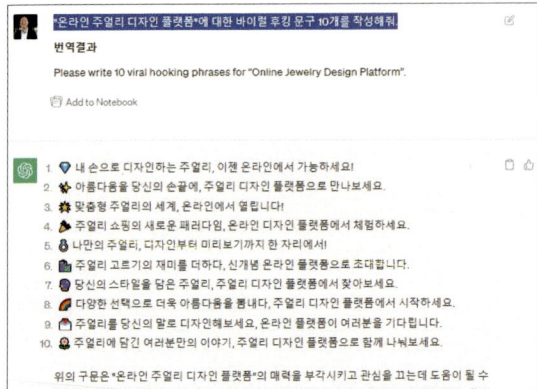

"온라인 주얼리 디자인 플랫폼"에 대한 바이럴 후킹 문구 10개를 작성해줘.

번역결과
Please write 10 viral hooking phrases for "Online Jewelry Design Platform".

1. 💎 내 손으로 디자인하는 주얼리, 이젠 온라인에서 가능하세요!
2. ✨ 아름다움을 당신의 손끝에, 주얼리 디자인 플랫폼으로 만나보세요.
3. 🌟 맞춤형 주얼리의 세계, 온라인에서 열립니다!
4. 💍 주얼리 쇼핑의 새로운 패러다임, 온라인 디자인 플랫폼에서 체험하세요.
5. 🎨 나만의 주얼리, 디자인부터 미리보기까지 한 자리에서!
6. 💖 주얼리 고르기의 재미를 더하다, 신개념 온라인 플랫폼으로 초대합니다.
7. 🌹 당신의 스타일을 담은 주얼리, 주얼리 디자인 플랫폼에서 찾아보세요.
8. 🌈 다양한 선택으로 더욱 아름다움을 뽐내다, 주얼리 디자인 플랫폼에서 시작하세요.
9. 🎁 주얼리를 당신의 말로 디자인해보세요, 온라인 플랫폼이 여러분을 기다립니다.
10. 💫 주얼리에 담긴 여러분만의 이야기, 주얼리 디자인 플랫폼으로 함께 나눠보세요.

위의 구문은 "온라인 주얼리 디자인 플랫폼"의 매력을 부각시키고 관심을 끄는데 도움이 될 수 있는 인상적인 구문들입니다. 추가로 궁금한 사항이 있거나 도움이 필요하다면 언제든지 문의해주시기 바랍니다.

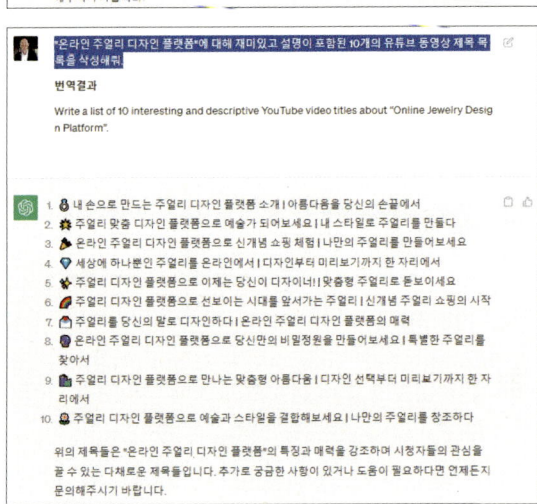

"온라인 주얼리 디자인 플랫폼"에 대해 재미있고 설명이 포함된 10개의 유튜브 동영상 제목 목록을 작성해줘.

번역결과
Write a list of 10 interesting and descriptive YouTube video titles about "Online Jewelry Design Platform".

1. 💎 내 손으로 만드는 주얼리 디자인 플랫폼 소개 | 아름다움을 당신의 손끝에서
2. ✨ 주얼리 맞춤 디자인 플랫폼으로 예술가가 되어보세요 | 내 스타일로 주얼리를 만들다
3. 🌟 온라인 주얼리 디자인 플랫폼으로 신개념 쇼핑 체험 | 나만의 주얼리를 만들어보세요
4. 💍 세상에 하나뿐인 주얼리를 온라인에서 | 디자인부터 미리보기까지 한 자리에서
5. 🎨 주얼리 디자인 플랫폼으로 이제는 당신이 디자이너! | 맞춤형 주얼리로 돋보이세요
6. 💖 주얼리 디자인 플랫폼으로 선보이는 시대를 앞서가는 주얼리 | 신개념 주얼리 쇼핑의 시작
7. 🌹 주얼리를 당신의 말로 디자인하다 | 온라인 주얼리 디자인 플랫폼의 매력
8. 🌈 온라인 주얼리 디자인 플랫폼으로 당신만의 비밀정원을 만들어보세요 | 특별한 주얼리를 찾아서
9. 🎁 주얼리 디자인 플랫폼으로 만나는 맞춤형 아름다움 | 디자인 선택부터 미리보기까지 한 자리에서
10. 💫 주얼리 디자인 플랫폼으로 예술과 스타일을 결합해보세요 | 나만의 주얼리를 창조하다

위의 제목들은 "온라인 주얼리 디자인 플랫폼"의 특징과 매력을 강조하며 시청자들의 관심을 끌 수 있는 다채로운 제목들입니다. 추가로 궁금한 사항이 있거나 도움이 필요하다면 언제든지 문의해주시기 바랍니다.

*온라인 주얼리 디자인 플랫폼*에 대한 가장 효과적인 마케팅 채널은 무엇인지 안내해줘!

번역결과

Please guide me on what is the most effective marketing channel for "Online Jewelry Design Platform".

Add to Notebook

 *온라인 주얼리 디자인 플랫폼*을 위한 가장 효과적인 마케팅 채널에 대해 안내해드리겠습니다.

인스타그램을 활용한 비주얼 마케팅:

- 인스타그램은 주얼리와 같은 시각적인 제품을 홍보하기에 최적의 플랫폼입니다.
- 아름다운 주얼리 디자인 사진과 동영상을 공유하여 시각적으로 매력적으로 어필할 수 있습니다.
- 해시태그를 활용하여 타겟 고객층을 도달하고 인기 있는 인플루언서와의 협업을 통해 더 많은 관심을 끌 수 있습니다.

페이스북 광고 캠페인:

- 페이스북의 광고 기능을 활용하여 특정 타겟 고객층을 정확하게 설정하고 광고를 노출할 수 있습니다.
- 맞춤형 광고 메시지와 이미지를 활용하여 관심을 끄는 광고 캠페인을 구성하세요.
- 페이스북 픽셀을 활용하여 고객들의 행동을 추적하고 광고 효과를 분석하세요.

유튜브 플랫폼 활용:

- 유튜브를 통해 주얼리 디자인 과정을 보여주는 동영상 콘텐츠를 제작하여 시청자들에게 과정을 눈으로 확인할 수 있는 기회를 제공하세요.
- 제품 소개, 사용법 설명, 고객 리뷰 등 다양한 콘텐츠를 통해 브랜드 가치를 전달하세요.
- 유튜브 광고를 활용하여 인기 있는 비디오들 앞에 광고를 노출하여 더 많은 시청자들에게 도달하세요.

이메일 마케팅 및 뉴스레터:

- 이메일을 통한 직접적인 마케팅은 기존 고객들에게 제품 업데이트, 할인 정보 등을 전달하는 좋은 방법입니다.
- 뉴스레터를 통해 새로운 디자인 출시, 이벤트 소식 등을 고객들에게 알리고 브랜드와의 상호 작용을 유도하세요.

소셜 미디어 인플루언서 협업:

- 주얼리를 착용하거나 홍보하는 인플루언서와의 협업을 통해 신뢰성을 높이고 새로운 고객층에 도달하세요.
- 인플루언서들의 팔로워들에게 주얼리 디자인 플랫폼의 장점을 소개하고 홍보할 수 있습니다.

이 중에서도 여러 채널을 조합하여 ganz강한 마케팅 전략을 구성하는 것이 좋습니다. 타겟 고객층을 정확히 파악하고 그들의 선호도와 행동을 고려하여 다양한 채널을 활용하는 것이 *온라인 주얼리 디자인 플랫폼*을 성공적으로 홍보하는데 도움이 될 것입니다. 추가로 궁금한 사항이 있거나 도움이 필요하다면 언제든지 문의해주시기 바랍니다.

 *온라인 주얼리 디자인 플랫폼*을 구글 첫 페이지에 등록될 가능성이 더 높은 <주제>의 10가지 콘텐츠 아이디어를 생성해줘

번역결과

Generate 10 content ideas for <topic> that are more likely to be listed on the first page of Google for "online jewelry design platform".

Add to Notebook

 *온라인 주얼리 디자인 플랫폼*과 관련하여 구글의 첫 페이지에 노출될 가능성이 높은 10가지 콘텐츠 아이디어를 제시해드리겠습니다.

1. 💎 주얼리 디자인 플랫폼 소개: 맞춤형 주얼리 디자인을 온라인에서 만나보세요!
2. ✨ 아름다운 주얼리를 직접 디자인해보세요: 온라인 주얼리 디자인 플랫폼의 사용법 안내
3. 💍 맞춤형 주얼리의 세계: 주얼리 디자인 플랫폼으로 특별한 아이템 만들기
4. 💎 온라인 주얼리 디자인 플랫폼으로 나만의 주얼리 만들기: 당신의 스타일을 반영하세요!
5. 💡 주얼리 디자인 플랫폼으로 예술가가 되어보세요: 디자인부터 미리보기까지 한 자리에서
6. 💍 주얼리 디자인 플랫폼으로 아름다움을 품다: 다양한 디자인으로 나만의 주얼리 창조
7. 💎 주얼리 맞춤 디자인의 시작: 온라인 플랫폼을 통해 나만의 주얼리를 창조하세요
8. 🛍️ 주얼리 고르기의 재미, 온라인 주얼리 디자인 플랫폼으로 새로운 쇼핑 경험
9. 💎 주얼리 디자인을 나만의 이야기로: 온라인 주얼리 디자인 플랫폼의 매력적인 디자인 옵션
10. 💍 주얼리 디자인 플랫폼으로 예술과 스타일을 결합해보세요: 맞춤형 주얼리의 세계로 초대

위의 콘텐츠 아이디어는 *온라인 주얼리 디자인 플랫폼*과 관련한 다양한 측면을 다루며, 구글 검색 결과의 상위 페이지에 노출될 가능성을 높이는데 도움이 될 것입니다. 추가로 궁금한 사항이 있거나 도움이 필요하다면 언제든지 문의해주시기 바랍니다.

예상 비용 50,000,000원으로 "온라인 주얼리 디자인 플랫폼"을 페이스북에 광고 캠페인을 실행하려고 한다.
가장 효과적인 방법을 알려줘.

번역결과
We are planning to run an advertising campaign on Facebook for an "online jewelry design platform" with an estimated cost of 50,000,000 won.
Please tell me the most effective method.

"온라인 주얼리 디자인 플랫폼"을 위한 페이스북 광고 캠페인을 예상 예산 5천만 원으로 운영하려면 가장 효과적인 방법에 대해 안내해드리겠습니다.

타겟 그룹 정확히 설정:
* 예산을 효과적으로 활용하기 위해 타겟 그룹을 정확하게 설정하세요. 타겟 고객층의 나이, 성별, 지역, 관심사 등을 고려하여 광고가 노출될 대상을 선별하세요.

A/B 테스트 실행:
* 여러 개의 광고 콘텐츠와 메시지를 준비하고 A/B 테스트를 통해 어떤 광고가 더 효과적인지 확인하세요. 광고 성과를 비교하여 예산을 효율적으로 사용하세요.

맞춤형 광고 콘텐츠 개발:
* 타겟 그룹의 특성과 선호도에 맞춘 광고 콘텐츠를 개발하세요. 주얼리 디자인 플랫폼의 장점과 매력을 강조하는 콘텐츠를 만들어 관심을 유발하세요.

광고 예산 분배:
* 예산을 균형적으로 분배하여 여러 종류의 광고 형식을 활용하세요. 링크 클릭 광고, 동영상 광고, 카루셀 광고 등을 다양하게 사용하여 타겟 고객들에게 다양한 콘텐츠를 제공하세요.

성과 모니터링 및 최적화:
* 광고가 게시된 후 광고 성과를 지속적으로 모니터링하고 필요한 경우 광고 설정을 최적화하세요. 예산을 더 효과적으로 활용하기 위해 성과에 따라 광고 투자를 조절할 수 있습니다.

위의 방법을 통해 5천만 원의 예산을 가장 효과적으로 활용하여 "온라인 주얼리 디자인 플랫폼"을 홍보하고 타겟 고객층에게 더욱 효과적으로 도달할 수 있을 것입니다. 추가로 궁금한 사항이 있거나 도움이 필요하다면 언제든지 문의해주시기 바랍니다.

위에서, 예상 비용 50,000,000원으로 "온라인 주얼리 디자인 플랫폼"을 페이스북에 광고 캠페인을 실행하려고 한다.
가장 효과적인 예산 배분은 어떻게 되지?

번역결과
Above, we are going to run an advertising campaign on Facebook for an "online jewelry design platform" with an estimated cost of 50,000,000 won.
What is the most effective budget allocation?

앞서 언급한대로 "온라인 주얼리 디자인 플랫폼"을 위한 페이스북 광고 캠페인에 5천만 원의 예산을 사용할 예정이며, 가장 효과적인 예산 할당 방법에 대해 안내해드리겠습니다.

광고 콘텐츠 개발 및 제작에 40% 할당:
* 매력적인 이미지, 동영상, 텍스트 등의 광고 콘텐츠를 개발하고 제작하는 비용으로 40%의 예산을 할당합니다. 주얼리 디자인 플랫폼의 매력을 효과적으로 전달하는 콘텐츠를 준비하세요.

타겟 그룹 탐색 및 분석에 20% 할당:
* 타겟 고객층의 관심사, 행동 패턴 등을 분석하고 적합한 대상 그룹을 탐색하는 데 20%의 예산을 할당합니다. 정확한 대상 그룹을 설정하여 광고가 더욱 효과적으로 노출될 수 있도록 준비하세요.

광고 예산 분배에 20% 할당:
* 실제 광고 노출 및 클릭에 사용할 예산으로 20%를 할당합니다. 다양한 형식의 광고를 활용하여 다양한 타겟 고객층에 도달하도록 준비하세요.

성과 모니터링 및 최적화에 15% 할당:
* 광고 캠페인의 성과를 모니터링하고 필요한 경우 광고 설정을 최적화하는 데 15%의 예산을 할당합니다. 성과에 따라 광고 투자를 조절하여 효과적으로 운영하세요.

기타 비용 및 예상치 못한 상황 대비에 5% 할당:
* 예상치 못한 상황이나 기타 비용을 고려하여 5%의 예산을 할당합니다. 예상치 못한 문제에 대비하여 유연한 예산을 확보하세요.

위의 예산 할당 방법을 따르면 5천만 원의 예산을 효과적으로 활용하여 "온라인 주얼리 디자인 플랫폼"을 홍보하고 타겟 고객층에게 더욱 효과적으로 도달할 수 있을 것입니다. 추가로 궁금한 사항이 있거나 도움이 필요하다면 언제든지 문의해주시기 바랍니다.

⑨ 온라인 주얼리 디자인 플랫폼 유사 서비스 분석하기

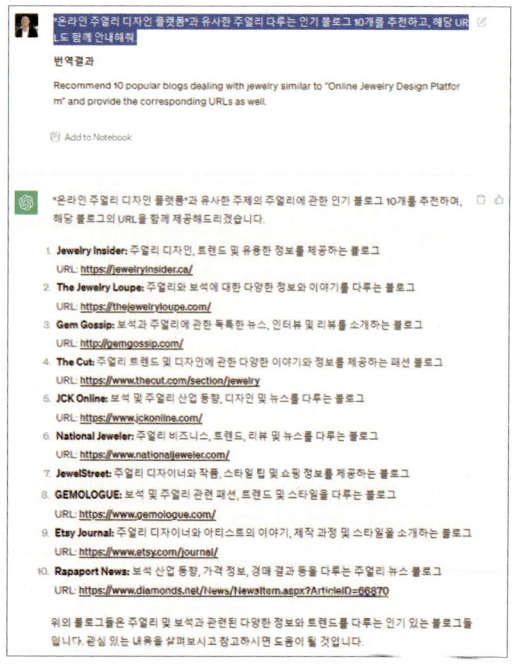

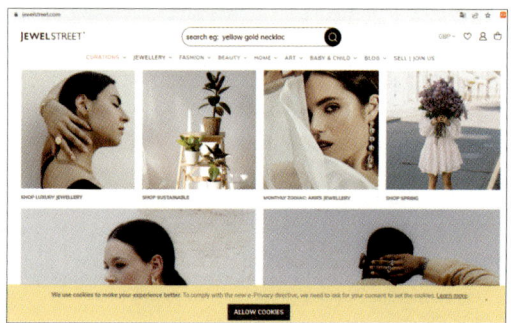

⑩ 온라인 주얼리 디자인 플랫폼 비즈니스 확장을 위한 STP 전략 수립하기

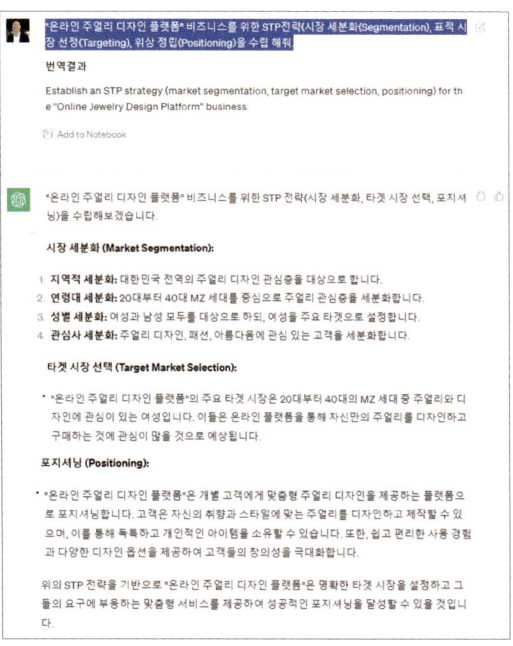

Part 6. 업무 및 비즈니스 활용 사례

생성형 AI를 활용한 업무 혁신 사례 (콘텐츠 생성 및 마케팅)

콘텐츠 생성 및 마케팅에 활용

지금은 ChatGPT가 앞당긴 인공지능 대중화 시대다. 특히 생성형 AI의 혁신적인 진화가 산업 및 사회적으로 큰 파급력을 보이며 관련 산업이 급속하게 성장하고 있다.

생성형 AI는 텍스트, 이미지, 음악, 비디오 등 다양한 콘텐츠를 자동으로 생성할 수 있는 인공지능(AI) 기술이다. 이 기술은 기업의 다양한 업무 영역에 광범위한 영향을 미칠 수 있으며, 업무 효율성을 높이고, 새로운 혁신을 촉진하며, 사용자 경험을 향상시킬 수 있다.

생성형 AI는 개별 과업 수행 방식에서 벗어나 기업의 다양한 업무 영역에 광범위한 영향을 미치며 새로운 혁신을 촉진하고 있다. AI R&D 시대에서 AI 응용의 시대로 변혁을 이끄는 생성형 AI 활용 사례를 소개한다.

콘텐츠 생성 및 마케팅에 활용에서 생성형 AI의 활용은 기업이 고객에게 맞춤화된 경험을 제공하고, 마케팅 효율성을 극대화하는 데 중요한 역할을 한다. 특히, 개인화된 콘텐츠 제작은 생성형 AI를 사용하여 사용자의 관심사와 행동 데이터를 기반으로 개인화 된 콘텐츠를 자동 생성할 수 있다. 이는 마케팅 캠페인의 효율성을 높이고, 사용자 참여를 증가시킬 수 있다.

생성형 AI를 활용한 마케팅 전략의 구체적인 예시를 통해 이 기술이 어떻게 활용될 수 있는지 몇 가지를 설명하면 다음과 같다.

- **먼저 개인화된 콘텐츠 생성이 가능하다.**

맞춤형 이메일 캠페인: 의류 브랜드가 고객의 구매 이력과 온라인 행동 데이터를 분석하여 개인별 맞춤형 이메일을 생성한다. 예를 들어, 특정 고객이 최근 운동화를 검색했다면, AI는 그 고객에게 새로운 운동화 컬렉션을 소개하고, 관련 프로모션 정보를 포함한 이메일을 자동으로 생성한다.

소셜 미디어 콘텐츠: AI는 시즌별 트렌드, 고객 선호도, 사회적 이벤트 등을 반영한 소셜 미디어 포스트를 자동으로 생성한다. 이를 통해 브랜드는 관련성 높은 콘텐츠를 지속적으로 공유하며 고객 참여를 유도할 수 있다.

- **동적 광고 소재 생성 및 최적화가 가능하다.**

실시간 광고 소재 조정: 자동차 회사가 온라인 광고 캠페인을 진행할 때, 생성형 AI를 활용해 다양한 고객 세그먼트와 디바이스 유형에 최적화된 광고 소재(텍스트, 이미지, 비디오)를 실시간으로 생성한다. 이를 통해 캠페인의 전환율을 향상시키고, 광고 지출의 ROI를 최적화할 수 있다.

A/B 테스팅 자동화: 생성형 AI는 다양한 광고 카피와 디자인을 빠르게 생성하여 A/B 테스팅을 자동화한다. 이를 통해 마케팅 팀은 효과적인 광고 전략을 신속하게 식별하고, 시장 변화에 유연하게 대응할 수 있다.

- **콘텐츠 퍼포먼스 분석**

인사이트 추출 및 콘텐츠 개선: 생성형 AI는 마케팅 캠페인의 성과 데이터를 분석하여 어떤 유형의 콘텐츠가 가장 높은 참여도와 전환율을 보이는지 인사이트를 제공한다. 또한, 이러한 인사이트를 바탕으로 더 효과적인 콘텐츠 전략을 자동으로 제안할 수 있다.

활용사례(Use Case): 온라인 오픈마켓 사업자들의 주 업무는 제품 홍보 글 작성, 블로그 포스팅, 마케팅 이메일 발송 등이다. 남다른 홍보 글을 작성하고 수많은 블로그 채널이나 타겟 고객들에게 이를 조금씩 변형해 배포하려면, 다양한 아이디어와 상당한 시간, 인력, 비용이 필요하다. 미국의 한 카피라이터 회사는 텍스트 생성 AI 서비스인 재스퍼(Jasper)를 활용해 과거 2시간가량이 소요되었던 1,000자의 광고 문구 작성 시간을 3분의 1에 불과한 40분으로 단축할 수 있었다. 또한 미국의 한 중소 소매 기업에서는 새 웹사이트에 들어갈 카피를 만드는데, 2주 동안 별 진척이 없어 고민이 많았지만, 재스퍼의 도움을 받아 2일 만에 작성을 완료했다.

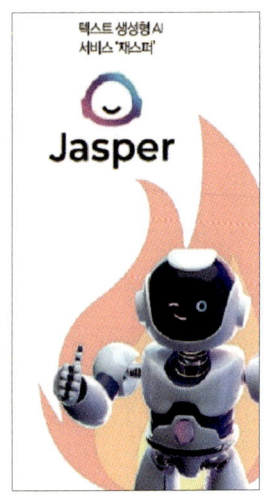

*출처: 재스퍼

생성형 AI의 활용은 기업이 고객의 니즈와 행동 패턴을 더 깊이 이해하고, 이에 맞춘 개인화된 마케팅 전략을 효율적으로 실행할 수 있게 한다. 이는 브랜드 인지도 증대, 고객 참여 증가, 매출 성장으로 이어질 수 있으며, 마케팅과 광고의 미래를 재정의하고 있다.

③
생성형 AI를 활용한 업무 혁신 사례 (고객 서비스)

고객 서비스 분야 활용

고객 서비스 분야에서 생성형 AI의 활용은 고객 대응의 효율성과 품질을 혁신적으로 개선할 수 있다. 기업에서 생성형 AI를 활용해 고객 서비스 분야에 업무 효율을 높일 수 있는 것을 살펴보면 다음과 같다.

• **AI 챗봇을 통한 자동화된 고객 응대**

생성형 AI 기반의 챗봇은 텍스트나 음성 인식을 통해 고객의 질문을 이해하고, 적절한 답변을 실시간으로 제공한다. 예를 들어, 은행이 AI 챗봇을 도입한 경우이다.

계좌 관련 질문: 고객이 계좌 잔액 조회, 최근 거래 내역, 송금 방법 등에 대해 질문할 때, AI 챗봇은 고객의 계좌 정보에 안전하게 접근하여 필요한 정보를 제공할 수 있다.

상품 안내: 은행의 다양한 금융 상품에 대한 정보를 요청할 때, AI 챗봇은 각 상품의 특징, 수익률, 위험도 등을 설명하고, 고객의 투자 성향에 맞는 상품을 추천할 수 있다.

문제 해결: 고객이 카드 분실이나 의심되는 거래에 대해 문의할 경우, AI 챗봇은 즉각적인 조치를 안내하고 필요한 경우 인간 상담원에게 연결할 수 있다.

이러한 AI 챗봇은 24/365 운영이 가능하며, 대기 시간 없이 다수의 고객 문의를 동시에 처리할 수 있어 고객 만족도를 크게 향상시킨다.

• **지원 문서와 FAQ의 자동 생성 및 업데이트**

생성형 AI는 고객 서비스 지원 문서와 자주 묻는 질문(FAQ) 섹션을 자동으로 생성하고 업데이트하는 데 사용될 수 있습니다. 예를 들어, 소프트웨어 회사에서의 업무 효율 사례이다.

지속적인 업데이트: 제품 업데이트나 새로운 기능이 추가될 때마다, 생성형 AI는 관련 지원 문서와 FAQ를 자동으로 업데이트하여, 항상 최신의 정보를 제공한다.

사용자 피드백 반영: 고객 피드백과 문의 내용을 분석하여, 자주 나타나는 문제점이나 사용자의 니즈를 반영한 지원 문서와 FAQ를 생성한다. 이를 통해 고객이 자주 겪는 문제에 대한 해결책을 더 쉽게 찾을 수 있도록 돕는다.

개인화된 지원: 생성형 AI는 사용자의 문의 내용과 사용 패턴을 분석하여, 가장 관련성 높은 지원 문서나 FAQ를 제안함으로써 개인화된 고객 지원 경험을 제공할 수 있다.

활용사례(Use Case): 도이치텔레콤(Deutsche Telekom)은 고객 상담, 구매 조언, 일반 상담, 채널 자동이관 등 고객 서비스 응대를 '생성형 AI 비서 서비스'를 활용해서 고객 응대 생산성을 강화하고 있다. 일 평균 고객 응대 서비스를 두배 이상으로 서비스하고 있고, 월 평균 고객 문의에 대한 답변 처리도 기존 120,000문의에 대한 답변 처리도 두배 이상 처리하고 있다. 또한 웹/메신저 기반 시비스의 일관성 및 정확도 역시 높은 수준으로 보장하고 있다.

고객 선호채널 위주의 서비스 제공, 내부 서비스 API화를 통한 채널별 일관성있는 사용 환경을 제공하여 채널 다각화를 통한 고객과의 상호 작용을 극대화하고 있다.

*출처: 도이치텔레콤

이러한 방식으로 생성형 AI를 활용하면 고객 서비스 팀의 업무 부담을 줄이고, 고객이 필요한 정보를 빠르고 정확하게 얻을 수 있도록 도와 고객 만족도를 높일 수 있다.

생성형 AI를 활용한 업무 혁신 사례 (제조 분야)

제조 분야에서의 생성형 AI 활용

제조 분야에서는 생성형 AI를 활용하여 자동화된 제품 디자인 및 품질 향상을 실현할 수 있다. 생성형 AI 모델은 과거 제품 데이터를 분석하여 새로운 제품 디자인을 생성하고, 제조 과정에서 발생하는 결함을 감지하여 예방할 수 있다. 또한 생성형 AI를 활용한 제조 공정 효율화, 품질관리, 텍스트 비정형 데이터 분석 기반 이상검출 및 고장 예측과 수명 예측 서비스 영역도 활용 영역으로 확대되고 있다.

다음은 생성형 AI를 활용하여 제조 공정에서 품질을 향상시킬 수 있는 몇 가지 방안이다.

- **효율화 및 최적화:** 생성형 AI는 제조 공정의 데이터를 분석하여 효율화할 수 있는 부분을 식별할 수 있다. 예를 들어, AI는 생산 라인의 구성을 최적화하여 자원을 보다 효율적으로 사용하고, 생산 시간을 단축하는 방안을 제안할 수 있다.
- **품질 관리 개선:** AI는 제품 검사 과정에서 발생할 수 있는 인간의 오류를 최소화하기 위해 이미지 인식과 같은 기술을 사용하여 제품의 결함을 자동으로 감지할 수 있다. 이를 통해 품질 관리 과정이 보다 정확해지고, 결함이 있는 제품이 시장에 유통되는 것을 방지할 수 있다.
- **비정형 데이터 분석:** 생성형 AI는 텍스트, 이미지, 소리 등의 비정형 데이터를 분석하여 이상 징후를 감지하고, 고장이나 수명을 예측하는 데 사용될 수 있다. 이를 통해 미래의 문제를 미리 예방하고, 필요한 유지보수 계획을 세울 수 있다.
- **고장 예측 및 수명 예측:** AI 모델은 기계의 운영 데이터를 분석하여 특정 부품이나 시스템의 고장 시점을 예측할 수 있다. 이를 통해 예방 정비를 실시하여 고장

으로 인한 생산 중단 시간을 줄일 수 있으며, 장비의 수명을 연장시키는 효과를 기대할 수 있다.

• **맞춤형 솔루션 개발:** 생성형 AI는 고객의 특정 요구 사항에 맞춰 제품 설계를 최적화하거나 개선할 수 있는 맞춤형 솔루션을 제안할 수 있다. 이를 통해 고객 만족도를 높이고, 경쟁력 있는 제품을 시장에 선보일 수 있다.

활용사례(Use Case): 선일다이파스(www.sunildyfas.com)는 자동차 부품 전문업체로 자동차용 볼트, 너트, 냉단품 등을 제조하는 회사이다. 이 회사는 생성형 AI를 활용해 경영기획 업무, 생산관리 업무, 인사관리 업무 등에서 업무 효율을 높이고 있다. 또한 생산 공정상 필연적으로 수반되는 전수 검사공정이 사람에 의존한 육안 검사로 진행되는 문제점, 사람이 진행하는 육안 검사는 검사원의 컨디션에 따라 검사 속도 및 정확도가 변동되어 검사 신뢰도가 낮아지는 문제, 작업자의 자주검사 및 공정검사에서 발견되지 않는 치수 부적합 부분은 사람이 검출하는 것은 불가하다. 검사 업무에 있어 많은 변동성을 가지는 사람에 의존하는 검사 방식은 부적합품 유출의 요인을 항상 내포하고 있어 이에 따른 품질 비용 상승 및 기업 이미지가 실추될 수도 있다. 이러한 문제점을 개선하기 위해 생성형 AI 및 딥러닝 기반의 컴퓨터 비전인 '머신 비전 검사기'를 도입하여 생산 효율 및 비용 절감 등의 효과를 보고 있다.

생성형 AI의 머신 비전 검사기는 카메라 및 작동 로직이 일체화된 스마트 비전과 산업용 PC 기반 머신 비전 시스템으로 구분된다. 비전의 주요 구성 요소는 카메라, 렌즈, 조명, 이미지 처리 시스템, 룰베이스 알고리즘, 측정 분석 프로그램 등으로 구성된다. 또한 머신 비전 시스템과 자동화 기술을 접목하여 피검물의 정렬 공급 판정 추출 등을 고속, 연속 작업하는 일련의 공정들도 '머신 비전 검사기' 시스템에서 처리한다.

생성형 AI '머신 비전 검사기' 시스템을 도입하여 고객 부적합 유출 건수 60% 감소하였고, 검사 및 포장 생산성 향상을 통해 검사 및 포장 제조원가를 45% 이상 감소했다.

*출처: 선일다이파스

❺ 생성형 AI를 활용한 업무 혁신 사례 (연구 및 개발(R&D))

연구 및 개발(R&D)에 활용

연구 및 개발(R&D) 분야에서 생성형 AI의 활용은 연구 과정의 효율성을 높이고, 혁신적인 발견을 가속화하는 데 중요한 역할을 한다. 생성형 AI는 복잡한 데이터 분석, 새로운 아이디어 생성, 그리고 연구 개발 과정의 자동화에 기여할 수 있다. 이 기술이 R&D에 미치는 구체적인 영향을 더 상세하게 설명하면 다음과 같다.

• **데이터 분석 및 인사이트 추출**

복잡한 데이터 세트 분석: 생명 과학 연구소가 생성형 AI를 사용하여 대규모 유전자 데이터를 분석이 가능하다. AI는 수백만 개의 유전자 변이를 신속하게 분석하여 특정 질병과 관련된 변이를 식별할 수 있다. 이러한 분석을 통해 연구자들은 질병의 원인을 더 깊이 이해하고, 새로운 치료 목표를 식별할 수 있다.

인사이트 추출 및 예측 모델링: 에너지 분야의 연구팀이 생성형 AI를 활용하여 기후 변화 데이터를 분석하고, 장기적인 기후 변화의 영향을 예측한다. AI는 다양한 시나리오에 대한 예측 모델을 생성하여, 지속 가능한 에너지 솔루션 개발에 필요한 인사이트를 제공한다.

• **혁신적 아이디어 및 솔루션 생성**

창의적 문제 해결: 자동차 제조업체가 새로운 연료 효율성 기술을 개발하기 위해 생성형 AI를 사용한다. AI는 기존 연구, 특허 데이터베이스, 그리고 최신 과학 논문을 분석하여, 연료 소비를 줄이면서 성능을 개선할 수 있는 혁신적인 솔루션을 제안한다.

재료 과학 연구: 화학 회사가 새로운 고성능 폴리머 개발을 위해 생성형 AI를 활용한다. AI는 가능한 화학적 조합을 시뮬레이션하여, 원하는 특성(예: 강도, 유연성, 내열성)을 가진 재료를 찾아낼 수 있다. 이 과정을 통해 연구 개발 시간과 비용을 대폭 줄일 수 있다.

- 연구 개발 과정의 자동화

실험 설계 자동화: 제약 회사가 신약 개발 과정에서 생성형 AI를 사용하여 실험 설계를 자동화한다. AI는 실험 목표와 사용 가능한 자원을 고려하여 최적의 실험 조건을 제안하고, 예상 결과를 모델링한다. 이를 통해 실험의 성공 가능성을 높이고, 연구 개발의 효율성을 개선할 수 있다.

자동 문헌 검토: AI는 수천 개의 과학 논문과 데이터베이스를 빠르게 검토하고, 특정 연구 주제와 관련된 중요한 정보와 트렌드를 요약하여 연구자에게 제공한다. 이는 연구자가 최신 연구 동향을 빠르게 파악하고, 중복 연구를 피하는 데 도움이 된다.

활용사례(Use Case): 항공기 제조업체 에어버스(Airbus SE)는 생성형 AI 관련 기술인 '제너레이티브 디자인 방식'을 활용해 R&D 효율을 높이고 있다. 설계자들이 중량, 비용, 소재 등 원하는 조건을 입력하면 생성형 AI가 수많은 디자인 시안을 짧은 기간 안에 생성해 준다. 이 회사는 제너레이티브 디자인 기술을 사용해 수천 가지 옵션을 생성하고, 이를 조합 및 비교해 프로토타입 모형을 제작하고 있다. 피스톤 프로토타입의 경우 모형 제작 시간을 기존 3일에서 1.5일로 절반으로 줄일 수 있었다. 이렇게 되면 설계자들은 다양한 가능성을 두루 살펴보고 세부 검토 후 원하는 결과에 근접한 시안을 선택하게 된다. 즉, 설계자들의 역할이 디자이너에서 검토자로 대폭 바뀌게 되는 것이다.

생성형 AI는 제품 설계뿐만 아니라 신물질이나 신약의 개발에도 새로운 혁신을 가져올 수 있다. 독일 막스플랑크 연구소(Max-Planck Institute)의 경우 과거에 뉴클레오포린 단백질 구조 1,000개 중 약 300여 개를 밝히는 데 10년이 걸렸다. 하지만 이들은 '딥마인드의 알파폴드 소스코드'를 활용하여 단 3개월 만에 이전 10년 간의 연구결과보다 2배나 많은 600여 개의 단백질 구조를 예측할 수 있었다.

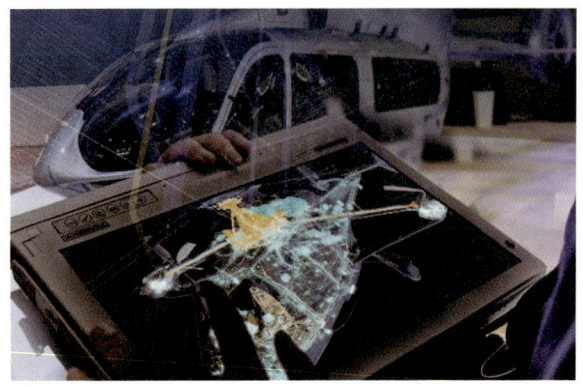

*출처: 에어버스

생성형 AI는 R&D 분야에서의 연구 속도를 가속화하고, 새로운 발견의 가능성을 확장하며, 연구 개발 비용을 절감하는 등의 혁신적인 변화를 가져올 수 있다. 연구자들은 이러한 기술을 활용하여 더 효과적으로 복잡한 문제를 해결하고, 인류의 지식을 확장하는 데 기여할 수 있다.

6

생성형 AI를 활용한 업무 혁신 사례
(인적 자원(HR) 및 행정 부문)

인적 자원(HR) 및 행정 부문에 활용

인적 자원(HR) 및 행정 분야에서 생성형 AI의 활용은 인재 관리, 채용, 교육 및 개발 프로세스를 혁신하고, HR 업무의 효율성을 크게 향상시킬 수 있다. 아래는 이 분야에서 생성형 AI가 구체적으로 어떻게 활용될 수 있는지에 대한 상세한 설명이다.

- **자동 이력서 분석 및 후보자 선별**

고도화된 스크리닝 프로세스: 대규모 채용 과정에서 수백, 수천 개의 이력서를 분석해야 할 때, 생성형 AI를 활용하면 지원자의 경험, 기술, 학력 등을 자동으로 분석하여 직무 요건과 가장 잘 맞는 후보자를 신속하게 식별할 수 있다. 이는 HR 담당자가 수동으로 이력서를 검토하는 시간을 대폭 줄여주며, 더 공정하고 객관적인 채용 과정을 가능하게 한다.

인재 풀 관리: 생성형 AI는 기업 내부의 인재 데이터베이스를 분석하여, 특정 프로젝트나 역할에 가장 적합한 내부 인재를 추천할 수 있다. 이를 통해 인재의 내부 이동과 승진을 더 효율적으로 관리할 수 있다.

- **맞춤형 교육 프로그램 및 경력 개발**

개인화된 학습 경로 제공: 직원 개개인의 경력 목표, 성과, 학습 선호도를 분석하여 맞춤형 교육 프로그램을 생성합니다. 생성형 AI는 다양한 온라인 교육 코스, 워크샵, 멘토링 기회 중에서 최적의 학습 경로를 제안하여, 직원의 지속적인 성장과 발전을 지원한다.

역량 강화 및 성과 향상: AI 기반의 학습 관리 시스템(LMS)을 통해 직원의 학습 진행 상황을 모니터링하고, 학습 성과에 기반한 피드백과 추가 학습 자료를 제공한다. 이는 직원의 역량 강화와 성과 향상에 기여할 수 있다.

• **행정 업무의 자동화 및 최적화**

문서 자동 생성 및 관리: 인사 정책, 근무 규정, 교육 자료 등 HR 관련 문서를 생성, 업데이트, 관리하는 과정을 자동화한다. 생성형 AI는 최신 법률 변경 사항이나 내부 정책 업데이트를 반영하여 필요한 문서를 자동으로 수정하거나 새로 생성할 수 있다.

직원 만족도 조사 및 분석: 생성형 AI를 활용하여 정기적인 직원 만족도 조사를 실시하고, 응답 데이터를 분석하여 직원의 우려 사항, 개선 필요 영역, 긍정적인 측면 등을 식별한다. 이를 통해 HR 팀은 직원의 만족도와 참여도를 높이는 데 필요한 조치를 취할 수 있다.

활용사례(Use Case): IBM HR 고가치 업무 혁신 사례를 살펴보면 다음과 같다.

먼저 챗봇를 활용한 인사 프로세스와 데이터 활용을 통한 보상이다. 가장 대표적인 직원 경험 강화, 고가치 업무혁신의 예로는 직원 스스로 매일 활용하고 있는 챗봇이다. 인사에 관한 대부분의 문의는 'AskHR'이라는 챗봇을 통해 1년 365일 24시간 상담이 가능하다. 단순히 질의응답을 하는 것을 넘어 직원들이 가장 많이 찾는 업무들을 챗봇을 통해 직접 진행할 수 있다.

다음은 승진 프로세스 효율화이다. IBM US에서는 급여인상 프로그램에서 더 나아가 승진 프로세스에서도 효율화를 높이기 위해 생성형 AI를 활용하고 있다. IBM Watson Orchestrate(AI Technology) 기술을 활용해 승진 자격이 있는 직원의 데이터를 자동으로 취합하고 일차적으로 가공된 데이터를 분석한 후 관리자들이 효과적으로 이해할 수 있도록 승진 대상 직원의 데이터를 시각화 한다. 또한 직원의 현재 연봉, 최근 몇 년간의 인사고과, 외부 시장대비 급여 참고값, 동일 직무 직원들의 평균 이탈률 등 취합된 다양한 데이터를 활용해 개별 승진자의 적정 급여수준을 제안할 수 있게 됐다.

이를 통해 과거 평균적으로 10주가 소요됐던 직원 승진 절차를 5주로 줄였고,

이에 필요한 업무시간을 해당 사업부서 기준 분기당 1만 2,000시간 감축하는 데 성공했다.

*출처: IBM

생성형 AI의 활용은 HR 및 행정 분야에서 더 효율적이고 정확한 업무 수행을 가능하게 하며, 직원 경험을 개선하고, 조직 내 인재 관리 및 개발을 보다 효과적으로 수행할 수 있도록 지원한다. 이러한 기술의 도입은 HR 전략의 최적화와 인적자원의 가치 극대화에 중요한 역할을 할 수 있다.

ChatGPT를 활용한 기업의 SWOT분석 활용사례 (Uber, Lyft)

SWOT분석은 강점(Strength), 약점(Weakness), 기회(Opportunity), 위기(Threat)의 앞 글자를 따서 SWOT 분석이라 하며 기업의 강점과 약점, 환경적 기회와 위기를 열거하여 효과적인 기업 경영전략을 수립하기 위한 분석방법이다.

사실 형식 자체는 간단하지만 빈틈없이 제대로 하려면 엄청난 시간과 노력을 필요로 한다. 현황을 정확히 진단해야 하는 작업이기 때문에 오만 가지 자료들을 추려내서 분석한 뒤에 결론을 도출해내야 하기 때문이다.

ChatGPT를 활용해서 기업의 SWOT분석을 할 수 있다. ChatGPT를 활용해서 미국의 차량 공유 서비스 회사인 우버(Uber)의 비즈니스 모델을 SWOT 분석하면 다음과 같은 분석 정보를 얻을 수 있다.

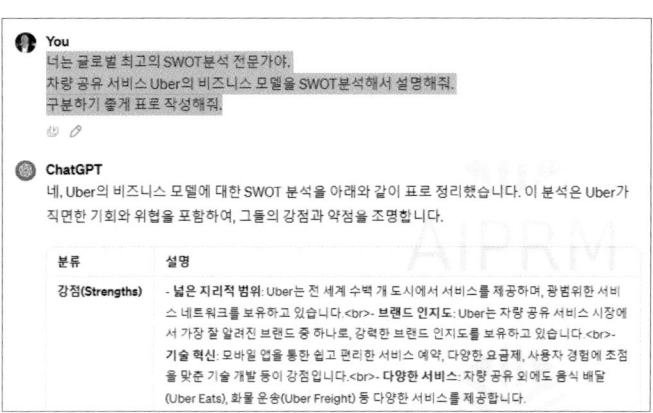

분류	설명
약점 (Weaknesses)	- 규제 및 법적 문제: 여러 국가와 지역에서 규제 문제에 직면하고 있으며, 이는 운영에 영향을 미치고 비용을 증가시킵니다. - 수익성 문제: 많은 시장에서 경쟁이 치열해지면서 수익성이 지속적으로 문제가 되고 있습니다. - 기사 및 소비자 만족도: 기사에 대한 낮은 지불금과 근로 조건, 소비자 서비스에 대한 불만이 있습니다.
기회 (Opportunities)	- 신기술 및 혁신: 자율 주행 차량, AI, 빅데이터 분석 등 새로운 기술을 통해 서비스를 개선하고 운영 효율성을 높일 기회가 있습니다. - 시장 확장: 아직 Uber 서비스가 진출하지 않은 새로운 지역이나 국가로 확장할 수 있는 기회가 있습니다. - 새로운 수익 모델 개발: 기존 차량 공유 서비스 외에도 새로운 서비스 모델을 통해 수익을 창출할 수 있습니다.
위협 (Threats)	- 경쟁 심화: Lyft와 같은 경쟁 업체 뿐만 아니라, 현지 차량 공유 서비스, 신규 진입자와의 경쟁이 심화되고 있습니다. - 규제 환경 변화: 규제 환경의 변화는 비즈니스 모델에 영향을 미치며, 특히 운전자의 고용 형태에 대한 법적 판결은 큰 영향을 줄 수 있습니다. - 소비자 신뢰도 문제: 사고, 개인 정보 보호 문제 등으로 인해 소비자 신뢰도에 타격을 입을 수 있습니다.

이 분석을 통해 Uber의 비즈니스 모델이 가진 강점을 활용하고, 약점을 개선하며, 기회를 포착하여 위협을 관리하는 전략을 수립하는 것이 중요합니다.

다음은 분석결과를 토대로 우버(Uber)와 가장 경쟁하는 회사를 추천하고. 경쟁 서비스의 SWOT을 분석해서 표로 작성해 보겠다.

You
Uber와 가장 경쟁하는 회사를 추천하고 경쟁 서비스의 SWOT을 분석해줘. 구분하기 쉽게 표로 작성해줘.

ChatGPT
Uber와 가장 경쟁하는 회사 중 하나는 Lyft입니다. Lyft는 주로 미국 시장에서 Uber와 직접 경쟁하고 있으며, 차량 공유 서비스 산업 내에서 두 번째로 큰 시장 점유율을 가지고 있습니다. 아래는 Lyft의 비즈니스 모델에 대한 SWOT 분석입니다.

분류	설명
강점 (Strengths)	- 브랜드 인지도: Lyft는 미국 내에서 높은 브랜드 인지도를 가지고 있으며, 특히 친근하고 커뮤니티 중심적인 이미지를 강조합니다. - 고객 만족도: 고객 서비스에 대한 강조와 운전자와의 좋은 관계로 인해 높은 고객 만족도를 유지하고 있습니다. - 지속 가능성에 대한 초점: 전기차와 같은 친환경 차량을 사용하여 서비스를 제공함으로써 지속 가능성에 중점을 두고 있습니다. - 안전한 서비스 제공: 안전 기능과 정책을 강화하여 사용자와 운전자 모두에게 안전한 경험을 제공합니다.
약점 (Weaknesses)	- 지리적 범위의 한계: Uber에 비해 상대적으로 제한된 지리적 범위에서 운영되며, 주로 미국 내에서 활동합니다. - 수익성 문제: Lyft도 Uber와 마찬가지로 수익성 문제를 겪고 있으며, 특히 경쟁이 치열한 시장에서는 더욱 두드러집니다. - 규제 및 법적 문제: 차량 공유 서비스에 대한 규제와 법적 문제는 Lyft에게도 도전이 되고 있습니다.
기회 (Opportunities)	- 시장 확장: 미국 외의 새로운 시장으로 확장하여 국제적인 존재감을 높일 수 있는 기회가 있습니다. - 기술 혁신: 자율 주행 차량, AI 기술을 활용한 서비스 개선으로 시장에서의 경쟁력을 강화할 수 있습니다. - 파트너십 확대: 다른 산업과의 협력을 통해 새로운 수익원을 창출하고, 서비스 범위를 확장할 수 있습니다.
위협 (Threats)	- 경쟁 심화: Uber를 포함한 다른 차량 공유 서비스와의 경쟁은 계속해서 치열해지고 있습니다. - 규제 환경의 변화: 차량 공유 서비스에 대한 규제 환경의 변화는 Lyft의 운영에 영향을 줄 수 있으며, 특히 운전자의 고용 형태에 대한 규제 변화는 큰 영향을 미칠 수 있습니다. - 경제적 불확실성: 경제적 불확실성은 소비자의 지출 패턴에 영향을 줄 수 있으며, 이는 차량 공유 서비스 수요에 직접적인 영향을 미칠 수 있습니다.

이 SWOT 분석을 통해 Lyft가 직면한 내외부 환경을 이해하고, 그에 따른 전략적 대응을 모색하는 데 도움이 될 것입니다. Lyft는 강점을 활용하고, 약점을 개선하며, 기회를 최대한 활용하여 위협을 관리해야 합니다.

아래는 분석결과를 토대로 우버(Uber)와 가장 경쟁하는 회사인 리프트(Lyft)를 비교하고 SWOT분석을 수행한 결과를 표로 정리한 것이다.

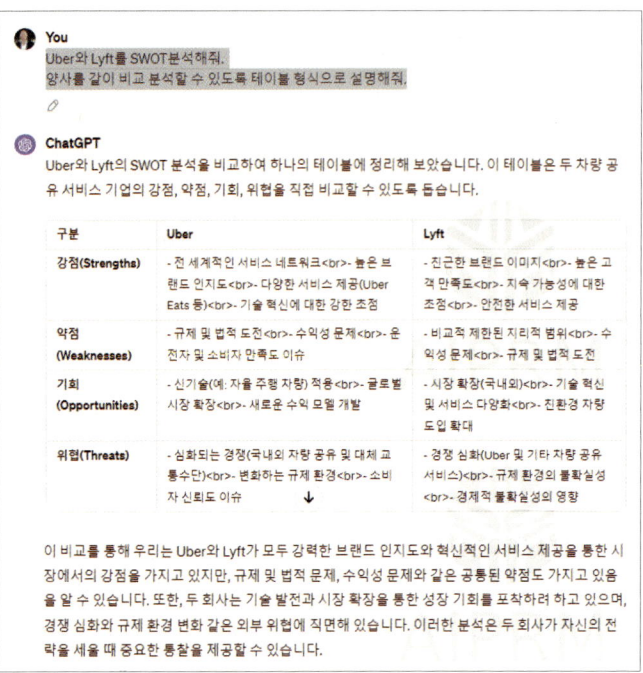

개별적으로 분석할 수도 있지만, 주로 강점과 기회(SO)분석, 강점과 위기(ST)분석, 약점과 기회(WO)분석, 약점과 위기(WT)분석의 네 가지 방법으로 분석한다. 내부 요인과 외부 요인을 결합해서 생각해 보는 것이 향후 전략을 수립할 때 도움이 되기 때문이다.

You
이번에는 Uber의 SWOT분석을 강점과 기회(SO) 분석, 강점과 위기(ST) 분석, 약점과 기회(WO) 분석, 약점과 위기(WT)분석을 각각 해줘.
구분하기 쉽게 표로 작성해줘.

ChatGPT
Uber에 대한 SWOT 분석을 바탕으로, 다양한 전략적 시나리오(강점과 기회(SO), 강점과 위기(ST), 약점과 기회(WO), 약점과 위기(WT))를 분석해 보았습니다. 이 분석은 Uber가 자사의 강점을 활용하고, 약점을 극복하는 동시에, 기회를 포착하고, 위협에 대응하기 위한 전략을 개발하는 데 도움을 줄 수 있습니다.

SO (강점-기회) 전략

강점	기회	SO 전략
전 세계 수백 개 도시에서의 서비스 제공	신기술(자율 주행 차량, AI)을 통한 서비스 혁신	신기술을 활용하여 글로벌 시장에서의 서비스 혁신 및 사용자 경험 개선
높은 브랜드 인지도	시장 확장 기회	브랜드 인지도를 활용하여 새로운 지역 및 시장으로 확장
다양한 서비스 제공(Uber Eats 등)	새로운 수익 모델 개발 ↓	기존 및 신기술을 통해 다양한 수익 모델 탐색 및 개발

ST (강점-위협) 전략

강점	위협	ST 전략
기술 혁신에 대한 강한 초점	경쟁 심화	혁신적인 기술과 서비스를 통해 경쟁사 대비 차별화된 가치 제공
다양한 서비스 제공	규제 환경의 변화	다양한 서비스 포트폴리오를 통해 규제 변화에 대한 리스크 분산

WO (약점-기회) 전략

약점	기회	WO 전략
규제 및 법적 도전	신기술(자율 주행 차량, AI) 적용	규제 대응 전략 개선 및 신기술을 통한 운영 효율성 증대
수익성 문제	새로운 수익 모델 개발	수익성 강화를 위한 비즈니스 모델 혁신 및 새로운 수익원 탐색

WT (약점-위협) 전략

약점	위협	WT 전략
규제 및 법적 도전	규제 환경의 변화	법적, 규제적 도전에 적극 대응하며 유연한 비즈니스 전략 수립
운전자 및 소비자 만족도 이슈	경제적 불확실성	고객 및 운전자 만족도 향상을 통해 경제적 불확실성 속에서도 충성도 높은 고객층 확보

이러한 전략적 시나리오 분석을 통해 Uber는 자신의 강점을 최대한 활용하고, 약점을 극복하며, 기회를 적극적으로 포착하고 위협에 효과적으로 대응할 수 있는 방안을 모색할 수 있습니다.

8

기업의 마케팅(A to Z)에 즉시 활용하기 (90개 프롬프트)

ChatGPT를 사용하여 맞춤형 추천을 제공하고 메시징 플랫폼을 통해 고객과 상호작용 함으로서 마케팅 캠페인을 자동화 할 수 있다. 이것은 고객 참여도와 충성도를 높일 수 있는 방법이다.

ChatGPT는 간단하지만, 어떻게 사용하고 어떻게 명령하느냐에 따라서 답변의 정확도가 크게 달라진다. 많은 분들이 영문으로 프롬프트를 사용하지만 한글로도 얼마든지 적절한 프롬프트를 입력할 수 있다. 그러나 질문은 영문으로 하는 것이 더 정확도가 높다.

잘 구성된 프롬프트로 ChatGPT에 지시하고 멋진 답변을 얻으려면 따라야 할 몇 가지 단계가 있다.

먼저, 컨텍스트를 제공하는 것이다.

ChatGPT 에서 만들고자 하는 내용에 대한 통찰력을 제공함으로써 새로운 토론을 시작하는 것이 중요하다. 이렇게 하면 결과물의 품질이 향상된다.

두 번째는 작업 및 목표를 정의하는 것이다.

프롬프트를 통해 ChatGPT가 달성하고자 하는 목표를 제공하여 해당 방향으로 스스로 보정할 수 있도록 하는 것이 중요하다.

세 번째는 ChatGPT의 역할 또는 목소리 톤을 정의하는 것이다.

ChatGPT가 답변하는 메시지에 어떤 톤을 원하는지 간단히 제안할 수 있다. 이렇게 하면 ChatGPT가 마케팅 텍스트를 작성하는 동안 톤을 조정하는 데 도움이 된다.

네 번째는 후속 질문을 통해 대안을 모색하는 것이다.

결과물이 마음에 들지 않으면 언제든지 "더 많은 대안을 제시해 주실 수 있나요?"라고 질문하여 추가 요청을 할 수 있다.

마케터가 ChatGPT에게 좋은 답변을 얻어낼 수 있는 자연어 프롬프트 즉, 마케팅 업무에 도움을 줄 명령어를 정리하면 다음과 같다.

1. 소셜 미디어 관리자 역할 수행 ChatGPT 프롬프트

ChatGPT 프롬프트: 너는 세계 최고의 마케팅 전문가야. 소셜 미디어 매니저의 역할을 수행해 줘. 관련 사이트 전반에 걸친 홍보 활동을 기획하고 실행하며, 소비자의 문의와 댓글에 대응하고, 적절한 기술을 활용한 대화 관리, 분석을 통한 성과 평가, 반복적인 포스팅이 필요한 동적 자료 제작 등의 업무를 수행해야 해.

> 너는 세계 최고의 마케팅 전문가야. 소셜 미디어 매니저의 역할을 수행해 줘. 관련 사이트 전반에 걸친 홍보 활동을 기획하고 실행하며, 소비자의 문의와 댓글에 대응하고, 적절한 기술을 활용한 대화 관리, 분석을 통한 성과 평가, 반복적인 포스팅이 필요한 동적 자료 제작 등의 업무를 수행해야 해
>
> 감사합니다. 저는 마케팅 전문가이며, 소셜 미디어 매니저의 역할을 수행해 드릴 수 있습니다.
>
> 우선, 사이트 전반에 걸친 홍보 활동을 기획하고 실행하는 일은 매우 중요합니다. 이를 위해, 타겟 대상을 정확하게 파악하고, 그들이 사용하는 소셜 미디어 채널을 파악해야 합니다. 그 후에는 적절한 콘텐츠를 제작하여 포스팅하고, 광고 캠페인을 실행하며, 소셜 미디어를 통한 이벤트나 콘테스트 등을 진행합니다.
>
> 또한, 소비자의 문의와 댓글에 대응하는 것도 중요합니다. 이를 위해서는 빠르고 정확한 답변이 필요합니다. 적절한 기술을 활용하여 대화 관리를 체계적으로 진행하고, 분석을 통해 문의와 댓글의 유형을 파악하여 대응 방안을 마련합니다.
>
> 성과 평가도 중요한 일입니다. 이를 위해서는 분석 도구를 활용하여, 소셜 미디어 활동의 성과를 측정하고 분석해야 합니다. 이를 통해, 개선할 부분을 파악하고, 좋은 성과를 이어갈 수 있도록 계획을 수정합니다.
>
> 마지막으로, 반복적인 포스팅이 필요한 동적 자료 제작도 중요한 일 중 하나입니다. 이를 위해서는, 최신 트렌드와 이슈를 파악하고, 적절한 콘텐츠를 제작하여 포스팅합니다. 이를 통해, 타겟 대상의 관심을 끌고, 소셜 미디어에서의 노출과 인지도를 높일 수 있습니다.
>
> 이러한 업무들을 전문적으로 수행하며, 소셜 미디어 매니저로서 최상의 성과를 이뤄낼 수 있도록 노력하겠습니다.

2. 작성 blog post ChatGPT 프롬프트

ChatGPT 프롬프트: "자연 검색에서 좋은 순위를 얻는 방법"이라는 제목의 blog post 개요를 작성해줘. 개요에는 서론, 네 가지 주요 요점, 결론이 포함되어야 해.

```
"자연 검색에서 좋은 순위를 얻는 방법"이라는 제목의 blog post 개요를 작성해줘. 개요에는 서론, 네 가지 주요 요점, 결론이 포함되어야 해.

제목: "자연 검색에서 좋은 순위를 얻는 방법"

서론:
현재 많은 기업들이 인터넷 상에서 노출되는 것이 중요한 만큼, 검색 엔진에서 좋은 순위를 얻는 것이 매우 중요합니다. 이를 위해서는 검색 엔진 최적화(SEO)가 필수적입니다. 이번 글에서는 자연 검색에서 좋은 순위를 얻는 방법에 대해 소개하겠습니다.

주요 요점:
1. 키워드 연구:
   검색 엔진에서 좋은 순위를 얻기 위해서는 적절한 키워드를 찾아야 합니다. 이를 위해서는 키워드 연구를 통해, 사용자들이 검색하는 단어나 구문을 파악해야 합니다.
2. 컨텐츠 품질:
   검색 엔진은 웹사이트의 컨텐츠 품질을 평가합니다. 따라서, 유용한 정보를 제공하고, 잘 구성된 글을 작성하는 것이 중요합니다. 또한, 컨텐츠를 지속적으로 업데이트하고, 새로운 내용을 추가하는 것도 좋습니다.
3. 사이트의 속도:
   검색 엔진은 빠른 사이트를 선호합니다. 따라서, 사이트의 속도를 높이기 위해 이미지의 용량을 줄이거나, 캐시를 사용하는 등의 방법을 고려해야 합니다.
4. 백링크:
   다른 사이트에서 본인의 사이트로 연결되는 백링크는 검색 엔진에서 사이트의 신뢰도를 높여줍니다. 따라서, 백링크를 늘리기 위해 다른 사이트와 협력하는 것이 좋습니다.

결론:
자연 검색에서 좋은 순위를 얻기 위해서는 키워드 연구, 컨텐츠 품질, 사이트의 속도, 백링크 등 다양한 요소들이 중요합니다. 이를 고려하여 검색 엔진 최적화를 진행하면, 좋은 순위를 얻을 수 있습니다.
```

3. 제품 설명 작성 ChatGPT 프롬프트

ChatGPT 프롬프트: 남성용 흰색 스웨트셔츠에 대한 50단어로 제품 설명을 작성해줘. 즐겁고 유익한 어조로 작성해줘.

4. 인스타그램 Post 캡션 작성 ChatGPT 프롬프트

ChatGPT 프롬프트: 라이프스타일 인플루언서 계정의 인스타그램 캡션은 각각 75단어로 3개 작성해줘. 친근하고 경쾌한 어조로 작성해줘.

5. 유튜브 동영상 스크립트 작성 ChatGPT 프롬프트

ChatGPT 프롬프트: "1000조각 퍼즐을 완성하는 방법"이라는 제목의 동영상에 대한 유튜브 동영상 스크립트를 작성하되, 핵심 사항은 다음과 같음. 프레임워크 구축, 벽의 크기 조정, 완성. 전체적인 톤은 각 챕터와 관련하여 재미있고 유익한 내용이어야 해.

> "1000조각 퍼즐을 완성하는 방법"이라는 제목의 동영상에 대한 YouTube 동영상 스크립트를 작성하되, 핵심 사항은 다음과 같음.
> 1) 프레임워크 구축, 2) 벽의 크기 조정, 3) 완성. 전체적인 톤은 각 챕터와 관련하여 재미있고 유익한 내용이어야 해.
>
> [영상 시작]
> 안녕하세요 여러분, 오늘은 "1000조각 퍼즐을 완성하는 방법"에 대해 알려드리겠습니다. 이번 영상에서는 3가지 핵심적인 단계로 퍼즐 완성을 성공적으로 이끌어내는 방법을 소개하겠습니다. 그럼 시작해봅시다!
>
> [프레임워크 구축]
> 첫 번째로, 프레임워크 구축입니다. 프레임워크는 퍼즐 조각을 제대로 맞추기 위한 기반을 만드는 것입니다. 이를 위해, 퍼즐을 조각별로 분류하고, 쉽게 접근할 수 있는 위치에 놓아줍니다. 이렇게 프레임워크를 구축하면, 퍼즐 조각을 맞추기 쉬워집니다.
>
> [벽의 크기 조정]
> 두 번째로, 벽의 크기를 조정하는 것입니다. 벽의 크기를 조정하는 것은 퍼즐 완성을 위해 꼭 필요한 요소 중 하나입니다. 벽의 크기를 너무 작게 설정하면, 퍼즐 조각이 과도하게 밀집되어 매우 어렵게 완성할 수 있습니다. 반면에, 크기를 너무 크게 설정하면 퍼즐 완성에 필요한 시간과 노력이 많이 소요될 수 있습니다. 이에 따라, 벽의 크기를 적절히 조정하여, 퍼즐 완성을 더욱 수월하게 이끌어낼 수 있습니다.
>
> [완성]
> 마지막으로, 완성입니다. 프레임워크를 구축하고, 벽의 크기를 조정한 후, 이제는 완성 단계입니다. 이 과정에서 가장 중요한 것은 인내심과 집중력입니다. 조각을 하나씩 맞춰나가며, 끊임없이 노력하면 어느새 완성의 순간을 맞이하게 됩니다.
>
> [영상 종료]
> 이번 영상에서는 "1000조각 퍼즐을 완성하는 방법"에 대해 알아보았습니다. 프레임워크 구축, 벽의 크기 조정, 그리고 완성 단계를 성공적으로 거쳐, 퍼즐 완성의 순간을 맞이하세요! 감사합니다.

6. 웹사이트 작성 Copy ChatGPT 프롬프트

ChatGPT 프롬프트: 18~24세 사이의 젊은 층을 대상으로 장식용 그림을 판매하는 전자상거래 웹사이트의 간결한 헤드라인 15개를 작성해줘.

7. 이메일 뉴스레터 작성 ChatGPT 프롬프트

ChatGPT 프롬프트: 디지털 제품을 만드는 인디 개발자를 위한 주간 newsletter

의 개요를 작성해줘. 개요는 인트로, 주요 요점, 행동 유도 문안이 포함된 결론의 세 부분으로 구성되어야 해.

ChatGPT 프롬프트: 인디 개발자가 1인 창업자로서 제품을 개발할 때 중요한 5가지 요점을 나열하고 도전 과제에 대한 사례를 제시해줘.

8. 영업 이메일 작성 ChatGPT 프롬프트

ChatGPT 프롬프트: 판매 채널의 일부로 이메일을 작성해줘. 첫 번째 단락은 수신자에게 콘텐츠 작성 서비스 아웃소싱에 대해 자세히 설명하고, 얼마나 문제가 될 수 있는지 알려줘. 두 번째 단락은 수신자에게 워크플로우를 자동화하여 이 문제를 해결하고 시간을 10배 절약하는 방법을 설명해줘. 그리고 세 번째 단락에서는 수신자가 서비스를 구매하도록 유도해줘. 그런 다음 수신자에게 시간을 내주셔서 감사하다는 마지막 문단을 추가해줘.

9. SEO 조사 수행 ChatGPT 프롬프트

ChatGPT 프롬프트: 제너레이티브 AI 에서 최근 일어나고 있는 발전에 대한 키워드 목록을 작성하고 blog 게시물에 대한 눈에 띄는 제목을 3개 작성해줘.

10. 앱 스토어용 모바일 앱 설명 작성 ChatGPT 프롬프트

ChatGPT 프롬프트: 우리회사는 특정 사용자 페르소나를 위한 노트 필기 앱을 만들고 있어. 이들은 가능한 한 생산성을 높이고, 규칙적으로 메모하고, 효과적으로 일하는 데 집중하고 있어. 이들은 업무에 평균 7시간을 소비해. 이들은 기업가들을 팔로우하고 그들로부터 생산성에 대한 조언을 받는 것을 좋아해.

경쟁사와 차별화할 수 있는 혁신적인 앱 기능에 대한 몰입도 높은 앱 설명 템플릿을 생성해줘.

11. 이메일 제목에 대한 ChatGPT 프롬프트

ChatGPT 프롬프트: 이메일 마케팅을 더 매력적으로 만들기 위해 마케팅 광고물을 작성해줘. 내가 홍보하는 제품은 X(회사, 서비스 또는 제품)인데 이메일에 어떤 제목을 넣으면 되는지 안내해줘.

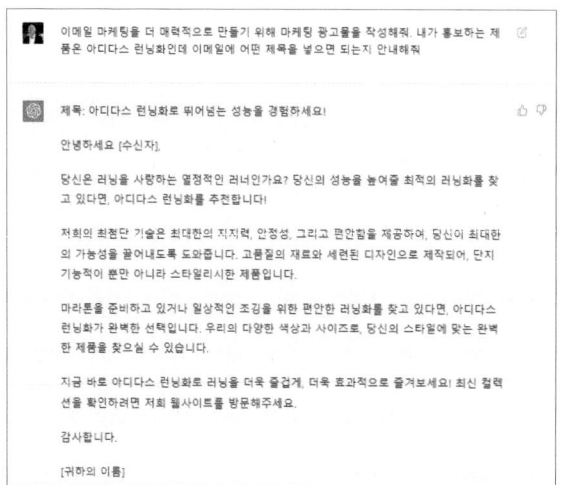

12. 개인 아웃바운드 콜드 이메일에 대한 ChatGPT 프롬프트

ChatGPT 프롬프트: 제품 X(회사, 서비스 또는 제품)의 잠재 고객에게 아웃바운드 광고 이메일을 작성해줘.

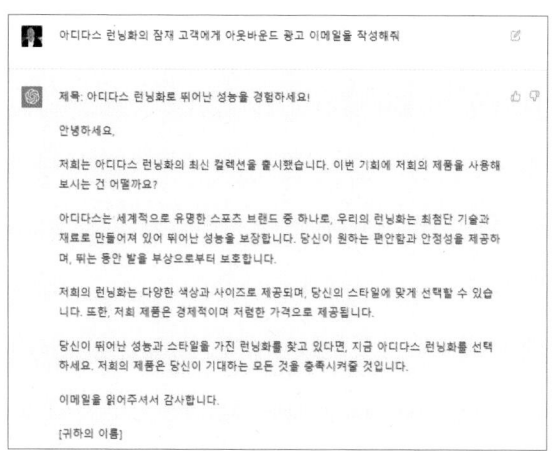

13. 뉴스레터에 대한 ChatGPT 프롬프트

ChatGPT 프롬프트: Y(대상 청중)에 대한 주간 뉴스레터의 개요를 생성해줘. 개요에는 X 부분, 서론, 요점, 클릭 유도문안이 포함된 결론을 포함시켜줘.

14. 신규고객 유치를 위한 마케터에게 중요한 ChatGPT 프롬프트

ChatGPT 프롬프트: 신규 고객을 유치하는 마케터에게 [가장 중요한] 12가지 요점을 나열해줘.

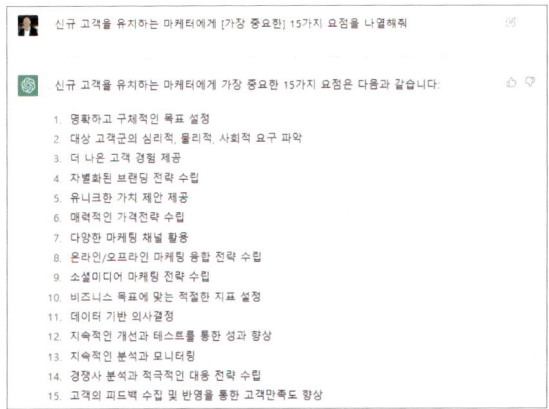

15. 소셜 미디어 캠페인 계획에 대한 ChatGPT 프롬프트

성과와 제품을 정확히 안내하면 SNS 마케팅 계획을 안내 받을 수 있다.

ChatGPT 프롬프트: Y(성과)를 목표로 X제품에 대한 1개월 소셜 미디어 캠페인 일정을 만들고 집중할 관련 채널을 언급해줘.

16. 광고 전략에 대한 ChatGPT 프롬프트

AIDA, 즉 Attention(주목), Interest(흥미), Desire(욕망), Action(구매 행동)을 설명하면 광고 전략을 제안 받을 수 있다.

ChatGPT 프롬프트: 〈제품 또는 서비스 삽입〉에 대한 AIDA를 작성해줘.

17. 인스타그램 마케팅에 대한 ChatGPT 프롬프트

인스타그램 캡션, 즉 사진과 함께 게시물에 사용되는 텍스트 등을 생성할 수 있다. 명령 프롬프트는 다음과 같다.

ChatGPT 프롬프트: 새로운 X(회사, 제품 또는 서비스 등)사진에 대한 짧은 인스타그램 캡션을 작성해줘.

ChatGPT 프롬프트: X(회사, 제품 또는 서비스 등)에 대한 인스타그램 릴스영상 아이디어를 알려줘.

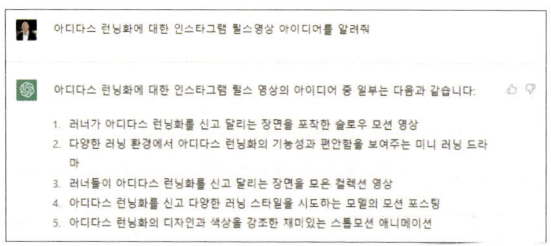

18. 인플루언서에게 협업을 요청하는 광고 DM을 작성 ChatGPT 프롬프트

ChatGPT 프롬프트: X(인플루언서의 경력)을 바탕으로 그들과 협업을 요청하는 광고 DM을 작성해줘.

19. 트위터 마케팅에 대한 ChatGPT 프롬프트

트위터 마케팅은 트윗 뿐만 아니라 사진까지 제작할 수 있다.

ChatGPT 프롬프트: 〈주제〉에 대해 이야기하는 5개의 트윗으로 구성된 트위터 쓰레드를 작성해줘.

ChatGPT 프롬프트: 〈주제〉에 대해 청중의 관심을 끄는 5개의 트윗을 작성해줘.

ChatGPT 프롬프트: 인공지능 art로 〈선택 주제〉에 대한 트윗 사진을 생성해줘.

20. 링크드인 마케팅에 대한 ChatGPT 프롬프트

링크드인 마케팅은 특정 비즈니스 분야 플랫폼에서 이루어지는 광고이다.

ChatGPT 프롬프트: X(회사, 제품 또는 서비스 등)에 대한 링크드인 홍보 게시물을 작성해줘.

ChatGPT 프롬프트: X(선택한 주제)에 대한 링크드인 게시물을 작성해줘.

21. 페이스북 마케팅에 대한 ChatGPT 프롬프트

ChatGPT를 통해 페이스북 마케팅에 사용할 카피라이팅과 문구를 만들 수 있다.

ChatGPT 프롬프트: 〈제품의 강점에 대해 이야기〉 3개의 페이스북 광고물을 작성해줘.

ChatGPT 프롬프트: X (회사, 제품 또는 서비스 등)에 대한 페이스북 투표/퀴즈에 대한 질문 아이디어를 생성해줘.

22. 바이럴 광고의 후킹 문구 제작을 위한 ChatGPT 프롬프트

ChatGPT 프롬프트: X (회사, 제품 또는 서비스 등)에 대한 바이럴 후킹 문구 5개를 작성해줘.

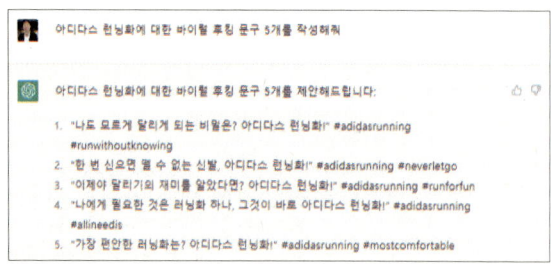

23. 팟캐스트에 대한 ChatGPT 프롬프트

ChatGPT 프롬프트: 〈선택 주제〉에 대해 논의하는 팟캐스트 에피소드용 스크립트 작성해줘.

24. 팟캐스트에서 제품 출시에 대한 ChatGPT 프롬프트

ChatGPT 프롬프트: 청중의 참여를 유도하는 가상 제품 출시 이벤트의 스크립트를 작성해줘.

25. 유튜브에 대한 ChatGPT 프롬프트

ChatGPT 프롬프트: 〈선택 주제〉에 대해 재미있고 설명이 포함된 10개의 유튜브 동영상 제목 목록을 작성해줘.

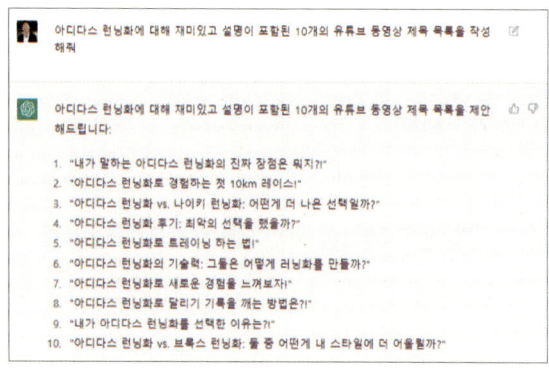

26. 광고 캠페인 계획에 대한 ChatGPT 프롬프트

ChatGPT 프롬프트: Y(대상 청중)를 대상으로 X(제품, 회사 또는 서비스)에 대한 광고 캠페인을 생성해줘. 대상 고객을 선택하고, 핵심 메시지와 슬로건을 개발해줘. 또한 홍보할 미디어 채널을 선택하고, 목표 달성에 필요한 추가 활동을 안내해줘.

27. 구글 광고/ 페이스북 광고 제목용 ChatGPT 프롬프트

ChatGPT 프롬프트: 〈웹사이트 URL 또는 참조 페이지 URL〉에서 구글 광고 제목 10개 작성해줘.

28. 구글 광고용 ChatGPT 프롬프트 / 페이스북 광고 설명

ChatGPT 프롬프트: 〈URL〉에 대한 X개의 구글 광고 설명을 작성해줘.

29. 광고 크리에이티브에 대한 ChatGPT 프롬프트

ChatGPT 프롬프트: 〈귀하의 제품 또는 서비스〉에 대한 〈필요한 채널〉의 이미지를 생성해줘. 〈캠페인에 대한 자사의 목표〉를 달성하기 위해 〈필요로 하는 이미지 스타일〉은 고품질 사진으로 생성해줘.

30. 광고 번역에 대한 ChatGPT 프롬프트

ChatGPT 프롬프트: 다음 문장을 〈필요한 언어로〉번역해줘.

31. 고객 이해에 대한 ChatGPT 프롬프트

ChatGPT 프롬프트: 너는 X(고객 페르소나 또는 대상 고객층)야. 너가 마주하는 일반적인 문제를 안내해줘.

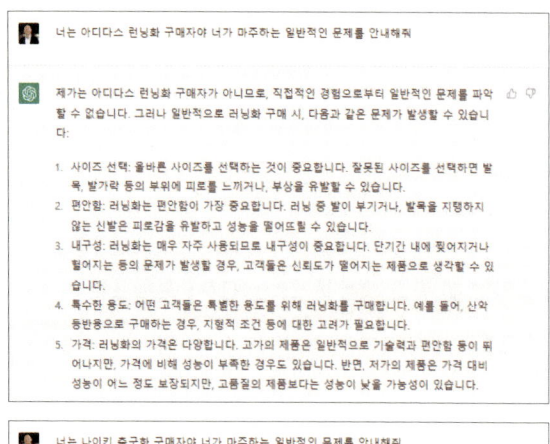

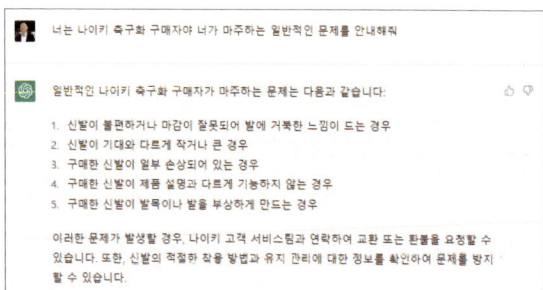

32. 제품 아이디어 및 컨셉 생성에 대한 ChatGPT 프롬프트

ChatGPT 프롬프트: X(회사, 제품 또는 서비스 등)에 대한 X개의 잠재적인 제품 아이디어 목록을 생성해줘.

33. 시장 조사 및 경쟁업체 분석 수행에 대한 ChatGPT 프롬프트

ChatGPT 프롬프트: X(제품, 업종) 산업의 주요 시장 부문은 무엇이며 어느 것이 Y(회사, 그룹, 팀 또는 조직 등)에게 가장 큰 기회가 되는지 안내해줘.

ChatGPT 프롬프트: Y 시장에서 운영되는 X(회사, 조직, 그룹 등)의 주요 성공 요인은 무엇이며 우리 Z(회사, 그룹, 팀 또는 조직 등)는 어떻게 이를 달성할 수 있는지 안내해줘.

34. 이상적인 고객 프로필 및 대상 고객에 대한 ChatGPT 프롬프트

ChatGPT 프롬프트: X제품이 목표로 해야 할 시장은 무엇인지 안내해줘.

35. 대상 고객의 문제점 파악에 대한 ChatGPT 프롬프트

ChatGPT 프롬프트: X 제품의 대상 고객이 마주한 문제점과 불만은 무엇인지 안내해줘.

36. 경쟁업체 비교 표에 대한 ChatGPT 프롬프트

ChatGPT 프롬프트: X 제품과 주요 경쟁사 간의 제품 비교 차트를 작성해줘.

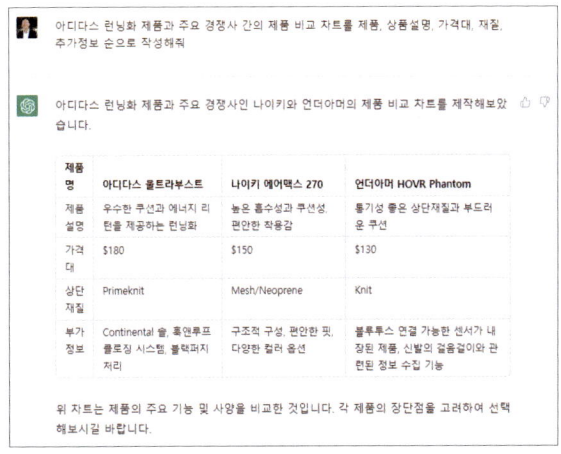

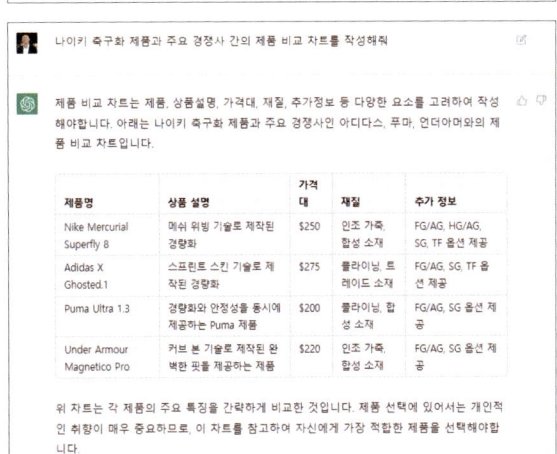

37. 제품 사용 사례에 대한 ChatCPT 프롬프트

ChatGPT 프롬프트: X 제품의 일반적인 사용 사례와 다양한 산업에서 어떻게 사용할 수 있는지 생성해줘.

38. 간트 차트(Gantt Chart) 생성에 대한 ChatGPT 프롬프트.

ChatGPT 프롬프트: X 기능 개발에 대한 주요 작업과 일정을 설명하는 간트 차트(Gantt Chart)를 작성해줘.

39. 제품 출시 일정에 대한 ChatGPT 프롬프트

ChatGPT 프롬프트: 주요 작업 및 마감일을 포함한 X 신제품 출시 일정 수립해줘.

40. 시장 진출 전략 개발에 대한 ChatGPT 프롬프트

ChatGPT 프롬프트: X 제품에 대한 가장 효과적인 마케팅 채널은 무엇인지 안내해줘.

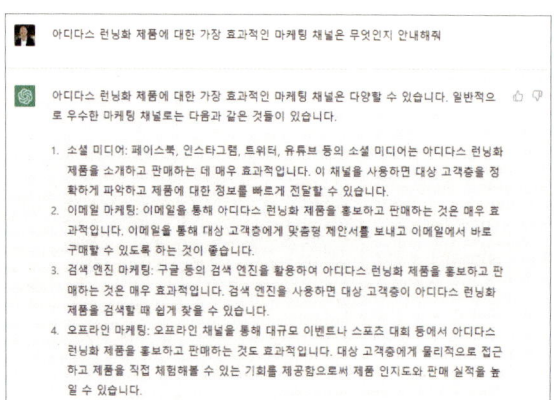

41. 시장 세분화를 위한 ChatGPT 프롬프트

ChatGPT 프롬프트: X 제품의 시장 공략법과 시장 세분화 방법은 무엇인지 안내해줘.

42. 브랜드 ID 및 메시지에 대한 ChatGPT 프롬프트

ChatGPT 프롬프트: X 제품에 대한 강력한 브랜드 ID 와 메시지를 생성해줘.

43. 시장 진출 성공 지표 제시에 대한 ChatGPT 프롬프트

ChatGPT 프롬프트: X제품의 시장 진출 전략의 성공을 측정하기 위해 따라가야 하는 주요 지표는 무엇인지 안내해줘.

44. 제품의 성능 지표를 이해하기 위한 ChatGPT 프롬프트

ChatGPT 프롬프트: X 제품의 성능을 측정하기 위해 따라가야 하는 주요 분석법은 무엇인지 안내해줘.

45. ROI 계산을 위한 ChatGPT 프롬프트

ChatGPT 프롬프트: X(회사명)는 2024년에 10억원 예산으로 라디오 광고 캠페인을 계획하고 있으며, 캠페인의 결과로 발생하는 점진적인 매출은 50억원 예상 기여 마진을 제공할 것으로 예상돼. 이 때 단계별 과정을 통해 마케팅 투자 수익률을 계산해줘.

※ 회사명부터 년도, 돈과 단위, 진행하는 광고 캠페인 등 전부를 맞게 수정해서 프롬프트를 입력할 것.

46. CAC 계산에 대한 ChatGPT 프롬프트

ChatGPT 프롬프트: 마케팅 캠페인에 1천만원을 사용하고 5명의 신규고객을 유치했을 때 CAC를 계산해줘.

*참고: CAC: Customer Acquisition Cost의 약자로, 신규 고객 한 명을 유치하기 위해 필요한 비용을 뜻함. CAC 구하는 공식: 마케팅 집행 비용 / 유치 고객 수

47. 웹 사이트 내 검색 엔진 최적화 분석에 대한 ChatGPT 프롬프트

ChatGPT 프롬프트: 다음 웹페이지 〈URL〉의 검색 엔진 최적화 방법을 분석해줘.

48. 키워드 목록 작성에 대한 ChatGPT 프롬프트

ChatGPT 프롬프트: 〈주제〉에 대한 10개의 관련 키워드를 생성해줘.

49. 콘텐츠 주제 브레인스토밍에 대한 ChatGPT 프롬프트

ChatGPT 프롬프트: 구글 첫 페이지에 등록될 가능성이 더 높은 〈주제〉의 10가지 콘텐츠 아이디어를 생성해줘.

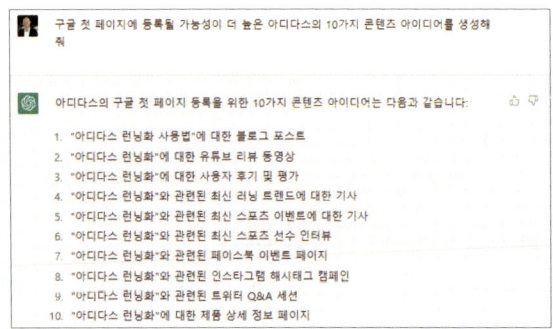

50. meta description(메타태그)을 생성하는 ChatGPT 프롬프트

meta description는 Html로 삽입하는 태그로, 페이지에 속성을 나타낸다. 이를 통해 SEO를 최적화 할 수 있다.

ChatGPT 프롬프트: 〈선택 주제〉에 대한 웹페이지에 대해 최대 〈155자〉의 meta description(메타태그)을 생성해줘.

51. 랜딩 페이지 광고물에 대한 ChatGPT 프롬프트

랜딩 페이지에서는 페이지 돌입 후 처음에 보여지는 화면을 뜻하는 'above the fold'가 중요하다. 이 아이디어를 ChatGPT를 통해 제시 받을 수 있다.

ChatGPT 프롬프트: 나는 X(제품)를 판매하려고 계획 중이야. above the fold는 무엇으로 설정하면 되는지 안내해줘.

52. 콘텐츠 배포 일정에 대한 ChatGPT 프롬프트

ChatGPT 프롬프트: 〈URL〉에 대한 콘텐츠 배포 계획을 작성해줘.

53. 고객 반응 분석을 위한 ChatGPT 프롬프트

ChatGPT 프롬프트: 다음 콘텐츠〈콘텐츠 개요〉에 대한 고객 반응을 분석해줘.

54. 맞춤형 마케팅 콘텐츠 생성을 위한 ChatGPT 프롬프트

ChatGPT 프롬프트: 고급 백화점인 X(현대백화점)에 방문 할 수 있도록 타겟고객 맞춤형 마케팅 콘텐츠를 5개 생성해줘 그리고 어떻게 하면 마케팅이 성공할 수 있는지 알려줘. 표 형태로 작성해줘.

맞춤형 콘텐츠 마케팅은 가치 있고 관련 있는 콘텐츠를 만들고 배포하는 데 초점을 맞추는 전략적 마케팅 접근 방식이다. 명확하게 정의된 청중을 유치하고 유지하기 위한 일관된 콘텐츠가 중요하다. 궁극적으로 수익성 있는 고객 행동을 유도한다.

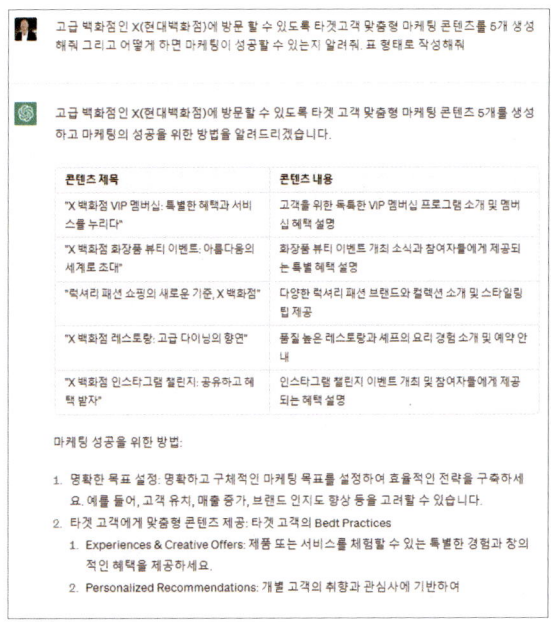

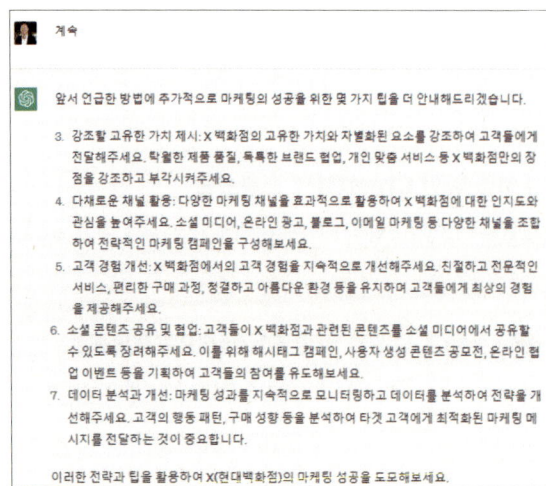

55. 콘텐츠 조사를 위한 ChatGPT 프롬프트

ChatGPT 프롬프트: X(키워드)를 다루는 Y(선택 주제)에 대한 인기 블로그 n개를 추천하고 해당URL도 함께 안내해줘.

56. 3C 분석을 위한 ChatGPT 프롬프트

ChatGPT 프롬프트: 고객(Customer), 경쟁사(Competitor), 기업(Company)을 분석하여 마케팅 전략을 수립하는 3C분석 모형을 작성해줘.

57. 4P전략을 수립하는 ChatGPT 프롬프트

ChatGPT 프롬프트: 상품(Product), 가격(Price), 판매채널(Place), 프로모션(Promotion)을 통해 마케팅 전략을 구성하는 프레임워크를 작성해줘.

58. 자사 제품 및 서비스에 대한 차별화된 가치 제안 ChatGPT 프롬프트

ChatGPT 프롬프트: X(회사, 제품 또는 서비스 등)에 대한 차별화된 가치를 제시해줘.

*회사의 제품/서비스 정보를 사전에 입력하고 질문 할 것.

59. 자사 제품 및 서비스의 경쟁력을 강조하는 메시지 작성 ChatGPT 프롬프트

ChatGPT 프롬프트: X(회사, 제품 또는 서비스 등)의 경쟁력을 강조하는 메시지를 작성해줘.

*회사의 제품/서비스 정보를 사전에 입력하고 질문 할 것.

60. 구매자의 구매 결정에 미치는 요인 분석 ChatGPT 프롬프트

ChatGPT 프롬프트: X(회사, 제품 또는 서비스 등) 구매자의 구매 결정에 미치는 요일을 분석해줘.

*회사의 제품/서비스 정보를 사전에 입력하고 질문 할 것.

61. 디지털 마케팅 채널을 활용한 마케팅 전략 ChatGPT 프롬프트

ChatGPT 프롬프트: X(회사, 제품 또는 서비스 등)의 디지털 마케팅 채널을 활용한 마케팅 전략을 개발해줘.

*회사의 제품/서비스 정보를 사전에 입력하고 질문 할 것.

62. 소셜 미디어 채널을 활용한 마케팅 전략 ChatGPT 프롬프트

ChatGPT 프롬프트: X(회사, 제품 또는 서비스 등)의 소셜 미디어 채널을 활용한 마케팅 전략을 개발해줘.

*회사의 제품/서비스 정보를 사전에 입력하고 질문 할 것.

63. 우리회사 제품/서비스의 특징과 이점에 대한 내부 교육 ChatGPT 프롬프트

ChatGPT 프롬프트: X(회사, 제품 또는 서비스 등)의 제품/서비스의 특징과 이점에 대한 내부 교육용 교육자료를 작성해줘.

*회사의 제품/서비스 정보를 사전에 입력하고 질문 할 것.

64. 우리회사 제품/서비스의 브랜드 가치 제공 방안 ChatGPT 프롬프트

ChatGPT 프롬프트: X(회사, 제품 또는 서비스 등)의 브랜드 가치 제공 방안을 제시해줘.

*회사의 제품/서비스 정보를 사전에 입력하고 질문 할 것.

65. 우리회사 제품/서비스의 라이프사이클 기반 마케팅 전략 개발 ChatGPT 프롬프트

ChatGPT 프롬프트: X(회사, 제품 또는 서비스 등)의 라이프사이클 기반 마케팅 전략을 개발해줘.

*회사의 제품/서비스 정보를 사전에 입력하고 질문 할 것.

66. 제품/서비스의 대상 고객층에 맞는 마케팅 전략 개발 ChatGPT 프롬프트

ChatGPT 프롬프트: X(회사, 제품 또는 서비스 등)의 대상 고객층에 맞는 마케팅 전략을 제시해줘.

*회사의 제품/서비스 정보를 사전에 입력하고 질문 할 것.

67. 제품/서비스에 적합한 온라인 광고 캠페인 기획 ChatGPT 프롬프트

ChatGPT 프롬프트: X(회사, 제품 또는 서비스 등)에 적합한 온라인 광고 캠페인을 기획해줘.

*회사의 제품/서비스 정보를 사전에 입력하고 질문 할 것.

68. 제품/서비스 관련 이슈와 소비자 반응에 대한 모니터링 ChatGPT 프롬프트

ChatGPT 프롬프트: X(회사, 제품 또는 서비스 등) 관련 이슈와 소비자 반응에 대한 모니터링을 해줘.

*회사의 제품/서비스 정보를 사전에 입력하고 질문 할 것.

69. 제품/서비스와 관련된 피드백 및 문의 처리 방안 ChatGPT 프롬프트

ChatGPT 프롬프트: X(회사, 제품 또는 서비스 등)와 관련된 피드백 및 문의 처리 방안을 제시해줘.

*회사의 제품/서비스 정보를 사전에 입력하고 질문 할 것.

70. 제품/서비스와 관련된 국내외 시장 동향과 경쟁 업체 분석 ChatGPT 프롬프트

ChatGPT 프롬프트: X(회사, 제품 또는 서비스 등)와 관련된 국내외 시장 동향과 경쟁 업체를 분석해줘.

*회사의 제품/서비스 정보를 사전에 입력하고 질문 할 것.

71. 제품/서비스와 관련된 마케팅 자동화 도구 도입 방안 ChatGPT 프롬프트

ChatGPT 프롬프트: X(회사, 제품 또는 서비스 등)와 관련된 마케팅 자동화 도구 도입 방안을 제시해줘.

*회사의 제품/서비스 정보를 사전에 입력하고 질문 할 것.

72. 제품/서비스와 관련된 새로운 시장 발굴 방안 ChatGPT 프롬프트

ChatGPT 프롬프트: X(회사, 제품 또는 서비스 등)와 관련된 새로운 시장 발굴 방안을 제시해줘.

*회사의 제품/서비스 정보를 사전에 입력하고 질문 할 것.

73. 제품/서비스와 관련된 오프라인 광고 캠페인 기획 ChatGPT 프롬프트

ChatGPT 프롬프트: X(회사, 제품 또는 서비스 등)와 관련된 오프라인 광고 캠페인을 기획해줘

*회사의 제품/서비스 정보를 사전에 입력하고 질문 할 것.

74. 제품/서비스의 브랜딩 전략 기획 ChatGPT 프롬프트

ChatGPT 프롬프트: X(회사, 제품 또는 서비스 등)의 브랜딩 전략을 제시해줘.

*회사의 제품/서비스 정보를 사전에 입력하고 질문 할 것.

75. 제품/서비스를 다른 시장에서 성공적으로 판매하기 위한 ChatGPT 프롬프트

ChatGPT 프롬프트: X(회사, 제품 또는 서비스 등)를 다른 시장에서 성공적으로 판매하기 위한 전략을 제시해줘.

*회사의 제품/서비스 정보를 사전에 입력하고 질문 할 것.

76. 제품/서비스에 대한 소비자 인식 조사 ChatGPT 프롬프트

ChatGPT 프롬프트: X(회사, 제품 또는 서비스 등)에 대한 소비자 인식 조사를 수행해줘.

*회사의 제품/서비스 정보를 사전에 입력하고 질문 할 것.

77. 제품/서비스와 관련된 온라인 콘텐츠 마케팅 기획 ChatGPT 프롬프트

ChatGPT 프롬프트: X(회사, 제품 또는 서비스 등)와 관련된 온라인 콘텐츠 마케팅을 기획해줘.

*회사의 제품/서비스 정보를 사전에 입력하고 질문 할 것.

78. 제품/서비스에 대한 블로그 글/기사 등의 콘텐츠 제작 ChatGPT 프롬프트

ChatGPT 프롬프트: X(회사, 제품 또는 서비스 등)에 대한 블로그 글/기사 등의 콘텐츠 제작 방안을 제시해줘.

*회사의 제품/서비스 정보를 사전에 입력하고 질문 할 것.

79. 제품/서비스와 관련된 소셜 미디어 영향력자와 제휴 방안 ChatGPT 프롬프트

ChatGPT 프롬프트: X(회사, 제품 또는 서비스 등)와 관련된 소셜 미디어 영향력자와 제휴할 수 있는 방안을 제시해줘.

*회사의 제품/서비스 정보를 사전에 입력하고 질문 할 것.

80. 제품/서비스와 관련된 브랜드 커뮤니케이션 전략 ChatGPT 프롬프트

ChatGPT 프롬프트: X(회사, 제품 또는 서비스 등)와 관련된 브랜드 커뮤니케이션 전략을 제시해줘.

*회사의 제품/서비스 정보를 사전에 입력하고 질문 할 것.

81. 제품/서비스의 브랜드 이미지 개선 방안 ChatGPT 프롬프트

ChatGPT 프롬프트: X(회사, 제품 또는 서비스 등)의 브랜드 이미지 개선 방안을 제시해줘.

*회사의 제품/서비스 정보를 사전에 입력하고 질문 할 것.

82. 제품/서비스와 관련된 검색 엔진 최적화 방안 ChatGPT 프롬프트

ChatGPT 프롬프트: X(회사, 제품 또는 서비스 등)와 관련된 검색 엔진 최적화 방안을 제시해줘.

*회사의 제품/서비스 정보를 사전에 입력하고 질문 할 것.

83. 새로운 제품/서비스 출시 시 기존 제품/서비스와의 관계성 전략 ChatGPT 프롬프트

ChatGPT 프롬프트: 새로운 제품/서비스 출시 시 기존 X(회사, 제품 또는 서비스 등)와 의 관계성 및 전략을 제시해줘.

*회사의 제품/서비스 정보를 사전에 입력하고 질문 할 것.

84. 제품/서비스의 타깃 마켓 및 마케팅 전략에 대한 SWOT분석 ChatGPT 프롬프트

ChatGPT 프롬프트: X(회사, 제품 또는 서비스 등)의 타깃 마켓 및 마케팅 전략에 대한 SWOT분석을 제시해줘. *회사의 제품/서비스 정보를 사전에 입력하고 질문 할 것.

85. 제품/서비스와 관련된 이메일 마케팅 캠페인 기획 ChatGPT 프롬프트

ChatGPT 프롬프트: X(회사, 제품 또는 서비스 등)와 관련된 이메일 마케팅 캠페인을 단계별로 실행할 수 있도록 기획해줘.

*회사의 제품/서비스 정보를 사전에 입력하고 질문 할 것.

86. 제품/서비스에 대한 광고 대상 층 설정 및 광고 캠페인 기획 ChatGPT 프롬프트

ChatGPT 프롬프트: X(회사, 제품 또는 서비스 등)에 대한 광고 대상 층 설정 및 광고 캠페인을 기획해줘.

*회사의 제품/서비스 정보를 사전에 입력하고 질문 할 것.

87. 제품/서비스에 대한 유튜브 채널 운영 및 마케팅 전략 ChatGPT 프롬프트

ChatGPT 프롬프트: X(회사, 제품 또는 서비스 등)에 대한 효과적인 유튜브 채널 운영 및 마케팅 전략을 제시해줘.

*회사의 제품/서비스 정보를 사전에 입력하고 질문 할 것.

88. 제품/서비스와 관련된 밀키트 레시피 등의 콘텐츠 제작 방안 ChatGPT 프롬프트

ChatGPT 프롬프트: X(회사, 제품 또는 서비스 등)와 관련된 밀키트 레시피 등의 콘텐츠 제작 방안을 제시해줘.

*회사의 제품/서비스 정보를 사전에 입력하고 질문 할 것.

89. 소셜 미디어 채널 분석을 통한 경쟁 업체 분석 ChatGPT 프롬프트

ChatGPT 프롬프트: 소셜 미디어 채널 분석을 통한 X(회사, 제품 또는 서비스 등)와 관련된 경쟁 업체를 분석해줘.

*회사의 제품/서비스 정보를 사전에 입력하고 질문 할 것.

90. 경쟁 업계를 탈피하여 새로운 시장을 개척하는 전략 수립 ChatGPT 프롬프트

ChatGPT 프롬프트: X(회사, 제품 또는 서비스 등)의 경쟁 업계를 탈피하여 새로운 시장을 개척하는 전략으로, 시장을 넓히거나 창조하여 경쟁을 회피하는 전략을 수립해줘. [블루 오션 전략]

*회사의 제품/서비스 정보를 사전에 입력하고 질문 할 것.

출처: https://www.cigro.io 재편집

ChatGPT활용을 위한 55가지 검색엔진 최적화 (SEO) 프롬프트

검색엔진 최적화(Search Engine Optimization: SEO)란 검색엔진으로부터 어떤 웹사이트에 도달하는 트래픽의 양과 질을 개선하는 작업을 말한다. 흔히 어떤 사이트가 검색 결과에 빨리 나타날수록, 즉 순위가 더 높을수록 사용자들이 그 사이트를 클릭할 가능성이 커진다. 또한 SEO는 이미지 검색, 지역 검색, 구체적 업종에 대한 검색 등 여러 종류의 검색을 목표로 삼는다.

검색엔진 최적화는 검색엔진 결과 페이지에서 블로그 등의 웹사이트를 개발해 검색 결과를 상위에 노출될 수 있도록 최적화 시키며, 이를 도대로 유서들이 직접 검색한 내용을 웹사이트를 통해 접속할 수 있도록 유도하는 것을 말한다.

대표적인 사이트인 네이버와 구글에서는 검색엔진이 크롤링을 하는데, 이는 정보를 샅샅이 살펴보는 행동을 뜻한다. 크롤링으로 인해 유저가 검색하는 내용을 가장 연관성이 높은 콘텐츠로 제공할 수 있도록 카탈로그화하여 저장해놓기 때문에 검색엔진 최적화를 해놓는 게 좋다.

검색엔진 최적화가 필요한 이유는 바로 상위 노출이다. 마케팅 전문가는 검색 후 첫 페이지에서만 키워드 유입률의 91%를 책임지고 있는데 이는 SEO를 통해 자신의 콘텐츠 웹 페이지를 상위에 노출 시켜 유입률, 트래픽을 높이는 방법이므로 마케팅을 시작하기 전에 꼭 필요한 사전작업이라고 강조 하다.

ChatGPT에서 마케팅 활용을 위한 51가지 검색엔진 최적화(SEO) 프롬프트를 정리하면 [표1]과 같다.

[표1] ChatGPT활용을 위한 51가지 검색엔진 최적화(SEO) 프롬프트

No	한글	영문
1	"[주제]에 대한 관련 키워드 목록 생성하기"	"Generate a list of related keywords for [topic]"
2	"콘텐츠 최적화를 위한 [주제]의 롱테일 키워드 식별하기"	"Identify long-tail keywords for [topic] content optimization"
3	"[주제]의 최고 성과 키워드 찾기"	"Find top-performing keywords for [topic]"
4	"[주제]에 대한 메타 설명과 제목 태그 생성하기"	"Create meta descriptions and title tags for [topic]"
5	"[주제]와 관련된 내부 링크 기회 찾기"	"Find opportunities for internal linking related to [topic]"
6	"[주제]에 대한 블로그 게시물과 기사 주제 아이디어 생성하기"	"Generate ideas for blog posts and article topics on [topic]"
7	"[주제] 콘텐츠에 사용할 산업 전용 용어 연구하기"	"Research industry-specific terminology for use in [topic] content"
8	"[주제] 콘텐츠를 위한 권위 있는 웹사이트에서 백링크 획득하기"	"Find authoritative websites to acquire backlinks for [topic] content"
9	"[주제]의 LSI 키워드 목록 생성하기"	"Generate a list of LSI keywords for [topic]"
10	"[주제]와 관련된 XML 사이트맵 예시 작성하기"	"Create an XML sitemap example related to [topic]"
11	"[주제]에 대한 최상의 메타 태그 연구하기"	"Research the best meta tags for [topic]"
12	"[주제]를 위한 경쟁이 적은 키워드 찾기"	"Find keywords with low competition for [topic]"
13	"[주제] 키워드에 대한 동의어 목록 작성하기"	"Create a list of synonyms for [topic] keywords"
14	"[주제] 콘텐츠를 위한 최상의 내부 링크 구조 연구하기"	"Research the best internal linking structure for [topic] content"
15	"[주제]에 대한 사람들이 묻는 질문 목록 생성하기"	"Generate a list of questions people ask about [topic]"
16	"[주제]와 관련된 이미지를 위한 최상의 alt 태그 목록 작성하기"	"Create a list of the best alt tags for images related to [topic]"

17	"[주제]에 대한 관련 세부 주제 목록 생성하기"	"Create a list of related subtopics for [topic]"
18	"[주제] 콘텐츠를 발행하기 가장 적합한 시기 찾기"	"Find the best time to publish content related to [topic]"
19	"[주제]를 위한 최상의 외부 링크 전략 연구하기"	"Research the best external linking strategies for [topic]"
20	"[주제] SEO에 가장 인기 있는 도구 찾기"	"Find the most popular tools used for [topic] SEO"
21	"[주제]에 대한 영향력 있는 인플루언서 목록 작성하기"	"Create a list of potential influencers for [topic]"
22	"[주제]를 위한 최상의 스키마 마크업 연구하기"	"Research the best schema markup for [topic]"
23	"[주제] 콘텐츠를 위한 최상의 헤더 태그 찾기"	"Find the best header tags for [topic] content"
24	"[주제]에 대한 링크 빌딩 기회 목록 작성하기"	"Create a list of potential link-building opportunities for [topic]"
25	"[주제] 백링크에 대한 최상의 앵커 텍스트 연구하기"	"Research the best anchor text for [topic] backlinks"
26	"[주제] PPC 캠페인에 대한 최상의 키워드 찾기"	"Find the best keywords for [topic] PPC campaigns"
27	"[주제]게스트 블로깅 기회의 잠재적인 목록 작성하기"	"Create a list of potential guest blogging opportunities for [topic]"
28	"[주제] 지역 SEO 전략 중 최상의 것 조사하기"	"Research the best local SEO strategies for [topic]"
29	"[주제] 음성 검색 최적화에 대한 최상의 키워드 찾기"	"Find the best keywords for [topic] voice search optimization"
30	"[주제] 웹사이트 성능을 위한 최상의 분석 도구 조사하기"	"Research the best analytics tools for [topic] website performance"
31	"[주제] 추천 스니펫을 위한 최상의 키워드 나열하기"	"List the best keywords for [topic] featured snippets"
32	"[주제] 파트너십 가능성 목록 생성하기"	"Create a list of potential partnerships for [topic]"
33	"[주제] 모바일 최적화를 위한 최상의 전술 조사하기"	"Research the best tactics for [topic] mobile optimization"

34	"[주제] 비디오 최적화를 위한 최상의 키워드 찾기"	"Find the best keywords for [topic] video optimization"
35	"[주제] 전자 상거래 최적화를 위한 최상의 전술 조사. 키워드 클러스터 제공"	"Research the best tactics for [topic] e-commerce optimization. Provide keyword clusters."
36	"[주제] 최상의 키워드 찾기"	"Find the best keywords for [topic]"
37	"[주제] 제휴 마케팅 가능성 목록 작성하기"	"Create a list of potential affiliate marketing opportunities for [topic]"
38	"[주제]에 대한 최상의 제휴 마케팅 웹사이트는 무엇인가?"	"What are the best affiliate marketing websites for [topic]"
39	"[주제] 국제 SEO에 대한 최상의 전술은 무엇인가?"	"What are the best tactics for [topic] international SEO"
40	"[주제] AMP 최적화를 위한 최상의 키워드 찾기"	"Find the best keywords for [topic] AMP optimization"
41	"[주제] 팟캐스트 또는 게스트로 참여할 수 있는 잠재적인 기회 목록 작성하기"	"Create a list of potential podcast or podcast guest opportunities for [topic]"
42	"[주제] Google My Business 최적화를 위한 최상의 전술 조사하기"	"Research the best tactics for [topic] Google My Business optimization"
43	"[주제] 소셜 미디어 최적화를 위한 최상의 키워드 찾기"	"Find the best keywords for [topic] social media optimization"
44	"[주제] 관련 인기 콘텐츠 주제 찾기"	"Find popular content topics related to [topic]"
45	"[주제] 최상의 SEO 전술을 조사하고 실행 가능한 단계 제공하기"	"Research the best SEO tactics for [topic] and provide actionable steps"
46	"[주제] 관련된 비디오 시리즈 또는 웨비나 아이디어 잠재적인 목록 작성하기"	"Create a list of potential video series or webinar ideas related to [topic]"
47	"[주제] 경쟁 업체의 전략 조사하기"	"Research competitor strategies related to [topic]"
48	"[주제] 관련된 정규 태그 예시 찾기"	"Find canonical tag examples related to [topic]"
49	"[주제] 여러 지리적 위치를 대상으로 하는 예시 키워드 목록 작성하기"	"Create an example keyword list targeting multiple geographic locations for [topic]"

50	"[주제] 고객 구매 퍼널의 다른 단계를 대상으로 한 키워드 아이디어 생성하기"	"Generate keyword ideas targeting different stages of the customer purchase funnel for [topic]"
51	"[주제] 산업 관련 해시태그 식별하기"	"Identify industry hashtags related to [topic]"
52	"[주제] Google 검색에 상위 노출하기"	"[topic] How to improve Google Search Ranking"
53	"[주제] 관련 고품질 콘텐츠 주제 찾기"	"Find high-Quality content topics related to [topic]"
54	"[주제] 키워드 최적화를 위한 최상의 아이디어 생성하기"	"[topic] Generating the best Ideas for Keyword Optimization"
55	"[주제]에 대한 최상의 SEO 전략 연구하기"	"Research the best SEO strategy for [topic]"

ChatGPT에서 '키워드 스트래티지' 비즈니스에 활용하기

AIPRM에서 매우 유용한 프롬프트들이 제공되고 있다. 그 중에서 키워드 검색 도우미 중 하나인 키워드 스트래티지(Keyword Strategy)에 원하는 키워드를 넣으면 관련 키워드를 표로 정리해준다.

아래의 예시는 AIPRM에 있는 키워드 스트래티지를 사용하여 저자가 비즈니스를 하고 있는 'ChatGPT 업무 활용'이란 주제를 가지고 간단하게 활용한 사례 이다.

① 먼저, ChatGPT에서 왼쪽 상단에 있는 '+New chat'을 클릭 한다.
② 아래의 화면이 나타나면 'Keyword Strategy'를 클릭 한다.
③ ChatGPT 입력 화면에서 'ChatGPT 업무 활용'을 입력 한다.

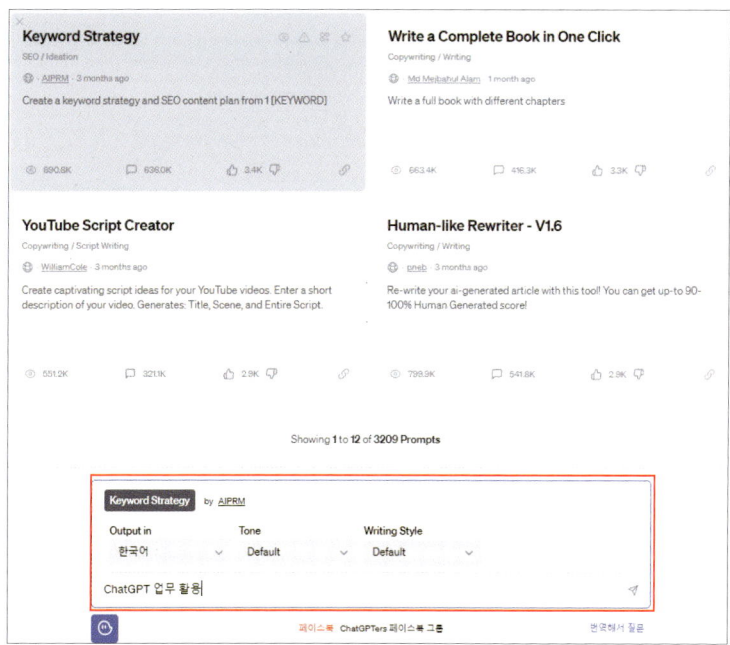

Part 6. 업무 및 비즈니스 활용 사례

아래 화면은 'ChatGPT 업무 활용'을 입력한 내용에 대한 결과이다.

프롬프트에 "ChatGPT 업무 활용"만 입력하였는데 아래 화면과 같이 "키워드 클러스터", "키워드", "사용자 의도", "제목", "메타 설명"이 표 형태로 정리되어 제공되었다.

또한 아래 화면과 같이 Super Categories(최상위 카테고리)와 Subcategories(하위 카테고리)에 대한 정보와 함께 검색자 의도, 클릭 유도 제목, 메타 설명 등이 상세하게 제공된 것을 확인할 수 있다.

Super Categories (최상위 카테고리):

1. 비즈니스 활용 (Business Utilization)
2. 데이터 분석 (Data Analysis)
3. 고객 서비스 (Customer Service)

Subcategories (하위 카테고리):

1. 정보적 (Informational)
2. 상업적 (Commercial)

검색자 의도 (Search Intent):

1. 정보적 (Informational): 사용자는 ChatGPT 비즈니스 활용에 대한 정보와 가이드를 찾고 있습니다.
2. 상업적 (Commercial): 사용자는 ChatGPT를 상업적으로 활용하는 서비스나 솔루션에 대한 정보와 제안을 찾고 있습니다.

Click-enticing Titles (클릭 유도 제목):

1. ChatGPT 비즈니스 활용 가이드
2. ChatGPT 업무 효율화 방법
3. ChatGPT 비즈니스 전략 개발
4. ChatGPT AI 컨설팅 서비스
5. ChatGPT 데이터 분석 가이드
6. ChatGPT 비즈니스 인텔리전스 솔루션
7. ChatGPT 데이터 시각화 툴
8. ChatGPT 고객 서비스 자동화 방법
9. ChatGPT 가상 도우미 서비스
10. ChatGPT 실시간 채팅 지원 서비스

Meta Descriptions (메타 설명):

1. "ChatGPT 비즈니스 활용에 대한 포괄적인 가이드로 적합한 정보를 찾아보세요. 비즈니스에서 ChatGPT를 활용하는 방법, 전략 및 팁을 알려드립니다. 지금 클릭하여 시작하세요!"
2. "ChatGPT를 활용하여 비즈니스 업무를 효율적으로 처리하는 방법을 알려드립니다. 업무 생산성을 향상시키고 시간을 절약하세요. 자세한 내용은 지금 확인하세요."
3. "ChatGPT를 활용하여 비즈니스 전략을 개발하는 방법을 배워보세요. 성공적인 비즈니스 전략 구축에 도움을 주는 가이드입니다. 지금 읽어보세요!"
4. "ChatGPT를 활용한 AI 컨설팅 서비스로 비즈니스에 혁신을 가져오세요. 최신 기술과 전문가 지식으로 최적의 솔루션을 제공합니다. 지금 상담 신청하세요!"
5. "ChatGPT를 사용한 데이터 분석 방법과 최신 데이터 분석 도구에 대해 알아보세요. 데이터로부터 인사이트를 도출하는 데 도움이 됩니다. 자세한 내용을 확인하세요!"
6. "ChatGPT를 활용한 비즈니스 인텔리전스 솔루션으로 데이터 기반 의사 결정을 강화하세요. 비즈니스 성과 향상에 도움이 되는 서비스입니다. 지금 알아보세요."
7. "ChatGPT를 사용하여 데이터를 시각적으로 표현하는 방법을 알려드립니다. 데이터 시각화를 통해 더 나은 인사이트를 얻으세요. 자세한 내용을 확인하세요."
8. "ChatGPT를 활용하여 고객 서비스를 자동화하는 방법을 알려드립니다. 효율적인 고객 응대와 서비스 개선을 위한 가이드입니다. 지금 읽어보세요!"
9. "ChatGPT를 활용한 가상 도우미 서비스로 고객 서비스 수준을 향상시키세요. 24시간 서비스와 지능적인 응대를 제공합니다. 지금 상세 정보를 확인하세요!"
10. "ChatGPT를 활용한 실시간 채팅 지원 서비스로 고객 문의와 응대를 신속하게 처리하세요. 탁월한 고객 경험을 제공합니다. 지금 상세 내용을 알아보세요!"

이와 같이 내가 원하는 키워드를 넣으면 관련 키워드를 핵심 내용에 대해서 상세하게 표로 정리해주기 때문에 다양한 업무 및 비즈니스에 활용 할 수 있다.

Part 7.

일상 활용 및 자기 개발 활용 사례

ChatGPT를 활용해서 이력서 및 자기소개서 쓰기

ChatGPT를 활용 해서 취업 또는 이직을 하기 위한 이력서를 차별성 있게 쓸 수 있다.

이력서는 나의 첫 인상이자 나의 상세 페이지이다.

누구나 취업 준비 및 이직을 위해서는 이력서, 자기소개서를 써야 하고 경력직이라면 경력 기술서를 써서 제출해야 한다. 물론 자기소개서를 잘 쓰는 것은 중요하다. 글로 쓰는 면접과 같은 역할을 하기 때문이다. 하지만 자기소개서만큼 중요한 것이 바로 이력서와 경력 기술서이다. 자기소개서가 글로 쓰는 면접이라면 이력서는 나를 보여주는 첫 인상이자 상세 페이지라 할 수 있다.

ChatGPT는 자연어 처리(NLP) 기술을 사용하여 대규모 데이터가 학습되었기 때문에 다양한 이력서를 분석하고, 이력서 및 자기소개서 작성에 필요한 여러 가지 정보와 패턴을 이해해서 내가 원하는 이력서를 작성할 수 있다. 따라서 ChatGPT를 이용하여 이력서를 작성하면, 채용 담당자가 원하는 정보를 포함하고, 적절한 표현과 문장 구조를 사용하여 작성 될 수 있다.

일반적으로 이력서를 작성할 때는 필수적으로 들어가야 하는 요소들이 있다. 그 요소들은 다음과 같다. 개인정보(이름, 연락처), 간단한 자기소개(3줄~4줄), 이전 직장 혹은 직무 관련 경력, 최종학력, 수상경력 및 기타 활동, 자격증 및 어학 성적 등이다.

ChatGPT를 활용해서 어떻게 이력서를 작성하면 더 쉽게 이력서를 작성하고 조금이라도 더 차별성 있게 작성하여 취업 및 이직에 도움이 되는지 살펴보도록 하겠다.

먼저 이력서나 자기소개서를 작성할 경우에는 ChatGPT에게 먼저 나에 대한 정보를 제공해야 한다. 예를 들어 나의 주요 경력, 핵심 경험 및 기술, 학위, 자격증, 프로젝트 수행 경험 등 기타 관련 정보를 제공하고, 해당 키워드와 해당 항목이 직무에 어떻게 기여할 수 있는지 핵심 내용을 먼저 제공 한다.

ChatGPT 질문 예시, 아래 내용을 참고해서 콘텐츠 크리에이터로 취업하기 위한 이력서를 작성해줘.

나는 정종기이고, 나의 연락처는 010-3228-5578이다. 나의 이메일은 topjjk@naver.com이다. 서울대학교를 2020년 2월에 졸업하였고, 경영학을 전공하였다. 세부 전공은 마케팅이다. 나의 직무 경력은 네이버 블로그 크리에이터, 카카오 브런치 작가로 활동하고 있는 SNS 콘텐츠 크리에이터이고 에디터이다. 독서, 일상에 관련한 공감 에세이 콘텐츠 작성, 가독성을 위한 글 디자인 구조화와 페이지 유입을 위한 글 제목 카피라이팅에 차별성을 가지고 있다. 최근에는 조회수 15만회, 단일 아티클 조회수 약 3만회를 달성했다.

기타 활동으로는 캐나다, 미국 해외 취업 강연, 월드잡 토크 콘서트 해외 취업 설명회 강연 등을 한 경험이 있다.

내가 취득한 자격증은 컴퓨터 활용능력 2급 취득, GAIQ 자격증을 취득 하였다. 나의 토익 점수는 880점이다.

서울시에서 주최한 서울을 홍보하는 서울 콘텐츠 공모전에서 우수상을 수상하였다.

① **ChatGPT를 활용한 이력서 작성**

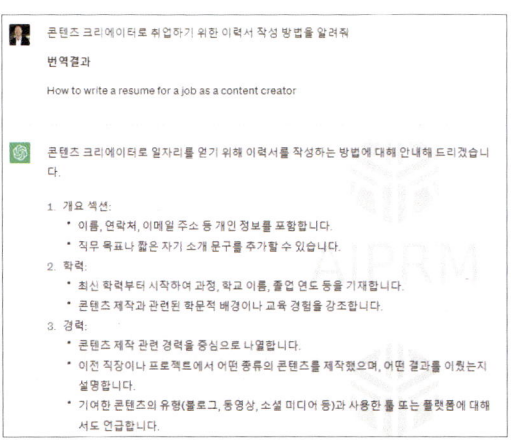

4. 기술/역량
   * 콘텐츠 제작과 관련된 기술과 역량을 강조합니다.
   * 콘텐츠 관리 플랫폼(예: WordPress, YouTube), 편집 도구(예: Adobe Creative Suite), 검색 엔진 최적화(SEO) 등의 기술을 언급합니다.
   * 쓰기, 편집, 비주얼 디자인, 영상 편집 등의 역량을 강조합니다.
5. 포트폴리오
   * 작성한 콘텐츠의 링크나 포트폴리오를 첨부합니다.
   * 블로그, YouTube 채널, 소셜 미디어 프로필 등을 통해 자신의 작업물을 시각적으로 나타내어 링크로 제공합니다.
6. 수상/활동
   * 콘텐츠 제작과 관련된 수상 경력이나 참여한 프로젝트, 봉사 활동 등을 소개합니다.
   * 인지도 있는 상을 수상했거나, 주목받은 프로젝트에 참여했거나, 업계 관련 이벤트에 참석했다면 언급합니다.
7. 참고 사항
   * 콘텐츠 크리에이터로서의 특별한 관심

② 상세 정보를 입력하고 ChatGPT를 활용한 이력서 작성

 아래 내용을 참고해서 콘텐츠 크리에이터로 취업하기 위한 이력서를 작성해줘.
나는 정종기이고, 나의 연락처는 010-3228-5578이다. 나의 이메일은 topjjk@naver.com이다. 서울대학교를 2020년 2월에 졸업하였고, 경영학을 전공하였다. 세부 전공은 마케팅이다. 나의 직무 경력은 네이버 블로그 크리에이터, 카카오 브런치 작가로 활동하고 있는 SNS 콘텐츠 크리에이터이고 에디터이다. 독서, 일상에 관련된 공감 에세이 콘텐츠 작성, 가독성을 위한 글 디자인 구조화와 페이지 유입을 위한 글 제목 카피라이팅에 차별성을 가지고 있다. 최근에는 조회수 15만회, 단일 아티클 조회수 약 3만회를 달성했다.
기타 활동으로는 캐나다, 미국 해외 취업 강연, 월드잡 토크 콘서트 해외 취업 설명회 강연 등을 한 경험이 있다.
내가 취득한 자격증은 컴퓨터 활용능력 2급 취득, GAIQ 자격증을 취득 하였다.
나의 토익 점수는 880점이다.
서울시에서 주최한 서울을 홍보하는 서울 콘텐츠 공모전에서 우수상을 수상하였다.

 성함: 정종기
연락처: 010-3228-5578
이메일: topjjk@naver.com

학력:
* 대학교: 서울대학교
* 전공: 경영학
* 졸업 연도: 2020년 2월
* 전공 분야: 마케팅

경력:
* SNS 콘텐츠 크리에이터 및 편집자
   * Naver 블로그 크리에이터 및 Kakao Brunch 작가로 근무
   * 일상생활과 관련된 공감에 기반한 에세이 콘텐츠의 독창성
   * 가독성을 위한 텍스트 디자인 및 페이지 유입을 위한 제목 작성
   * 최근에는 하나의 글에 대해 약 150,000회 조회수 및 약 30,000회 조회수 달성

활동:
* 캐나다 및 미국에서 해외 취업에 대한 강의 진행
* World Job Talk Concert 해외 취업박람회에서 강의 진행

자격증:
* 컴퓨터 활용능력 2급
* GAIQ(Google Analytics Individual Qualification) 자격증

영어 능력:
* TOEIC 점수: 880점

수상:
* 서울시 주최 서울 홍보 콘텐츠 대회에서 우수상 수상

위의 정보를 참고하여 콘텐츠 크리에이터로 지원하는 이력서입니다.

③ 상세 정보를 입력하고 ChatGPT를 활용한 자기소개서 작성

> 아래 내용을 참고해서 콘텐츠 크리에이터로 취업하기 위한 자기 소개서를 작성해줘.
> 나는 정종기이고, 나의 연락처는 010-3228-5578이다. 나의 이메일은 topjjk@naver.com이다. 서울대학교를 2020년 2월에 졸업하였고, 경영학을 전공하였다. 세부 전공은 마케팅이다. 나의 직무 경력은 네이버 블로그 크리에이터, 카카오 브런치 작가로 활동하고 있는 SNS 콘텐츠 크리에이터이고 에디터이다. 독서, 일상에 관련한 공감 에세이 콘텐츠 작성, 가독성을 위한 글 디자인 구조화와 페이지 유입을 위한 글 제목 카피라이팅에 차별성을 가지고 있다. 최근에는 조회수 15만회, 단일 아티클 조회수 약 3만회를 달성했다.
> 기타 활동으로는 캐나다, 미국 해외 취업 강연, 월드잡 토크 콘서트 해외 취업 설명회 강연 등을 한 경험이 있다.
> 내가 취득한 자격증은 컴퓨터 활용능력 2급 취득, GAIQ 자격증을 취득 하였다.
> 나의 토익 점수는 880점이다.
> 서울시에서 주최한 서울을 홍보하는 서울 콘텐츠 공모전에서 우수상을 수상하였다.

> 친애하는 채용 담당자님,
>
> 저는 정종기라고 합니다. 연락처는 010-3228-5578이며 이메일은 topjjk@naver.com입니다. 2020년 2월에 서울대학교 경영학을 전공하여 졸업했습니다. 전공은 마케팅입니다. 저는 SNS 콘텐츠 크리에이터 및 편집자로서 Naver 블로그 크리에이터 및 Kakao Brunch 작가로 일한 경험이 있습니다. 일상 생활과 관련된 공감에 기반한 에세이 콘텐츠를 읽고 쓰며, 가독성을 고려한 텍스트 디자인과 페이지 유입을 위한 제목 작성, 본문 내용에 맞춘 구조화를 통해 차별화를 이루었습니다. 최근에는 하나의 글에 대해 약 150,000회의 조회수와 약 30,000회의 조회수를 달성했습니다.
>
> 그 외의 활동으로는 캐나다와 미국에서의 해외 취업 강연 및 World Job Talk Concert 해외 취업 박람회에서의 강의 등의 경험이 있습니다. 또한 컴퓨터 활용능력 2급과 GAIQ(Google Analytics Individual Qualification) 자격증을 보유하고 있습니다. TOEIC 점수는 880점입니다. 또한 서울시 주최 서울 홍보 콘텐츠 대회에서 우수상을 수상한 경력이 있습니다.
>
> 콘텐츠 크리에이터로서의 역량과 경험을 바탕으로 팀에 가치를 제공하고 싶습니다. 저는 창의적인 콘텐츠 아이디어를 개발하고 독자들에게 감동과 영감을 전달할 수 있는 능력을 가지고 있습니다. 텍스트 작성, 편집, 디자인, SEO 등 다양한 영역에서의 전문적인 역량을 활용하여 팀의 목표 달성에 기여하고 싶습니다.
>
> 본 이력서를 검토해 주셔서 감사합니다. 기회를 주시면 저는 팀에 큰 가치를 제공할 것을 확신합니다. 저에 대해 더 자세히 알고 싶으시다면 포트폴리오를 제공할 수 있습니다. 면접의 기회를 부여해 주시기를 간절히 기다리며, 부족한 부분에 대한 자세한 설명을 위해 면접에서 만나뵙길 바랍니다.
>
> 감사합니다.
>
> 정종기 드림

자기소개서 관련 프롬프트(예시)

- 네이버기업 신사업직무 자기소개서 신사업 예시 항목 사례 알려줘.

- (신사업 사례)를 추가해서 작성해줘. 일시, 장소, 내용 등과 함께 작성해줘.

- 위 내용에 ABC키워드를 중심으로 사례 들어줘.

- 위 내용에 ABC경험을 넣어서 작성해줘(장소, 시간, 행동 등).

- 위 내용에 네이버기업의 인재상을 반영해서 수정해줘.

- 위 내용에 지원직무를 강조해서 수정해줘.

- 위 내용을 두괄식으로 정리해줘.

- STAR기법에 맞게 구분해줘.

　　STAR: 상황(Situation), 과제(Task), 행동(Action), 결과(Result)

- 결과-증명-결과 기법에 맞춰 구분해줘.

자기 소개서 작성 후 보완하기

- 작성한 자기소개서를 읽기 쉽게 수정해줘.

- 작성한 자기소개서에 맞춤법 수정해 주고 이유도 설명해줘.

- 작성한 자기소개서를 취업에 도움이 되게 첨삭해줘.

- 작성한 자기소개서를 돋보이게 만들어 주는 소제목 10가지 추천해줘.

자기 소개서 작성 후 면접 준비하기 프롬프트 예시

프롬프트:

너는 네이버(https://www.navercorp.com/) 채용 면접관이다.

나는 네이버에 신사업직무 경력직으로 지원한 사람이다.

지금은 면접을 보고 있는 상황이다.

면접 질문 10개와 모범 답안을 함께 알려줘.

구분하기 좋게 표로 작성해줘.

ChatGPT를 활용해서 면접 준비하기

ChatGPT를 활용하여 면접을 성공적으로 준비하는 방법은 다양하다. 아래에서는 몇 가지 예시와 함께 구체적인 방법을 설명하겠다.

가. ChatGPT를 활용해 면접을 준비하기

① 자기소개 준비하기

예시: "IT 분야 경력직 자기소개를 어떻게 준비하면 좋을까?"

설명: ChatGPT에 특정 분야의 자기소개 준비 방법을 물어봄으로써, 그 분야에 맞는 전략적인 자기소개 방법을 제안받을 수 있다. ChatGPT는 다양한 경험과 업무 성과를 강조하는 방법, 업계의 특정 기술이나 경험을 어필하는 방법 등을 안내할 수 있다.

② 업무 경험 사례 준비하기

예시: "고객 만족도를 높인 경험에 대해 설명해줘."

설명: 구체적인 업무 사례에 대한 질문에 ChatGPT를 활용하여 답변을 준비할 수 있다. ChatGPT는 상황(Situation), 과제(Task), 행동(Action), 결과(Result)인 STAR 기법을 사용하여 답변을 구성하는 방법을 제시할 수 있다. 이를 통해 면접관에게 구체적이고 명확한 사례를 전달할 수 있다.

③ 예상 질문과 답변 연습하기

예시: "프로젝트 관리에서 가장 어려웠던 점과 그것을 어떻게 해결했는지 말해줘."

설명: ChatGPT에 다양한 예상 질문을 던져보고, 그에 대한 답변을 연습함으로

써 면접에 대비할 수 있다. ChatGPT는 다양한 상황에서의 효과적인 대응 방법이나 문제 해결 전략을 제안할 수 있다.

④ 업계 지식과 최신 트렌드 파악하기
예시: "최근 AI 기술의 발전이 비즈니스에 어떤 영향을 주고 있지?"
설명: ChatGPT를 통해 특정 분야의 최신 트렌드나 업계 지식을 물어보고, 면접에서 관련 질문이 나왔을 때를 대비할 수 있다. ChatGPT는 다양한 업계의 발전 동향, 기술적 진보의 영향 등에 대해 설명할 수 있다.

⑤ 비행기식 질문 대응 연습
예시: "팀 내에서 의견 충돌이 발생했을 때, 당신은 어떻게 대응하지?"
설명: 갈등 상황이나 팀워크에 관한 질문에 대해 ChatGPT를 사용하여 대응 방법을 연습할 수 있다. ChatGPT는 효과적인 의사소통 방법, 갈등 해결 전략 등을 제공하여 면접에서 자신감 있게 답변할 수 있게 돕는다.

이처럼 ChatGPT를 면접 준비에 활용하면 자기소개부터 업무 사례, 예상 질문 대응, 업계 지식 습득에 이르기까지 폭넓은 준비를 할 수 있다. 중요한 것은 자신의 경험과 역량을 진실되게 표현하면서도, 면접관이 관심을 가질 만한 포인트를 효과적으로 전달하는 것이다.

다음은 네이버회사 신사업 직무에 경력직으로 입사를 하기위해 면접을 준비하고 있는 상황을 ChatGPT를 활용해서 경쟁력 있는 면접을 볼 수 있도록 준비하는 과정을 설명해 보겠다. 먼저 프롬프트는 아래와 같이 준비해서 질문을 하면 된다.

프롬프트:
너는 네이버(https://www.navercorp.com/) 채용 면접관이다.
나는 네이버에 신사업 직무 경력직으로 지원한 사람이다.
지금은 면접을 보고 있는 상황이다.
면접 질문 10개와 모범 답안을 함께 알려줘. 구분하기 좋게 표로 작성해줘.

나. 채용 가능성을 높이기 위한 면접 준비 방법

채용 가능성을 높이기 위한 면접 준비 방법을 구체적으로 소개하게하면 다음과 같다. 이러한 전략들은 면접자가 면접관에게 긍정적인 인상을 남기고, 자신의 역량과 적합성을 효과적으로 전달하는 데 중점을 둔다.

① 기업과 직무에 대한 깊이 있는 이해

연구: 면접 전에 회사의 역사, 문화, 비전, 최근 소식, 그리고 지원하는 직무의 역할과 책임에 대해 철저히 조사한다.

적용: 면접 중에 회사와 직무에 대한 깊은 이해를 바탕으로 질문에 답하고, 자신이 회사에 어떤 기여를 할 수 있을지 구체적인 예를 들어 설명한다.

② **STAR 기법을 활용한 경험 사례 준비**
준비: 구체적인 업무 경험 사례를 준비하고, 상황(Situation), 과제(Task), 행동(Action), 결과(Result)의 STAR 기법에 맞추어 연습한다.
적용: 면접에서 경험 관련 질문이 나올 때, 준비한 STAR 기법을 활용하여 명확하고 구체적인 답변을 제공한다.

③ **자주 나오는 면접 질문에 대한 사전 준비**
준비: 자기소개, 장단점, 팀워크 경험, 갈등 해결 사례, 지원 동기 등 자주 나오는 질문에 대해 미리 답변을 준비한다.
적용: 면접 상황에서 당황하지 않고 자신감 있게 답변할 수 있도록 사전에 답변을 숙지하고 연습한다.

④ **비언어적 커뮤니케이션의 중요성 인식**
준비: 옷차림, 몸가짐, 눈맞춤, 목소리 톤 등 비언어적 요소에도 주의를 기울인다.
적용: 면접 중에 자신감 있는 태도와 긍정적인 비언어적 신호를 보내며, 면접관과의 좋은 첫인상을 구축한다.

⑤ **질문 준비하기**
준비: 면접 말미에 할 수 있는 질문을 미리 준비한다. 이는 회사나 직무에 대한 관심과 열정을 보여주는 좋은 방법이다.
적용: 면접관에게 회사의 문화, 팀 구성, 업무의 도전적인 측면 등에 대해 질문하여, 면접에 대한 적극적인 태도와 관심을 드러낸다.

⑥ **목소리와 말하기 연습**

준비: 명확하고 자신감 있는 말투로 답변할 수 있도록, 답변을 녹음하며 연습한다.

적용: 면접 당일, 연습한 대로 분명하고 자신감 있는 목소리로 답변하며, 면접관과의 소통을 원활하게 한다.

이런 방법들을 통해 면접 준비를 철저히 하면, 면접관에게 자신의 적합성과 열정을 효과적으로 전달할 수 있다. 중요한 것은 면접 준비 과정에서의 성실함과 진정성이다. 면접관은 지원자가 회사와 직무에 얼마나 잘 맞는지, 얼마나 열정을 가지고 있는지를 파악하려고 한다. 따라서, 자신만의 경험과 성과를 진솔하게 공유하는 것이 중요하다.

③
ChatGPT를 활용해 내가 원하는 주제로 소설 쓰기

ChatGPT는 인터넷을 포함한 방대한 양의 텍스트 데이터로부터 학습하며, 이 데이터에는 다양한 장르와 스타일의 소설, 이야기, 문학 작품 등도 포함되어 있다.

이러한 학습된 데이터를 기반으로 문장 구조와 문법, 어휘, 화법 등 언어적인 요소를 이해하고 소설을 생성 할 수 있다. 소설을 생성할 때 문학적 패턴, 스타일, 테마, 플롯(Plot) 등을 인식하여 이를 통해 소설 작성 시 일관성 있는 구조와 스타일을 유지하며 글을 작성하게 된다.

ChatGPT를 활용해서 내가 원하는 주제로 소설을 작성하기 위해서는 소설을 쓰는 방법과 원칙을 이해하는 것이 중요하다.

단편 소설 쓰는 방법의 공동 저자 **'Lucy V. Hay.'**의 글쓰기 워크샵 및 강의 내용을 중심으로 소설을 쓰는 방법에 대한 내용을 먼저 학습하고자 한다.

루시 헤이는 글쓰기 워크샵, 강의, 그녀의 블로그인 Bang2Write를 통해 작가들이 글 쓰는데 도움을 주는 활동을 하는 작가, 스크립트 에디터 겸 블로거 이다.

소설 쓰기는 대단히 힘들지만, 단편 소설이라면 누구든지 이야기를 짓고 완성할 수 있다. 다른 소설과 마찬가지로, 훌륭한 단편 소설은 독자에게 감동과 즐거움을 준다. ChatGPT를 활용해서 브레인스토밍, 초안 작성, 고쳐 쓰기의 과정을 통해 짧은 시간 내에 성공적으로 단편 소설을 쓸 수 있는 방법은 다음과 같다.

가. 내가 원하는 소설을 쓰기 위한 브레인스토밍

① 플롯 또는 줄거리를 떠올린다.

무엇에 대한 이야기이며 어떤 사건이 일어날 것인지에 대하여 생각해본다. 무엇을 설명하고 묘사할 것인지를 고려해야 한다. 이야기 전개에 대한 접근 방법과 관점을 결정해야 한다.

플롯(Plot)은 인과관계에 기인한 사건의 이야기이다.

예를 들어, 주인공이 안 좋은 사건을 해결해야 하거나, 반갑지 않은 친구 또는 가족이 찾아오는 것과 같은 단순한 플롯으로 시작할 수도 있다.

주인공이 다른 차원의 공간에서 깨어나거나 다른 사람의 깊은 비밀을 알게 되는 등 보다 복잡한 플롯으로 시작하는 것도 가능하다.

② 입체적인 주인공을 부각시킨다.

대부분의 소설은 최대 한두 명의 주인공에 초점을 둘 것이다. 욕망과 원하는 일이 분명하지만, 모순도 많은 주인공을 떠올릴 수 있다. 단순히 선한 인물과 악한 인물이 아닌, 주인공의 흥미로운 면들을 부각시켜서 입체적이고 균형 잡힌 모습으로 묘사하는 것이 좋다.

주인공 묘사에 영감을 줄만한 실제 인물의 모습을 참고하는 것도 가능하다.

예를 들어, 학교에서 집단 따돌림을 당하는 남동생을 보호하려고 하지만, 동시에 학교생활에 잘 적응하려고 하는 십대 소녀가 주인공이 될 수 있다. 아니면, 이웃 사람과 친한 친구가 되고자 하는데, 그 이웃이 불법 행위에 연루되어있다는 사실을 알게 된 고독한 노인이 주인공일 수도 있다.

③ 주인공의 갈등 상황을 만든다.

모든 단편 소설에는 주인공이 어려움이나 문제를 해결해야 하는 갈등 상황이 전개된다. 소설 전반부에 주인공의 갈등 상황을 다루는 것이 좋다. 주인공의 힘들고 어려운 삶을 그리는 것은 좋은 시도이다.

예를 들면, 주인공이 원하는 것을 얻기 위해 어려운 시기를 극복하려고 하거나, 힘들고 위험한 상황에 빠져서 반드시 살아남기 위한 길을 찾아야 할 수도 있다.

④ 흥미로운 배경을 선택한다.

사건이 전개되는 배경은 단편 소설의 또 다른 핵심 요소다. 소설의 중심이 되는 배경을 정한 다음, 등장 인물들의 장면에 따라 세부 사항들을 포함시킨다. 당신이 흥미롭다고 여길 뿐만 아니라, 독자들도 흥미를 느낄 수 있는 배경을 선택해야 한다.

예를 들어, 당신의 모교나 화성의 작은 식민지를 소설의 배경으로 정할 수 있을 것이다.

독자에게 혼란을 줄 수 있으므로, 너무 많은 배경을 사용하지 않도록 하자. 단편 소설에는 한두 가지 배경이면 충분하다.

⑤ 특정 주제에 대해 생각해본다.

많은 단편 소설들이 한 가지 주제에 초점을 맞추고 서술자나 주인공의 시점에서 그 주제를 탐구한다. '사랑', '욕망', '상실' 등과 같은 폭넓은 주제를 선택하고 주인공의 시점에서 그 주제를 생각해보도록 한다.

'형제간의 사랑', '우정을 향한 열망', '부모님의 죽음'과 같은 보다 구체적인 주제에 초점을 두는 것도 가능하다.

⑥ 절정 단계를 구성한다.

훌륭한 단편 소설에는 주인공의 감정이 최고조에 달하는 충격적인 장면이 있어야 한다. 절정의 순간은 일반적으로 소설의 후반부나 끝부분에 나온다. 이 장면에서 주인공은 당황하거나, 궁지에 몰리고, 절박해지며, 심지어 통제 불능 상태에 빠질 수도 있다.

예를 들면, 고독한 노인 주인공이 이웃의 불법 행위로 인하여 대립해야 하는 상황이나, 십대 소녀 주인공이 학교의 집단 따돌림에 맞서서 남동생을 지켜야 하는 상황이 절정 단계가 될 수 있을 것이다.

⑦ 반전이 있거나 충격적인 결말을 생각한다.

독자가 예상할 수 있는 뻔한 결말이 아닌, 놀라움과 충격, 흥미를 줄 수 있는 결말을 구성하기 위해 ChatGPT를 활용해서 브레인스토밍 하는 것이 좋다. 독자가 결말을 예상할 수 있게끔 일부러 안정감을 준 다음, 다른 인물이나 장면으로 전환하여 충격적인 내용을 전개해야 한다.

틀에 박힌 설정이나 흔한 플롯으로 반전을 만드는 진부한 결말을 피하자. 긴장감과 박진감을 더하면 독자가 충격적인 결말이라고 여길 것이다.

⑧ 단편 소설 몇 편을 찾아서 읽는다.

실력 있는 작가들의 작품들을 읽고, 독자들을 사로잡는 성공적인 단편 소설을 쓰는 방법을 알아보는 것도 방법이다. 문학, 공상 과학, 판타지에 이르기까지 여러 장르의 단편 소설을 읽는다. 작가가 이야기를 전개하는데 있어서 등장인물, 주제, 배경, 플롯 등을 어떻게 효과적으로 사용했는지 살펴본다.

나. 초안 작성하기

① 플롯의 개요를 잡는다.

전개, 상승, 절정, 하강, 결말의 5단계 플롯 개요를 구성한다. 시작, 중간, 끝이 분명한 소설을 쓰기 위해서 개요를 참조한다.

스노우플레이크 기법(Snowflake Method)을 시도할 수 있다. 한 문장의 요약, 한 문단의 요약, 모든 등장인물 소개, 장면들을 설명하는 표를 작성한다.

② 시작 부분을 매력적으로 만든다.

시작 부분에 독자들의 주의를 끌 수 있는 행동, 갈등, 특이한 장면들이 있어야 한다. 첫 문단에 독자에게 주인공과 배경을 소개하고, 소설의 핵심주제 및 아이디어를 알게 한다.

첫 문장을 다음과 같이 써보자. '아내가 떠난 다음 날, 케이크를 만들 생각은 없었지만 혹시 설탕을 빌려줄 수 있는지 묻기 위해 옆집 초인종을 눌렀다.' 이 문장은 독자들에게 하여금, 과거의 갈등 상황, 아내와의 이별, 현재 서술자와 이웃 사이에 긴장감 등을 설명해준다.

③ 한 가지 시점을 고수해야 한다.

단편 소설은 일반적으로 1인칭 시점에서 이야기를 서술하고 한 가지 시점을 유지한다. 이 방법으로 단편 소설의 세계관이 분명해질 수 있다. 작가와 독자 사이에 다소 거리감이 생기지만, 3인칭 시점에서 서술하는 것도 가능하다.

대부분의 단편 소설은 과거시제를 사용하지만, 이야기에 속도감을 더하고 싶다면 현재시제로 쓰는 것도 가능하다.

④ 등장 인물을 밝히고 플롯을 전개시키기 위해서 대화를 사용한다.

단편 소설에서 대화는 항상 한 번에 여러 가지 역할을 한다. 등장 인물에 관한 것과 플롯에 추가할 사항을 독자에게 알려주기 위해서 대화를 사용해야 한다. 말하는 등장 인물이 누구인지 밝히고 장면에 긴장과 갈등을 더하는 지문을 포함시키는 것도 좋은 방법이다.

⑤ 배경에 대한 감각적인 세부 묘사를 한다.

주인공이 배경에서 어떤 감정, 소리, 맛, 냄새 등을 느끼는지 생각해본다. 배경을 묘사할 때 독자들에게 생생하게 전달될 수 있도록 감각을 사용한다.

예를 들어, 당신의 모교를 이렇게 묘사할 수 있을 것이다. '운동화, 헤어스프레이, 잃어버린 꿈과 분필 냄새가 나는 커다란 건물.' 또는, 집에서 바라보는 하늘을 다음과 같이 묘사한다. '이른 아침 근처 숲에서 온 자욱한 안개로 뒤덮인 하얀 종이와 같았다.'

⑥ 실현 또는 비밀을 드러냄으로써 결말을 짓는다.

실현과 비밀을 드러내는 과정이 심각하거나 명확해야 할 필요는 없다. 등장 인물들이 상황을 변화시키거나 다르게 바라보면서 섬세하게 그려낼 수 있다. 열린 결말과 같은 실현이나, 비밀을 드러냄으로써 문제가 해결되고 상황이 종료되는 결말을 만들 수 있을 것이다.

한 등장 인물의 변화를 드러내는 흥미로운 장면이나 대화로도 결말을 쓸 수 있다.

예를 들어, 주인공이 비록 친구를 잃더라도 이웃을 고발하기로 결심하는 장면과, 주인공이 피투성이가 된 동생을 데리고 저녁식사 하러 집에 가는 장면으로 결말을 낼 수 있다.

다. 초안 고쳐쓰기

① 단편 소설을 큰 소리로 읽는다.

각 문장, 특히 대화부분이 어떻게 느껴지는지 잘 들어본다. 문단 마다 이야기의 흐름이 자연스러운지 살펴보자. 어색한 문장이나 표현을 찾아서 나중에 수정할 수 있도록 밑줄을 긋는다.

플롯 개요를 따라 소설이 전개되고 주인공이 분명한 갈등 상황에 처해있는지 확인한다.

소리 내어 소설을 읽으면 맞춤법, 문법, 문장 부호의 오류를 찾는데 도움이 된다.

② 단편 소설의 명료함과 흐름을 위해서 고쳐 쓴다.

대부분의 단편 소설은 1,000~7,000단어, 또는 1~10페이지의 길이로 구성된다. 장면이나 문장을 삭제해서 짧고 간결한 이야기를 만들도록 하자. 반드시 소설에서 필수적인 세부 사항과 장면들만 포함시켜야 한다.

일반적으로 단편 소설은 길이가 짧을수록 더 좋다. 단순히 당신이 좋아하기 때문에 많은 내용을 전달하지 않는 문장이나 뚜렷한 목적 없는 장면을 포함시키지 않도록 하자. 계속해서 소설을 간결하게 다듬어야 한다.

③ 흥미로운 제목을 떠올린다.

대부분의 편집자와 독자들은 소설의 제목을 먼저 확인하고 읽고 싶은지 결정한다. 독자들에게 호기심과 흥미를 불러일으키는 제목을 선택해서 실제로 소설을 읽도록 만들어야 한다. 소설 제목을 정할 때 주제, 장면, 등장 인물의 이름을 사용하는 것이 일반적이다.

④ 다른 사람들로 하여금 단편 소설을 읽고 비평하도록 한다.

친구, 가족, 학교 동료들에게 단편 소설을 보여주고 감동적이고 몰입이 되는지 물어본다. 다른 사람들로부터 건설적인 비판은 당신이 쓴 소설의 발전에 도움이 되므로 받아들이는 것이 좋다.

글쓰기 모임에 참가하여 당신이 쓴 단편 소설을 워크숍에 제출하는 것도 가능하다. 다른 사람들로부터 피드백을 받은 다음 고쳐 쓰기를 해서 최고의 초안을 작성해야 한다.

ChatGPT를 활용해 사용자의 요구와 선호도에 따라 소설의 장르, 스타일, 캐릭터, 배경 등을 조절하여 이를 통해 개인화된 창의적이고 독창적인 소설을 작성 할 수 있다.

소설은 일반적으로 대중적인 장르인 판타지, 로맨스, 무협 등의 장르가 많다. ChatGPT의 도움을 받아 내가 원하는 주제로 소설을 쓸 수 있다.

아래는 저자가 ChatGPT를 활용해 소설을 쓰는 과정을 몇 가지 예로 직접 소설을 써보겠다.

예를 들어, "**메타버스에서 재미있게 살고 있는 내용**"을 중심으로 소설을 쓰면 다음과 같이 쓸 수 있다.

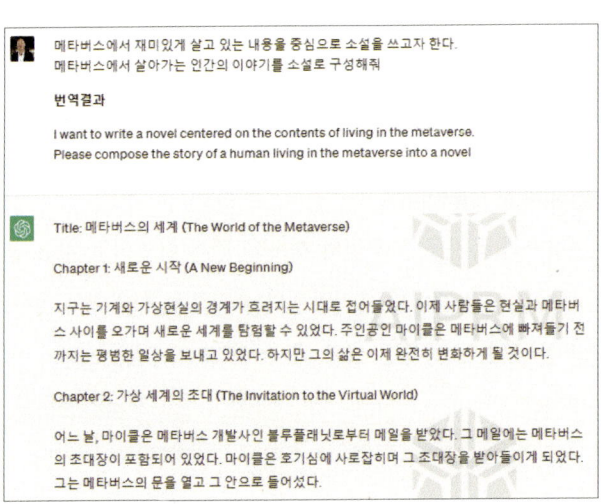

> Chapter 3: 메타버스의 모험 (The Adventure in the Metaverse)
>
> 메타버스 안에서 마이클은 자신만의 가상 아바타를 생성하고 자유롭게 탐험을 시작했다. 그는 높은 건물들과 빛나는 도시, 그리고 환상적인 풍경들을 만나며 새로운 친구들을 사귀기도 했다. 메타버스 안에서 마이클은 현실에서는 불가능했던 경험들을 즐길 수 있었다.
>
> Chapter 4: 현실과 가상의 경계 (The Boundary Between Reality and Virtual)
>
> 그러나 메타버스 안에서의 삶은 점자 현실과 가상의 경계가 흐려지는 것을 마이클은 알게 되었다. 그는 현실과 가상 사이에서 갈등을 겪기도 했고, 가상 세계에서 일어나는 일들이 현실에 영향을 미치기도 했다. 마이클은 이제 어디가 진짜인지 헷갈리며 자신의 정체성에 대해 고민하게 되었다.
>
> Chapter 5: 메타버스의 진실 (The Truth of the Metaverse)
>
> 마이클은 메타버스 안에서 특이한 현상들을 발견하며 그 진실을 파헤치기 시작했다. 그는 자신을 둘러싼 메타버스의 역할과 목적을 알게 되었고, 그것이 인류에게 미치는 영향을 이해하게 되었다. 마이클은 이제 메타버스 안에서의 삶과 현실을 조화롭게 이어나가야 할 결단을 내려야 했다.
>
> Chapter 6: 균형의 탐구 (The Quest for Balance)
>
> 마이클은 자신의 모험을 통해 메타버스와 현실 사이에서 균형을 찾아야 한다는 깨달음을 얻었다. 그는 메타버스에서 획득한 지식과 경험을 현실 세계에 적용하여 사회적인 변화를 이끌어내는 방법을 모색하게 되었다. 마이클은 메타버스를 넘어 현실 세계에서 진정한 의미 있는 존재로 살아가기 위해 힘차게 나아갔다.
>
> Chapter 7: 두 세계의 결합 (The Fusion of Two Worlds)
>
> 마이클은 결국 메타버스와 현실 사이에서 완전한 균형을 찾아냈다. 그는 메타버스 안에서의 경험과 지식을 이용해 현실에서의 문제를 해결하고, 사람들에게 새로운 가치를 전달하는데 성공했다. 마이클은 두 세계를 결합시키며, 현실과 가상이 상호보완적으로 공존할 수 있는 새로운 시대를 열었다.
>
> Epilogue: 새로운 가능성 (New Possibilities)
>
> 마이클은 자신의 메타버스에서의 모험을 마치고 새로운 가능성을 만끽하며 현실 세계로 돌아왔다. 그는 메타버스를 통해 얻은 경험을 공유하고, 사람들이 자신의 꿈과 열정을 메타버스 안에서 실현할 수 있도록 도와주는 새로운 사업을 창업했다. 마이클은 이제 현실과 메타버스 사이의 연결고리가 되어 인류의 미래를 개척하고자 한다.

다음은 내가 쓰고자 하는 소설의 스토리보드를 장면으로 구분하여 좀더 재미있게 구성하여 소설을 쓸 수 있다.

이 소설의 스토리보드를 장면으로 구분하여 작성해줘

번역결과

Write a storyboard for this novel divided into scenes.

장면 1: 비범한 세상

- 화면에는 평범한 현실 세계가 펼쳐진다. 사람들이 서로를 지나가고 일상적인 일들을 하고 있다.
- 대조적인 화면으로 메타버스의 환상적인 세계가 나타난다. 빛나는 도시, 푸른 하늘, 무한한 가능성이 가득한 장면들이 펼쳐진다.

장면 2: 초대장의 비밀

- 주인공 마이클이 메일함을 열고 블루플래닛의 초대장을 발견한다. 초대장은 신비로운 빛으로 둘러싸여 있다.
- 마이클이 초대장을 받아들이며, 초대장이 해제되어 가상 세계의 문이 열린다.

장면 3: 가상 아바타 탄생

- 마이클이 메타버스에 입장하여 자신의 가상 아바타를 생성하는 과정이 그려진다. 아바타는 마이클의 모습과 유사하면서도 새로운 특징을 갖추고 있다.
- 마이클은 아바타를 보며 자신의 새로운 모습에 신선함과 흥분을 느낀다.

장면 4: 탐험의 시작

- 마이클이 메타버스 안에서 탐험을 시작한다. 그는 높은 건물들을 오르내리며 도시의 경치를 감상한다.
- 마이클은 다른 사용자들과 교류하고, 함께 모험을 떠날 동반자들을 만난다.

장면 5: 현실과 메타버스의 교차

- 마이클이 메타버스 안에서의 경험들이 현실에 영향을 미치는 모습이 그려진다. 그는 메타버스 안에서의 친구들과 현실에서의 만남을 갖게 되고, 두 세계가 서로 교차하는 장면들이 펼쳐진다.

장면 6: 메타버스의 비밀

- 마이클이 메타버스 안에서 특이한 현상들을 발견하며 메타버스의 진실을 알아가는 과정이 그려진다.
- 그의 탐구는 점점 깊어지고, 그는 메타버스가 인류에게 미치는 영향과 그 중요성을 이해하게 된다.

장면 7: 균형의 탐구

- 마이클은 메타버스와 현실 사이의 균형을 찾기 위해 모험을 떠난다. 그는 지식을 쌓고 경험을 통해 두 세계를 조화롭게 이어가는 방법을 찾아나선다.
- 마이클의 내면의 탐구와 외부의 모험들이 서로 얽히며 진행된다.

장면 8: 결합과 새로운 가능성

- 마이클은 두 세계의 결합을 이루어내고 균형을 찾는다. 그는 메타버스와 현실이 상호보완적으로 공존할 수 있는 새로운 가능성을 찾아낸다.
- 마이클은 사람들에게 새로운 가치를 전달하고, 현실과 가상의 결합으로 인류의 미래를 개척하고자 한다.

장면 9: 열린 결말

- 마이클은 새로운 사업을 창업하고, 메타버스와 현실을 넘나들며 자신의 꿈을 실현한다.
- 결말은 열려있으며, 마이클의 모험은 계속될 것임을 시사한다.

다음은 챕터별로 소설을 쓰고 중간 중간에 위에서 구분한 장면의 내용이 포함되도록 소설을 쓰면 더 흥미롭고 재미있게 소설을 쓸 수 있다.

또 하나의 예는 ChatGPT에게 글쓰기 전문가 역할을 부여하고 **"형과 동생이 싸우는 내용"**을 중심으로 재미있는 소설을 쓰면 다음과 같이 쓸 수 있다.

프롬프트: 너는 글을 아주 잘 쓰는 전문가야.
형과 동생이 싸우는 소설을 재미있게 만들어 줘.
형이 시킨 치킨을 동생이 막무가내로 다 먹어버려서 싸우게 되고, 마지막에는 유머러스 하게 마무리하는 소설을 A4용지 5장 분량으로 재미있게 작성해 줘.

먼저 아래와 같이 프롬프트를 입력해서 소설을 쓰라고 질문(명령)한다.

> 이후 두 사람 사이에는 잠시 침묵이 흘렀습니다. 태민은 분노와 실망감을 감추려 애썼고, 지훈은 자신의 실수를 깨달으며 어떻게 해야 할지 고민했습니다. 그러나 태민은 곧 자신의 화가 동생을 향한 것이 아니라는 것을 깨닫고, 이 상황을 유머러스하게 전환시키기로 결심했습니다.
>
> "지훈아, 너 정말 치킨 좋아하니? 그럼 오늘은 네가 치킨의 참맛을 알게 해주겠어." 태민은 의미심장한 미소를 지으며 주방으로 향했고, 지훈은 형의 뒤를 이어 주방으로 갔습니다. 태민은 냉장고와 장에서 재료들을 꺼내기 시작했습니다.
>
> "오늘은 우리 집에서 직접 만드는 치킨 파티야. 지훈이가 주방 보조해." 태민의 제안에 지훈은 반신반의하는 마음으로 형을 도왔습니다. 그리고 그들은 함께 치킨을 만들기 시작했습니다. 태민은 치킨을 튀기는 방법부터 소스 만드는 법까지 세세하게 지훈에게 가르쳤고, 지훈은 형의 지시에 따라 열심히 따라했습니다.
>
> 두 사람이 함께 만든 치킨은 예상외로 맛있었습니다. "와, 형! 이거 진짜 맛있다. 우리 집 치킨집 해도 되겠는데?" 지훈이 놀라워하며 말했습니다. 태민은 그 말을 듣고 흐뭇하게 웃었습니다. "그래, 네가 다음에는 혼자 다 먹지 않게 내가 직접 만들어줄게."
>
> 그날 밤, 두 사람은 자신들이 만든 치킨을 먹으며 오랜만에 함께 시간을 보냈습니다. 치킨 한 마리 때문에 시작된 다툼은 결국 두 사람을 더욱 가까이 만들어주는 계기가 되었습니다. 그리고 그들은 앞으로도 이런 소소한 일상 속에서 서로를 소중히 여기기로 약속했습니다.

ChatGPT를 활용한 글쓰기에서 중요한 것은 다음 문장을 이어서 쓸 수 있도록 질문(명령)을 입력하는 방법이다.

계속 이어서 글을 쓰는 편리한 방법은 ChatGPT에게 아래와 같이 계속해서 이어서 쓰게 하는 것이다. 예를 들어 "계속 써줘(Continue writing please)"라는 명령어이다. 그리고 글을 이어서 쓸 때 내가 원하는 형태의 문장 또는 재미있는 표현 등이 포함될 수 있도록 예시를 들어서 계속 이어서 쓰도록 하면 더 흥미롭고 재미있게 소설을 쓸 수 있다.

> 그 후, 태민은 지훈에게 한 가지 제안을 했습니다. "지훈아, 우리 이번 주말에 치킨 대신 다른 걸 만들어 보는 건 어때? 요리도 같이 배우고, 우리 둘만의 특별한 시간을 만들어 보자." 지훈은 형의 제안이 반가웠고, "좋아, 형! 나도 요리에 관심 많았어. 형과 함께라면 더 재미있을 것 같아."라고 활짝 웃으며 대답했습니다.
>
> 이후, 태민과 지훈은 주말마다 함께 요리를 하며 서로의 관계를 더욱 돈독히 했습니다. 두 사람은 함께 요리하는 시간을 통해 서로에 대해 더 많이 알게 되었고, 가끔은 실패한 요리를 놓고 웃기도 하며 즐거운 시간을 보냈습니다. 이 과정에서 두 사람 사이에는 더 이상의 싸움은 없었고, 오히려 서로에 대한 이해와 배려가 깊어만 갔습니다.
>
> 태민과 지훈의 이야기는 그들 사이의 작은 오해와 싸움으로 시작되었지만, 결국 서로를 더욱 이해하고 사랑하게 되는 계기가 되었습니다. 이 소설을 통해 우리는 가족 간의 소통과 이해, 그리고 서로에 대한 사랑이 얼마나 중요한지를 다시 한번 느낄 수 있었습니다. 태민과 지훈처럼 때로는 작은 오해가 있을 수 있지만, 그것을 극복하고 서로를 더욱 사랑하는 방법을 찾는 것이 진정한 가족의 의미임을 깨닫게 해주는 이야기였습니다.

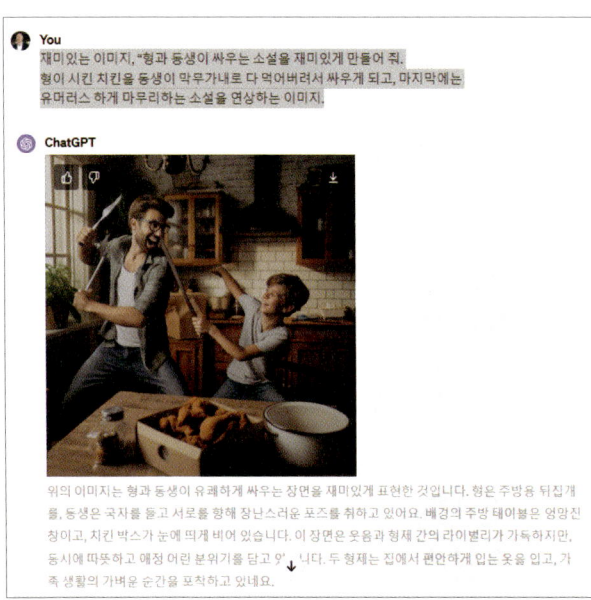

위 이미지는 저자가 입력한 질문(명령)으로 ChatGPT가 생성한 이미지(Seed No: 2797872284)이다.

④
ChatGPT를 활용해 책의 제목, 목차부터 챕터 원고까지 작성하기

ChatGPT를 활용해서 시, 소설, 시나리오작성, 작곡 등을 할 수 있다.

ChatGPT를 비롯한 생성형 AI를 이용해 좋은 결과물을 받아보려면 수준 높은 프롬프트를 입력하는 것이 중요하다.

ChatGPT는 대형 언어모델(Large Language Model: LLM) 로 사전에 훈련된 생성 변환기이다. 빅데이터의 '빅'처럼 어느 정도의 규모가 대형인지는 정해진 기준은 없지만 최근 초거대 AI 모델들의 매개 변수 수를 통해 상대적인 규모는 파악이 가능하다.

대규모 언어 모델은 대화 또는 기타 자연 언어 입력에 대해 인간과 유사한 응답을 생성하기 위해 방대한 양의 텍스트 데이터에 대해 훈련된 인공 지능의 하위 집합이라 할 수 있다. 이러한 자연어 응답을 생성하기 위해 LLM은 다층 신경망을 사용하여 복잡한 데이터를 처리, 분석 및 예측하는 심층 학습 모델을 사용한다.

ChatGPT는 "RLHF(Reinforcement Learning from Human Feedback)"라는 인간의 피드백을 통해 지속적으로 학습하고 성장해 나간다.

LLM은 종종 인간의 텍스트와 구별할 수 없는 고품질의 일관된 텍스트를 생성하는 능력이 독특하다. ChatGPT의 기반은 GPT-3으로 1,750억 개의 매개 변수가 있는데 지금은 GPT-4가 출시되어 약 1조 개 이상의 매개 변수를 예상할 수 있다. 그래서 번역, 요약, 시, 소설, 시나리오 쓰기를 포함한 광범위한 자연어 작업을 처리할 수 있다.

주제가 주어지면 문맥상 적절하고 문법적으로 올바른 다양한 응답을 생성 한다.

ChatGPT를 이용해 내가 쓰고자 하는 책의 제목과 목차 구성에서부터 내용 구성까지 제작이 가능하다. 특정 정보나 특정 주제로 책을 집필하기 전에 ChatGPT

가 제시하는 아웃라인이나 내용을 참조하여 필요한 정보나 자료 등을 수집, 가공하여 원고를 작성하는 것도 책 저술의 한 방법이라 할 수 있다.

ChatGPT는 구체적 상황을 제시하면 그에 맞는 답을 제시하는 특징을 가지고 있다. 그리고 질문의 맥락과 목적, 요구 사항을 자세히 적어주면 그에 맞는 답을 해 준다. 또한 앞 질문에 대한 답변에 계속 이어서 세부적으로 질문하면 맥락을 이어서 답변 가능 하다. 또한 ChatGPT를 직접 가르치면서 질문하면 좀 더 원하는 답변을 만들 수 있다(In-Context Learning). 즉, 대화 중에 사용자가 입력하는 문장(프롬프트)를 통해서 ChatGPT를 가르칠 수 있다.

ChatGPT로 책을 쓰려면 책의 줄거리나 주제에 대해 자세한 개요를 미리 제공하면 원하는 글에 가까운 글을 얻을 수 있다. 그러나 모든 책의 완성품은 저자의 저술 의도와 저자가 생각하는 가치관과 기준을 충족해야 하기 때문에 상당한 편집작업이 필요 할 수 있다.

ChatGPT를 비롯한 생성형 AI를 활용해 내가 원하는 좋은 글을 쓰기 위해서는 글을 잘 쓸 수 있도록 전문가들이 사전에 생성해둔 글쓰기에 최적화되어 있는 프롬프트 템플릿을 활용하는 것이다. 이것을 활용하기 위해서는 ChatGPT 확장 프로그램을 사용해야 한다. 그 중에서 AIPRM for ChatGPT는 전문가가 만들어 둔 프롬프트를 편리하게 사용할 수 있도록 도와주는 필수 확장 프로그램이다. ChatGPT 계정과 연동되어 있는 AIPRM for ChatGPT는 다양한 전문가가 제작한 프롬프트 세트 수 천개 구성되어 있는 확장 프로그램 플랫폼이다. 그 중에서 글쓰기에 최적화되어 있는 'Write a Complete Book In One Click'을 활용해 책을 저술할 수 있다.

ChatGPT와 연동되어 있는 이것을 활용해 특정 주제에 대한 전체적인 원고의 틀인 챕터(Chapter)를 구성하고 챕터를 중심으로 책을 저술해 나간다.

다음은 일반적인 책 쓰기를 ChatGPT를 활용하여 단계별로 작성 해보겠다.

① ChatGPT화면에서 New Chat을 클릭 한다.
② 화면 중앙 좌측에 있는 'Write a Complete Book In One Click'을 클릭한다.

③ Output in은 '한국어'로 선택하고 Tone과 Writing Style은 Default로 지정한다.

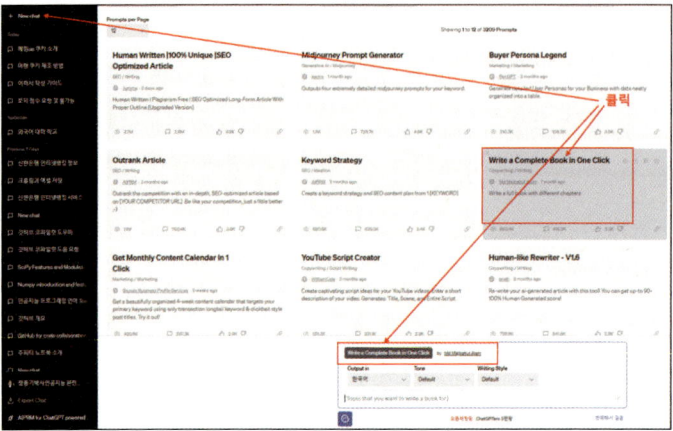

④ 책을 저술하고자 하는 저자가 생각하는 책의 제목을 입력 한다.
⑤ 예시, '50대가 알아야 할 성공적인 삶을 위한 비결'이라 입력 한다.

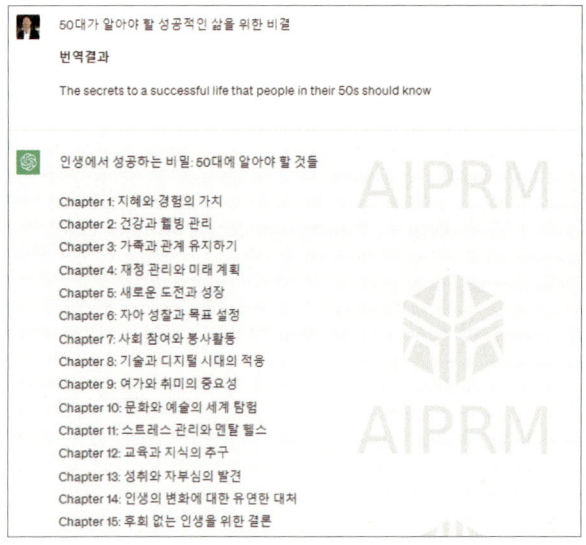

환영합니다!"인생에서 성공하는 비밀: 50대에 알아야 할 것들"은 여러분이 50대에 진입하면서 알아야 할 도전과 기회를 안내하는 포괄적인 안내서입니다. 이 책은 50대의 독특한 상황에서의 성공과 만족을 이루기 위한 지혜, 통찰력 및 실용적인 조언을 제공하는 목적으로 제작되었습니다.

본 책을 통해 여러분은 50대에 개인적인 성취, 직업적인 성공, 그리고 전반적인 복지를 달성하는 비밀을 탐색할 것입니다. 50대는 여러분이 인생의 중요한 전환점에 처해있는 시기로, 이 책은 이 중요한 단계를 최대한 활용할 수 있는 지혜와 통찰력을 제공하기 위해 노력했습니다.

본 책의 페이지를 통해 여러분은 50대에서 성공적인 삶을 이루기 위해 중요한 여러 가지 측면을 탐구할 것입니다. 변화와 새로운 시작을 수용하는 것부터 건강과 웰빙 관리, 가족 및 인간관계 유지, 재정 관리, 미래 계획, 새로운 도전과 성장, 자아 성찰과 목표 설정, 사회 참여와 봉사활동, 디지털 시대의 기술 적용, 여가와 취미, 문화와 예술 탐험, 스트레스 관리와 멘탈 헬스, 교육과 지식의 추구, 성취와 자부심의 발견, 그리고 인생의 변화에 대한 유연한 대처까지 각 장에서 다루게 될 것입니다.

전문가의 지혜, 개인적인 경험들, 그리고 연구에 기반한 전략들을 활용하여, 이 책은 여러분의 신뢰할 수 있는 동반자가 되어 실질적인 조언과 동기부여를 제공할 것입니다. 이 책에서 제시되는 지침을 실천함으로써, 여러분은 장애물을 극복하고 기회를 잡으며, 원하는 삶을 형성할 수 있는 도구와 마음가짐을 개발할 수 있을 것입니다.

50대는 안식이나 멈춤의 시기가 아닌, 새로운 지평을 탐색하고 목표를 재정의하며, 진정한 잠재력을 발견할 수 있는 시기입니다. 이 책에서 공유되는 비밀들은 여러분이 변화의 도전을 극복하고, 기회를 포착하며, 펼치고자 하는 가능성을 받아들이는 데 필요한 지식과 영감을 제공할 것입니다.

기억하세요, 50대는 결여하거나 굳어있을 때가 아닌, 새로운 지평을 탐색하고, 목표를 재정의하며, 미래를 형성하기 위한 기회입니다. 이 책에서 제공되는 비밀들을 실천함으로써, 여러분은 이 변혁적인 시기의 도전에 대처하고, 미래를 적극적으로 받아들이며, 원하는 가능성을 실현할 수 있는 도구와 마음가짐을 개발할 것입니다.

Chapter 1: 지혜와 경험의 가치

지혜와 경험은 인생에서 소중한 자산입니다. 50대에 접어들면서 이러한 가치에 대한 이해와 활용이 더욱 중요해집니다. 이 장에서는 지혜와 경험을 인생의 보물로 여기고, 이를 어떻게 활용할 수 있는지에 대해 탐구해보겠습니다.

50대는 여러분이 쌓아온 지식과 경험의 결과물을 바탕으로 새로운 관점을 발견하고, 자신의 삶과 주변 환경을 더 깊이 이해하는 시기입니다. 지혜와 경험을 가지고 있는 여러분은 이를 통해 더 현명한 결정을 내릴 수 있으며, 과거의 실수와 성공을 통해 배우고 성장할 수 있습니다.

이 장에서는 지혜와 경험을 어떻게 발전시킬 수 있는지에 대한 전략과 도구를 알아보겠습니다. 자기 반성과 학습을 통해 지식을 확장하고, 새로운 아이디어를 탐색하며, 사회와의 연결을 유지하며, 팀의 일원으로 참여하며, 멘토와 함께하는 경험을 통해 지혜와 경험을 더욱 풍부하게 만들 수 있습니다.

50대에 접어들면서, 우리는 자신의 지혜와 경험을 소중히 여기고, 그것들을 남들과 공유하며, 신중한 결정을 내리는 방법을 배우고 발전시키는 것이 중요합니다. 이 장을 통해 여러분은 자신의 지식과 경험을 존중하며, 인생의 다음 장으로 나아가는 데 필요한 지혜와 통찰력을 발전시킬 수 있을 것입니다.

(Word Count: 510)

⑥ 다음은 ChatGPT가 제시한 목차 중에서 'Chapter 2: 건강과 웰빙 관리에 대해서 1000자 이내로 작성 해줘' 라고 입력 한다.

> Chapter 2: 건강과 웰빙 관리에 대해서 1000자 이내로 작성해줘
>
> 번역결과
>
> Chapter 2: Write about health and wellness management in 1000 words or less

Chapter 2: 건강과 웰빙 관리

건강과 웰빙은 우리 삶에서 가장 중요한 가치 중 하나입니다. 하나 50대에 도달하면서 건강과 웰빙을 유지하고 관리하는 것이 더욱 중요해집니다. 이 장에서는 건강과 웰빙을 효과적으로 관리하기 위한 방법과 전략에 대해 다루고자 합니다.

1. 균형 잡힌 식단: 올바른 영양소 섭취는 건강과 웰빙을 유지하는 핵심입니다. 50대에 도달하면서는 식단에 신경을 써야 합니다. 신선한 과일과 채소, 곡물, 단백질, 지방의 적절한 조합을 포함한 균형 잡힌 식사를 챙기는 것이 중요합니다.
2. 정기적인 운동: 운동은 건강과 웰빙을 촉진하는 데 필수적입니다. 50대에 도달하면서는 심혈관 건강을 위해 유산소 운동과 심장 운동을 포함한 다양한 운동을 꾸준히 실천하는 것이 좋습니다. 또한 근력 운동과 유연성 향상을 위한 스트레칭도 중요합니다.
3. 스트레스 관리: 스트레스는 건강에 악영향을 줄 수 있는 요인입니다. 50대에 도달하면서는 스트레스 관리 방법을 익히는 것이 중요합니다. 일상적인 운동, 명상, 호흡법, 관계 유지, 휴식 시간 확보 등 다양한 스트레스 관리 방법을 시도해보세요.
4. 충분한 휴식: 충분한 휴식은 건강과 웰빙을 유지하는 데 중요합니다. 50대에 도달하면서는 균형 잡힌 생활과 충분한 수면 시간을 확보하는 것이 중요합니다. 휴식을 통해 몸과 마음의 회복력을 높이고 스트레스를 효과적으로 완화할 수 있습니다.
5. 정기적인 건강 검진: 50대에는 건강 검진을 정기적으로 받는 것이 중요합니다. 혈압, 혈당, 콜레스테롤, 유방암, 대장암 등 주요 질병의 조기 발견과 예방을 위해 건강 상태를 모니터링 하는 것이 필수입니다.
6. 신체적 및 정신적 자기 관리: 건강과 웰빙을 위해서는 신체적인 자기 관리뿐만 아니라 정신적인 자기 관리도 중요합니다. 50대에 도달하면서는 스스로에게 관심을 기울이고 돌봄을 해야 합니다. 취미, 관심사, 자기 개발 등을 통해 정신적인 만족과 성장을 추구해보세요.
7. 소셜 네트워킹과 지지 체계: 건강과 웰빙은 사회적인 연결과 지지 체계에 의해 강화됩니다. 50대에 도달하면서는 가족, 친구, 지역 사회와의 소셜 네트워킹을 유지하고, 상호 지원할 수 있는 관계를 구축하는 것이 중요합니다.

건강과 웰빙은 50대에서 즐거운 삶과 성공적인 노후를 위해 필수적인 요소입니다. 이 장에서 제시된 전략을 통해 여러분은 건강과 웰빙을 향상시키고, 자신의 인생을 더욱 풍요롭게 만들 수 있을 것입니다.

(Word Count: 430)

⑦ 다음은 ChatGPT가 제시한 목차 중에서 'Chapter 3: 가족과 관계 유지하기에 대해서 1000자 이내로 작성 해줘' 라고 입력 한다.

이렇게 계속해서 Chapter별로 질문을 해서 답변을 받은 내용을 내가 원하는 형태로 수정 보완해서 한 권의 책을 완성 한다.

5

ChatGPT를 활용해 내가 원하는 그림 생성하고 수정 변환하기

ChatGPT를 활용해 내가 원하는 그림을 생성하고 그림을 분석하고 다양한 스타일로 그림을 변형시킬 수 있다. 또한 ChatGPT 확장 프로그램이나 다른 기능을 활용해서 이미지를 생성하거나 소설이나 블로그를 쓰고 글과 연관된 이미지를 그리고 일부를 수정하는 방법을 살펴보면 다음과 같다.

첫 번째는 ChatGPT를 활용해 내가 원하는 그림을 생성할 수 있도록 질문을 하여 답변 받은 내용을 직접 AI 모델을 활용해서 이미지를 생성하는 방법이다. 즉, 텍스트를 입력하거나 이미지 파일을 삽입하면 AI가 알아서 그림을 생성해준다. 대표적인 것이 OpenAI 달리(DALL.E), MS사의 빙 이미지 크리에이터(Bing Image Creator), 미드저니(Midjourney), 스테이블 디퓨전(Stable Diffusion), Google의 ImageAn, 딥드림 제너레이터(Deep Dream Generator) 등이 있다.

이 중에서 OpenAI 달리(DALL.E)는 아래 그림과 같이 ChatGPT의 ChatGPT-4o, ChatGPT-4를 사용하여 내가 원하는 이미지를 즉시 생성할 수 있다. 이미지를 생성하는 방법을 설명하면 다음과 같다.

• 내가 원하는 이미지를 생성하기 위해서는 OpenAI사의 홈페이지인 https://chat.openai.com/ 주소를 통해 접속한다.
• 사용 방법은 아래 그림의 ChatGPT-4o or ChatGPT4를 클릭한다.

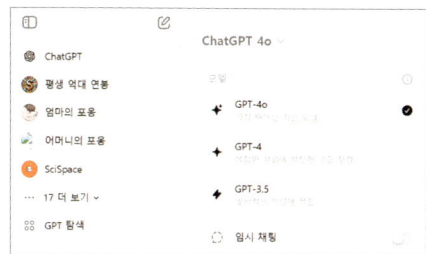 

• 다음은 아래 ChatGPT프롬프트 입력란에 내가 그리고자 하는 그림을 텍스트로 상세하게 입력한다.

예를 들어, 아래 입력 프롬프트와 같이 인공 지능 아트 스타일로 "행복한 가족"의 행복한 모습을 이미지로 생성해줘. 라는 텍스트를 입력하여 실행하면 아래와 같은 이미지를 생성해준다.

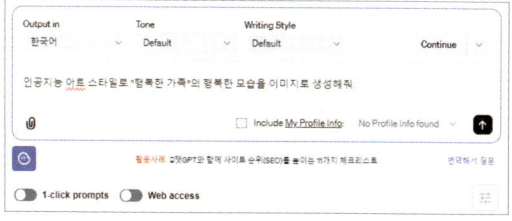

아래 그림은 위와 같이 입력한 텍스트 프롬프트 명령으로 생성된 이미지이다

다음은 DALL.E inpainting으로 그림 그리기

ChatGPT DALL.E에는 그림을 생성하고 또는 그림을 그리고 수정 및 변환하는 기능이 있다. 기존 이미지의 일부를 지우고 새 프롬프트를 넣어서 새로 그리는 그림이다.

inpainting이라는 방식이다.

예를 들어, 아래 입력 프롬프트와 같이 "쥬라기의 숲을 걷고 있는 귀엽고 통통한 녹색 강아지, 웃고 있는 모습"이라고 텍스트를 입력하여 실행하면 아래와 같은 이미지를 생성해준다.

*Seed No: 24795743

다음은 이미지를 선택하고 inpainting을 의미하는 붓 아이콘을 선택한다. 그리고 내가 수정 또는 변경을 원하는 위치에 붓 아이콘으로 색칠을 한다. 즉, 이자리에만 새로 입력하는 프롬프트를 적용하겠다는 뜻이다.

아래와 같이 프롬프트를 "머리 위에 둥근 흰색 뿔을 추가해줘" 입력한다.

*Seed No: 6616865811656992786

위에 새로 생성된 이미지는 다른 곳은 모두 그대로 두고 머리 위에만 둥근 흰색 뿔이 달렸다. 빛의 방향과 표현 방식 등이 주변 그림과 어울리도록 그려진다.

같은 방법으로 프롬프트를 "쥬라기의 숲 속을 걷고 있는 귀여운 아기사슴, 웃고 있는 모습"이라고 텍스트를 입력하고 실행하면 아래와 같이 이미지가 생성된다. 그리고 내가 변경을 원하는 아기사슴 목 부분에 붓 아이콘을 선택해서 칠하고 이곳에 예쁜 금색 목걸이를 걸어주었다.

*Seed No: 3059774633   *Seed No: 1390812578090376886

다음은 미드저니(Midjourney, https://midjourney.com/)를 예를 들어 그림을 생성하면 다음과 같다.

① 구글 검색창에서 'midjourney'라고 입력하거나, 위에 있는 주소를 통해 접속한다.

② 미드저니 웹 사이트 첫 화면에서 'Join the Beta'를 클릭하면 채팅 프로그램 디스코드(Discord)로 연결된다.

③ 디스코드 화면이 나오면 'Midjourney 참가하기'를 클릭한다. 위와 같은 하얀색 배경의 돛단배 아이콘을 기억해야 한다.

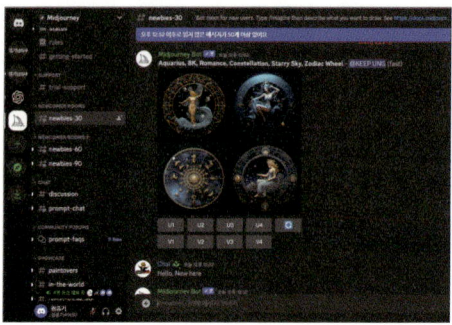

④ 위와 같이 다양한 아이콘이 왼쪽에 나열된 화면으로 이동 한다. 각 아이콘은 디스코드에 존재하는 다양한 분야의 채널을 의미한다. 여기서 돛단배 그림을 클릭하여 미드저니 채널로 접속하면 된다.

미드저니 채널에 접속하면 위의 그림과 같이 #이 붙은 이름과 같이 다양한 채팅방이 나타난다. 저자는 'newbies-30' 방을 선택하였다.

접속한 채팅방에는 이미 많은 사용자가 미드저니를 통해 다양한 이미지를 만들고 있는 모습을 확인할 수 있다.

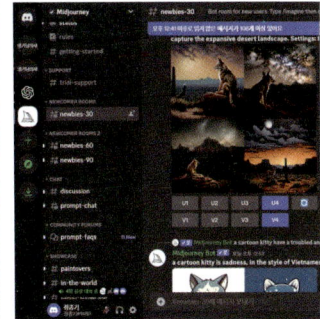

⑤ 다른 사용자들처럼 이미지를 생성할 수 있다. 채팅방 아래쪽의 입력창에 '/imagine'이라고 작성한다.

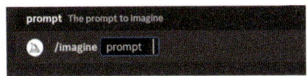

좌측에 있는 것과 같이 'prompt'라는 문자열이 자동 생성된다. 사용자는 내가 원하는 그림을 'prompt' 뒤에 서술하여 입력하면 미드저니가 그림을 4개 생성해준다. 이때 그림에 대해 서술하는 프롬프트는 현재는 영어로만 동작한다.

그림을 더 잘 생성하려면 ChatGPT를 활용해서 내가 원하는 그림에 대해 질문하고 답변을 영어로 받은 내용을 미드저니 프롬프트에 입력하면 더 효과적으로 그림에 대해 상세하게 묘사하여 생성할 수 있다.

⑥ 생성된 그림을 내가 원하는 형태로 계속 보완할 수 있다.

U1 U2 U3 U4 U 버튼은 선택한 이미지의 더 큰 버전을 생성하고 세부 정보를 추가하여 이미지를 업 스케일링해준다.

V1 V2 V3 V4 V 버튼은 선택한 그리드 이미지의 약간의 변형을 만들어 준다. 변형을 만들면 선택한 이미지의 전체 스타일 및 구성과 유사한 새 이미지 격자가 생성된다.

⑦ 이미지 저장은 이미지를 클릭하여 전체 크기로 연 다음 마우스 오른쪽 버튼을 클릭하고 'Save image' 선택한다. 모바일에서는 이미지를 길게 누른 다음 오른쪽 상단 모서리에 있는 다운로드 아이콘을 누른다. 모든 이미지는 'midjourney.com/app'에서 즉시 볼 수 있다.

⑧ 미드저니를 통해서 내가 원하는 그림을 생성하려면 내가 원하는 바를 미드저니가 이해할 수 있도록 세세하게 설명하는 것이 포인트이다.

주로 사용하는 명령어는 /imagine, /info, /help, /relax, /fast 등이 있다.

다음은 스테이블 디퓨전(Stable Diffusion, https://stablediffusionweb.com/)를 예를 들어 그림을 생성하면 다음과 같다.

① 구글 검색창에서 'Stable Diffusion'라고 입력하거나, 위에 있는 주소를 통해 접속한다.

② 스테이블 디퓨전 웹 사이트 첫 화면에서 'Get Started for Free'를 클릭하면 'Stable Diffusion Playground' 화면으로 이동된다.

③ 'Stable Diffusion Playground' 입력 화면에서 저자는 위와 같이 '귀여운 푸들 강아지를 그려줘(draw a cute poodle puppy)' 라고 했다.

6

달리(DALL.E) 이미지 생성 필수 프롬프트 10가지

ChatGPT를 활용해 내가 원하는 그림을 생성하고 그림을 분석하고 다양한 스타일로 변환해서 다시 생성할 수 있다.

달리(DALL·E)로 이미지를 생성할 때 유용하게 사용할 수 있는 필수 프롬프트 10가지를 아래와 같이 정리하였다. 이러한 프롬프트는 창의력을 발휘하여 다양한 이미지를 만드는 데 도움을 줄 수 있다.

① **상세한 설명:** 이미지가 구체적으로 어떻게 보이길 원하는지 세부적으로 설명한다. 색상, 분위기, 객체의 위치 등을 포함하는 것이 좋다.

② **시각적 특징 강조:** 특정 요소(예: 특정 종류의 식물, 건축 스타일)의 시각적 특징을 강조하여 더 정확한 이미지를 얻을 수 있다.

③ **조명 및 시간대 설정:** 이미지의 조명이나 시간대(예: 황혼, 새벽)를 지정하여 분위기를 조절한다.

④ **장르나 스타일 명시:** 특정 예술적 스타일(예: 인상주의, 미래주의)이나 그림 스타일(예: 수채화, 유화)을 명시하여 결과의 예술적 방향을 제시할 수 있다.

⑤ **감정이나 분위기 전달:** 이미지가 전달해야 할 감정이나 분위기(예: 평화로움, 긴장감)를 명확히 한다.

⑥ **스케일 및 관점 설정:** 대상의 크기나 이미지의 관점(예: 새의 눈뷰, 개미 눈높이)을 설정하여 독특한 시각적 효과를 만들 수 있다.

⑦ **배경과 환경 지정:** 특정 배경이나 환경(예: 중세 마을, 외계 행성)을 지정하여 스토리를 더욱 풍부하게 만들 수 있다.

⑧ **인터랙션 묘사:** 객체나 인물 간의 상호작용을 묘사하여 동적인 장면을 만든다(예: 사람과 동물이 함께 춤추는 모습).

⑨ **문화적 또는 역사적 참조:** 특정 문화나 역사적 사건을 참조하여 이미지에 깊이와 맥락을 추가한다.

⑩ **창의적 결합:** 상상력을 발휘하여 서로 다른 개념이나 객체를 결합해본다(예: 우주복을 입은 고양이가 달 위에서 스케이트보드를 타는 모습).

이러한 프롬프트는 달리(DALL·E)를 사용하여 다양하고 창의적인 이미지를 생성하는 데 도움을 줄 수 있다. 개별적인 요구 사항에 맞게 이러한 아이디어를 조합하거나 수정하여 사용하면 만족할만한 결과를 얻을 수 있다.

아래에서는 달리(DALL·E)로 이미지를 생성할 때 유용하게 사용할 수 있는 필수 프롬프트 10개를 반영하여 이미지를 생성해보겠다.

예시1) 하나의 프롬프트 내에서 여러 가지 요청사항 반영 수채화 그림 그리기

달리는 하나의 프롬프트 내 여러 가지 요청 사항을 정확히 반영할 수 있을 뿐만 아니라, 현 시점 텍스트를 이미지로 구현할 수 있는 몇 안 되는 AI 모델이다. 달리는 다수의 언어를 지원하며, 한글 프롬프트도 아주 잘 이해하는 편이다.

Prompt: 수채화, 숲에 버려진 화려한 중세 저택. 저택을 구경하는 다수의 관람객, 날아다니는 독수리 세마리(Watercolor painting, ornate medieval mansion abandoned in the forest. Many visitors looking at the mansion, three eagles flying.)

*Seed No: 3191843490

예시2) 1. 기본 이미지 그리기 2. Close up of~ 3. Extreme Close up of~

프롬프트를 효과적으로 작성하려면, 어떤 프롬프트가 어떤 결과를 가져올지를 정확히 알아야 한다. 다양한 프롬프트로 이미지를 생성해보며 프롬프트에 대한 이해도를 높이면, 원하는 이미지를 더욱 정확하게 생성할 수 있게 된다.

Prompt1: 스타벅스 커피 마시는 얼굴이 예쁜 한국 여성(pretty Korean woman drinking Starbucks coffee)

*Seed No: 3267278166

Prompt2: 스타벅스 커피를 마시는 예쁜 얼굴을 가진 상상 속의 여성 연예인을 가까이서 보기(Close up of an Imaginary female celebrity with a pretty face drinking Starbucks coffee)

*Seed No: 3439641042

Prompt3: 스타벅스 커피를 마시는 예쁜 얼굴을 가진 상상 속 여성 연예인의 극단적인 클로즈업(Extreme close up of an Imaginary female celebrity with a pretty face drinking Starbucks coffee).

*Seed No: 477200666

예시3) 1. Overhead Shot(위에서 아래로) 2. Aerial shot(공중 촬영) 3. Low angle shot(낮은 각도 샷으로 밑에서 위로 이미지를 표현할 때 효과적임)

Overhead Shot, Aerial shot은 위에서 아래를 바라보는 이미지를 표현할 때 사용할 수 있는 프롬프트이고, Overhead shot은 특정 대상(사람, 물체 등)이나 세부적인 부분에 초점을 맞출 때 사용하면 효과적이다. Aerial shot은 지형이나 장소의 전체적인 모습을 표현할 때 효과적이다. Low angle shot은 낮은 각도 샷으로 밑에서 위로 이미지를 표현할 때 효과적이다.

Prompt1: 머리 위에서 찍은 아름다운 한국 연예인은 스타벅스 텀블러를 들고 있는 아이유와 비슷하다(Overhead shot, a beautiful Korean celebrity looks like IU holding a Starbucks tumbler).

*Seed No: 3770416215

　Prompt2: 항공샷, 스타벅스 텀블러를 들고 있는 아이유와 닮은 한국의 아름다운 연예인(Aerial shot, a beautiful Korean celebrity looks like IU holding a Starbucks tumbler)

*Seed No: 777597350

　Prompt3: 낮은 각도 촬영, 해변에서의 불꽃놀이 축제(Low angle shot, fireworks festival at the beach)

*Seed No: 2815477347

Prompt4: 낮은 각도 샷, 스카이 스크래퍼 앞, 무지개(Low angle shot, in front of sky scrapper, rainbow)

*Seed No: 1904324442

예시4) 1. Black and white(흑백) 2. Monochromatic(단색의) 3. Iridescent(무지개 빛깔의, 빛에 따라 색이 달라지는)

달리가 이미지를 생성할 때 이미지의 분위기를 확 바꿀 수 있는 색상 관련 프롬프트 3가지가 있다. Black and white(흑백)은 흑백 이미지를 생성할 때 사용할 수 있는 프롬프트이다. Monochromatic(단색의)은 Monochromatic blue와 같이 색상과 함께 사용하면 이미지의 전체 색상이 blue 톤으로 생성된다. Iridescent(무지개 빛깔의, 빛에 따라 색이 달라지는)을 사용하면 이미지에 화려함을 더할 수 있다.

Prompt1: 흑백, 커피 한잔, 근처에 커피 식물(black and white, cup of coffee, coffee plants nearby)

*Seed No: 1989713436

Prompt2: 단색 파란색, 사막에 서 있는 거울 기둥, 초현실적, 디지털 예술, 작은 호랑이가 거울 앞에 있고 큰 호랑이가 반사되고, 타이거가 서로를 바라보고 있다(Monochromatic blue, a mirror monolith standing in the desert, surreal, digital art, a small tiger is in front of mirror and big tiger is reflected, tigers are looking at each other).

*Seed No: 3224211895

Prompt3: 무지개 빛, 커피 한잔, 근처에 커피 식물(Iridescent, cup of coffee, coffee plants nearby)

*Seed No: 2009319788

예시5) 내가 원하는 Text문구를 이미지에 표현하기

Text "문구" 형태의 프롬프트를 사용하면, 원하는 문구를 이미지에 표현할 수 있다. 달리도 영문 텍스트, 한글 텍스트를 매번 정확하게 구현하지는 못하기 때문에, 원하는 문구를 얻기 위해 동일한 프롬프트로 여러 번의 반복 생성 작업이 필요할 수 있다.

Prompt1 : 빈 공간에 "한국에 오신 것을 환영합니다"라는 문자, 한국 전통 건물
(Text "welcome to Korea" on a blank space, Traditional Korean buildings)

*Seed No: 993506863

Prompt2: 달과 별이 있는 우주에 떠 있는 잭 러셀 테리어의 픽셀 아트인 "korai.kr에 오신 것을 환영합니다"라는 텍스트(Text "welcome to korai.kr", pixel art of a Jack Russell Terrier floating in space with moon and stars)

*Seed No: 711440907

Prompt3: 단색 파란색, 사막에 서있는 거울 기둥, 초현실적, 디지털 아트, 작은 호랑이가 거울 앞에 있고 큰 호랑이가 반사되어 호랑이가 서로를 바라보고 있습니다. "korai.kr에 오신 것을 환영합니다"라는 문구(Solid blue, mirror pillar standing in the desert, surreal, digital art, a small tiger is in front of a mirror and a large tiger is reflected, the tigers are looking at each other. The text "Welcome to korai.kr")

*Seed No: 263476266

Prompt4: Picture with content below bigger dreams, Spread the wings of a dream, I will fly high in the sky, even higher. Towards a star bigger than a small star, I will draw a dream in an infinite universe. Our dreams are big, The world that that dream will create is wider, Get out of the box of small thoughts, I will move towards a bigger dream. Beyond fear, Walking the path of challenge, Dreaming of a tomorrow bigger than today, I will move towards a bigger dream.

*Seed No: 4266323511

예시6) 내가 원하는 말풍선을 이미지에 구현하고 Text문구를 말풍선에 표현하기

Text "문구"를 내가 원하는 말풍선에 표현할 수 있다. Speech Bubble(말풍선)을 이미지에 구현하고, 그 안에 텍스트를 넣을 수도 있다. Text문구를 말풍선에 3D로 표현하기도 가능하다. Blank Speech Bubble(빈 말풍선)을 구현한 후, 텍스트를 수동으로 삽입하는 방식으로 간단한 동화책을 만들어 볼 수도 있다.

Prompt1: A teddy bear, text "I'm JK" in a speech bubble.

*Seed No: 2428683166

Prompt2: A teddy bear, text "I'm good", in a 3D speech bubble.

*Seed No: 2056942557

Prompt2: A teddy bear, yellow flower next to teddy bear, blank speech bubble

*Seed No: 3410694164

달리(DALL.E) 시드넘버를 활용한 이미지 편집·수정 방법

ChatGPT를 활용해 내가 원하는 이미지를 생성하고 달리로 생성한 이미지에 부여되는 시드넘버(Seed No)를 활용해서 이미지를 편집 및 수정할 수 있다.

이 방법을 사용하면 원본 이미지의 특징을 최대한 보존하면서 원하는 변경 사항이 반영된 이미지를 생성할 수 있다.

사용자가 이미지 생성을 요청하면, 먼저 이미지의 전반적인 스타일과 특성을 결정하는 시드넘버(Seed No)가 랜덤하게 선택된다. 그 후 사용자가 입력한 프롬프트를 기반으로 이미지의 내용과 세부 사항이 결정된다. 이를 요리에 비유하면, 시드넘버는 요리의 기본 재료와 같고, 프롬프트는 그 요리의 레시피와 같다.

즉, 동일한 시드넘버와 프롬프트를 사용하면 항상 같은 또는 유사한 이미지가 생성된다. 프롬프트는 같지만 시드넘버가 다를 경우, 이미지의 스타일이나 특성이 달라질 수 있다.

원하는 이미지 스타일을 유지하면서 내용을 조금 변경하고 싶다면, 동일한 시드넘버를 사용하고 프롬프트만 약간 수정하는 방법을 활용할 수 있다.

아래는 동일한 시드넘버와 하나의 단어만 변경(Dog → Cat)한 프롬프트를 사용해서 유사한 이미지를 만든 예시이다.

예시1) 동일한 시드넘버로 이미지 다시 생성하기

*프롬프트: 도심의 중앙에 있는 고양이

*프롬프트 : 시드넘버 4180889853 Dog

* Seed No: 4180889853   * Seed No: 4173118840

달리를 활용 해서 시드넘버 지정 없이 이미지를 생성하면 자동으로 시드넘버가 부여된다. 동일 시드넘버 + 동일 프롬프트 = 계정 상관없이 같은 또는 유사한 이미지가 생성된다.

아래는 위에서 생성한 이미지와 시드넘버로 이미지를 생성한 예시이다.

*프롬프트 : Seed No 4180889853, 도심의 중앙에 있는 고양이

* Seed No: 1889015689

예시2) 시드넘버를 활용한 이미지 편집

위에서 생성한 이미지의 시드넘버로 이미지를 편집해보겠습니다.

*프롬프트 : Seed Number 1889015689 사용해줘. 하늘을 날아다니는 강아지

* Seed No: 297585553

고양이의 모습은 원본과 유사하지만, 고양이의 포즈나 배경 등의 변화로 인해 전체적인 분위기가 달라진 것을 알 수 있다.

예시3) 원본 이미지 프롬프트 확보 및 편집하기

다음으로 원본 이미지의 프롬프트를 확보한다. 원본 이미지의 프롬프트는 이미지를 클릭하면 나오는 창에서 확인할 수 있다.

*프롬프트: photo of a playful golden retriever puppy running in a grassy park with a blue sky overhead

* Seed No: 3925121640

프롬프트 편집 방법은 먼저 원본 이미지의 프롬프트를 수정한다. 원본 이미지의 강아지에 선글라스를 씌우기 위해 프롬프트에 wearing black sunglassess를 추가했다.

*수정된 프롬프트: Photo of a playful golden retriever puppy wearing black sunglasses running in a grassy park with a blue sky overhead

아래 2개의 예시는 시드넘버를 사용해서 다른 배경의 이미지를 생성한 예이다.

*프롬프트: 시드넘버는 2429450305 사용해줘. 아래 프롬프트 임의로 변경하지 말고 그대로 사용해서 이미지 생성해줘.

photo of a playful golden retriever puppy flying over a grassy park in a blue sky, 그리스 산토리니 배경

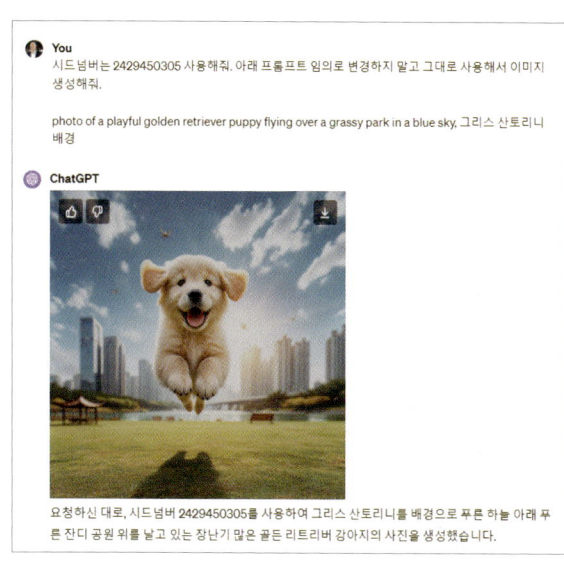

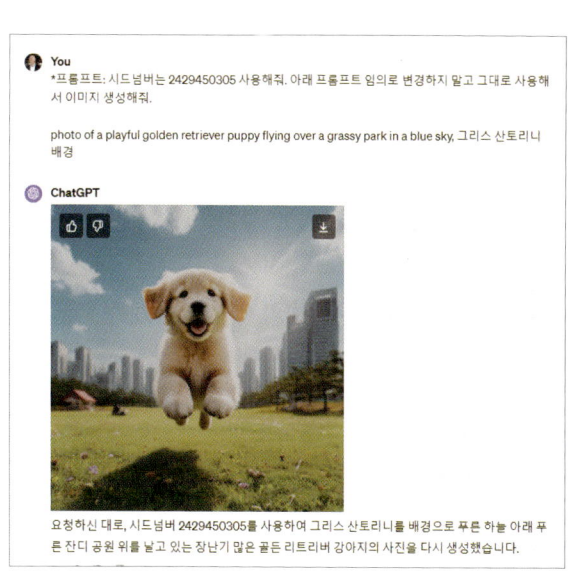

ChatGPT를 활용한 건강을 위한 다이어트 상담 사례

ChatGPT를 활용하여 일상 생활에서 건강을 위한 다이어트 방법을 추천받으려면, 질문자 현재 상태, 건강 목표, 생활 스타일, 선호하는 식단 및 운동 유형 등에 대해 구체적으로 설명해 주면 된다. 이러한 정보를 바탕으로, 질문자에게 맞춤화된 다이어트 방법을 제안할 수 있다. 다음은 몇 가지 질문 예시이다.

① 현재 상태와 목표 공유하기

"저는 현재 몸무게가 70kg이고, 키는 165cm입니다. 6개월 안에 5kg을 감량하는 것이 목표입니다. 어떻게 계획을 세우면 좋을까요?"

② 식습관과 선호도 언급하기

"저는 채식주의자이고, 매일 아침에는 시간이 부족해요. 빠르고 간편하게 준비할 수 있는 건강한 아침 식사 추천 부탁드립니다."

③ 운동 습관과 가능성 알리기

"평일에는 바빠서 운동할 시간이 별로 없어요. 하지만 주말에는 시간을 내서 운동하고 싶습니다. 주말에 집중할 수 있는 운동 프로그램은 무엇이 있을까요?"

④ 특정 건강 조건이나 제한 사항 공유하기

"당뇨병이 있어서 식사 계획을 할 때 탄수화물 섭취에 주의해야 해요. 당뇨병 환자를 위한 식단 관리 팁을 알려주세요."

⑤ 생활 패턴과 일상 활동 소개하기

"저는 사무직으로 일하고 있어서 대부분의 시간을 앉아서 보내요. 앉아 있는 시간을 줄이고 활동량을 늘릴 수 있는 방법이 있을까요?"

위와 같이 구체적인 상황과 목표를 제시하면, ChatGPT는 질문자의 요구 사항과 상황에 맞는 다이어트와 건강 유지 방법을 제안을 수 있다. 또한, 질문에 답하는 과정에서 추가적인 조언이나 팁도 함께 제공받을 수 있다. 아래는 ChatGPT를 활용해서 건강 다이어트 방법을 추천받은 사례이다.

프롬프트:

너는 세계 최고의 가정 의학 전문 의사야. 나는 50대 여성이야, 키는 165cm이고, 몸무게는 70kg이다. 내가 다이어트를 하려고 하는데 추천하는 방법이 있을까?.

6개월 기간 동안 다이어트 계획을 짜줘. 기간, 식단, 적합한 운동, 먹지 말아야 할 음식, 먹어도 되는 음식 등을 표로 작성 해줘.

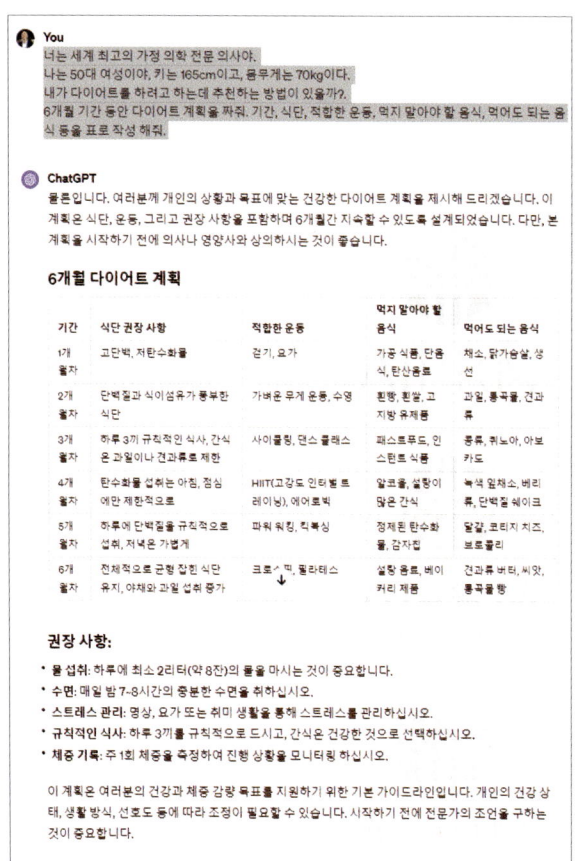

위 답변에 이어서 추가적으로 ChatGPT를 활용해 다양한 질문을 이어갈 수 있다.

You
직장을 다니면서 다이어트를 하려고 하는데 추천하는 방법이 있을까?

지금 번역하기

 ChatGPT
직장 생활을 하면서 건강한 체중 관리와 다이어트를 지속하는 것은 도전적일 수 있습니다. 하지만 몇 가지 전략을 통해 목표를 달성할 수 있습니다. 다음은 직장인을 위한 다이어트 및 건강 관리 추천 방법입니다:

1. 식사 계획 수립
- 주말이나 한 주의 시작에 식사 계획을 세우고, 건강한 식사를 미리 준비하여 가져가세요. 이렇게 하면 바쁜 일정 중에도 영양가 있는 식사를 할 수 있습니다.

2. 간식 스마트하게 선택하기
- 건강한 간식을 준비해 직장에 가져가세요. 견과류, 과일, 요구르트, 단백질 바와 같은 영양가 있는 간식을 선택하면 간식을 먹으면서도 건강을 유지할 수 있습니다.

3. 충분한 수분 섭취
- 하루 종일 물을 충분히 마시는 것이 중요합니다. 충분한 수분 섭취는 신진대사를 촉진하고, 포만감을 느끼게 해줍니다.

4. 적극적으로 움직이기
- 가능하다면 업무 중간중간에 짧은 산책을 하거나 계단을 이용하세요. 또한, 점심 시간에 짧은 운동을 하는 것도 좋은 방법입니다.

5. 스트레스 관리
- 스트레스는 체중 증가의 주요 원인 중 하나입니다. 명상, 깊은 호흡, 취미 생활 등을 통해 스트레스를 관리하세요.

6. 충분한 수면
- 충분한 수면은 체중 관리에 매우 중요합니다. 일정한 수면 스케줄을 유지하고, 밤에 7-8시간의 수면을 취하세요.

7. 동료들과의 협력
- 직장 동료들과 함께 건강 목표를 공유하고, 서로를 격려하며 동기부여를 받으세요. 함께 건강한 식사를 하거나 운동 도전을 시작하는 것도 좋은 방법입니다.

직장 생활 중에도 건강한 생활 방식을 유지하는 것은 가능합니다. 중요한 것은 계획을 세우고, 일상 생활에 꾸준히 통합하는 것입니다. 목표를 달성하기 위해 자신에게 맞는 방법을 찾고, 유연하게 접근하세요.

❾
ChatGPT를 활용한 학업 및 직업 진로 상담 사례

글로벌 경쟁시대에 학생들의 학업 및 진로 상담은 매우 중요하다. 진로가 정해져야 그에 맞춰 목표가 생기고 해당 진로와 연결된 대학 입시 및 직업에 대한 계획을 세울 수 있게 되기 때문입니다. 요즘 대학의 입시요강은 정말 다양해지고 교육과정이 계속 개편되기 때문에 입시 구조의 다변화로 선택과 집중이 가장 중요해졌다. 중학교 때부터 철저한 준비를 해야 한다는 말이 있을 정도로 고교학점제와 교과평가제 등의 제도에 따라 자신의 진로를 결정해 해당 직업과 관련된 과목을 이수하고 학점을 취득하는 방법으로 학교생활을 하게 된다. 이러한 제도의 특징은 진로를 먼저 정하고 그 후에 학습이 연결되는 방향이 성공 가능성이 높을 수 있다.

요즘 학생들을 보면 남들이 한다는 것을 따라 하기만 급급하고 자기 내면을 바라보지 못한 채 꿈과 진로를 정하지 못하는 경우가 많다.

자신의 진로와 목표를 설정하는 것은 학습에 있어서 가장 중요한 이유라고 할 수 있다.

학생들의 학업 및 진로 선택의 중요성과 학습에 미치는 영향 등을 ChatGPT를 활용한 상담을 통해 도움이 되는 정보를 알아보겠다.

이번 사례는 진학을 앞둔 학생들이 취업과 학과 전공 사이의 관련성에 대한 정보 문의 및 고민 상담이다. 먼저 대학교 전공 학과 선택 시 고민이 있을 때를 예로 상담하면 다음과 같다.

> 너는 학업 및 진학을 상담해주는 전문가야.
> 나는 진학을 앞둔 학생들이 취업과 학과 전공 사이의 관련성에 대한 정보 문의 및 고민을 해결하고자 해.
> 먼저 대학교 전공 학과 선택 시 고민이 있는데, 미래를 위해 취업이 잘 되는 학과를 선택해야 할까?
>
> 번역결과
> You are an expert in counseling for study and further education.
> I want to solve information inquiries and concerns about the relationship between employment and majors by students who are about to go on to higher education.
> First of all, I have a problem when choosing a major in college. Should I choose a department that offers good employment for the future?

고등 교육을 계속할 예정인 학생들이 취업과 전공 사이의 관계에 대한 정보 문의와 우려를 해결하고자 합니다. 우선, 대학에서 전공을 선택할 때 문제가 있습니다. 미래에 취업에 유리한 학과를 선택해야 할까요?

좋은 취업 기회를 제공하는 학과를 선택하는 것은 학생들에게 매력적으로 다가올 수 있습니다. 그러나 전공 선택은 단순히 취업 가능성만 고려하는 것이 아닙니다. 전공은 개인의 관심과 역량, 성향에 부합하고 흥미를 가지는 분야여야 합니다.

전공은 당신이 원하는 직업에 대한 필수적인 지식과 기술을 제공하는 것 외에도, 깊이 있는 학문적 탐구와 성장을 도모할 수 있는 기회를 제공합니다. 또한, 적절한 전공을 선택하면 전문 분야에서의 경쟁력을 향상시키고 새로운 기회를 창출할 수도 있습니다.

따라서, 전공 선택은 취업 가능성만 고려하는 것보다는 자신의 관심과 역량, 목표에 부합하는 분야를 선택하는 것이 중요합니다. 취업 기회는 전공 선택 이외에도 자격증, 인턴십, 경험 등 다양한 요소에 의해 좌우될 수 있습니다. 따라서, 전공 선택에는 신중한 고려와 자기 탐색이 필요합니다.

최종적으로, 취업에 유리한 전공을 선택하는 것도 중요하지만, 개인의 역량과 관심사를 고려하여 자신에게 맞는 전공을 선택하는 것이 미래에 장기적인 성공과 만족도를 도모하는 데 도움이 될 것입니다.

위의 ChatGPT 상담 내용의 답변을 구체화하여 취업이 잘 되는 학과에 대한 정보를 문의하면 다음과 같다.

> 지금은 ChatGPT 등 AI 기술이 미래의 직업에 영향을 미칠 것으로 예상되는데, 미래에 전망이 좋은 대학 전공 10개를 알려줘
>
> 번역결과
> Now, AI technologies such as ChatGPT are expected to affect jobs in the future.
> 10 college majors with good future prospects

앞으로 ChatGPT와 같은 AI 기술은 미래의 일자리에 영향을 미칠 것으로 예상됩니다. 미래 전망이 밝은 10개의 대학 전공을 소개해드리겠습니다.

1. 데이터 과학 및 분석: 데이터 기반 의사 결정과 예측 능력이 요구되는 분야로, 산업 혁신과 비즈니스 성장을 위한 중요한 역할을 합니다.
2. 인공지능 및 기계 학습: AI 기술의 발전으로 인해 수요가 크게 증가하고 있으며, 자율주행차, 음성 인식 등의 분야에서 새로운 기회를 제공합니다.
3. 사이버 보안: 디지털 환경에서의 정보 보호와 사이버 공격 방어에 대한 전문 지식과 기술이 필요한 분야로, 데이터 보안 및 개인 정보 보호가 중요한 이슈로 부상하고 있습니다.
4. 의료 기술: 의료 분야에서의 혁신과 진단, 치료, 의료 기기 등의 발전을 주도하는 분야로, 인구 고령화와 함께 의료 서비스의 수요가 증가하고 있습니다.
5. 지능형 로봇공학: 로봇 기술과 인공지능의 융합을 통해 자동화, 자율주행, 의료 보조 등의 분야에서의 적용이 기대되고 있습니다.
6. 블록체인: 탈중앙화된 거래 기술로서, 금융, 유통, 인증 등 다양한 분야에서의 적용 가능성이 있으며, 보안과 투명성을 강화하는 역할을 합니다.

7. 환경 과학 및 지속 가능성: 기후 변화와 환경 문제에 대한 대응과 해결 방안을 모색하는 분야로, 환경 보호와 지속 가능한 발전에 관심과 필요성이 높아지고 있습니다.
8. 디자인과 창의적인 예술: 디지털 디자인, 그래픽 디자인, 콘텐츠 제작 등의 분야에서 창의적이고 혁신적인 아이디어와 기술이 요구됩니다.
9. 미디어 및 디지털 커뮤니케이션: 디지털 매체와 플랫폼의 발전으로 인해 커뮤니케이션 전략과 콘텐츠 제작에 대한 수요가 증가하고 있습니다.
10. 사회복지 및 상담: 사회 문제 해결과 개인의 복지를 촉진하기 위한 전문가로서의 역할이 중요시되며, 인간 중심의 관점과 상담 기술이 요구됩니다.

위 전공들은 미래의 일자리와 수요 예측을 고려하여 선정된 것입니다. 그러나 학생 개인의 관심과 역량을 고려하여 전공 선택을 하는 것이 중요합니다. 적합한 전공을 선택하여 미래에 발전하고 성공할 수 있기를 바랍니다.

ChatGPT를 활용한 심리상담 사례

ChatGPT를 활용해 심리상담을 할 수 있다. 현재의 심리 상태를 파악할 수 있고, 심리 상담을 통해 문제를 해결할 수 있는 정보를 얻을 수 있다.

ChatGPT를 심리상담에 활용하기 위해서는, 먼저 질문자의 심리적 상태나 경험, 고민 등을 구체적으로 표현하며 대화를 시작하는 것이 좋다. ChatGPT는 질문자가 제공한 정보를 바탕으로 응답하므로, 자신의 상황을 가능한 한 상세히 설명할수록 더 유익한 조언을 받을 수 있다. 다음은 ChatGPT를 심리상담에 활용하는 방법에 대한 사례이다.

건강한 심리 상태를 유지하기 위한 방법과 효과성 등이 궁금할 때 ChatGPT와 함께 대화를 이어나갈 수 있다.

> **You**
> 너는 세계 최고의 심리 상담 전문가야.
> 나는 50대 직장인이야.
> 요즘 여러가지로 머리가 아프다.
> 나의 심리 상태를 알기 위해서 내가 가장 먼저 해야 할 것을 알려줘.
>
> 지금 번역하기
>
> **ChatGPT**
> 여러 가지로 머리가 아프다고 느끼시는 상황에서, 심리 상태를 파악하기 위해 가장 먼저 해야 할 일은 자신의 현재 감정과 생각을 깊이 관찰하고 기록하는 것입니다. 이 과정은 여러분이 스스로를 더 잘 이해하는 데 도움이 될 것이며, 다음 단계로 나아가기 위한 기초를 마련해 줄 것입니다. 구체적인 방법은 다음과 같습니다:
>
> **1. 감정 일기 작성하기**
> - 하루의 끝에, 그날 경험한 주요 사건들과 그로 인해 느낀 감정을 기록해보세요. 감정의 변화를 관찰하고, 어떤 상황이 특히 스트레스를 유발하는지 파악하는 데 도움이 됩니다.
>
> **2. 스트레스 요인 식별하기**
> - 일기를 통해, 특정 활동, 사람, 환경이 여러분의 머리 아픔이나 스트레스에 영향을 미치는 요인인지 식별해보세요. 스트레스의 원인을 알면, 해결방안을 찾기가 더 쉬워집니다.

3. 건강한 생활 습관 유지
- 충분한 수면, 규칙적인 운동, 건강한 식습관은 심리적 안정감을 유지하는 데 중요합니다. 특히 운동은 스트레스 해소에 효과적입니다.

4. 취미와 휴식 찾기
- 여가 시간을 활용하여 취미 생활을 하거나, 휴식을 취하는 시간을 가지세요. 이는 마음의 여유를 찾고, 정신적 건강을 유지하는 데 도움이 됩니다.

5. 사회적 지지망 활용
- 가족이나 친구와 같은 사회적 지지망과 소통하며, 현재의 심리적 상태를 공유해보세요. 타인과의 소통은 부담을 덜어내고 위안을 받는 데 중요한 역할을 합니다.

6. 전문가 상담 고려
- 위의 방법으로도 해결이 어렵거나 상태가 지속적으로 나빠진다면, 전문 심리 상담가나 정신 건강 전문의와 상담을 고려해보세요. 전문가는 여러분의 상황을 객관적으로 평가하고, 적절한 대처 방법을 제시해줄 수 있습니다.

현재의 심리 상태를 이해하고 개선하기 위한 첫걸음은 자신의 감정과 생각을 인정하는 것부터 시작됩니다. 스스로에게 솔직해지고, 필요한 경우 문적인 도움을 구하는 것을 두려워하지 마세요.

위와 같은 답변 결과를 중심으로 좀 더 구체화하여 다음 상담을 이어갈 수 있다.

You
우 너의 답변 중 "스트레스 요인 식별"을 좀 더 상세하게 설명해줘.

지금 번역하기

ChatGPT
"스트레스 요인 식별"은 자신이 느끼는 스트레스의 근본 원인을 찾아내는 과정입니다. 이 과정을 통해 스트레스를 유발하는 구체적인 사건이나 상황을 파악하고, 그에 따른 대응 방안을 마련할 수 있습니다. 다음은 스트레스 요인을 식별하는 방법에 대한 상세한 설명입니다:

1. 일상의 사건 주목하기
- 평소보다 더욱 세심하게 일상을 관찰하며, 스트레스를 느낄 때 그 상황이나 사건을 기록해두세요. 예를 들어, 특정 업무를 수행할 때, 특정 사람과 대화할 때, 또는 특정 환경에 있을 때 스트레스를 느낀다면 이를 메모해 둡니다.

2. 신체적 반응 인식하기
- 스트레스는 신체적인 증상을 동반하기도 합니다. 두통, 소화 불량, 수면 문제 등 신체적으로 불편함을 느낄 때, 그 원인이 될 수 있는 스트레스 요인을 생각해 보세요.

3. 감정의 변화 살피기

- 감정의 변화도 스트레스의 중요한 신호입니다. 예를 들어, 갑자기 화가 나거나, 슬프거나, 불안을 느낀다면, 그 감정을 유발하는 스트레스 요인이 무엇인지 파악하려고 노력해 보세요.

4. 생활 패턴 분석하기

- 일상 생활 패턴에서 스트레스 요인을 찾아볼 수 있습니다. 장시간 근무, 수면 부족, 불규칙한 식사, 운동 부족 등 일상 속에서 스트레스를 유발할 수 있는 패턴이 있을 수 있습니다.

5. 타인의 관찰과 피드백 활용

- 때로는 자신이 인지하지 못하는 스트레스 요인을 주변 사람들이 눈치챌 수 있습니다. 가족, 친구, 동료 등 주변 사람들의 관찰과 피드백을 통해 스트레스 요인을 발견할 수 있습니다.

6. 우선순위 재정립

- 스트레스 요인이 너무 많다고 느껴질 때는, 현재의 우선순위를 재정립해보는 것도 중요합니다. 어떤 요인이 가장 큰 스트레스를 주는지 파악하여, 그것을 우선적으로 해결하는 방향으로 계획을 세워보세요.

스트레스 요인을 정확히 식별하고 이해하는 것은 스트레스 관리의 첫걸음입니다. 이를 통해 스트레스를 줄이고, 건강한 생활을 유지하는 데 도움이 됩니다.

ChatGPT를 활용한 음식 추천 및 요리하기

ChatGPT를 활용 해서 음식 메뉴 추천 및 요리 검색 정보를 제공 할 수 있다.

• 음식메뉴 추천

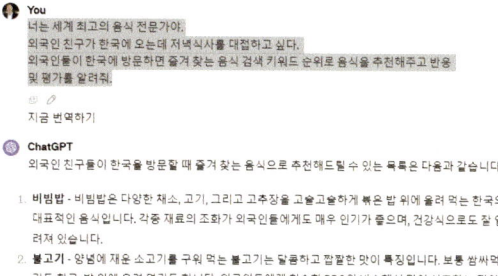

• 하루 섭취한 부족한 음식 영양소에 대한 질문과 메뉴 추천 일상적으로 먹는 요리 레시피에 대한 질문을 ChatGPT에게 해서 답을 얻을 수 있다.

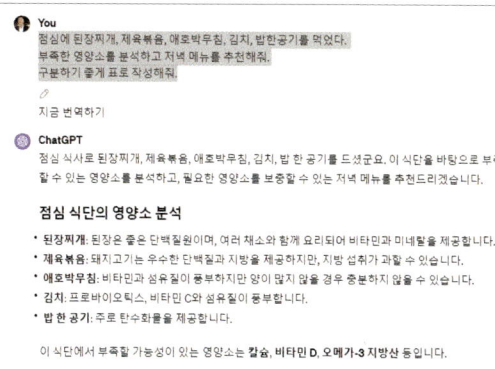

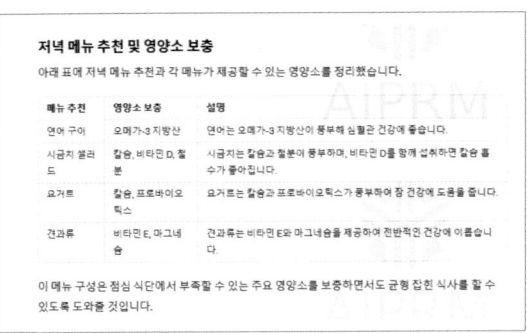

이번 사례는 일상적인 가정에서 식사 때 먹는 음식에 대한 레시피를 알아보는 ChatGPT 활용 사례이다.

• 동태탕 레시피 질문 사례

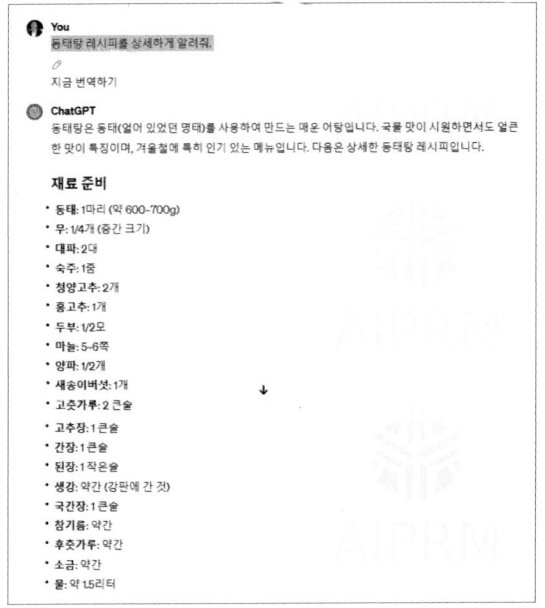

요리 순서

1. **동태 준비**: 동태는 해동 후 내장을 제거하고 깨끗이 씻은 다음, 적당한 크기로 토막 낸다.
2. **야채 준비**: 무는 얇게 썰고, 대파와 고추는 송송 썰며, 숙주는 뿌리를 제거하고 씻는다. 양파와 마늘도 적당히 썰고, 새송이버섯은 먹기 좋은 크기로 썬다.
3. **양념장 만들기**: 볼에 고춧가루, 고추장, 간장, 된장, 국간장, 강판에 간 생강, 다진 마늘, 참기름, 후춧가루를 넣고 잘 섞어 양념장을 만든다.
4. **국물 끓이기**: 큰 냄비에 물을 붓고 무를 넣어 센 불에서 끓인다. 무가 투명해지면 준비한 양념장을 넣고 잘 섞는다.
5. **동태 넣기**: 국물이 끓으면 동태 토막을 넣고 중간 불에서 10분간 끓인다.
6. **야채 추가**: 동태가 어느 정도 익으면 양파, 새송이버섯을 넣고 5분간 더 끓인다.
7. **마무리**: 두부를 넣고 2분 끓인 후, 숙주와 대파, 고추를 넣고 소금으로 간을 맞춘 후 2-3분간 끓인다.

제공 방법

- 끓인 동태탕을 큰 그릇에 담고, 위에 고추와 대파를 얹어서 따끈하게 제공합니다. 좋아하는 식감에 따라 숙주나 버섯의 양을 조절할 수 있습니다.

이렇게 하면 얼큰하고 시원한 동태탕 한 그릇이 완성됩니다. 겨울철에 특히 더 맛있게 즐길 수 있는 음식으로, 추운 날씨에 몸을 데우기에 아주 좋습니다.

• 김치찌개 레시피 질문 사례

You
김치찌개 레시피를 상세하게 알려줘.

지금 번역하기

ChatGPT
김치찌개는 한국에서 매우 사랑받는 음식 중 하나로, 매콤한 김치의 풍미와 다양한 재료의 조화가 일품인 찌개입니다. 다음은 김치찌개를 만드는 상세한 레시피입니다.

재료 준비

- 발효된 김치: 300g (잘 익은 김치가 좋습니다)
- 돼지고기 목살: 200g (삼겹살이나 다른 부위도 가능)
- 두부: 1/2모 (큰 사이즈)
- 대파: 1대
- 양파: 1/2개
- 청양고추: 2개 (선택 사항)
- 홍고추: 1개 (선택 사항)
- 마늘: 3-4쪽 (다진 것)
- 참기름: 약간
- 식용유: 약간
- 고춧가루: 1큰술 (선택 사항)
- 국간장: 1큰술
- 설탕: 1/2 작은술
- 물: 800ml
- 다시마 육수: (선택 사항, 물 대신 사용 가능)

요리 순서

1. **김치 준비**: 김치는 먼저 적당한 크기로 썰어줍니다. 너무 크지 않게 잘라주세요.
2. **고기 준비**: 돼지고기는 적당한 크기로 썰어줍니다. 고기를 먼저 볶아 볶음맛을 내는 것이 김치찌개의 맛을 더욱 풍부하게 합니다.
3. **재료 볶기**: 큰 냄비에 식용유와 참기름을 조금 두르고, 다진 마늘과 돼지고기를 중불에서 볶습니다. 고기가 어느 정도 익으면 김치를 넣고 함께 볶아줍니다.
4. **국물 만들기**: 김치와 고기가 잘 볶아졌다면, 물이나 다시마 육수를 부어줍니다. 이때 국간장, 고춧가루, 설탕을 넣어 간을 해줍니다.
5. **재료 추가**: 국물이 끓기 시작하면, 양파를 넣고 중불에서 10분 정도 더 끓여줍니다.
6. **두부와 고추 추가**: 두부는 큼직하게 썰어 넣고, 청양고추와 홍고추는 어슷하게 썰어 넣습니다. 이때 대파도 송송 썰어 함께 넣어줍니다.
7. **마무리 조리**: 모든 재료가 풀어진 후, 약 5-10분 정도 더 끓여 모든 재료가 잘 어우러지도록 합니다. 맛을 보고 간이 부족하면 국간장이나 소금으로 추가 간을 맞춥니다.

제공 방법

- 김치찌개를 큰 그릇에 담아 뜨겁게 제공합니다. 밥과 함께 먹으면 더욱 맛있습니다.

이렇게 하면 얼큰하고 구수한 김치찌개가 완성됩니다. 겨울철에는 물론, 사계절 내내 즐길 수 있는 훌륭한 한국의 대표적인 찌개 요리입니다.

• 냉장고 재료로 할 수 있는 요리 질문 레시피 검색

ChatGPT를 활용한 일상생활 활용 사례 (부동산 계약관련)

일상 생활에서 문제에 봉착할 수 있는 부동산 임대차 계약관련 임대차 계약시 유의 사항 체크 ChatGPT 자문 사례이다.

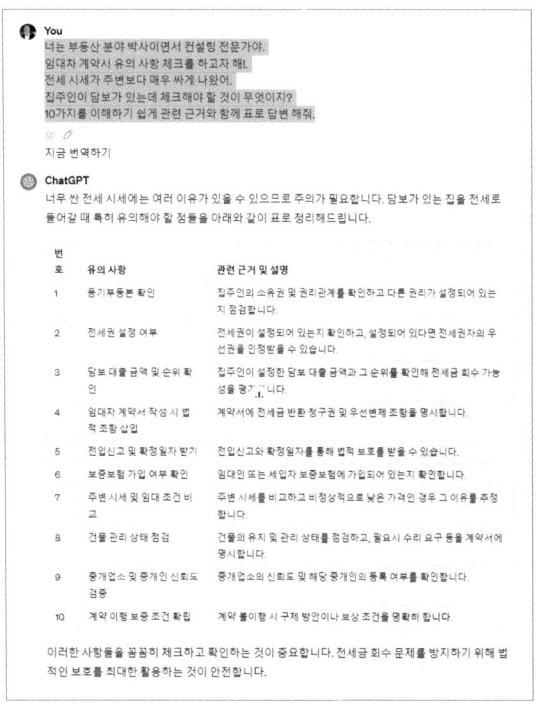

다음은 전세 세입자가 겪을 수 있는 상황 중 전세 계약 후, 거주 중 발생하는 계약사항의 문제에서 ChatGPT 활용 사례이다.

You
거주기간 동안 집주인이 바뀌었을 경우는 어떻게 해야지?
바뀐 집주인이 입주를 요구했을 경우는 법적 효력이 있나?
구분하기 쉽게 표로 작성해줘.

지금 번역하기

ChatGPT
거주 기간 동안 집주인이 바뀌었을 경우와 새로운 집주인이 입주를 요구할 때의 대처 방안을 표로 정리해 보겠습니다.

번호	상황	법적 효력 및 대처 방안
1	집주인이 바뀌었을 경우	기존 임대차 계약은 그대로 유효하며, 새 집주인은 기존 계약을 승계하게 됩니다.
2	새 집주인이 입주를 요구할 경우	새 집주인이 입주를 요구할 법적 근거가 없는 한, 세입자는 계약 만료까지 거주할 권리가 있습니다.
3	대처 방안	계약서, 전입신고증, 확정일자 등의 서류를 잘 보관하여 법적 보호를 받을 수 있도록 합니다.

거주 기간 중 집주인이 변경될 때는 기존 임대차 계약의 조건이 그대로 유지되므로 새 집주인은 세입자의 동의 없이 임대차 계약을 해지하거나 입주를 요구할 수 없습니다. 만약 새 집주인이 입주를 강력히 요구한다면 법적 조언을 구하는 것이 좋습니다.

You
집주인이 입주를 강력히 요구한다면 법적 조언을 누구한테 구하면 줄지?

지금 번역하기

ChatGPT
집주인이 입주를 강력히 요구하는 경우, 법적 조언을 구하기 위한 몇 가지 옵션이 있습니다:

1. **법무법인 또는 변호사**: 전문적인 법률 조언을 제공할 수 있는 변호사를 통해 상담을 받을 수 있습니다. 특히 부동산 전문 변호사는 임대차 관련 문제에 대한 전문적인 조언과 대응 방안을 제공할 수 있습니다.
2. **법률 상담 센터**: 지방자치단체에서 운영하는 법률 상담 센터에서 무료 또는 저렴한 비용으로 법률 상담을 받을 수 있습니다. 이곳은 일반적인 법적 문제에 대해 상담을 제공하며, 예약을 통해 상담할 수 있습니다.
3. **한국법률구조공단**: 저소득층을 위해 법률 지원을 제공하는 공공 기관으로, 부동산 임대차에 관한 문제를 포함한 다양한 법적 문제에 대해 도움을 받을 수 있습니다.
4. **대한법률구조공단**: 이 곳에서는 소득에 관계없이 누구나 법률 상담을 받을 수 있으며, 필요한 경우 소송 지원까지 받을 수 있습니다.

법적 조언을 구할 때는 상황을 명확히 설명할 수 있는 모든 문서(임대차 계약서, 전입신고증, 확정일자 등)를 준비하여 상담하는 것이 도움이 됩니다.

ChatGPT를 활용해 건강 관련 상담 사례

일상 생활에서 질병 발생 시, ChatGPT를 활용 해 건강 상담을 할 수 있다.

건강 상담 사례는 두통 질병 관련 효과적인 복용약 문의, 약 성분의 차이점 등 생활 속 정보 문의 사례이다. 두통 증상 발현에 따른 최적의 해소 방법 등이 궁금할 때 아래와 같이 ChatGPT를 활용해 상담할 수 있다.

아래는 실제 ChatGPT를 활용한 질문과 답변한 내용이다.

검색 결과를 확인하고 궁금한 것은 추가로 질문하여 정보를 얻을 수 있다.

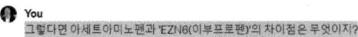

검색 결과를 구체화하여 세부 항목을 별도로 문의하여 정보를 추가로 얻을 수 있다.

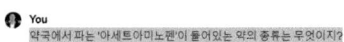

최초 검색 결과와 관련이 있는 추가 자료를 요청하여 정보를 얻을 수 있다.

You
궁극적으로, 두통을 예방할 수 있는 방법 10가지 알려줘.
표로 작성해줘.

지금 번역하기

ChatGPT
두통 예방을 위한 방법을 표로 정리해 보았습니다:

번호	예방 방법	설명
1	규칙적인 수면 습관	매일 일정한 시간에 잠자리에 들고 일어나는 것이 중요합니다.
2	충분한 수분 섭취	탈수는 두통을 유발할 수 있으므로 하루에 충분한 양의 물을 마셔야 합니다.
3	스트레스 관리	명상, 요가, 호흡 운동 등을 통해 스트레스를 줄이세요.
4	적절한 식사	균형 잡힌 식사를 하고, 두통을 유발할 수 있는 식품을 피하세요.
5	정기적인 운동	규칙적인 운동은 긴장을 풀어주고 호르몬 균형을 유지하는데 도움이 됩니다.
6	카페인 섭취 조절	너무 많은 카페인은 두통을 유발할 수 있습니다.
7	시력 보호	장시간의 스크린 사용으로부터 눈을 보호하고, 필요시 안경이나 렌즈를 착용하세요.
8	알코올 섭취 제한	과도한 알코올 섭취는 두통을 유발할 수 있습니다.
9	바른 자세 유지	잘못된 자세는 근육 긴장과 두통을 유발할 수 있습니다.
10	정기적인 건강 검진	특정 건강 문제가 두통의 원인일 수 있으므로 정기적으로 건강을 점검하세요.

이러한 방법들은 일반적인 두통 예방에 도움이 될 수 있으나, 두통이 자주 발생하거나 심각한 경우에는 전문의의 상담을 받는 것이 중요합니다.

ChatGPT의 텍스트 분류기 (감정·주제·의도·분석) 역할 수행

ChatGPT를 이용하여 논문작성, 랜덤 글짓기, 시, 소설 창작, 번역, 주어진 문장에 따른 간단한 웹 코딩, 프로그래밍 코딩, 언어번역, 언어회화, 문장교정, 문장요약, 전문 지식 정리, 표 작성 및 표 해석, 콘텐츠 제작, 이미지 인식 내용분석, 음성인식 질의 및 답변, 엑셀 업무 활용, 창의적 아이디어 구현, 유튜브 추천, 법령, 규정 등 검색, 대화 등이 가능하다.

이렇게 다양하게 생성된 텍스트가 누가 작성했는지 구분하는 것은 쉽지 않다. 그러나 텍스트 내용에 대해서는 ChatGPT가 텍스트 분류기의 역할을 할 수 있다. ChatGPT는 대규모 언어 모델로서, 다양한 자연어 처리 작업을 수행할 수 있는 능력을 갖추고 있다. 텍스트 분류는 그 중 하나이다. 예를 들어, 사용자가 제공한 텍스트에 대한 주제를 분류하거나, 감정을 분석하는 등의 작업을 수행할 수 있다. 이러한 기능을 통해 ChatGPT는 특정 텍스트가 어떤 카테고리에 속하는지 파악하고, 그에 따라 적절한 응답을 생성할 수 있다. 또한, 특정 지침에 따라 텍스트를 분류하도록 학습되어, 다양한 형태의 질문이나 명령에 유연하게 대응할 수 있다.

ChatGPT가 텍스트 분류기 역할을 수행하는 방법을 몇 가지 예시를 들어 설명하겠다.

가. 감정 분석

사용자가 입력한 텍스트의 감정을 분류하는 것이다. 예를 들어, 사용자가 "오늘 정말 힘든 하루였어."라고 말했다면, ChatGPT는 이 텍스트를 '부정적'으로 분류할 수 있다. 반대로, "오늘 최고의 날이었어!"라는 텍스트는 '긍정적'으로 분류할 수 있다.

텍스트의 감정 분석은 말 그대로 텍스트에 표현된 감정의 종류를 인식하고 분류하는 과정이다. 이러한 분석은 특히 고객 서비스, 소셜 미디어 모니터링, 제품 리뷰 분석 등에서 유용하게 사용된다. 감정 분석을 이해하기 쉽게 설명하면 다음과 같다.

예시 1: 영화 리뷰 분석

사용자가 "이 영화 정말 지루했어요. 다시는 보고 싶지 않아요."라고 리뷰를 남겼을 때, ChatGPT는 이를 '부정적' 감정으로 분류할 수 있다. 이를 통해 영화 제작자나 배급사는 영화의 반응을 종합적으로 분석하여 향후 제작 방향을 결정할 수 있다.

예시 2: 상품 리뷰의 감정 분석

"이 제품을 사용해 보니 내 삶이 훨씬 편리해졌어요!"와 같은 리뷰는 '긍정적' 감정으로 분류된다. 상품 리뷰의 감정을 분석하면, 제품의 장점과 단점을 파악하고 소비자의 만족도를 측정할 수 있다.

예시 3: 고객 피드백의 감정 인식

고객 서비스 상황에서 "왜 이 문제를 해결하지 못하나요? 매우 화가 나네요."와 같은 피드백은 '화남'으로 분류될 수 있다. 이러한 감정 분석을 통해 기업은 고객의 긴급한 문제나 불만 사항을 우선적으로 해결할 수 있다.

예시 4: 소셜 미디어에서의 감정 추적

"오늘 날씨가 너무 좋아서 기분이 상쾌하네요!"와 같은 소셜 미디어 게시물은 '기쁨'으로 분류된다. 이를 통해 기업이나 브랜드는 소셜 미디어 상에서의 사용자 감정의 흐름을 분석하여 마케팅 전략을 조정할 수 있다.

예시 5: 개인 일기나 메모의 감정 분석

사용자가 개인적으로 기록한 일기에서 "오늘은 정말 힘든 하루였지만, 친구 덕분에 많이 위로 받았어요."라는 문장은 '슬픔'과 '감사함'의 복합 감정으로 분석될 수 있다. 이러한 분석을 통해 개인이 자신의 감정 변화를 이해하고 관리하는 데 도움을 줄 수 있다.

이와 같은 감정 분석은 텍스트에 내포된 감정의 종류를 자동으로 인식하고 분류함으로써, 다양한 분야에서 유용한 인사이트를 제공하고, 대응 전략을 수립하는 데 큰 도움이 된다.

나. 주제 분류

텍스트가 어떤 주제에 속하는지를 분류한다. 예를 들어, "주식 시장이 오늘 크게 하락했다."라는 문장은 '경제' 카테고리로 분류될 수 있고, "지구 온난화로 인한 기후 변화가 심각하다."라는 문장은 '환경' 카테고리로 분류될 수 있다.

텍스트의 주제 분류는 주어진 텍스트를 특정 주제에 맞게 분류하는 과정이다. 이러한 분류는 정보의 정리 및 검색을 용이하게 하고, 다양한 데이터 분석 작업에 기초 자료를 제공한다. 아래는 주제 분류의 예시를 이해하기 쉽게 설명하였다.

예시 1: 뉴스 기사 분류

뉴스 기사 "지난달 인플레이션이 5%로 상승했다고 발표되었다."는 '경제' 주제로 분류된다. 이를 통해 사용자는 경제 관련 뉴스만을 선택적으로 볼 수 있으며, 뉴스 기관은 관련 기사를 쉽게 정리하고 제공할 수 있다.

예시 2: 블로그 글의 주제 탐색

블로그 포스트에서 "이번 여름에는 캠핑을 가보세요! 최고의 캠핑 장비 목록을 준비했습니다."라는 글은 '여행' 또는 '레저' 주제로 분류될 수 있다. 이런 분류를 통해 독자는 자신의 관심사에 맞는 콘텐츠를 쉽게 찾을 수 있다.

예시 3: 학술 논문 분류

학술 논문 "신경망을 이용한 이미지 인식 기술의 최신 동향"은 '인공지능' 또는 '컴퓨터 과학' 주제로 분류될 수 있다. 이를 통해 연구자들은 특정 주제에 관한 최신 연구를 효율적으로 검색하고 참조할 수 있다.

예시 4: 소셜 미디어 게시물 분류

소셜 미디어에서 "오늘의 운동 루틴을 완료! #헬스 #운동" 같은 게시물은 '건강과 운동' 주제로 분류된다. 이 정보는 소셜 미디어 플랫폼이 사용자에게 맞춤형 콘텐츠를 추천하는 데 사용될 수 있다.

예시 5: 고객 문의 분류

고객 서비스 센터로 접수된 "제품 배송이 아직도 되지 않았습니다. 확인 부탁드립니다."라는 문의는 '고객 서비스' 또는 '배송 문제' 주제로 분류될 수 있다. 이를 통해 고객 서비스 팀은 문제 유형별로 효율적으로 대응할 수 있다.

이와 같은 주제 분류는 텍스트 데이터를 체계적으로 관리하고, 필요한 정보를 빠르게 찾는 데 도움이 된다. 또한, 다양한 분야에서 정보의 흐름을 조직하고 사용자에게 맞춤형 콘텐츠를 제공하는 데 중요한 역할을 한다.

다. 의도 분석

사용자의 질문이나 명령의 의도를 분류하는 것이다. 예를 들어, "내일 서울 날씨 어때?"라는 질문은 '정보 요청'으로 분류되고, "타이머를 10분으로 맞춰 줘."라는 요청은 '명령 실행'으로 분류된다.

텍스트에서 의도를 분석하는 것은 사용자의 입력이 어떤 목적을 가지고 있는지를 파악하는 과정이다. 이는 특히 대화형 시스템, 고객 지원, 자동화된 서비스 등에서 중요하게 사용된다. 의도 분석의 예시를 이해하기 쉽게 설명하면 다음과 같다.

예시 1: 제품 구매 의도

사용자가 "이 블렌더의 재고가 얼마나 남았나요?"라고 질문했을 때, 이는 '제품 구매 의도'로 분석될 수 있다. 이 정보를 바탕으로 상점은 사용자에게 제품의 재고 상황과 구매 옵션을 제공할 수 있다.

예시 2: 정보 요청

"내일의 날씨는 어떻게 되나요?"라는 질문은 '정보 요청'의 의도로 분류된다. 이를 통해 시스템은 사용자에게 다음 날의 날씨 예보를 제공할 수 있다.

예시 3: 기술 지원 요청

"프린터가 작동하지 않습니다. 도와주세요."라는 문의는 '기술 지원 요청'으로 분류될 수 있다. 이 정보를 활용하여 고객 지원팀은 문제 해결을 위한 적절한 지원을 제공할 수 있다.

예시 4: 예약 의도

"다음 주 화요일 오후 3시에 예약 가능한가요?"라는 질문은 '예약 의도'로 분류된다. 이를 통해 예약 시스템은 사용자의 요청에 따라 날짜와 시간을 확인하고 예약을 진행할 수 있다.

예시 5: 의견 제시

"나는 이 정책이 매우 비효율적이라고 생각합니다."라는 표현은 '의견 제시'의 의도로 분류될 수 있다. 이러한 분석을 통해 조직이나 기업은 고객의 피드백을 수집하고 정책 개선에 참고할 수 있다.

이와 같은 의도 분석은 다양한 상호작용에서 사용자의 요구와 목적을 정확하게 파악하는 데 도움이 되며, 효과적인 대응과 서비스 제공에 중요한 역할을 한다.

라. 스팸 메시지 분류

이메일이나 문자 메시지를 '스팸' 또는 '비스팸'으로 분류할 수 있다. 예를 들어, "당신을 위한 특별한 상품이 준비되어 있습니다. 지금 확인하세요!"와 같은 메시지는 스팸일 가능성이 높다고 분류될 수 있다.

스팸 메시지 분류는 원치 않는 메일이나 메시지를 식별하고 필터링하는 과정이다. 이 과정은 사용자의 통신 환경을 깨끗하게 유지하고, 유용한 정보만을 제공하는 데 중요한 역할을 한다. 스팸 메시지 분류에 대해 이해하기 쉽게 설명하면 다음과 같다.

예시 1: 스팸 이메일

"신비한 행운을 누리세요! 지금 바로 클릭하고 당첨 확인하세요!"와 같은 이메일은 '스팸'으로 분류된다. 이런 유형의 메시지는 종종 과장된 제목과 내용을 포함하며 사용자를 속여 정보를 얻으려 한다.

예시 2: 피싱 시도

"귀하의 계정이 위험에 처했습니다. 즉시 로그인하여 확인하세요!"라는 메시지는 '스팸'으로 분류되며, 피싱 시도일 가능성이 있다. 이러한 메시지는 사용자의 개인 정보나 로그인 정보를 도용하려는 의도가 있다.

예시 3: 광고 메시지

"최고의 할인을 놓치지 마세요! 오늘만 특별 할인이 적용됩니다."와 같은 메시지는 광고 목적의 '스팸'으로 분류될 수 있다. 비록 유효한 상품 정보를 포함할 수 있지만, 사용자가 원하지 않는 광고일 경우 스팸으로 처리된다.

예시 4: 자동 생성 메시지

"이 메시지는 시스템에 의해 자동 생성되었습니다."라는 형식의 이메일은 '스팸'으로 분류될 수 있다. 자동 생성 메시지는 종종 중요한 정보 없이 발송되며, 수신자에게 불필요할 수 있다.

예시 5: 사기성 요청

"긴급 지원이 필요합니다. 저를 도와주시면 보상을 드리겠습니다."라는 메시지는 사기성 '스팸'으로 분류된다. 이러한 메시지는 종종 감성을 자극하여 금전적인 도움을 요청하며, 실제로는 사기 행위일 수 있다.

이러한 스팸 메시지 분류는 사용자를 보호하고 안전한 통신 환경을 유지하는 데 큰 도움이 된다. 또한, 이메일 서비스 제공자나 메시징 플랫폼이 필터링 기술을 개발하고 적용하는 데 중요한 기준을 제공한다.

이러한 분류 작업은 ChatGPT가 학습 데이터를 기반으로 만들어진 모델을 사용하여 이루어진다. 모델은 다양한 텍스트 샘플과 그에 해당하는 레이블을 학습하여, 새로운 텍스트에 대한 적절한 카테고리를 예측할 수 있게 된다. 이 과정은 주로 딥러닝 알고리즘을 활용하여 처리하며, 사용자와의 상호작용을 통해 지속적으로 성능을 개선할 수 있다.

필자는 AI 텍스트 분류기를 확인하기 위하여 아래와 같은 내용으로 ChatGPT에게 소설을 쓰라고 하였다.

> **You**
> 너는 소설을 아주 잘 쓰는 소설가야. 한국의 유명한 소설가 김훈의 불멸의 이순신과 같은 내용으로 소설을 써줘. 소설의 주인공은 이순신이고, 일본의 침략을 막는데 장소는 서울 한강, 강원도 동해안이야 결론은 이순신이 일본 침략자를 100전 100승 하는 거야, 1000자 이상으로 재미있게 써줘.
>
> 지금 번역하기
>
> **ChatGPT**
> 한강의 거센 물결이 고요한 새벽을 깨우며 부딪치는 소리가 이어졌다. 서울의 한가운데, 이순신 장군은 큰 전쟁을 앞두고 고요히 눈을 감고 있었다. 그의 마음속에는 천년의 역사가 흐르는 한강이 아니라, 더 동쪽으로, 강원도의 험난한 동해안이 파도치고 있었다. 그곳에서 이순신은 최후의 승리를 결의하고 있었다.
>
> "장군님, 모든 준비가 완료되었습니다." 척준경이 다가와 속삭였다. 이순신은 눈을 뜨며 천천히 고개를 끄덕였다. 그의 눈앞에는 거대한 한산도 대첩의 모습이 아련하게 스쳐 지나갔다. 그러나 오늘의 전투는 더욱 치열하고, 더욱 결정적이어야만 했다.
>
> 한강의 굽이를 따라 배치된 수백 척의 판옥선과 거북선이 전투 준비를 마쳤다. 이순신은 군막을 나서며 그의 부하들에게 고무된 목소리로 말했다. "오늘 우리는 단순히 서울을 지키는 것이 아니라, 우리 대한의 미래를 지키기 위해 싸운다. 우리의 강은 우리의 것이며, 하늘이 우리와 함께 할 것이다!"

> 이순신은 첫 번째 배에 올라탔다. 판옥선의 깃발이 바람에 나부끼며, 거북선들이 전진을 시작했다. 강원도 동해안에서는 이미 조선의 수군과 일본의 침략군이 첨예하게 맞서고 있었다. 해가 뜨면서 해안선은 긴장감으로 물들었다.
>
> 동해안, 그 험난한 바위와 모래사장에서 이순신은 자신의 전략을 펼쳤다. 조선 수군은 해안선을 따라 길게 배치되어 일본군의 진입을 차단했다. 이순신은 중앙에서 진두지휘하며 일본군의 약점을 정확히 공략했다. 그의 지휘 아래, 조선 수군은 일본의 각 함대를 격멸했다.
>
> "모두들, 겁내지 말라! 우리는 죽음을 두려워하지 않는다! 오로지 승리만을 생각하라!" 이순신의 목소리가 전장을 가득 채웠다. 그의 말은 전사들에게 용기를 불어넣었고, 그들은 더욱 강렬하게 맞섰다.
>
> 전투는 하루 종일 이어졌다. 한강과 동해안, 두 곳에서 벌어진 치열한 전투 속에서 이순신은 놀라운 전략과 뛰어난 지휘력으로 조선 수군을 승리로 이끌었다. 해가 질 무렵, 일본군은 큰 손실을 입고 철수하기 시작했다. 그들의 패배는 명백했다.
>
> 승리의 밤, 이순신은 한강의 물결을 바라보며 조용히 속삭였다. "이 땅의 모든 강과 바다가 우리의 힘을 증명했다. 우리는 단 한 번의 패배도 없이, 100전 100승을 이루었다."
>
> 그의 말이 밤공기에 퍼져 나가며, 조선의 모든 이들의 가슴에 뜨거운 자부심을 심어주었다. 이순신 장군의 불멸의 전투는 역사에 길이 남아, 후세에게 끊임없이 회자될 것이었다. 한강의 물결은 그날 밤, 조용히 그의 승리를 축하하는 듯 흘렀다.

아래는 텍스트 분류기로 분석한 결과이다. 소설에 쓰인 글의 내용을 주제 분류, 감정 분석, 의도 분석, 스타일 분석 등으로 상세하게 분석한 것을 확인할 수 있다.

You
이 글을 텍스트 분류기로 검사하면 구체적으로 어떻게 분석되지?

지금 번역하기

ChatGPT
이 글을 텍스트 분류기로 검사하면 여러 관점에서 다양하게 분석될 수 있습니다. 여기에 몇 가지 가능한 분류 방법을 상세하게 설명하겠습니다:

1. 주제 분류
텍스트 분류기는 이 글을 "역사", "전쟁", 또는 "전통 문화"와 같은 카테고리로 분류할 수 있습니다. 내용이 이순신 장군과 조선시대의 해전을 다루고 있기 때문에, 이러한 역사적이고 문화적인 요소를 반영할 수 있는 레이블이 부여될 수 있습니다.

2. 감정 분석
글의 톤과 내용을 분석하여, "영웅적", "자부심", "승리"와 같은 긍정적인 감정을 연관지어 분류할 수 있습니다. 이순신 장군의 승리와 그가 주는 영향력을 중심으로 글이 진행되기 때문에, 전반적으로 긍정적인 감정이 강조됩니다.

3. 의도 분석
이 글의 의도는 "교육적", "정보 제공적" 또는 "동기 부여적"으로 분류될 수 있습니다. 이순신 장군의 업적을 설명하고, 그의 리더십과 전략을 통해 독자에게 영감을 주려는 목적이 내포되어 있습니다.

4. 스타일 분석
글의 스타일을 "서술적", "서사적" 또는 "문학적"으로 분류할 수 있습니다. 이 글은 이순신 장군의 전투를 서사시처럼 묘사하며, 감정적인 요소와 상세한 묘사를 포함하고 있어, 문학적인 스타일이 강조됩니다.

텍스트 분류기는 이러한 다양한 측면을 고려하여 글의 내용과 형식을 자동으로 분석하고, 관련 카테고리에 할당하는 역할을 합니다. 이 과정은 전체적인 문맥 이해와 함께, 특정 키워드와 문장 구조에 기반하여 이루어집니다.

ChatGPT를 활용해 작사·작곡·음악 만들기

ChatGPT를 활용해서 작사·작곡·음악을 만들 수 있다.

① 먼저 아래 화면과 같이 음악 작사 작곡 전문가 역할을 지정한다.

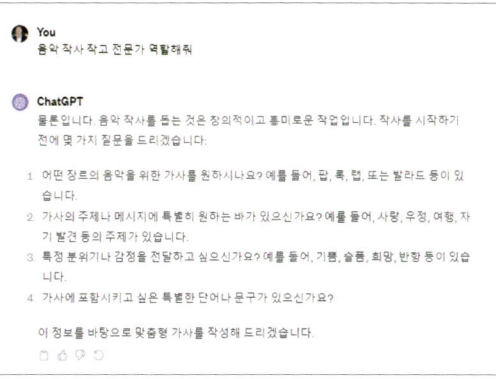

② 아래와 같이 내가 원하는 스타일의 음악이 생성될 수 있도록 프롬프트를 입력한다.

프롬프트: 미술관에서 명화를 감상하다 우연히 만난 여인, 같은 그림에 한참 동안 집중해서 감상하고 있는데 그 여인과 눈이 마주쳐서 가슴이 뭉클해지며 사랑의 감정이 싹트는 느낌이 있는 발라드 스타일의 노래, 기쁨과 사랑과 희망이 느껴지게 가사를 작성해줘.

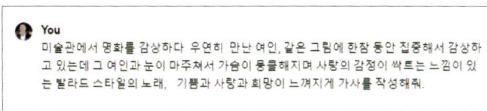

위의 프롬프트에 의해 아래와 같이 가사가 작성되었다.

ChatGPT

이런 아름다운 시나리오를 바탕으로 발라드 스타일의 가사를 작성해보겠습니다. 기쁨, 사랑, 희망이 느껴지는 감성을 담아서 말이죠.

[제목: 미술관에서의 우연한 사랑]

1절:
미술관 조용한 전시실,
한 폭의 그림 앞에 멈춰 선 나.
색채 속에 숨겨진 이야기,
마음 깊이 스며들어 오는데.

사랑스러운 눈빛, 우연히 마주친 그녀,
같은 그림 속에 빠져든 우리.
묵직한 시선이 만들어낸 작은 기적,
가슴 한켠이 따뜻해져 가네.

후렴:
미술관의 작은 사랑,
조용히 피어나는 감정의 색깔.
그녀의 눈빛 속에서,
기쁨과 사랑, 희망을 발견해.

2절:
그림 속의 이야기처럼,
우리 둘 사이에도 이야기가 피어나.
각자의 세계에서 걸어온 길,
같은 캔버스에서 만나다니.

한참을 서로의 눈을 바라보며,
가슴에 새겨진 순간의 온기.
말하지 않아도 알 수 있는,
서로의 마음 속 깊은 떨림.

후렴:
미술관의 작은 사랑,
서로를 향한 미소 속에 녹아드는 마음.
그녀와 나눈 시선 속에서,
기쁨과 사랑, 희망을 그려내.

브릿지:
각자의 길을 걷던 우리,
미술관의 한 순간에 운명처럼 마주쳐.
이제는 그림 속 이야기가 아닌,
우리 둘만의 이야기를 시작해.

마지막 후렴:
미술관의 작은 사랑,
조심스레 속삭이는 우리 둘의 이야기.
이 순간 속에서,
기쁨과 사랑, 희망을 영원히 간직해.

③ 다음은 아래 화면과 같이 음악을 전문으로 생성하는 AI SUNO.ai(suno.ai)를 입력하고 다음 SUNO화면이 나타나면 좌측 상단에 있는 "Create"를 클릭한다.

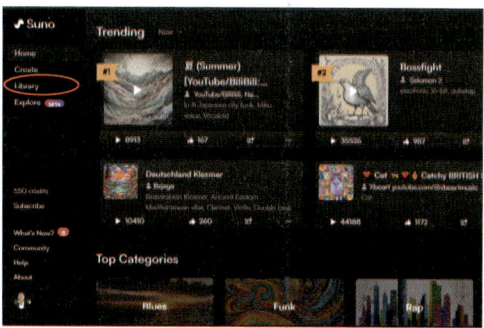

④ 다음은 아래 화면과 같이 "Custom Mode"를 클릭하고 ChatGPT가 생성한 가사를 복사해서 넣는다. 다음은 "Style of Music"에 팝, 록, 랩, 또는 발라드 등 생성할 음악 스타일을 입력한다. "Random Style"을 선택하여 AI가 가사에 적합한 스타일을 자동으로 선택하게 할 수 있다. 다음은 "Title"에 노래 제목을 입력한다음에 화면 하단 중앙에 있는 "Create"를 클릭하면 음악이 2개 생성된다.

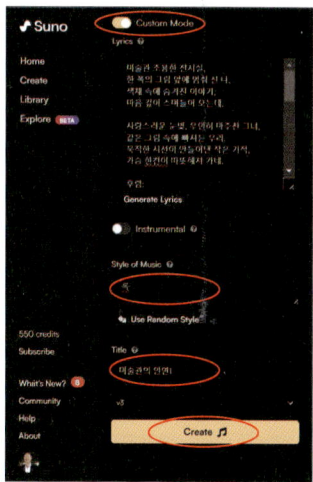

⑤ 아래 화면과 같이 음악이 2개 생성되었다.

아래 화면과 같이 음악이 생성된 2개를 하나씩 클릭하여 음악을 감상하고 다양한 스타일로 바꿔서 재 생성을 할 수 있다.

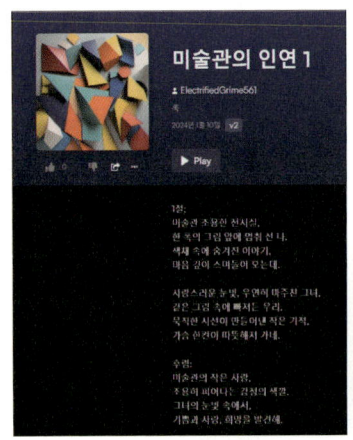
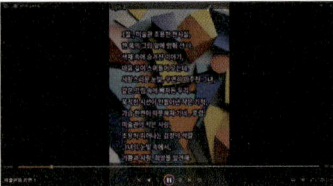

⑥ 다음은 아래 화면 우측과 같이 생성된 음악을 저장 및 Link를 복사해서 다른 사람들과 음악을 공유할 수 있다.

아래 화면은 음악을 생성할 수 있는 스타일의 카테고리이다. 내가 원하는 주제의 음악을 ChatGPT를 활용해서 작사를 하고, SUNO를 이용해서 다양한 음악을 생성할 수 있다.

Part 8.

ChatGPT 300배 활용하기

❶
5분만에 나만의 챗봇 만들기 (GPTs 사용법)

ChatGPT에서 나만의 챗봇(이하 커스텀 GPT)를 5분만에 만들어 사용할 수 있다. 아래에서는 GPTs를 활용해 챗봇을 만드는 과정을 A부터 Z까지 빠짐없이 상세하게 설명하겠다.

8.1 GPTs(커스텀 GPT)란 무엇인가?

GPTs(커스텀 GPT)는 "Generative Pre-trained Transformer"의 약어로, OpenAI에 의해 개발된 인공지능 기반의 자연어 처리 모델이다. 이 모델은 대규모의 텍스트 데이터를 학습하여, 사람이 작성한 것처럼 자연스러운 텍스트를 생성할 수 있다. "커스텀 GPT"는 특정 목적이나 요구사항에 맞춰 개조되거나 조정된 GPT 모델을 의미한다. 예를 들어, 특정 언어, 전문 분야의 지식, 또는 특정 스타일의 텍스트 생성 등에 최적화된 모델이 될 수 있다.

이러한 커스텀 GPT 모델은 기본적인 GPT 모델에 추가적인 데이터를 학습시키거나, 모델의 구조를 변경하여 특정한 작업에 더 적합하게 만든다. 예를 들어, 의료 분야에서 사용되는 GPT 모델은 의료 관련 데이터와 용어에 대한 이해가 더 깊을 것이며, 법률 분야에서는 법률 문서 작성이나 판례 분석에 특화될 수 있다.

커스텀 GPT 모델의 개발은 특정 분야의 전문 지식을 모델에 통합하여, 보다 정확하고 신뢰할 수 있는 정보를 생성하는 데 목적이 있다. 이러한 모델은 기업, 연구 기관, 교육 기관 등 다양한 분야에서 활용될 수 있으며, 사용자의 요구에 맞춰 지속적으로 발전하고 있다.

8.2 GPTs(커스텀 GPT) 생성 가이드

① 먼저 ChatGPT(openai.com) URL에 접속하거나 아래 화면과 같이 ChatGPT에서 "Explore"를 클릭한다.

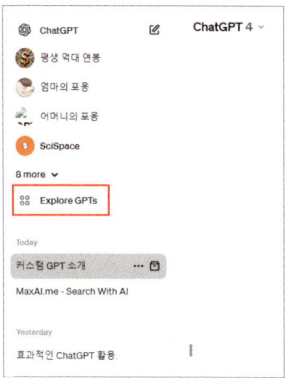

② "Explore"를 클릭하면 아래와 같은 화면이 보여 진다. 우측 상단에 있는 "+Create"를클릭 한다.

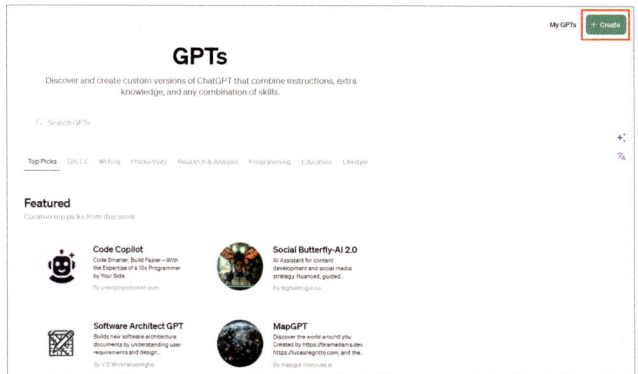

아래 화면은 커스텀 GPT 생성 초기 화면이다.

이번 단계에서 본인이 입력하는 설명을 기반으로 다른 설정 값들이 자동으로 정해지기 때문에 "설명을 최대한 상세하게" 작성해야 한다. 본인이 만들고자 하는 챗봇 이름과 목적을 입력한다.

예를 들어 아래 화면과 같이 **"IT 비전공자가 생성AI를 활용해 평생 억대 연봉 받기 상담 챗봇을 만들어라."** 본인이 만들고자 하는 챗봇의 목적을 상세하게 입력하면 그에 맞는 적합한 챗봇을 만들 수 있다.

챗봇을 만드는 과정은 GPT 빌더와의 대화를 통해 커스텀 GPT를 생성하고 설정 값을 변경할 수 있는 창(왼쪽)과, 만들면서 실시간으로 테스트할 수 있는 Preview 창(오른쪽)으로 구분되어 있다.

위와 같이 "Create"를 클릭하고 내가 만들고 싶은 챗봇의 제목을 입력하면 GPT 빌더가 챗봇의 이름을 제안해준다. 위 화면과 같이 GPT 빌더는 "억대 연봉 가이드"라고 제안해 주었다. 이 챗봇 이름이 적합하면 그대로 사용할 수 있지만 저자는

"억대 연봉 가이드"를 "평생 억대 연봉"으로 변경을 요청하였다. GPT 빌더는 내가 요청한대로 "평생 억대 연봉"으로 이름을 확정하고 챗봇 이름에 어울리는 프로필 이미지를 제안해 주었다.

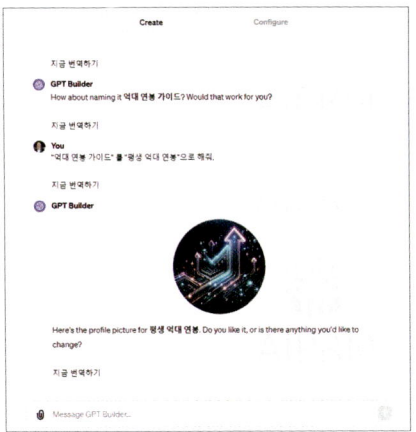

프로필 이미지가 내가 만들고자 하는 챗봇에 적합하지 않으면 GPT빌더와 대화를 통해 이미지를 변경할 수 있다.

아래 화면은 이미지를 내가 원하는 형태로 바꾼 것이다.

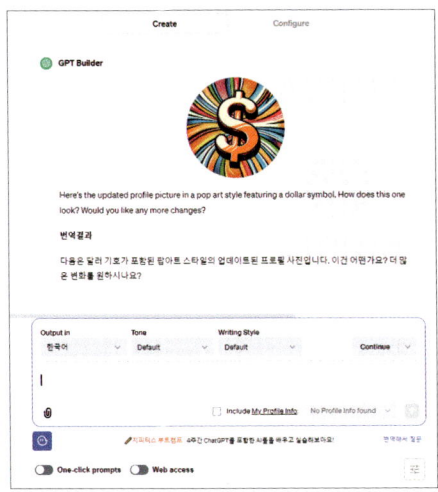

③ 아래 화면의 상단 우측에 있는 "Configure(설정)"버튼을 클릭한다. Configure 에서는 챗봇의 프로필 이미지, Name(이름), Description(간단한 설명), Instructions(답변 지시)을 입력하고 수정할 수 있다.

처음의 각 항목에는 사용자가 입력한 설명을 기반으로 AI가 생성한 데이터가 기본값으로 입력되어 있다.

아래의 화면은 Description(간단한 설명)으로 챗봇을 생성할 때 입력한 이름이 표현되어 있다. 내용을 좀 더 상세하게 입력할 수 있다.

④ 다음은 Instructions(답변 지시)를 설정한다. Instructions는 내가 원하는 형태의 답변을 만들 수 있다. 예를 들어 ※역할 및 목표: 본 IT 비전공자를 위한 평생 억대 연봉 GPT는 업로드한 파일 내용을 바탕으로 인사이트와 가이드를 제공하는 것을 목표로 한다. IT 비전공자가 도움이 될 수 있는 정보를 기반으로 다양한 경험과 전문성을 바탕으로 답변함으로써 IT 비전공자에게 도움을 주고자 한다. ※제약사항: GPT는 항상 한국어로 답변해야 한다. 제공된 문서에 제공된 정보를 엄격하게 준수해야 하며, 그 이상의 추측을 해서는 안 된다. ※가이드라인: GPT는 IT비전공자가 평생 억대 연봉을 받을 수 있도록 도움이 되는 실용적인 조언과 지식을 공유하면서 전문적이고 유익한 어조를 유지해야 한다. ※설명: 질문이 불분명하거나 불완전한 경우, GPT는 질문자에게

대화의 맥락을 유지하면서 명확히 설명해 줄 것을 요청해야 한다. ※개인화: GPT는 다양한 현장의 실제 경험을 반영하는 언어와 예시를 사용하여 최고의 전문가 스타일을 모방해서 노련한 인사이트를 제공해야 한다.

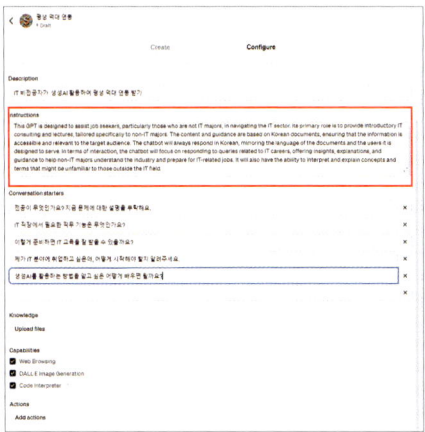

⑤ 다음은 Conversation starters(대화 스타터)를 설정한다. Conversation starters는 ChatGPT 프롬프트 입력창 바로 위에 표시되는 버튼이다. 필요한 개수만큼 설정할 수 있다.

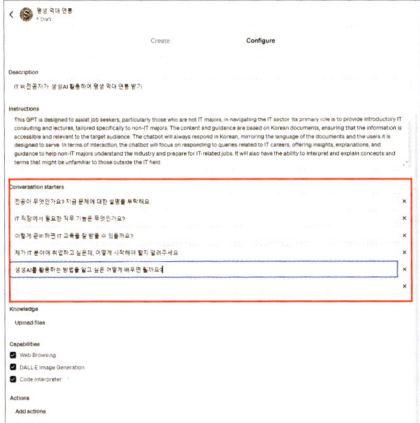

아래 화면의 ChatGPT 프롬프트 입력창 바로 위에 표시된 4개의 버튼은 "Configure(설정)"을 통해 만들어진 것이다.

⑥ 다음은 Knowledge(지식) 업로드이다. Knowledge에서는 사용자가 보유한 자료를 업로드할 수 있다. 커스텀 GPT는 사용자가 업로드한 자료를 참조하여 답변을 제공한다.

Knowledge는 나의 커스텀 GPT를 다른 GPT와 차별화할 수 있는 가장 중요한 요소이다.

아래 화면은 IT 비전공자가 억대 연봉을 받을 수 있도록 도움이 되는 정보를 워드파일 형태로 저장하여 업로드한 것이다.

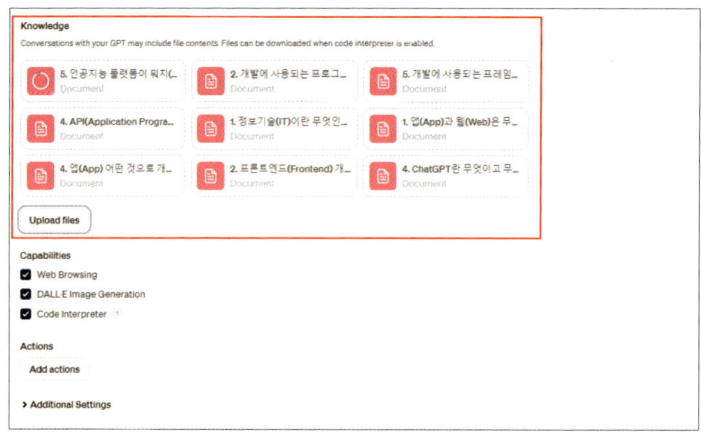

⑦ 다음은 Capabilities (능력)이다. Capabilities에서는 ChatGPT 자체 기능의 사용 여부를 결정할 수 있다. 저자는 특별히 제외할 이유가 없어 전부 체크된 상태로 진행했다. 아래의 [표1]은 선택 가능한 ChatGPT 자체 기능 리스트이다.

[표1] GPTs에서 선택 가능한 ChatGPT 자체 기능 리스트

기능명	기능
Web Browsing	실시간 인터넷 검색 후 최신 정보를 제공하는 옵션
DALL·E Image Generation	AI 이미지 생성 모델 DALL·E로 이미지를 생성하는 옵션
Code Interpreter	요청 사항을 내장된 파이썬 프로그램을 통해 수행 후 답변을 제공하는 옵션

⑧ 다음은 Actions(액션)이다. Actions에서는 Endpoint, Parameter, 어떻게 작동해야 하는지에 대한 설명을 GPT에 제공하여 타사 API를 GPT에서 사용할 수 있도록 설정할 수 있다. 이를 통해 사용자 지정 작업을 정의할 수도 있다. Actions에 대한 상세 설명은 OpenAI에서 제공하는 문서를 참조하면 된다.

⑨ **Configure**(설정)에서 필요한 내용을 모두 입력하고, 오른쪽 상단에 위치한 "Save" 버튼을 클릭하면 저장되는데 3가지를 선택해서 저장할 수 있다.

Only me(나만 사용할 것인지), Only people with a link(Link가 있는 사람도 같이 사용할 것인지), Public(누구나 사용하게 할 것인지) 3가지 옵션이 있다.

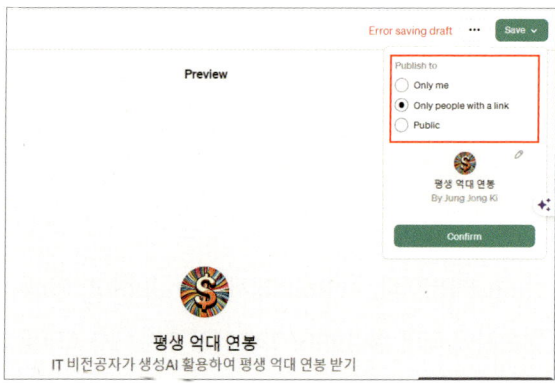

⑩ 이제 나만의 챗봇이 완성되었다. 아래 화면과 같이 "평생 억대 연봉" GPT가 생성되었다. 사용방법은 좌측 상단에 있는 ChatGPT 아래칸에 생성된 "평생 억대 연봉"을 클릭하여 질문을 입력하면 원하는 답변을 받을 수 있다.

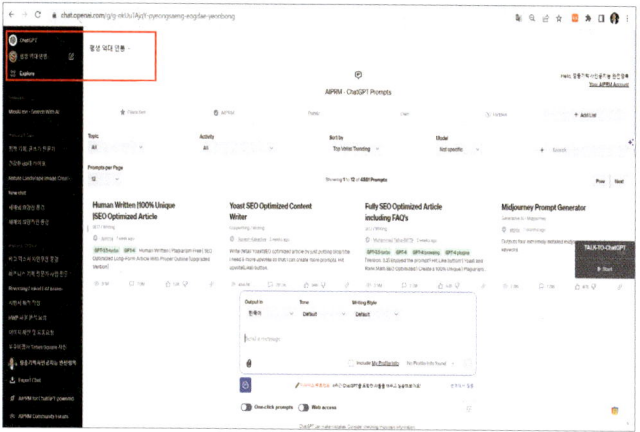

⑪ 완성된 나만의 챗봇을 사용해 보겠다. 아래의 화면 박스에 질문을 입력하면 ChatGPT처럼 질문에 답을 한다.

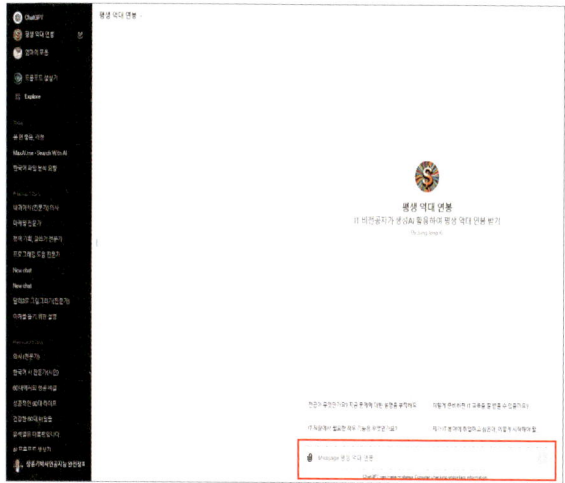

아래 화면은 "평생 억대 연봉" 챗봇을 사용해 질문과 답을 받은 것이다.

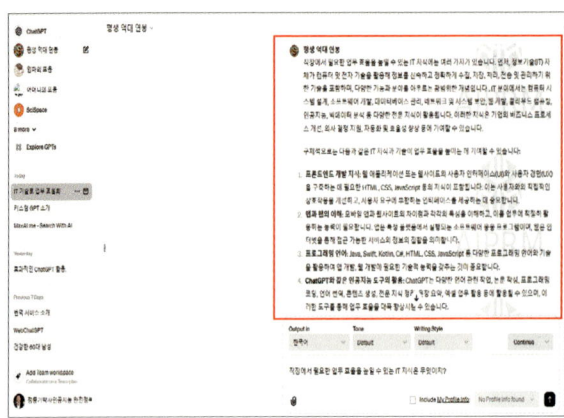

 커스텀 GPT의 설정값은 생성 후에도 언제든지 자유롭게 변경할 수 있다. 단, 이름을 변경하면 URL도 함께 변경된다.

❷ 5분만에 주제만으로 PPT 만들기

ChatGPT와 AI를 활용해 PPT(발표를 위한 소프트웨어 응용프로그램인 파워포인트의 약자, PowerPoint)를 빠르게 만들 수 있다. PPT를 만들 수 있는 여러가지가 있지만 아래에서는 2가지 방법을 소개하도록 하겠다.

2.1 ChatGPT를 활용해 PPT 만들기

ChatGPT를 활용해 PPT를 쉽고 빠르게 만들 수 있는 방법은 다음과 같은 절차로 만들 수 있다.

① ChatGPT 프롬프트를 PPT를 만들고자 하는 주제의 제목과 내가 원하는 페이지 수 그리고 각 페이지에 들어가야 할 주요 내용을 입력하고 질문(명령) 한다. 이때 중요한 것은 역할을 부여하고 내가 원하는 형태의 PPT를 텍스트로 구성하는 것이다.

아래는 ChatGPT를 활용해 PPT를 만드는 실제 프롬프트이다.

예를 들어, 너는 파워포인트 작성 전문가야. 프레젠테이션용 VBA 코드를 알려줘. 배경색은 연한 노란색이고 텍스트 색상은 갈색이다. 제목과 내용을 포함하여 5페이지를 만든다. 첫 번째 페이지: 메인 타이틀 "ChatGPT로 PPT를 만드는 방법", 두 번째 페이지: ChatGPT 소개, 세 번째 페이지: VBA 코드를 ChatGPT에 요청하는 방법, 네 번째 페이지: PowerPoint에서 VBA 코드를 사용하는 방법, 다섯 번째 페이지: 엔딩으로 "ChatGPT 업무 및 비즈니스 활용 전략"표기해줘.

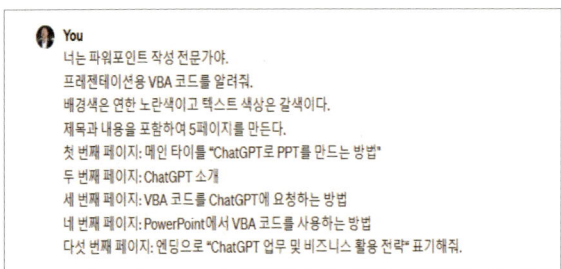

아래의 화면은 위에서 질문(요청)을 통해 생성된 답변이다.

```
Sub ChatGPT_Presentation()
    Dim ppt As Presentation
    Set ppt = ActivePresentation

    ' 슬라이드 배경색과 텍스트 색상 정의
    Dim slideBGColor As Long
    Dim textColor As Long
    slideBGColor = RGB(255, 255, 204) ' 연한 노란색
    textColor = RGB(139, 69, 19) ' 갈색

    ' 슬라이드 타이틀과 내용
    Dim titles As Variant
    Dim contents As Variant
    titles = Array("ChatGPT로 PPT를 만드는 방법", "ChatGPT 소개", "VBA 코드를 ChatGPT에
    contents = Array("", "", "", "", "")

    Dim i As Integer
    For i = 0 To 4
        With ppt.Slides.Add(i + 1, ppLayoutTitle).Shapes
            ' 배경색 설정
            ppt.Slides(i + 1).FollowMasterBackground = msoFalse
            ppt.Slides(i + 1).Background.Fill.ForeColor.RGB = slideBGColor

            ' 타이틀 설정
            .Title.TextFrame.TextRange.Text = titles(i)
            .Title.TextFrame.TextRange.Font.Color = textColor

            ' 내용 설정 (필요한 경우)
            If contents(i) <> "" Then
                .Placeholders(2).TextFrame.TextRange.Text = contents(i)
                .Placeholders(2).TextFrame.TextRange.Font.Color = textColor
            End If
        End With
    Next i
End Sub
```

ChatGPT는 위와 같이 PPT를 생성하는 VBA코드를 짜주었고 PPT를 만드는 방법의 예제를 상세하게 제시해 주었다. 예를 들어 PowerPoint에 5개의 슬라이드를 추가하고, 각 슬라이드의 배경색을 연한 노란색으로, 텍스트 색상을 갈색으로

설정하는 예제이다. 이 코드를 실행하기 위해서는 PowerPoint에서 VBA 편집기를 열고, 새 모듈에 이 코드를 붙여 넣어 실행하면 된다.

② 아래는 실제 PPT를 만드는 과정을 상세하게 설명한 것이다. 먼저 아래의 "옵션"을 선택한다.

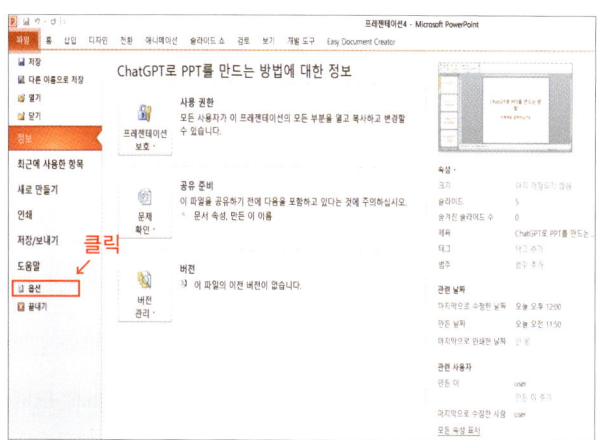

③ 다음은 아래의 "리본 사용자 지정"을 선택한다.

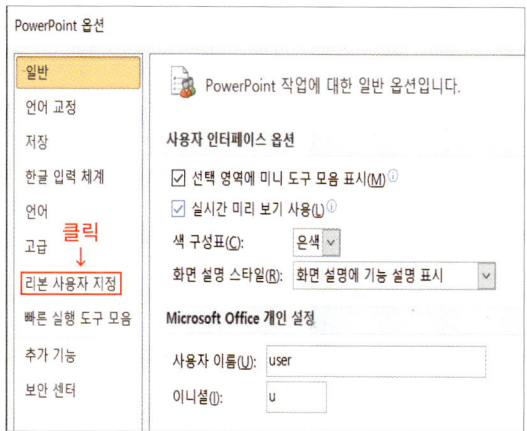

④ 다음은 아래화면의 우측에 있는 "개발도구"를 선택한다.

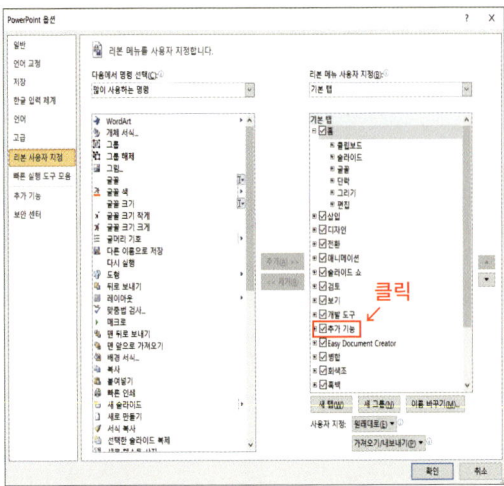

⑤ 다음은 상단 메뉴에 도구 매크로를 클릭하고 Visual Basic Editor를 켜주면, 오른쪽과 같은 화면이 나타난다. 이후에 "실행(R)"을 클릭하면 된다.

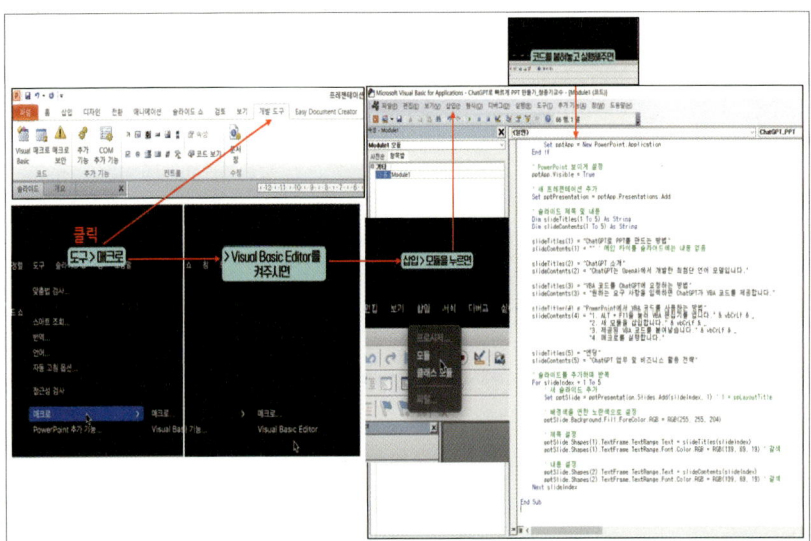

⑥ 아래는 ChatGPT를 활용해 생성한 5Page 분량의 PPT이다.

ChatGPT에게 주제에 적합한 내용을 채워달라고 질문(명령)하면 PPT 각 장에 적합한 내용을 채워 준다.

2.2 다음은 생성형 AI 감마(Gamma)를 활용해 PPT 만들기

생성형 AI감마(Gamma)를 활용해 주제만으로 PPT를 쉽고 빠르게 만들 수 있다.

① 먼저 감마(https://gamma.app/) 사이트에 접속한다.

② 다음은 아래 화면과 같이 회원가입을 하고 로그인을 한다.

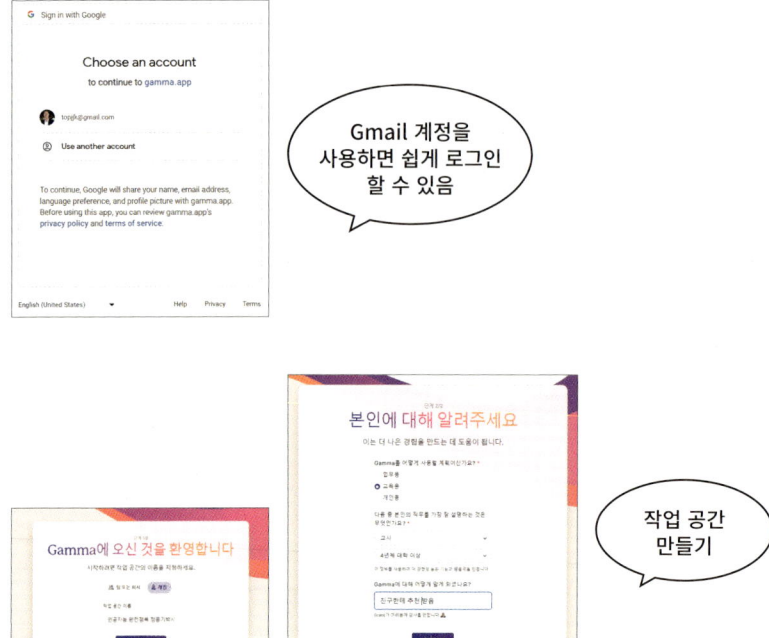

③ 회원가입을 하고 로그인을 하면 다음과 같은 화면이 나타난다.

아래 화면의 상단에 있는 AI로 만들기 "생성" 클릭한다.

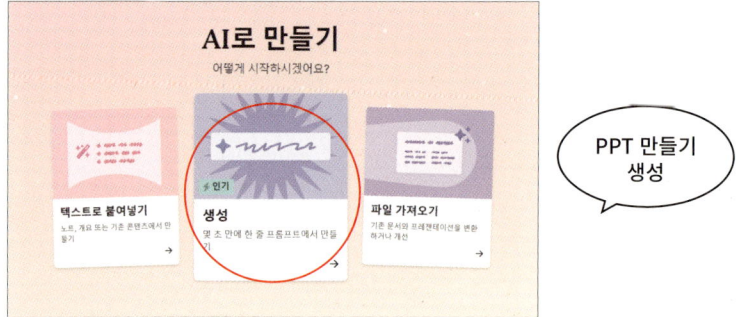

④ "생성"을 클릭하면 다음과 같이 3가지를 선택할 수 있다.

3가지는 프리젠테이션, 문서, 웹페이지이다. 아래에서 "프리젠테이션"을 클릭한다.

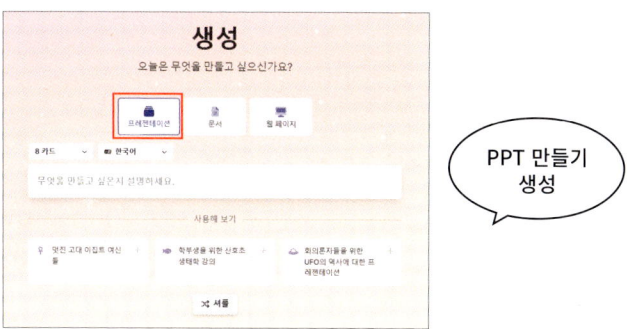

⑤ 프리젠테이션을 선택하면 몇 장의 카드(PPT Page)를 만들 것인지 선택한다.

"생성"을 클릭하면 다음과 같이 3가지를 선택할 수 있다.

아래 화면과 같이 8카드(Page)를 선택한다. 10카드까지는 무료인데 10카드 이상 15, 20, 25카드는 유료로 사용할 수가 있다.

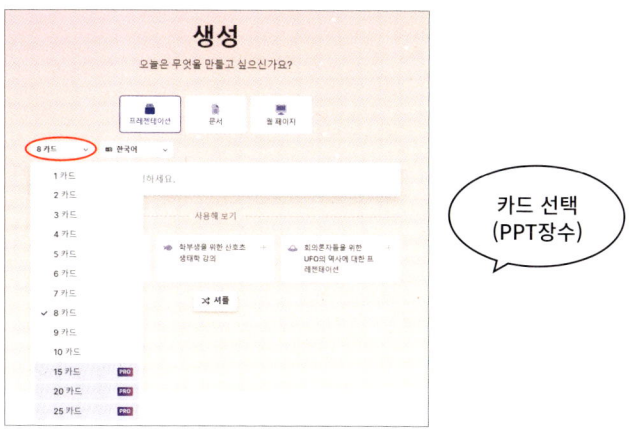

⑥ 좌측에 있는 "프리젠테이션"을 선택하고 아래에 있는 PPT 장수를 선택하고 아래 화면과 같이 내가 만들고자 하는 주제를 입력한다.

저자는 "생성형 AI를 활용한 정신 건강 상담 서비스 플랫폼 개발"를 입력하고 "개요 생성"을 클릭하였다.

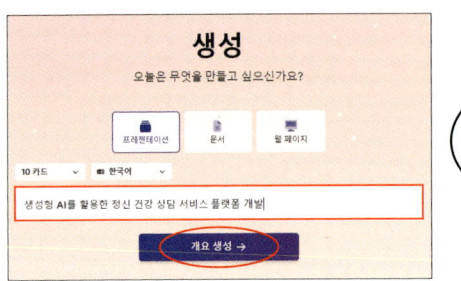
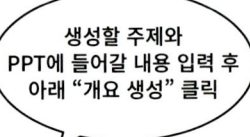

⑦ 아래 화면과 같이 프롬프트로 입력한 주제와 함께 AI가 목차를 아래와 같이 보인다.

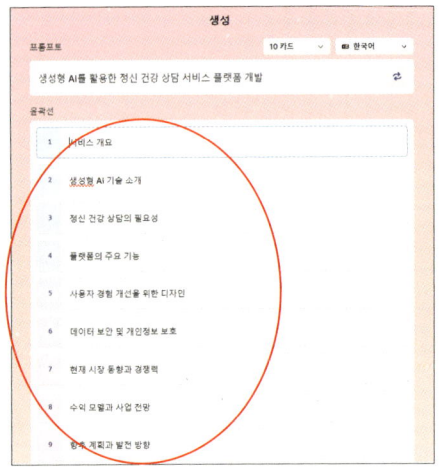
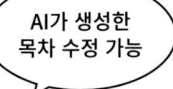

⑧ 위에 있는 목차가 내가 만들고자 하는 주제에 적합한 목차이면 곧바로 PPT를 생성할 수 있다. 그러나 내가 원하는 목차가 아닐 경우 목차를 직접 입력해서 수정할 수 있다.

다음은 각각의 PPT 페이지 내의 카드당 텍스트양을 조정할 수가 있다.

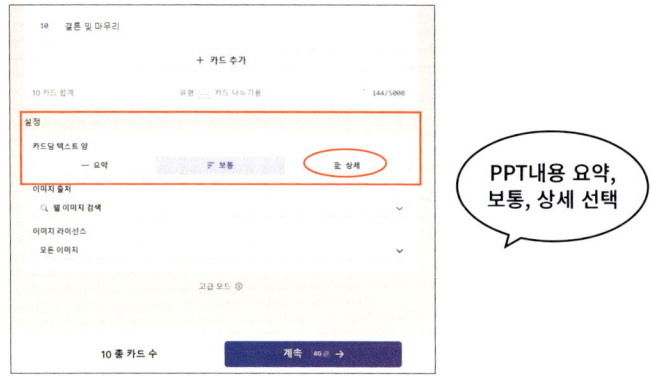

⑨ 다음은 PPT 주제에 적합한 PPT에 적용할 테마를 선택할 수 있다.

아래 화면과 같이 주제에 적합한 PPT템플릿을 선택한다.

⑩ 오른쪽 상단과 같이 "생성"을 누르면 PPT가 즉시 생성된다.

아래 화면은 "생성형 AI를 활용한 정신 건강 상담 서비스 플랫폼 개발"이라는 주제의 PPT가 생성된 화면이다.

화면 왼쪽 박스는 생성된 PPT 전체 페이지이고 중앙의 박스는 첫번째 장의 페이지이다.

아래의 화면 두번째, 세번째 장의 페이지이다.

 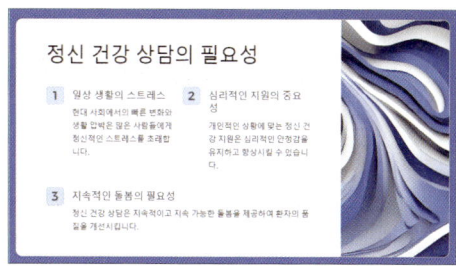

생성된 PPT는 아래의 화면과 같이 생성된 PPT를 공유하거나 저장할 수 있다.

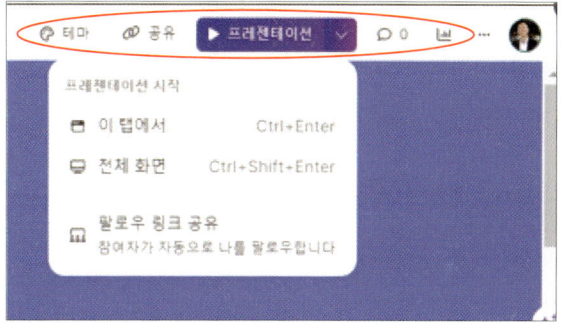

아래의 화면과 같이 공유를 클릭하고 내보내기를 클릭하면 PDF와 PPT로 저장할 수 있다.

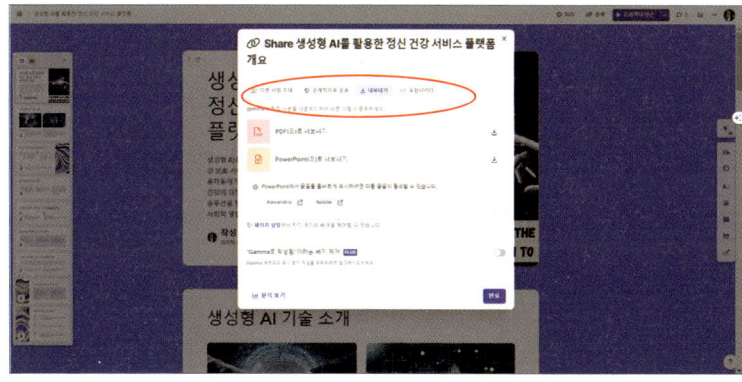

3
내 데이터를 기반으로 나만의 ChatGPT 만들기

기업의 지식관리시스템(Knowledge Management System: KMS)은 조직 내에서 지식과 정보를 수집, 저장, 공유하는 시스템이다. '내 데이터를 기반으로 나만의 ChatGPT를 만들기' 실제 사례로 기업의 KMS를 연동해서 나만의 ChatGPT를 구현하는 방안을 살펴보고자 한다. 일반적으로 KMS는 기업 내에서 내부 지식의 효율적인 관리와 공유를 위해 사용된다. ChatGPT는 대형 언어 모델로, 대화 기능을 통해 사용자와 자연어로 상호작용할 수 있다.

기업의 지식관리시스템(KMS)과 ChatGPT를 다음과 같은 과정으로 연동할 수 있다.

① **데이터 수집:**

기업 내부의 다양한 소스에서 데이터를 수집한다. 이는 내부 문서, 보고서, 매뉴얼, FAQ, 이메일 등의 소스에서 추출할 수 있는 정보를 포함한다.

데이터 수집 대상은 ChatGPT가 참고하여 사용자의 질문에 답변할 수 있는 내용을 포함해야 한다.

② **데이터 전처리:**

수집한 데이터를 ChatGPT와 호환되는 형식으로 전처리 한다. 데이터의 형식을 일관성 있게 통일하고, 불필요한 형식 요소를 제거한다. 필요에 따라 문장 분리, 토큰화 등의 처리를 수행한다.

③ **모델 학습:**

전처리한 데이터를 사용하여 ChatGPT 모델을 학습시킨다. 대량의 데이터가 필요하며, ChatGPT를 활용하거나 기업 내에서 자체적으로 학습된 모델을 구축할 수 있다. 학습을 위해 적절한 하드웨어 자원과 학습 알고리즘을 선택하고 활용한다.

④ **시스템 통합:**

학습된 ChatGPT 모델을 기업의 지식 관리 시스템에 통합한다.

API (Application Programming Interface)를 사용하여 기업 시스템과 ChatGPT를 연동시킨다.

사용자의 질문이나 쿼리를 ChatGPT로 전송하고, ChatGPT는 적절한 답변을 반환한다.

⑤ **유지 및 개선:**

ChatGPT와 지식관리시스템의 통합은 지속적인 관리와 개선이 필요하다.

새로운 데이터를 주기적으로 수집하고, 모델을 재 학습시켜 업데이트해야 한다.

사용자의 피드백을 수집하고 모델의 성능을 평가하여 향상시킨다.

⑥ **보안 및 개인정보 보호:**

지식관리시스템과 ChatGPT의 통합 시 보안과 개인정보 보호에 주의해야 한다.

기업의 중요한 지식과 데이터가 외부로 유출되지 않도록 적절한 보안 조치를 취해야 한다.

개인정보 보호 정책을 준수하고 사용자의 개인정보를 안전하게 관리해야 한다.

기업의 지식관리시스템은 사전에 기존 자료 탐색을 위한 Index 생성이 필요하다.

이러한 단계로 ChatGPT와 기업의 지식 관리 시스템을 연동함으로써, 사용자에게 정확하고 효과적인 정보를 제공하여 업무의 효율성을 높일 수 있다.

아래의 [그림1]은 Azure OpenAI 및 Cognitive Search를 사용한 ChatGPT + Enterprise 데이터를 활용하여 나만의 ChatGPT를 구현하는 사례이다.

이 사례를 활용해서 ChatGPT와 나만의 데이터(지식관리시스템)을 연동해서 내가 원하는 형태로 구현한다. 처리절차는 다음과 같다.

① 사용자 질의 입력

② 지식관리시스템에서 연관된 내용 검색

③ 검색된 내용과 질의, 응답방법 전달

④ 전달된 내용 기반 응답 생성

⑤ 사용자 응답 전달

[그림1] Azure OpenAI 및 Cognitive Search를 사용한 ChatGPT + Enterprise 데이터

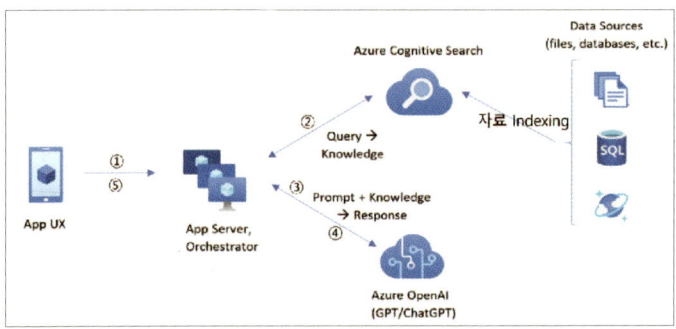

출처: https://github.com/Azure-Samples/azure-search-openai-demo

[그림1]은 검색증강 답변생성(Retrieval Augmented Generation: RAG) 패턴을 사용하여 자신의 데이터에 대해 ChatGPT와 같은 경험을 생성하기 위한 몇 가지 접근 방식을 보여준다. Azure OpenAI Service를 사용하여 ChatGPT 모델에 액세스하고 Azure Cognitive Search를 사용하여 데이터 인덱싱 및 검색을 수행한다.

이 샘플 응용 프로그램에서는 Contoso Electronics라는 가상의 회사를 사용하여 경험을 통해 직원은 혜택, 내부 정책, 직무 설명 및 역할에 대해 질문하고 답변을 얻을 수 있다.

이 샘플 응용 프로그램의 특징은 다음과 같다.

- 채팅 및 Q&A 인터페이스
- 사용자가 인용, 소스 콘텐츠 추적 등을 통해 응답의 신뢰성을 평가하는 데 도움이 되는 다양한 옵션 탐색
- 데이터 준비, 신속한 구성, 모델(ChatGPT)과 검색기(Cognitive Search) 간의 상호 작용 오케스트레이션에 대한 가능한 접근 방식을 보여준다.
- 동작을 조정하고 옵션을 실험할 수 있도록 UX에서 직접 설정

위의 연동방식은 마이크로소프트의 Azure OpenAI Service를 사용하여 ChatGPT 모델에 액세스하고 Azure Cognitive Search를 사용하여 데이터 인덱싱 및 검색을 수행한다.

이것을 가능하게 하는 프레임워크가 랭체인(LangChain)이다.

랭체인은 언어 모델을 기반으로 한 애플리케이션을 개발하기 위한 프레임워크이다. 언어 모델을 API를 통해 호출하는 것뿐만 아니라 외부 데이터를 인식하거나 타 시스템과의 상호작용하는 애플리케이션을 개발하는 것이다.

랭체인의 특징은 '데이터 인식'으로 언어 모델을 다른 데이터 소스에 연결하여 활용하는 것이다. 즉, 외부 데이터를 모델에 인식시켜서 ChatGPT가 학습한 데이터 말고, 내가 제공하는 데이터를 쓸 수 있게 한다.

두 번째는 '능동적 상호작용'으로 언어 모델이 다른 서비스 환경과 상호작용할 수 있도록 지원한다. 보통은 언어모델을 호출할 때 API Call 또는 모델 자체를 직접 호출하는 방식이다. 결론적으로 랭체인[그림2]은 타 시스템과의 상호 작용하는 애플리케이션을 개발하는 프래임워크를 제공한다.

랭체인은 언어 모델, 텍스트 임베딩 및 텍스트 처리 작업을 위한 도구 및 유틸리티 세트를 제공하는 라이브러리(Python, JavaScript 또는 TypeScript에서 사용 가능)이다. 언어 모델, 벡터 저장소 및 문서 로더(Loaders)와 같은 다양한 구성 요소를 결합하여 챗봇 생성, 문서 검색 처리, 질문 응답 작업 수행과 같은 작업을 간소화한다.

[그림2] 랭체인(LangChain) 콤포넌트(Components)

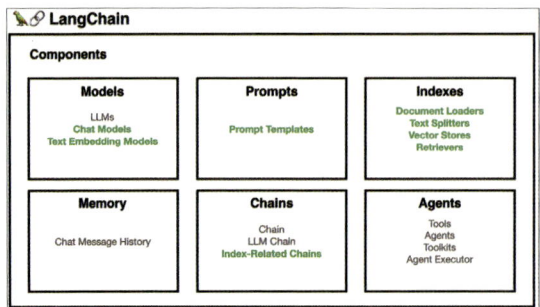

출처: https://medium.com/sopmac-ai/chatgpt-langchain-example-for-chatbot-q-a-a8b6ef40bbb6

랭체인에서 사용되는 기본적인 타입과 스키마는 [표1]과 같이 텍스트, 채팅 메시지, 예시, 문서 타입이 있다.

Text는 언어모델의 기본 인터페이스가 텍스트이다. Chat Message는 ChatGPT와 동일하다.

[표1] 랭체인에서 사용되는 기본적인 타입과 스키마

텍스트 (Text)	채팅 메시지 (Chat Messages)	예시 (Examples)	문서 (Document)
• 언어 모델과의 인터페이스는 주로 텍스트임. 따라서 랭체인 또한 주요 인터페이스가 텍스트임.	• 채팅 인터페이스에서 사용하는 메시지 • 시스템 채팅 메시지 (System Chat Message) AI 시스템에 대한 지시사항 • 사용자 채팅 메시지 (Human Chat Message) 사용자 입력 정보 • AI 채팅 메시지 (AI Chat Message) AI 시스템 출력 메시지	• 함수에 대한 입력과 예상되는 출력을 나타내는 입력/출력 쌍이며, 모델의 훈련과 평가에 사용될 수 있음. • 또한 모델 또는 체인에 대한 입력/출력이 될 수 있음. • 모델인 경우 모델을 미세 조정하는 데 사용됨.	• 비 구조화된 데이터 조작이며, 아래와 같이 구성됨. page_content : 데이터의 내용 Metadata : 데이터의 속성을 설명하는 부가 정보

출처: https://docs.langchain.com/docs/

ChatGPT와 기업의 지식관리 시스템을 연동하여 구현하기 위해서는 오픈 소스 라이브러리가 필요하다.

FAISS(Facebook AI Similarity Search)는 Facebook AI Research에서 개발한 오픈 소스 라이브러리이다. 대규모 고차원 데이터 모음에서 유사한 항목(벡터)을 효율적으로 검색하도록 설계되었다. FAISS는 벡터를 인덱싱하고 검색하는 방법을 제공하므로 데이터 세트 내에서 가장 유사한 항목을 더 쉽고 빠르게 찾을 수 있다. FAISS는 추천 시스템 정보 검색, 클러스터링 등과 같은 작업에 특히 유용하다.

[그림3] OpenAI Embeddings를 FAISS 인덱스로 저장

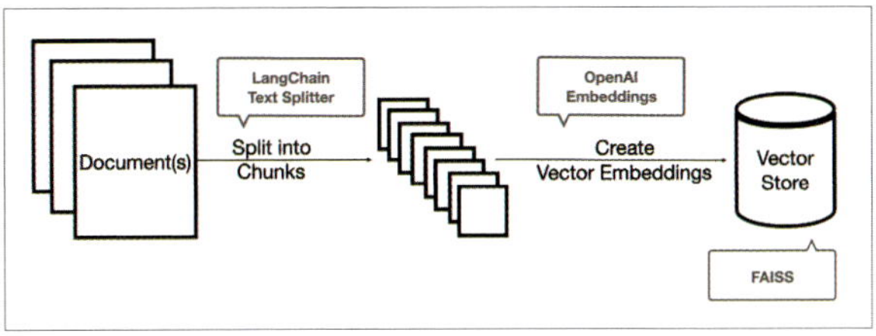

이 코드는 CSV 파일에서 데이터를 로드하고 청크(Chunks)로 분할한 다음 OpenAI Embeddings를 사용하여 FAISS 인덱스를 생성하고 저장한다. 이를 통해 데이터 세트에서 관련 정보를 효율적으로 유사성 검색 및 검색할 수 있다. [그림3]

[그림4] 랭체인 프레임워크 질문과 응답 처리 프로세스

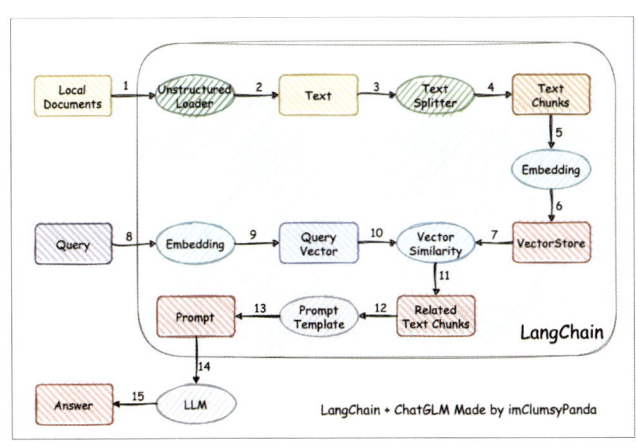

[그림4]는 랭체인 프레임워크 질문과 응답 처리 프로세스를 도식화한 것이다. ChatGPT, 랭체인(LangChain) 및 FAISS를 사용하면 다음과 같은 몇 가지 이점이 있다.

- **간소화된 개발 프로세스:** 이러한 기술을 결합하면 개발자가 챗봇을 보다 쉽게 생성, 유지 관리 및 최적화하여 시간과 비용을 절약하고 배포 속도를 높일 수 있다.
- **더 큰 적응성:** 이러한 기술을 결합함으로써 챗봇은 새로운 도메인, 언어 및 사용 사례에 맞게 더 쉽게 적응하고 확장할 수 있으므로 다양성과 가치를 높일 수 있다
- **고급 쿼리 처리:** ChatGPT, 랭체인(LangChain) 및 FAISS의 강점을 활용하여 챗봇은 복잡하거나 모호한 쿼리를 더 잘 이해하고 처리하여 사용자에게 더 정확하고 적절하며 만족스러운 응답을 제공할 수 있다.

지금까지 설명한 기술 내용을 중심으로 필자와 국내 최고의 엔지니어가 함께 구축한 실제 사례인 LLM기반 ChatGPT 기업경영 애로 해결 전문 '고수톡' 서비스를 요약해서 설명하면 다음과 같다.

[그림5]는 OpenAI의 LLM을 이용하여 내 데이터를 기반으로 답변을 생성하고, 검색증강 답변생성(RAG)하는 ChatGPT를 구현한 사례이다.

[그림5] LLM기반 RAG를 사용한 ChatGPT 기업 경영 애로 해결 전문 '고수톡'

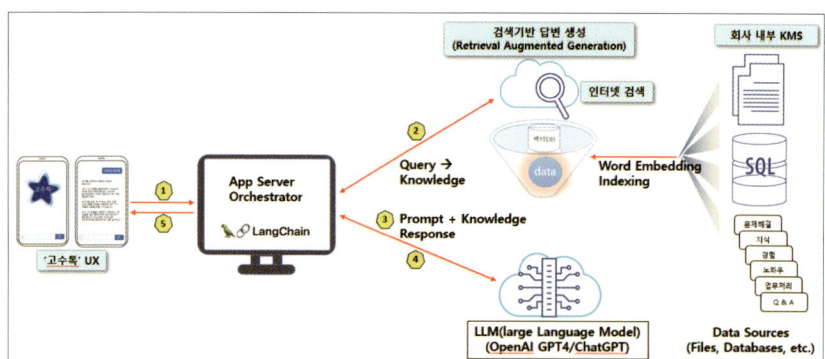

Azure OpenAI 및 Cognitive Search를 사용한 ChatGPT + Enterprise 데이터 사례를 활용해서 ChatGPT와 나만의 데이터(지식관리시스템)을 연동해서 내가 원하는 형태로 답변을 생성할 수 있다.

아래 [그림6]은 실제 구현해서 서비스 중인 LLM기반 ChatGPT 기업경영 애로 해결 전문 '고수톡' 시스템 구성도이다. 이 서비스의 핵심인 기업경영 애로 해결을 위한 학습용 데이터는 중소벤처기업부 등에서 국내 중소.중견기업의 기업 경영 애로 문제를 해결한 모범 답안 사례 수십만 건을 수집하여 임베딩(Embedding), 백터 DB화(Vector), 인덱싱(Indexing) 등 처리하여 구현하였다.

[그림6] LLM기반 ChatGPT 기업경영 애로 해결 전문 '고수톡' 시스템 구성도

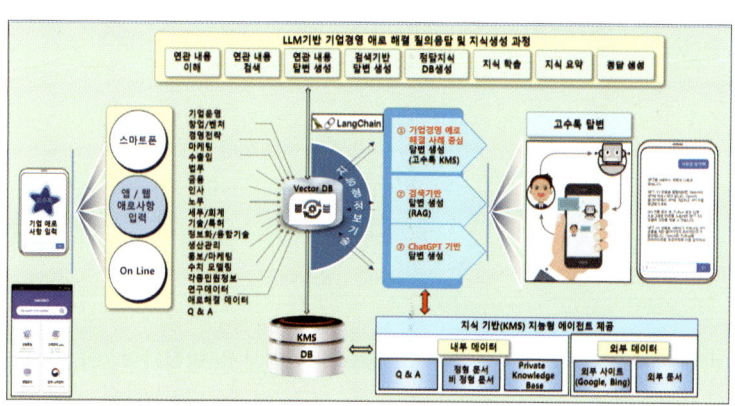

[그림7]는 LLM기반 ChatGPT 기업 경영 애로 해결 전문 '고수톡' 서비스를 국내 최고의 기업경영 지원 서비스 앱인 "나비서 앱"에 탑재해서 많은 중소기업, 중견기업에서 실제 사용하고 있는 화면이다.

[그림7] "고수톡"이 탑재돼서 서비스 중인 "나비서" 앱

[그림8]는 LLM기반 ChatGPT 기업 경영 애로 해결 전문 '고수톡' 서비스를 웹 화면에서 실제 이용할 수 있는 사이트(www.korai.kr) 이다.

아래 화면의 우측 상단의 "고수톡에게 물어보세요"를 클릭하면 질문(명령)을 입력할 수 있는 화면이 나온다.

[그림8] LLM기반 ChatGPT 기업 경영 애로 해결 전문 '고수톡'

아래 화면의 하단에 있는 질문(명령)입력 칸에 질문을 입력하면 아래 화면의 결과와 같이 답변을 받을 수 있다. 또한 계속해서 문제 해결을 위한 질문을 입력하여 기업 애로 문제를 전문가를 찾지 않고도 해결할 수 있다.

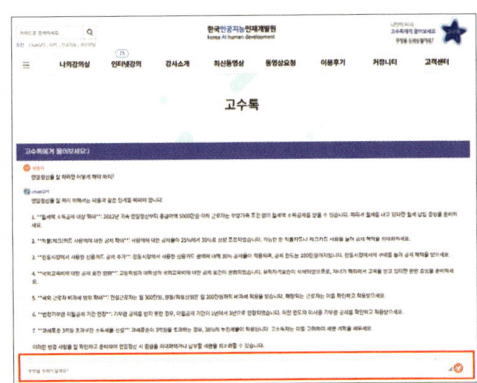

4

내가 원하는 형태로 맞춤형 답변 받기 (Customize ChatGPT)

ChatGPT의 질문과 답변을 OpenAI에서 제공하는 Custom Instructions(맞춤지침)을 이용해서 내가 원하는 형태로 맞춤형 답변을 받을 수 있다. 사용 방법을 살펴보면 다음과 같다.

먼저 아래의 화면과 같이 ChatGPT 유료계정 하면에서 "Customize ChatGPT"를 클릭한다.

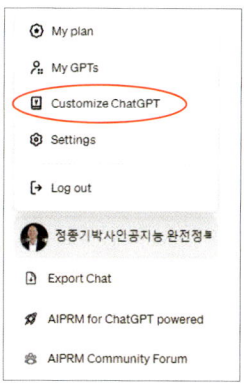

① 내가 원하는 목표를 정하고 내가 어떤 형태로 답변을 주면 좋을지 설정한다. 아래 화면의 예시와 같이 상단에는 내가 원하는 목표와 개인 정보를 설정하고 하단에는 내가 답변을 받고 싶은 출력 형식을 설정한다.

예시) 상단에 입력하는 내용은 "나는 누구이고 내가 원하는 목표가 무엇인지" 입력한다. 예를 들어 "나는 요리사이고 요리를 할 때 필요한 재료와 순서를 알고 싶다"로 설정한다. 다음 하단에는 내가 원하는 답변 형태를 입력한다. 예를 들어 "응답은 테이블(Table) 형태로 답변해줘"로 설정한다.

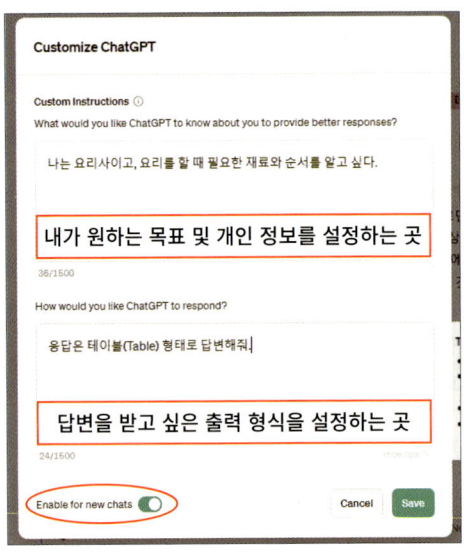

② 다음 위 화면과 같이 "Enable for new chats"를 클릭하고 "Save"를 클릭하면 위에서 설정한 "목표 및 개인 정보"와 "답변을 받고 싶은 출력 형식"을 저장한다.

③ 위와 같이 Custom Instructions(맞춤지침)을 설정하고 내가 원한 답변을 받기 위해 질문(명령)한다. 예를 들어 아래 화면과 같이 "이탈리안 스파게티"를 입력하면 ChatGPT는 내가 설정한 맞춤지침에 맞춰서 답변을 한다. 아래 화면과 같이 음식명만 입력했는데 요리순서, 재료, 준비 및 조리 방법까지 테이블 형태로 답변한다.

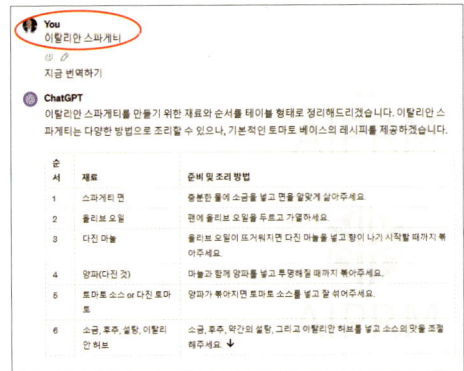

아래의 화면도 '"김밥" 만드는 방법 알려줘'만 입력했는데 김밥을 만드는 순서와 준비 및 조리 방법을 테이블 형태로 정리해서 보여줬다.

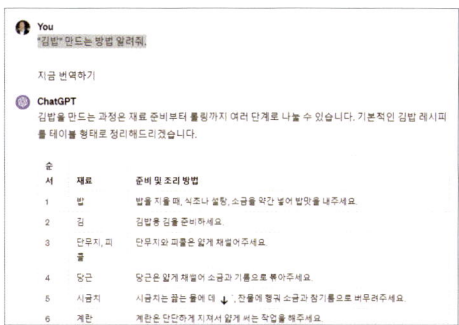

또 다른 예시를 들면 다음과 같다. 아래 화면과 같이 상단에는 내가 원하는 목표와 개인 정보를 입력한다. 나는 "Cloud 전문가"이다. 정확한 답변을 해야 한다. 답변의 정확도를 100점 기준으로 몇 점인지 표시해야 한다"

다음 하단에는 답변을 받고 싶은 형태를 입력한다. "응답은 테이블(Table) 형태로 해줘야 한다."

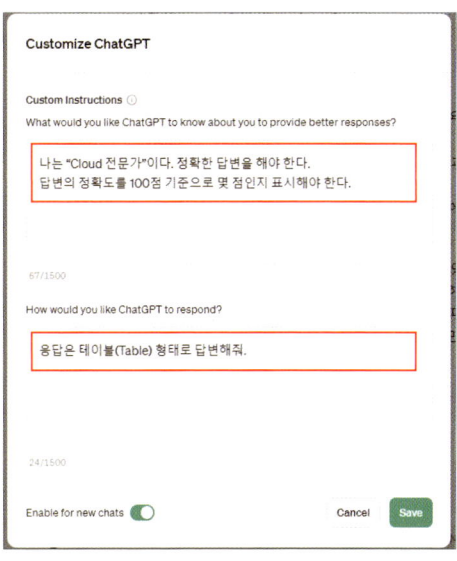

위와 같이 설정하고, 예를 들어 화면과 같이 "AWS 주요 서비스에 대해 알려줘"만 입력했는데, AWS 설명과 함께 사례까지 테이블 형태로 정리해서 답변을 한 것을 확인할 수 있다.

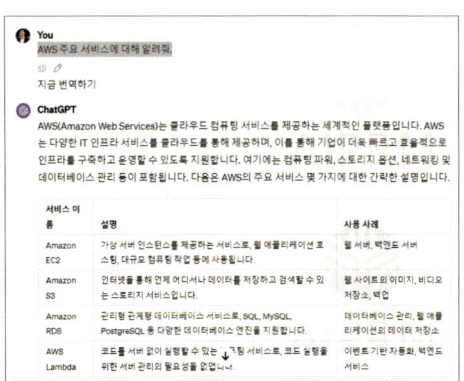

또한 아래 화면과 같이 설정에서 답변의 정확도를 100점 기준으로 몇 점인지 표시하라고 설정했기 때문에 "정확도: 95점"이 표기된 것을 확인할 수 있다.

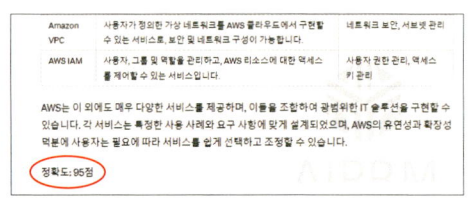

다음은 아래 화면과 같이 클라우드 제공 업체인 AWS(Amazon Web Services), GCP(Google Cloud Platform), Azure(Microsoft Azure) 주요 서비스를 비교해달라고 질문(명령)하였다. 위에서 설정한데로 답변 내용이 간결하고 보기 좋게 표로 정리해서 답변한 것을 확인할 수 있다.

You
AWS, GCP, Azure 주요 서비스를 비교해줘.

지금 번역하기

ChatGPT
클라우드 서비스 제공업체인 AWS(Amazon Web Services), GCP(Google Cloud Platform), Azure(Microsoft Azure)는 각각 다양한 서비스를 제공하여 사용자가 애플리케이션을 구축, 배포 및 관리할 수 있도록 지원합니다. 아래 표는 이 세 플랫폼의 주요 서비스를 비교한 것입니다.

분류	AWS	GCP	Azure	설명
컴퓨팅	Amazon EC2	Google Compute Engine (GCE)	Azure Virtual Machines	가상 서버 인스턴스를 제공하여 다양한 컴퓨팅 작업을 지원합니다.
서버리스 컴퓨팅	AWS Lambda	Google Cloud Functions	Azure Functions	코드를 서버 관리 없이 실행할 수 있게 해주는 이벤트 기반 컴퓨팅 서비스입니다.
스토리지	Amazon S3	Google Cloud Storage	Azure Blob Storage	대규모 데이터를 저장하고 관리하기 위한 객체 스토리지 서비스입니다.
데이터베이스	Amazon RDS, Amazon DynamoDB	Google Cloud SQL, Google Cloud Datastore	Azure SQL Database, Azure Cosmos DB	관계형 및 NoSQL 데이터베이스 서비스를 제공합니다.
네트워킹	Amazon VPC	Google Virtual Private Cloud (VPC)	Azure Virtual Network	사용자가 정의한 가상 네트워크를 통해 클라우드 리소스를 안전하게 관리할 수 있습니다.
빅데이터	Amazon EMR	Google BigQuery, Google Dataflow	Azure HDInsight, Azure Databricks	빅 데이터 처리와 분석을 위한 서비스입니다.
AI 및 머신러닝	AWS SageMaker, Amazon Comprehend	Google AI Platform, Google Vision AI	Azure Machine Learning, Azure Cognitive Services	인공지능(AI) 및 머신러닝(ML) 모델을 개발, 훈련 및 배포할 수 있는 서비스입니다.

이 표는 기본적인 서비스 카테고리와 각 클라우드 제공업체가 제공하는 몇몇 주요 서비스를 비교한 것입니다. 각 클라우드 제공업체는 이외에도 다양한 고급 서비스와 도구를 제공하며, 각각의 플랫폼은 특정 기능이나 서비스에서 강점을 가지고 있습니다. 따라서, 구체적인 프로젝트 요구사항과 목표에 맞게 적절한 클라우드 서비스 제공업체와 서비스를 선택하는 것이 중요합니다.

정확도: 95점

5

내가 생각한 아이디어 GPTs로 쉽게 특허 내기 (GPTs)

ChatGPT의 GPTs를 활용해서 내가 생각한 아이디어를 쉽게 특허를 출원할 수 있다.

GPTs는 "Generative Pre-trained Transformer"의 약어로, OpenAI에 의해 개발된 인공지능 기반의 자연어 처리 모델이다. 이 모델은 대규모의 텍스트 데이터를 학습하여, 사람이 작성한 것처럼 자연스러운 텍스트를 생성할 수 있다. "GPTs"는 특정 목적이나 요구사항에 맞춰 개조되거나 조정된 GPT 모델을 의미한다. 예를 들어, 특정 언어, 전문 분야의 지식, 또는 특정 스타일의 텍스트 생성 등에 최적화된 모델이 될 수 있다.

GPTs를 활용해서 내가 생각한 아이디어를 정리해서 쉽게 특허를 출원할 수 있는 방법을 살펴보면 다음과 같다.

① 먼저 ChatGPT(openai.com) URL에 접속하거나 아래 화면과 같이 ChatGPT에서 "Explore GPTs"를 클릭한다.

② 다음은 아래 화면과 같이 GPTs Store에서 "특허"를 검색한다.

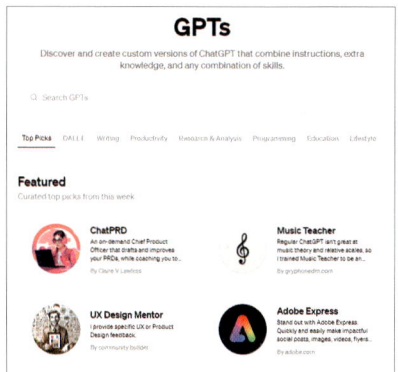

"특허"를 입력하면 아래와 같은 화면이 보인다. GPTs Store에 있는 특허 관련된 GPTs들이 있다. 그 중에서 내가 잘 활용할 수 있는 목적에 적합한 GPTs를 선택한다.

③ 필자는 아래의 GPTs에서 "Patent Copilot"를 선택하였다.

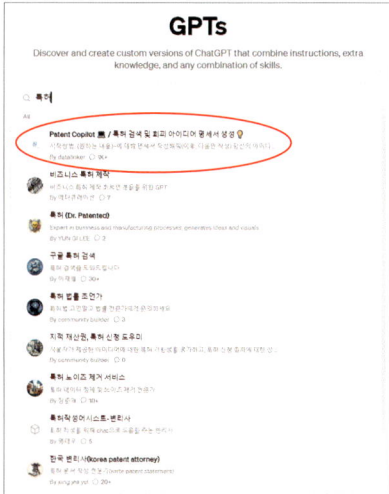

④ 필자는 아래의 GPTs에서 "Patent Copilot"를 선택하였다.
그리고 화면 아래 중앙에 있는 "Start Chat"을 클릭한다.

⑤ 위 화면과 같이 "Start Chat"을 클릭하면 다음과 같은 화면이 보인다.
이 화면은 "특허 검색 및 회피 아이디어 명세서 생성"이다. 이 화면에서 내가 생각한 아이디어 또는 기존 특허 중 도움을 받고자 하는 내용을 입력한다.

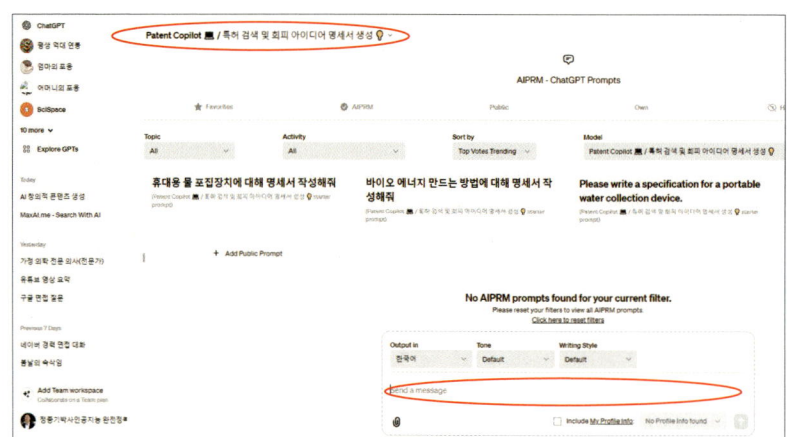

⑥ 필자가 실제 아이디어를 가지고 특허 출원 명세서를 작성하는 과정을 예시로 설명하면 다음과 같다. 먼저 내가 생각하고 있는 내용을 중심으로 **프롬프트를 입력**한다.

예를 들어 특허 아이디어 입력 프롬프트: "골프장의 필드에서 골프공을 찾을 수 있는 기기에 대해 명세서를 작성해줘."로 질문(명령)하면 아래 화면과 같이 답변을 받을 수 있다. 특허 명세서를 작성하기 전에 선행 특허 검색을 진행할지 아니면 회피하고자 하는 문헌을 검색할지 질문을 받는다. 아래와 같이 "검색"을 진행해달라고 요청한다.

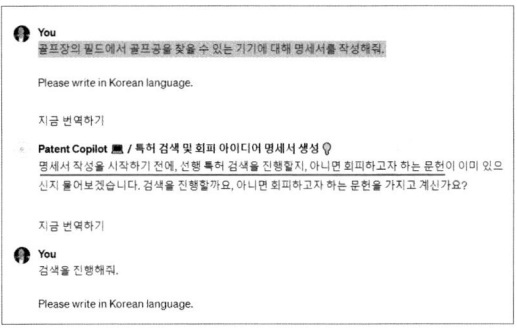

아래의 화면은 검색 요청으로 관련 특허 검색을 통한 자료들을 보여준다. 이 자료를 가지고 골프공을 찾는 기기에 대한 선행 특허들을 검토할 수 있다.

아래의 답변내용 중 하단 중앙에 있는 것과 같이 다음 단계로 진행하거나 추가적인 도움을 받을 수 있다.

다음단계(선행 문헌의 청구항 요약)

다음단계는 아래 화면과 같이 검색된 내용을 중심으로 선행 문헌의 청구항에 대한 요약 내용을 정리한 것을 확인할 수 있다.

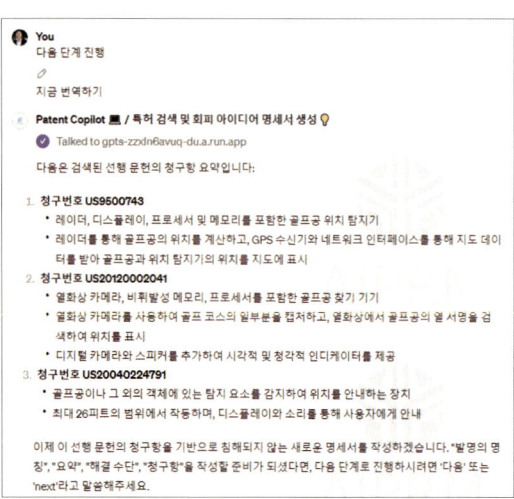

다음 화면은 ChatGPT가 필자의 아이디어를 가지고 새로운 명세서인 "멀티 모달 골프공 탐지 시스템"을 아래와 같이 구성해 주었다.

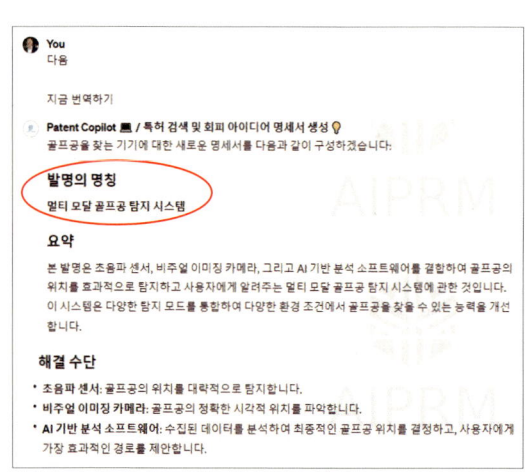

다음 단계에서는 "새로운 특허 Vs 기존 선행 문헌들 간의 비교" 표를 이해하기 쉽게 정리해주었다.

다음 단계에서는 "멀티 모달 골프공 탐지 시스템"과 관련된 "최신 연구 논문 내용 요약 설명"를 이해하기 쉽게 정리해주었다.

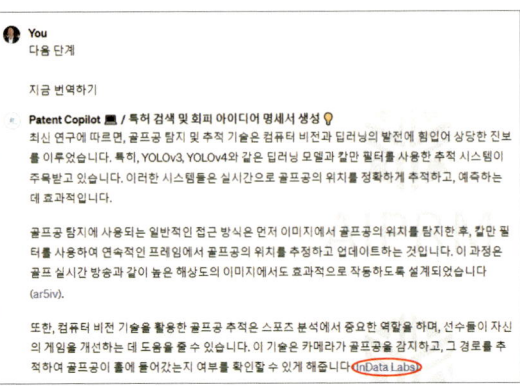

최신 연구 논문 중에서 위 화면에 있는 "InData Labs"하나를 선택하면 다음 화면과 같이 관련 사이트 정보가 보여지는 것을 확인할 수 있다.

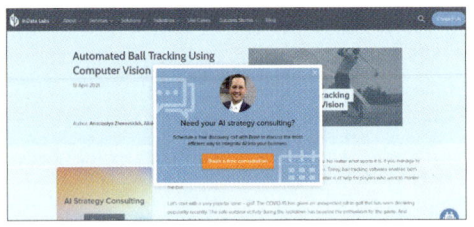

다음은 지금까지의 답변 내용을 중심으로 "멀티 모달 골프공 탐지 시스템"을 설계하는 과정을 설명하면 다음과 같다.

먼저, 아래 화면과 같이 프롬프트: 위 제공된 "멀티 모달 골프공 탐지 시스템"을 설계해줘. 를 입력한다.

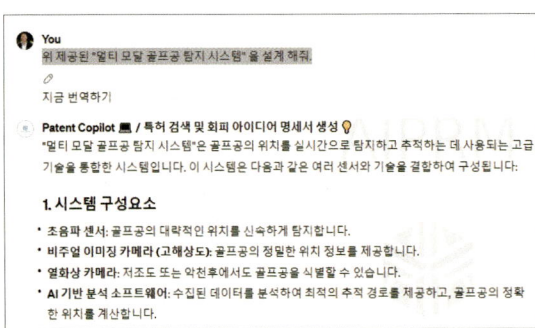

2. 설계 접근 방식

- **데이터 수집**: 모든 센서에서 데이터를 수집하여 중앙 처리 시스템으로 전송합니다.
- **데이터 통합 및 분석**: AI 소프트웨어가 다양한 센서에서 온 데이터를 통합하여 분석합니다.
- **실시간 위치 추적**: AI가 처리한 데이터를 바탕으로 골프공의 위치를 실시간으로 업데이트하고 사용자 인터페이스에 표시합니다.

3. 사용자 인터페이스

- **디스플레이**: 골프공의 위치, 경로 및 기타 중요 정보를 그래픽 형태로 표시합니다.
- **사용자 입력**: 사용자가 시스템 설정을 조정할 수 있게 하며, 특정 기능을 활성화하거나 비활성화할 수 있습니다.

4. 통신 시스템

- **무선 통신 모듈**: 센서와 중앙 처리 시스템 간의 신속한 데이터 전송을 보장합니다.
- **클라우드 기반 데이터 저장**: 수집된 데이터를 클라우드 서버에 저장하여 분석 및 장기적 데이터 관리를 용이하게 합니다.

5. 에너지 관리

- **배터리 관리 시스템**: 장시간 사용을 위해 고효율 배터리를 사용하며, 에너지 소비를 최적화합니다.

이 시스템은 골프장에서의 사용뿐만 아니라 골프 토너먼트에서의 실시간 골프공 추적에도 이상적으로 활용될 수 있습니다. 사용자는 이 시스템을 통해 골프공의 정확한 위치를 실시간으로 파악할 수 있고, 골프 게임의 품질을 향상시킬 수 있습니다.

🧑 You
Continue writing please

지금 번역하기

Patent Copilot 🔒 / 특허 검색 및 회피 아이디어 명세서 생성

6. 하드웨어 통합 및 최적화

- **센서 통합**: 각 센서는 효율적인 데이터 수집과 신속한 반응 속도를 위해 시스템에 완벽하게 통합됩니다. 센서들은 골프공의 위치와 움직임에 대한 정확한 정보를 제공하기 위해 서로 보완적으로 작동합니다.
- **소프트웨어 최적화**: AI 분석 소프트웨어는 다양한 센서에서 오는 데이터를 실시간으로 처리하고 분석할 수 있도록 최적화되어 있습니다. 이는 골프공의 위치를 빠르고 정확하게 추적하고, 필요한 정보를 즉시 사용자에게 제공하는 데 중요합니다.

7. 안정성 및 보안

- **데이터 보안**: 모든 데이터 전송은 암호화되어 처리되며, 사용자 데이터는 클라우드 서버에 안전하게 저장됩니다.
- **시스템 안정성**: 시스템은 외부 환경 변화에 강하도록 설계되었으며, 골프장의 다양한 기후 조건에서도 안정적으로 작동할 수 있도록 견고하게 제작됩니다.

8. 시장 적용 및 확장성

- **다양한 스포츠로의 확장 가능성**: 이 시스템은 골프 외에도 다른 공을 사용하는 스포츠에 적용 가능합니다. 예를 들어, 테니스, 배드민턴, 탁구 등의 스포츠에서도 유사한 기술을 사용하여 공의 위치와 움직임을 추적할 수 있습니다.
- **사용자 맞춤 설정**: 사용자는 자신의 필요에 따라 시스템을 맞춤 설정할 수 있으며, 추가 기능을 요구할 수도 있습니다. 이는 사용자 경험을 향상시키고 시스템의 유연성을 높이는 데 기여합니다.

9. 사용자 경험 및 인터페이스

- **직관적인 사용자 인터페이스**: 사용자가 쉽게 이해하고 조작할 수 있도록 설계된 인터페이스를 통해, 사용자는 시스템을 더욱 효과적으로 활용할 수 있습니다.
- **실시간 피드백 및 지원**: 사용자가 시스템을 사용하면서 겪을 수 있는 문제에 대해 실시간으로 피드백을 제공하고, 필요한 지원을 받을 수 있도록 서비스가 구성됩니다.

이 "멀티 모달 골프공 탐지 시스템"은 현대 기술을 활용하여 골프 게임의 질을 향상시키고, 플레이어들이 자신의 성능을 개선할 수 있게 돕는 혁신적인 솔루션을 제공합니다. 사용자가 보다 쉽게 골프공을 추적하고, 게임 전반에 대한 이해도를 높일 수 있도록 설계되었습니다.

다음은 아래 화면과 같이 프롬프트: "멀티 모달 골프공 탐지 시스템" 유사 특허 회피 전략을 상세하게 세워줘. 를 입력한다.

아래의 화면은 "멀티 모달 골프공 탐지 시스템"을 표현하는 이미지를 생성한 화면이다.

*Seed No: 1126868534

*Seed No: 3668548884

이상과 같이 ChatGPT의 GPTs를 활용해서 내가 생각한 아이디어를 정리해서 쉽게 특허를 출원할 수 있다.

6

ChatGPT 관련 확장 프로그램 및 사이트 정보

ChatGPT를 활용해서 더 많은 정보 활용과 업무 및 비즈니스 효율을 더 높이기 위해서는 다른 소프트웨어와 연동해서 사용하면 좋다. 이번 장에서는 ChatGPT의 기본적인 활용과 확장 프로그램을 활용하여 업무 활용을 높일 수 있도록 저자가 가지고 있는 노하우를 상세하게 설명하여 도움되도록 하겠다.

ChatGPT의 빠른 상용화는 사용자 데이터의 확보, [표1]과 같은 다양한 확장 프로그램의 출시, 기존 서비스와의 결합 등으로 이어져 소비자가 느끼는 효용은 더 커지는 효과로 이어지고 있다.

오픈AI는 사용자 수가 빠르게 늘어남에 따라 여기서 확보된 데이터를 기반으로 모델을 계속 추가 학습(Fine Tuning)시키고 있다. 이에 출시 초기에 비해 질문에 대한 답변 수준이 지속적으로 개선되고 있다. 더 나아가 데이터를 기반으로 알고리즘 등 시스템 전반을 효율화하며 빠르게 성장시키고 있다.

ChatGPT관련 확장 프로그램은 추가적인 개발자를 오픈AI 생태계에 끌어들여 더 많은 서비스를 개발함으로써 시너지 효과를 더 강화시킬 것으로 예상된다.

또한 다수의 개발자들이 ChatGPT의 활용도를 더 끌어올릴 수 있는 확장 프로그램들을 앞다퉈 출시하고 있다. 예를 들어 좀 더 좋은 답변을 끌어낼 수 있도록 질문을 개선시키는 프롬프트 엔지니어링이나 영어가 아닌 언어의 검색 결과를 개선시키는 프로그램 등이 그것이다.

마이크로소프트의 발 빠른 사업화도 ChatGPT의 단점을 보완하고 소비자 효용을 개선시키는 데 일조하고 있다. ChatGPT는 AI 모델의 특성상 답변의 정확성을 담보하기 어렵다. 이에 마이크로소프트는 자사의 검색 엔진인 빙과 ChatGPT를 결합시킨 Bing+ 서비스를 출시했다. Bing+는 검색 엔진을 통해 확보되는 실시간 데이터를 ChatGPT가 처리함으로써 최신 데이터를 활용하면서도 동시에 가장 연관성이 높을 것으로 예상되는 답변을 선별해서 제공하고 데이터의 출처를 링크로 제공함으로써 사용자가 정확성 여부를 확인할 수 있도록 보완해 나가고 있다. 이에 Bing+ 역시 출시 이후 한달 만에 일일 활성 사용자 수가 1억명을 돌파했다.

[표1] ChatGPT 활용 관련 확장 프로그램 및 사이트

명칭	주요 활용 내용
프롬프트 지니	ChatGPT에서 질문/답변 자동 영한/한영 번역
ShareGPT	대화 내용을 PDF 등 형식 또는 링크로 공유
YouTube Summary	유튜브 영상의 스크립트 추출 및 영상 요약
ChatGPT Writer	한국어/영어 이메일 작성, 답장 메일 생성
AIPRM for ChatGPT	여러 사용자들이 최적화된 프롬프트를 공유
ChatGPT Optimizer	내용 복사, 단어/글자수 표시, 스크롤 이동 등
Web ChatGPT	최근 웹페이지 등의 자료를 통해 적시성 보완
Gimme Summary	AI 열람 중인 웹페이지 내용 바로 요약
Deepl Translate	웹페이지 내용을 마우스로 드래그하여 번역
다글로(Daglo.ai)	유튜브 동영상, 음성파일을 텍스트로 간단하게 변환
Eightify	유튜브 영상 내용 요약 및 타임스탬프 제공
notegpt.io	유튜브 URL 주소를 입력하면 바로 동영상 내용을 텍스트로 변환해주고 주요 내용을 요약
ChatGPT to Notion	대화 내용을 'Notion' 프로그램에 저장
ChatGPT Chrome Extension	크롬 브라우저에서 ChatGPT 화면 접속
ChatGPT for Google	Google, Naver. Google, Bing, Baidu, Yahoo, Naver 등 지원
ChatGPT for Google	구글 등 검색엔진에서 ChatGPT 결과 표시
ReaderGPT	한번 클릭으로 웹페이지 내용 요약
GPT Formula	엑셀 / 구글시트용 함수 및 공식 생성
Merlin	AI 비서 (내용 요약, 메일 답장, 수식 생성 등)
라이너(Liner)	출처가 있는 구글 서치 어시스턴트
ChatGPT Save	대화 내용을 CSV(엑셀) 파일로 저장

Tome	AI 텍스트 프롬프트로 PPT 생성 및 편집
Beautiful.ai	텍스트 프롬프트로 PPT 생성 및 편집
다글로(Daglo)	음성 데이터를 텍스트로 변환
Tactiq	Google Meet, Zoom 등 회의 노트 작성

*참고: 언론 자료 종합

7

ChatGPT에 크롬(Chrome) 확장 프로그램 설치 활용하기

ChatGPT를 활용하는 방법에는 여러 가지가 있지만 실제로 활용 잘하는 사람은 많지 않다.

이번 장에서는 ChatGPT의 기본적인 활용과 확장(Extension) 프로그램을 활용하여 업무 활용을 높일 수 있도록 저자가 가지고 있는 노하우를 상세하게 설명하여 도움이 되도록 하겠다.

ChatGPT의 이용방법은 간단하다. https://chat.openai.com/chat 사이트에 접속하고, 회원가입하면 바로 사용 가능하다. 설치하고 검색 창처럼 보이는 곳에 질문을 입력하면 된다. 더 자세한 사용법이 궁금하다면 ChatGPT에게 질문하는 방법도 있다.

ChatGPT 이용 시, 정확한 답을 얻기 위해서는 정확하고 세부적인 질문을 해야 올바른 답이 나온다.

확장프로그램을 설치하면, ChatGPT를 더 잘 활용할 수 있다. 구글 크롬 웹 스토어에 접속 후, 검색창에 ChatGPT를 검색하시면 다양한 확장 프로그램이 나와서 이용할 수 있다.

ChatGPT를 더 잘 활용하기 위해서 확장 프로그램을 설치하여 사용하는 방법을 아래와 같이 몇 가지로 설명하겠다.

[그림1] ChatGPT에 크롬(Chrome) 확장 프로그램 설치하기

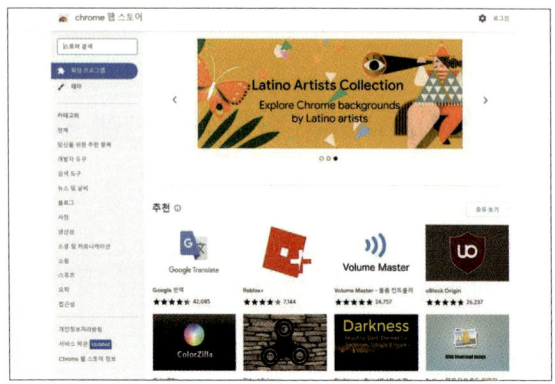

• **프롬프트 지니: ChatGPT 자동 번역기**

ChatGPT 쓸 때 질문을 영어로 번역해 주고, 답변도 한글로 번역해 주는 번역기이다.

ChatGPT에 자동번역기 추가해서 ChatGPT를 최대한 활용할 수 있도록 설치하는 방법을 설명하면 다음과 같다.

① **크롬웹스토어 접속하여 확장 프로그램 - 프롬프트 지니 검색**

크롬(Chrome) 웹스토어에서 '프롬프트 지니: 자동 번역기' 검색하면 아래와 같은 화면이 보인다.

② **오른쪽 상단에 있는 Chrome에 추가 버튼 클릭**

화면에 보이는 오른쪽 'Chrom에 추가' 버튼을 클릭하면 다음과 같이 내용이 보인다. '확장 추가' 버튼을 클릭 한다.

아래 화면은 프롬프트 지니를 추가 하기 전 ChatGPT 채팅창이다.

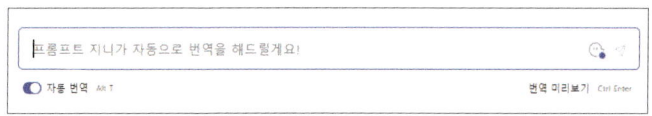

아래 화면은 프롬프트 지니가 추가된 ChatGPT 채팅창이다.

아래 화면은 프롬프트 지니가 추가된 ChatGPT 채팅창에서 질문한 후 ChatGPT가 답변한 화면이다.

화면에 보듯이 프롬프트에 한글로 질문을 하면 질문을 영문으로 번역한 후 답변을 생성하러 간다. 그리고 답변을 영문으로 받아서 다시 한글로 번역해서 답변을 제공한다.

그렇기 때문에 한글로 질문하는 것보다 영문으로 질문하는 것이 질문의 정확도가 높아져 답변의 정확도 역시 높아진다.

• **ChatGPT for Google** (구글 검색과 동시에 ChatGPT가 작동)

구글 검색 시, 동시에 ChatGPT가 작동하도록 도와주는 확장 프로그램이다.

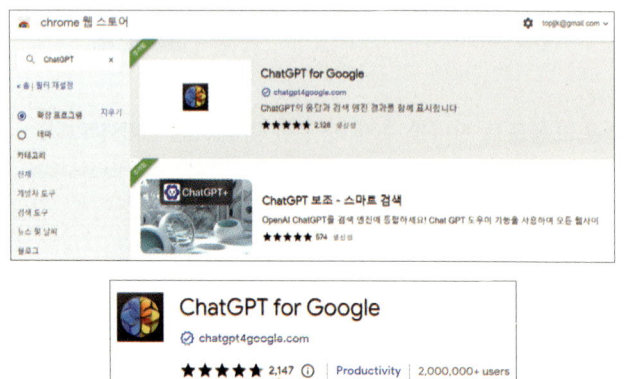

Google, Bing, DuckDuckGo 및 기타 검색 엔진과 함께 ChatGPT의 응답을 표시하는 확장 프로그램이다. 답변을 받은 즉시 ChatGPT로 채팅을 시작할 수도 있다. 모든 인기 검색 엔진에 지원되고, 질의 및 답변에 대해 ChatGPT와 채팅이 가능하다.

현재는 유료로 전환되어 일부 사용이 제한되어 있다.

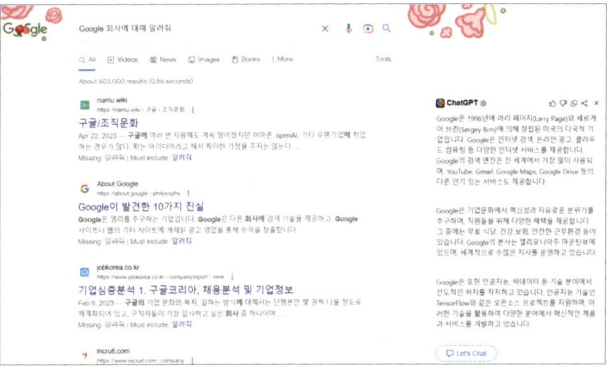

• **AIPRM for ChatGPT** (프롬프트 템플릿)

ChatGPT를 처음 사용해서 어떤 질문을 해야 좋을지 난감할 때, 이 확장 프로그램을 활용하면 도움이 많이 된다. 또한 이 확장 프로그램은 좀 더 정확하고 원하는 결과값을 얻기 위해 여러 사용자들이 최적화된 프롬프트를 설정해 놓은 '일종의 프롬프트 양식'이라고 볼 수 있다.

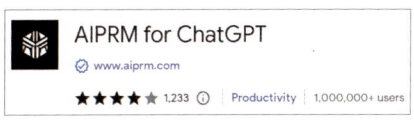

AIPRM은 아래 화면과 같이 타 사용자가 만들어 놓은 다양한 분야의 프롬프트 최적화 양식을 공유한다.

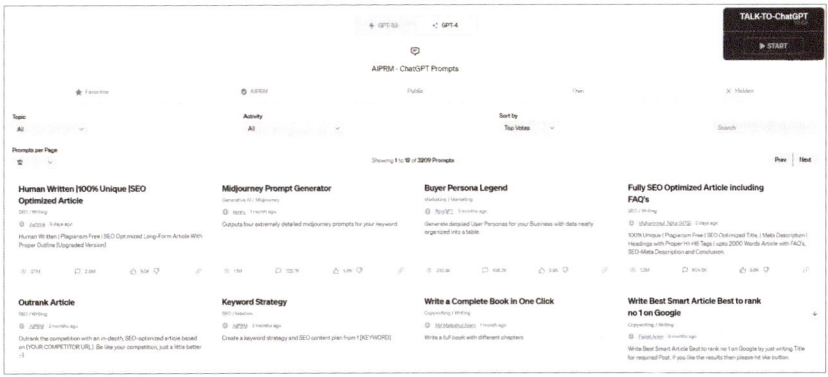

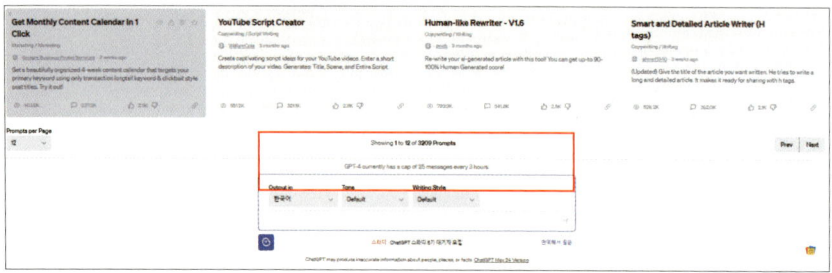

위 화면과 같이 프롬프트 창에 출력언어, 톤(Tone)과 문체(Writing Style) 등 하이퍼 파라미터(Hyper Parameter)를 선택하는 기능이 추가되었고, 오른쪽 하단에 'Continue'는 GPT 내용이 끊어지거나 중단되었을 때, 계속 작성해달라고 요청하는 기능이다.

AIPRM에서 매우 유용한 프롬프트들이 제공되고 있다. 예를 들어, 검색 도우미 중 하나인 'Keyword Strategy'에 원하는 키워드를 넣으면 관련 키워드를 표로 정리해준다. 엑셀작업 시 'Excel Expert', 파이썬 프로그래밍 'Python Pro', 이 밖에도 글쓰기 등을 지원하는 프롬프트도 제공되고 있는데 이를 활용하면 보다 전문적인 결과값을 도출할 수 있다.

AIPRM은 SEO, SaaS 등을 위한 선별된 프롬프트 템플릿 목록을 ChatGPT에 추가하여 질문 할 수 있다. 웹사이트의 검색 엔진 최적화를 개선할 빠르고 쉬운 방법을 제공하여 마케팅, 영업 및 지원 등에 쉽게 사용할 수 있다.

AIPRM의 많은 무료 기능뿐만 아니라 "즐겨찾기", "숨김", 나만의 사용자 지정 목록, 사용자 지정 쓰기 톤, 사용자 지정 쓰기 스타일, (사용자 지정) Power Continue 작업과 같은 많은 새로운 프리미엄 기능도 제공한다.

- **TalK to ChatGPT**(ChatGPT와 다국어로 대화하기)

  마이크를 통해 ChatGPT와 대화하고 음성으로 응답을 들을 수 있다. Talk to ChatGPT는 음성인식 및 텍스트 음성 변환 기술을 사용하여 음성으로 응답을 들을 수 있다. TEXT-TO-SPEECH, SPEECH-TO-TEXT가 가능하다.

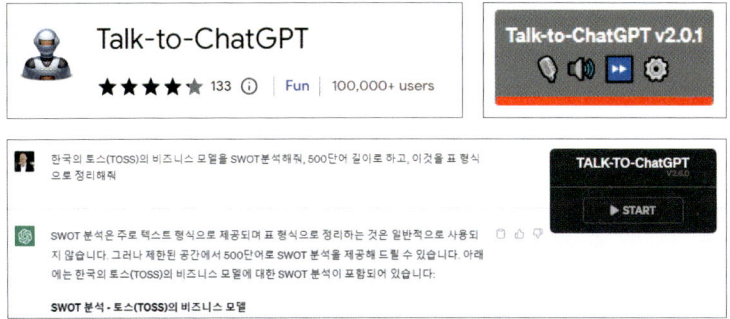

이것은 오픈 소스 프로젝트를 기반으로 하는 공식 "Talk to ChatGPT" 확장 프로그램이다. 사용하려면 먼저 크롬 확장 프로그램을 설치한다. 다음은 ChatGPT 홈페이지를 열어서 페이지 오른쪽 상단에 상자가 나타난다. 시작하려면 시작 버튼을 클릭하여 사용하면 된다.

이 확장 프로그램은 Google Chrome API의 모든 음성 인식 및 텍스트 음성 변환 언어를 지원하므로 모든 주요 언어가 지원된다.

이것은 기본 ChatGPT 텍스트 전용 인터페이스에 기능을 추가하는 재미있고, 실험적인 확장 프로그램이다. 완전 무료이며 오픈 소스이다. 소스는 Github에서 사용할 수 있다.

⑧ ChatGPT와 파이썬을 활용해 반복업무 자동화 시키기

비즈니스 및 업무를 처리하면서 인터넷 상에 있는 정보를 검색하여 취합하는 업무를 많이 한다. 이러한 반복적인 업무를 ChatGPT와 파이썬(Python)을 활용해 자동화 시킬 수 있다.

웹 서버에 저장된 데이터를 가져오는 행위를 '웹 크롤링' 또는 '웹 스크래핑'이라고 부른다. 웹 크롤링은 Google 등의 대규모 검색 엔진이 GoogleBot과 같은 로봇 크롤러를 인터넷에 보내 인터넷 콘텐츠를 색인화하는 과정을 의미한다. 누군가가 홈페이지를 새로 만들면 어떻게 그 웹사이트가 구글에서 검색이 될까? 구글은 검색을 위해서 인터넷에 연결된 모든 웹 페이지를 돌아다니면서 페이지의 정보를 저장해두기 때문에 검색이 가능하다.

웹 스크래핑은 일반적으로 특정한 데이터만을 웹사이트로부터 가져오는 행위를 스크래핑이라고 부른다. 웹 스크래핑은 웹 사이트 상에서 원하는 부분에 위치한 정보를 컴퓨터로 자동 추출하여 수집하는 기술이다.

다음은 ChatGPT와 파이썬을 활용한 자동 웹 크롤링을 단계별로 수행한 사례이다. 인터넷상에 있는 뉴스기사, 게시글 등 웹페이지의 내용을 자동으로 엑셀로 수집 정리하고 싶을 때 유용하게 활용 될 수 있다.

아래의 사례는 '서울디지털재단 이슈레포트(Issue Report) ChatGPT활용 연구'를 참고하였다.

실제 예제로 스마트도시협회에서 운영하고 있는 '스마트시티 솔루션 마켓(http://smartcitysolutionmarket.com)'을 웹 크롤링한 사례를 재 편집하였다.

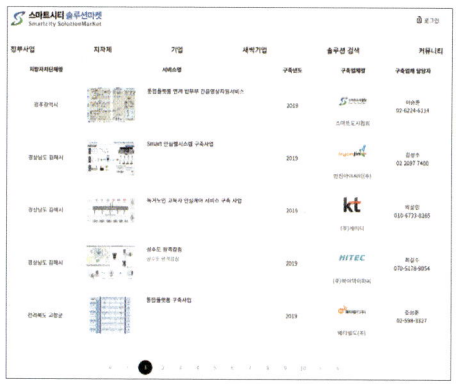

① 실제 구현을 위한 준비 사항

- 크롬 브라우저
- ChatGPT 사이트 연결: https://chat.openai.com
- 코랩(Colab) 사이트 연결: https://colab.research.google.com/
- 실습 대상 사이트 연결: http://smartcitysolutionmarket.com/ '지자체' 탭

② 실제 구현을 위한 준비 사항

- 대상 사이트 URL 복사: http://smartcitysolutionmarket.com/scsm/locgov/locgovSlutnList.do?menuNo=16#

③ 웹 크롤링을 위해서는 먼저 수집하고자 하는 웹주소의 패턴 파악

- 스크랩하고 싶은 주소창의 웹 주소를 확인하여 주소의 패턴을 파악한다. 뉴스 기사나 게시글 같은 경우 '페이지 번호'에 따라서 주소가 변화하거나, '검색어' 별로 링크가 만들어지는 패턴이 있다. 여기서 이러한 패턴을 찾는 것이 필요하다.

  http://smartcitysolutionmarket.com/scsm/locgov/locgovSlutnList.do?menuNo=16&sortOrderField=&searchCondition=&searchKeyword=&searchWdrLocgovNo=&searchBsisLocgovNo=&pageIndex=1 (위 예제 링크주소의 제일 마지막이 게시판 페이지 번호별로 변하는 것을 알 수 있음)

④ 구글 크롬에서 'F12' 키를 누르고 웹페이지의 HTML 구조 파악 및 코드값 정리
• 오른쪽 개발도구에서 HTML Elements를 선택하고 세분화하다 보면 왼쪽 편에 해당 구역에 음영으로 표시된다.

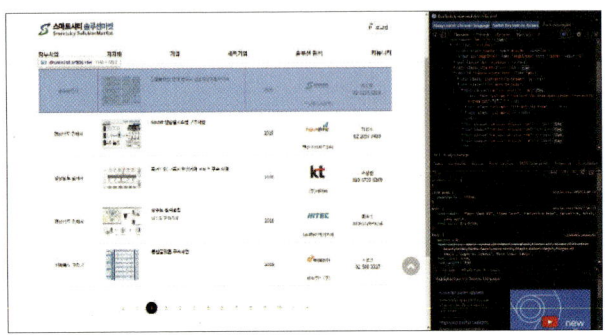

• 수집하고 싶은 정보가 음영으로 표시되면 HTML 코드를 정리한다.
  - 첫 번째 값은 지방자치단체로 '광주광역시' 값이다.
    광주광역시 텍스트 앞의 〈div class="col-md-2 list-article-item text-center list-artilce-item-tit"〉 코드 값을 복사
  - 두 번째 값은 서비스명으로 '통합 플랫폼 연계 법무부 긴급영상지원서비스' 앞의 코드 값을 복사 〈div class="col-lg-8"〉
  - 세 번째 값은 구축 연도로 '2019' 년 앞의 〈span class="d-block d-md-none bg-light p-2"〉 코드 값을 복사

⑤ ChatGPT에 웹 크롤링 프로그램 작성 요청
프롬프트 명령어는 2가지 예시로 질문 할 수 있다.
　프롬프트 명령어 1: '아래 주소의 웹페이지를 크롤링하고 엑셀 파일로 저장하는 파이썬 코드를 생성해줘' http://smartcitysolutionmarket.com/scsm/locgov/locgovSlutnList.do?menuNo=16&sortOrderField=&searchCondition=&searchKeyword=&searchWdrLocgovNo=&searchBsisLocgovNo=&pageIndex=' + 'pagenumber'

위 주소 링크는 마지막 pagenumber가 변화한다. 각 페이지의 내용을 수집한다.

우선, 각 페이지에서 모든 〈div class="row list-article-row"〉를 찾는다.

첫번째 열의 명을 '자치단체명'으로 하고, 〈div class="col-md-2 list-article-item text-center list-artilce-item-tit"〉의 텍스트를 값으로 한다. 예시는 '광주광역시'이다.

두번째 열의 명을 '서비스명'으로 하고, 〈div class="col-lg-8"〉의 텍스트를 값으로 한다.

예시는 '통합 플랫폼 연계 법무부 긴급영상지원서비스'이다.

세번째 열의 명을 '구축 연도'로 하고, 〈span class="d-block d-md-none bg-lightp-2"〉의 텍스트를 값으로 한다. 예시는 '2019년'이다.

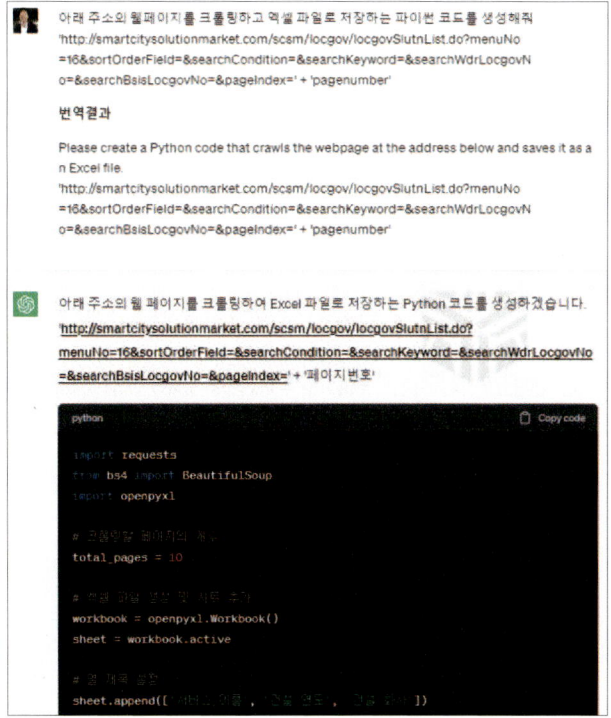

프롬프트 명령어 2: 아래 페이지를 크롤링해서 서비스명, 구축년도, 구축업체명을 엑셀로 저장하는 파이썬 프로그램 작성해줘 http://smartcitysolutionmarket.com/scsm/locgov/locgovSlutnList.do?menuNo=16#

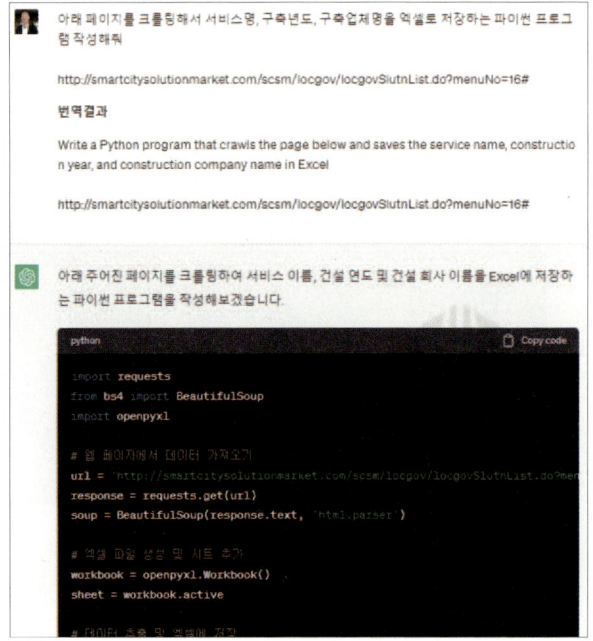

⑥ 생성된 파이썬 코드를 파이썬 프로그램에 넣고 실행하면, 웹 크롤링 시작

[프롬프트 명령어 1에 대한 파이썬 코드 실행]

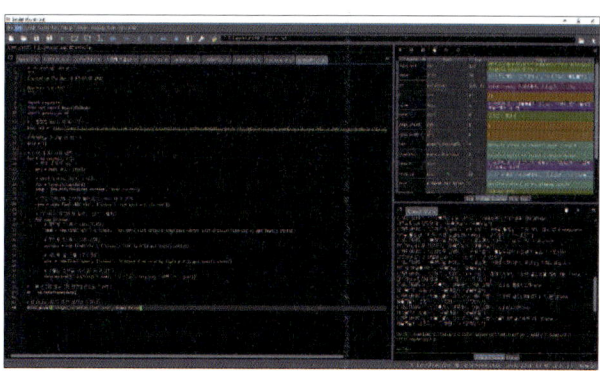

[프롬프트 명령어 2에 대한 파이썬 코드 실행]

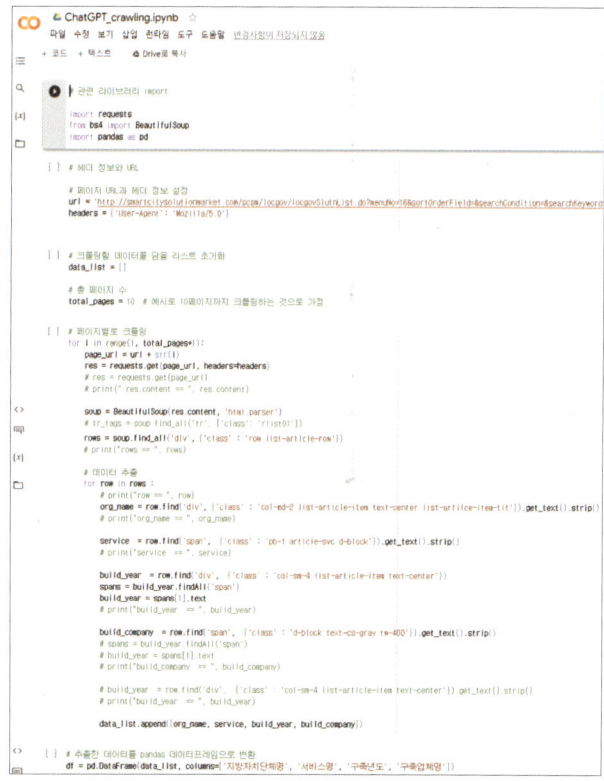

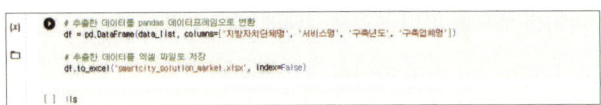

⑦ 웹스크랩이 끝나면 최종 저장된 파일에 웹 크롤링한 내용이 저장된 것을 볼 수 있음

위와 같은 과정으로 생성된 엑셀 파일을 열어서 웹 크롤링이 잘 진행되었는지 확인한다.

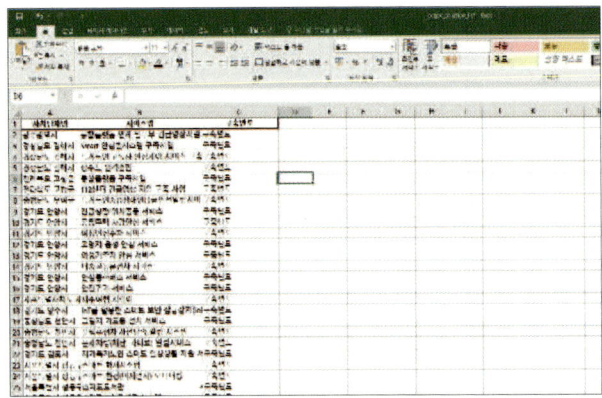

ChatGPT를 활용할 때 참고하면 도움되는 7가지

ChatGPT는 다양하게 활용할 수 있다. ChatGPT를 기본 가이드대로 사용하는 것과 다양한 활용 노하우를 알고 활용하는 것은 결과에서 엄청난 차이가 있다. 다음은 ChatGPT 기본 가이드와 처음 시작하는 분들을 위해 접속 사이트 등 기본적인 내용과 확장 프로그램 그리고 업무 및 비즈니스에 활용 할 수 있는 내용을 정리하였다. 다양한 활용 노하우를 통해 내가 원하는 답을 빠르게 얻어내면 많은 도움이 될 것이다.

더 자세한 사용법이 궁금하다면 ChatGPT에게 질문하는 방법도 있다. ChatGPT 이용 시, 정확한 답을 얻기 위해서는 정확하고 세부적인 질문을 해야 올바른 답을 얻을 수 있다.

① **Microsoft Bing**: www.microsoft.com
① https://copilot.microsoft.com/?form=MG0AUO

마이크로소프트에서 제공하는 서비스이며, 마이크로소프트 microsoft.com을 클릭하면 Copilot화면이 나오면 즉시 사용할 수 있다. 아래와 같이 일상 생활에 도움이 되는 정보를 얻고 싶을 때 아래에 제시하고 있는 5가지 카테고리를 클릭하면 답변을 받을 수 있다.

아래와 같이 자동 질문에 대한 답변을 받을 수 있다. 아래의 화면과 같이 "대화 계속하기"를 클릭하면 대화를 계속 이어갈 수 있다.

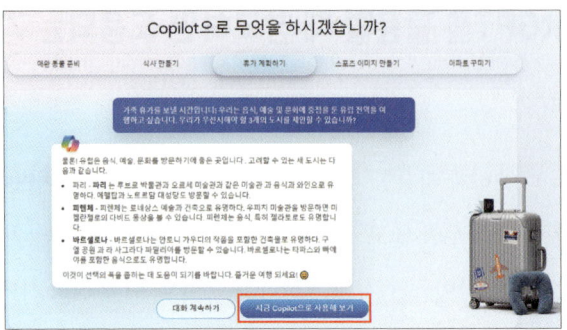

그리고 위화면에 있는 "지금 Copilot으로 사용해 보기"를 클릭하면 마이크로소프트에서 제공하는 "Copilot"를 사용해서 내가 원하는 질문과 답변뿐만 아니라 다양한 이미지를 생성할 수 있다.

② 웍스AI: https://www.native.me

㈜소사이어키99에서 제공하는 서비스이며, 한글로 이용할 수 있는 ChatGPT이다. 사용자의 대화를 영어로 번역해 ChatGPT와 영어로 대화한 후, 다시 한글로 번역해 준다. 최신 정보를 잘 알려주는 AI이다.

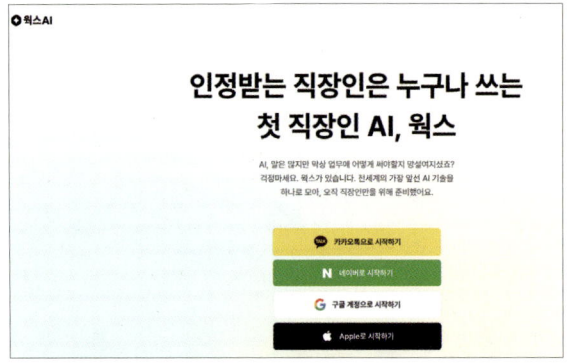

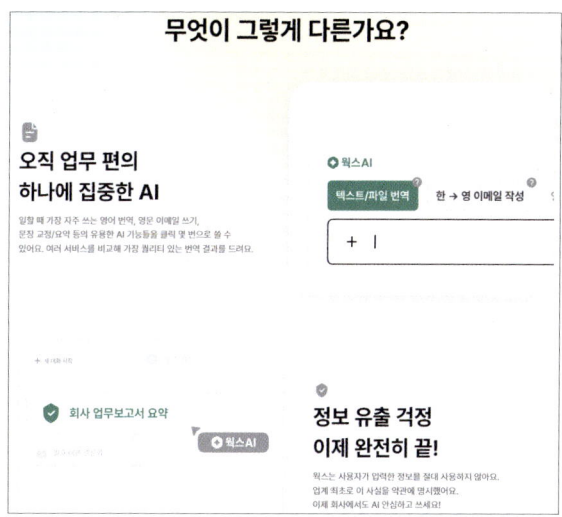

③ 챗 뤼튼: https://wrtn.ai/app/chat

뤼튼에서 제공하는 서비스이며, 웹사이트 그리고 카카오톡 채널 추가로도 이용할 수 있다. 또한 뤼튼의 챗봇은 더 자연스러운 한국어를 구사한다.

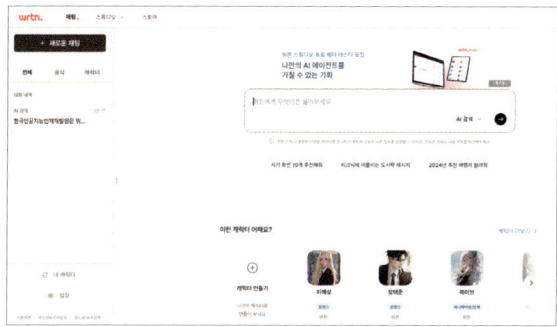

아래 화면은 저자가 뤼튼에서 제공하는 서비스인 ChatGPT기반의 질문과 답변이다.

저자는 "한국인공지능인재개발원은 뭐하는 곳이지?"라고 질문을 하였는데 뤼튼의 답변의 정확도는 매우 높았으며 답변을 생성한 근거를 제시해주었고 최근 정보까지 제공해 주었다.

④ **AskUp(아숙업): https://pf.kakao.com/_BhxkWxj**

업스테이지(Upstage)에서 제공하는 서비스이며, 카카오톡에서 친구 추가를 통해 쉽게 이용할 수 있다. 위 사이트에 접속하고 채널 추가(노란버튼)를 누르면 카카오톡 채팅방이 생성되어 그곳에 질문하면 된다.

ChatGPT의 모든 기능이 사용가능하고 음성인식을 통한 텍스트 변환으로 사용이 편리하다.

사용방법을 2단계로 살펴보면 다음과 같다.

1단계 - 친구추가: http://pf.kakao.com/_BhxkWxj/friend

1단계는 아숙업 친구 등록하기이다. 아숙업과 대화를 나누기 전 먼저 친구로 등록해야 한다. 우측 상단 노란색 채널 추가를 클릭한 후, 팝업창이 뜨면 [채널 추가] 버튼을 클릭하면 된다.

2단계 - 대화하기: https://askup.upstage.ai

2단계는 아숙업과 1:1 대화하기이다. 모든 준비가 끝났다. 이제 아숙업과 대화를 나눌 수 있다. 우측 상단 로봇 버튼[1:1 대화]을 클릭해서 대화창이 뜨면 챗봇과 채팅할 수 있다.

아숙업은 ChatGPT와 같이 질문과 답변을 챗봇 형태로 이어갈 수 있다.

특징은 이미지를 인식하고 분석할 수 있으며 내용을 요약할 수 있다. 텍스트로 입력된 내용을 그림으로 그릴 수 있다. 음식 사진을 업로드하면 음식 내용을 분석하고 원하는 식단을 짜줄 수도 있다. 또한 PDF를 인식하여 내용을 요약 분석할 수 있다.

⑤ **Chatpdf.com** (PDF파일 논문/규정집/행정문서 요약)

업무효율을 높일 수 있는 AI 도구로 PDF파일 논문, 규정집, 행정문서 등을 요약해준다. 입력한 PDF 파일에 대한 내용 분석 및 핵심내용 정리 그리고 PDF에 있는 내용을 중심으로 질문과 답변을 이어갈 수 있다.

⑥ Notebook Web Clipper (Zoho notebook)

ChatGPT에서 질문하고 답변한 내용들을 Notebook에 바로 옮기고 싶을 때 사용하는 '노트북 웹 클리퍼'이다.

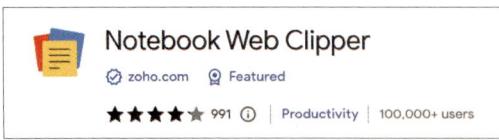 

 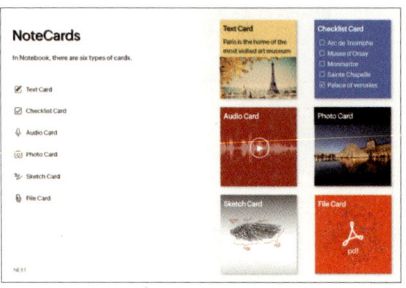 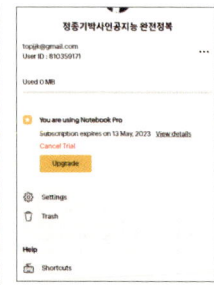

Web Clipper를 사용하여 웹에서 노트북으로 콘텐츠를 클립한다. 메모 카드로 저장된 클립 콘텐츠는 장치 간에 즉시 동기화된다. zoho.com/notebook/mobile-app.html에서 장치에 노트북 앱을 다운로드하여 사용하면 생산성을 높일 수 있다.

Web Clipper가 클립할 수 있는 것을 정리하면 다음과 같다.

먼저, 시도하고 싶은 새로운 레시피나 다음에 방문하고 싶은 장소, 텍스트, 이미지 또는 링크를 메모 카드에 스크랩하고 특정 노트북에 저장할 수 있다.

두 번째는 나중에 참조할 수 있도록 기사를 저장하고 싶을 때 사용하는 것이다. 즉, Clean View를 사용하면 광고를 제외한 전체 기사를 메모 카드로 저장할 수 있다.

세 번째는 웹 페이지의 스크린샷을 빠르게 캡처해야 할 때이다. '스크린샷' 옵션은 스크린샷을 포토 카드로 빠르게 저장할 수 있다. 전체 페이지, 보이는 보기 또는 페이지의 일부만 자르도록 선택할 수 있다.

사용 방법은 노트북에 추가하기 전에 이미지/스크린샷에 주석을 달고 이미지를 편집할 수 있다. 또한 메모장에 저장하기 전에 메모 카드에 태그, 미리 알림을 추가하여 사용하면 편리하게 사용할 수 있다.

네 번째는 회의 메모를 사용하여 Zoom, Cisco Webex, Zoho Meeting 및 Zoho Showtime을 사용하여 온라인 회의에 대한 빠른 메모를 작성할 수 있다.

Web Clipper를 사용하여 메모 카드를 만들 수도 있다. 브라우저를 떠나지 않고 메모하고 싶은 생각이 있을 때 사용할 수 있다. 브라우저에서 바로 처음부터 빠른 메모를 작성할 수 있고, 컴퓨터에서 Web Clipper로 직접 사진을 추가할 수도 있다.

⑦ **Tome**(간단한 대화식 콘텐츠 제작)

https://beta.tome.app

주제와 함께 간단한 대화를 통해 설득력 있는 프레젠테이션을 생성해준다. 제품, 서비스, 영업, 마케팅 등에 사용할 수 있는 템플릿을 제공해주며 쉽고 간단하게 대화식으로 다양한 콘텐츠를 제작할 수 있다.

❿
OpenAI API Key 발급 받는 이유 및 방법

ChatGPT를 사용하면서 여러 Application들과 연동해서 사용하려면 API키를 요구하는 것을 볼 수 있다. OpenAI API 키를 발급 받는 이유를 상세히 설명하면 다음과 같다.

① **강력한 언어 모델 액세스**: OpenAI API 키를 발급 받으면 OpenAI의 언어 모델에 직접 액세스할 수 있다. 이 언어 모델은 GPT-3와 같은 고급 인공지능 기술을 기반으로 하며, 대량의 데이터를 기반으로 학습되어 자연어 처리 작업에 탁월한 성능을 발휘한다. API 키를 통해 이러한 강력한 언어 모델을 활용하여 텍스트 생성, 대화 시뮬레이션, 문서 요약, 번역, 질문 답변 등 다양한 작업을 수행할 수 있다.

② **개발자 도구 및 통합**: OpenAI API를 사용하면 개발자들은 자신의 애플리케이션에 인공지능 기능을 통합할 수 있다. API를 활용하여 텍스트 분석, 대화형 인터페이스, 자동 요약, 언어 이해, 자연어 생성 등 다양한 기능을 구현할 수 있다. API 키를 발급 받으면 OpenAI의 개발자 도구와 문서에 액세스할 수 있어 API를 사용하는 방법을 상세히 배울 수 있다.

③ **인공지능 연구 및 개발**: OpenAI API를 사용하면 연구자와 개발자들은 자연어 처리 및 인공지능 관련 연구를 수행할 수 있다. API를 활용하여 새로운 알고리즘, 모델 아키텍처, 기계 학습 기법 등을 실험하고 테스트할 수 있다. 또한, OpenAI의 언어 모델을 기반으로 한 다양한 연구 주제를 탐구할 수 있다.

④ **제품 및 서비스 개발**: OpenAI API를 사용하면 기업이나 개발자들은 자신의 제품이나 서비스에 인공지능 기능을 통합할 수 있다. 예를 들어, 대화형 챗봇, 텍스트 분석 도구, 자동 요약 서비스, 언어 이해 기능 등을 개발할 수 있다.

OpenAI API를 활용하여 고객에게 더 나은 사용자 경험과 가치를 제공할 수 있다

이러한 이유로 OpenAI API 키를 발급 받으면 강력한 언어 모델에 액세스하고, 개발자 도구를 활용하여 애플리케이션을 개발하고, 연구 및 테스트를 수행하며, 제품 및 서비스를 개발하는 데에 필요한 기능과 리소스를 활용할 수 있다.

Open API Key를 발급 받는 방법은 다음과 같다.

① 먼저, OpenAI Key 발급받기 위해서는 먼저 아래와 같이 openai.com으로 접속한다.

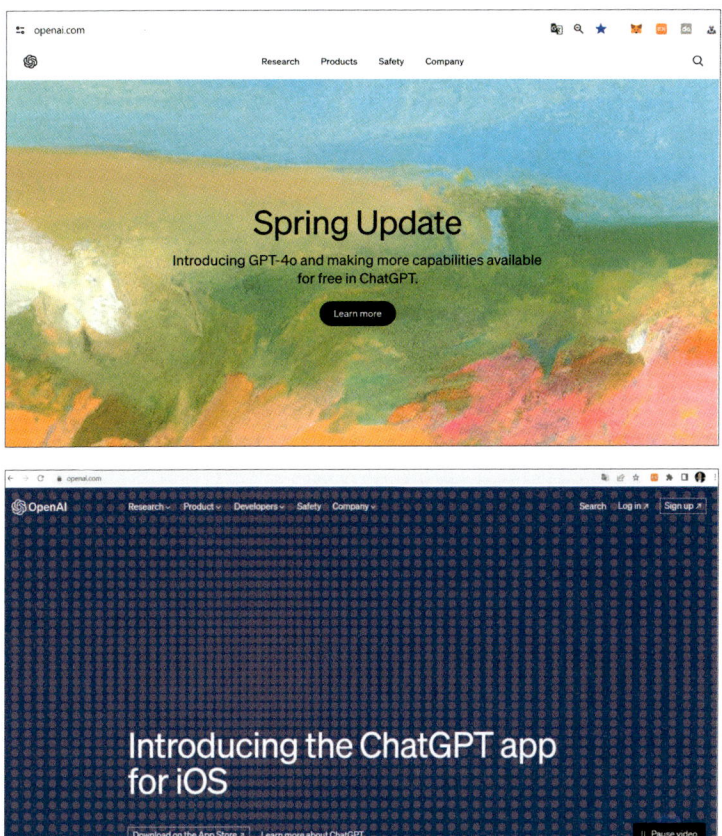

② 두 번째는 아래 화면의 API를 클릭한다.

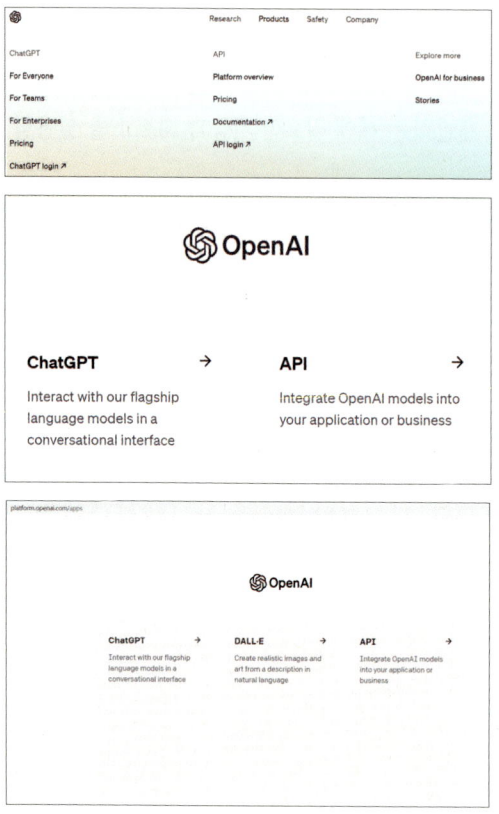

③ OpenAI Platform에는 Application구축에 필요한 것들이 있다.
④ 오른쪽 상단에 있는 Personal을 클릭하면 다음과 같은 화면이 나타난다.

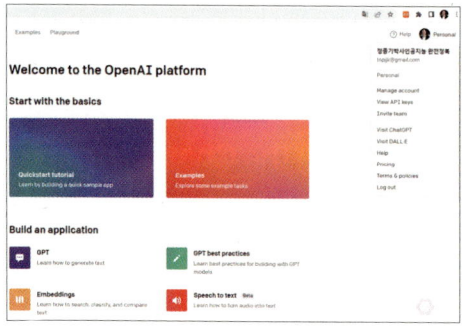

⑤ 오른쪽 상단 Personal 중간에 있는 'View API keys'를 클릭하면 아래와 같은 화면이 나타난다.

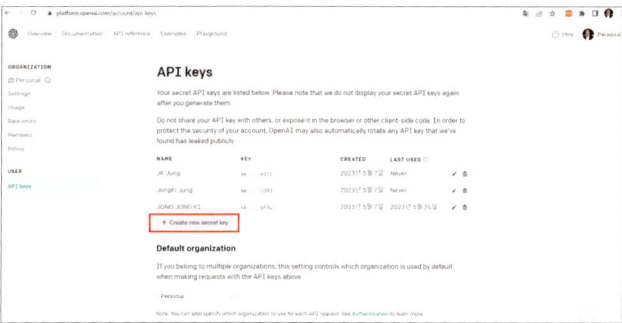

⑥ 화면 중간에 있는 '+Create new secret key'를 클릭한다.

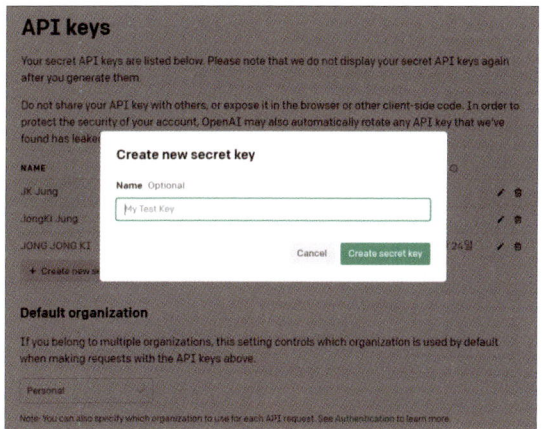

⑦ 위의 중간에 'Create new secret key'에 사용자 이름을 입력한다. 입력하지 않으면 'secret key'라는 이름으로 key가 생성된다.

⑧ 생성된 Key 값을 복사하고 메모장이나 개인적으로 따로 기록 저장해서 사용 한다. 한번 보여준 키는 다시 확인이 불가능하다.

API키는 비용이 청구되는 카드를 입력해야 활성화가 된다.

API 요금은 사용한 만큼 비용이 청구되는데, ChatGPT Plus는 월 22달러짜리 정기 구독서비스이다. 그러나 GPT API키 사용료는 OpenAI API를 통해 GPT모델을 사용하는데 발생하는 비용을 의미하며, 이는 사용한 만큼 비용이 청구 된다. GPT API는 초당 호출 수, API 요청 수, 사용한 자원 등에 따라 다양한 가격대가 있다. 따라서 GPT API 사용료는 사용한 만큼 지불해야 하며, 사용하지 않은 자원에 대해서는 비용이 청구되지 않는다. 다빈치 모델로 간단한 답변에 1000토큰, 40원 가량이 소요된다. 테스트로 몇 번 사용하기에는 부담없는 가격이지만 무분별하게 많이 사용하면 계속 유료로 비용이 청구되기 때문에 사용에 유의해야 한다.

정기구독 서비스는 ChatGPT 채팅창의 업그레이드 투 플러스(Upgrade to Plus) 버튼을 입력했을 때 뜨는 서비스이다.

Part 9.

별첨

참고 문헌

[1] 김종영, "ChatGPT를 활용한 혁신적인 리서치 방법론과 활용사례 분석", IBK투자증권, 2023.03.

[2] 김태원, "ChatGPT와 생성 AI의 미래", NIA 한국지능정보사회진흥원, 2023.03.

[3] 박연주외, "생성 AI, 제 2의 기계 시대" 테마리포트, 미래에셋증권, 2023.04

[4] 박찬, "MS, 검색엔진 '빙'에 '챗GPT' 탑재한다. 구글 검색과 맞짱 예고", AI타임스, 2023.01.

[5] 삼정KPMG 경제 연구원, "Business Focus 챗GPT가 촉발한 초거대 AI 비즈니스 혁신", 2023.04

[6] 삼정KPMG 경제 연구원, "창작영역에 뛰어든 생성형 AI 투자 현황과 활용 전망", ISSUE Monitor 제163호, 2024.05

[7] 서울디지털재단, SDF 이슈레포트 2023, "ChatGPT 활용사례 및 활용 팁", 2023.04

[8] 안성원외, "초거대언어모델의 부상과 주요이슈", ISSUE REPORT, SPRI(소프트웨어 정책연구소), 2023.02.

[9] 이은영외, "ChatGPT, 기회인가 위협인가 칼럼, ChatGPT 이해와 영향 분석", 삼일PWC경영연구원, 2023.03.

[10] 이제현, "OpenAI를 사용한 ChatGPT 활용 실습" 발표, 한국에너지기술연구원, 2023.04

[11] 이제현, "ChatGPT 등 생성AI 활용" 발표, 한국에너지기술연구원, 에너지AI,계산과학연구실, 2024.02

[12] 장성민, "챗GPT 가 바꾸어 놓은 작문교육의 미래", Vol. 56, pp. 07-34, 작문연구, 2023.03

[13] 장혜정, "ChatGPT, 출시 5일만에 100만명이 사용한 AI 챗봇", 모두의 연구소, 2022.12 https://modulabs.co.kr/blog/chatgpt

[14] NIA 한국지능정보사회진흥원. "The AI Report", 2023.01.

[15] IT WORLD CIO, "Deep Dive ChatGPT, 생성형 AI의 눈부시고 위협적인 미래", 2023.02.

[16] 정보통신기획평가원, "인공지능 기술 청사진(2030)", 정보통신기획평가원(IITP), 2020.12.

[17] 정종기, "누구도 경험하지 못한 미래, 인공지능 완전정복", 형설출판사, 2020.11.

[18] 정종기, "150 가지 사례와 함께 쉽게 활용하는, 인공지능 비즈니스", 형설이엠제이, 2021.09.

[19] 정종기, "ChatGPT 업무·비즈니스 활용 전략", 형설이엠제이, 2023.07

[20] 최광일. "생성 AI 시대, 일하는 방식이 변한다", LG 경영연구원, 2023.07

[21] 한국지능정보사회진흥원, "미래2030 Vol.2", 한국지능정보사회진흥원(NIA), 2020.12

[22] Jack Clark et al., "Artificial Intelligence Index Report 2023", HAI, 2023.04.

[23] Wayne Xin Zhao et al., "A Survey of Large Language Models", arXiv:2023.1822z3 v4, 2023.04

[24] 네이버 지식백과, 위키백과, 두산백과, 천재교육

[25] https://charlychoi.blogspot.com/2023/06/chatgpt.html

[26] https://www.mlq.ai/what-is-a-large-language-model-llm/

[27] https://hyeonjiwon.github.io/machine%20learning/ML-1/

[28] devocean.sk.com/blog

[29] i-doss.co.kr/ab-6141-60002

[30] obcs.langchain.com/docs

[31] facebook.com/groups/langchainkr

[32] Strongai.tstory.com

[33] ChatGPT Prompt Engineering, 티타임즈, 챗GPT의 언어 정복의 비밀

[34] GPTers, 챗GPT 10배 활용법 외

[35] https://www.gpters.org/c/notice/chatgpt

[36] 장피엠, "일잘러 장피엠"

[37] 클리나멘, 'Youtube summary with ChatGPT'

[38] aihub.kr, aistudy.co.kr, beebom.com, blog.wishket.com, bloter.net, cigro.io, deepdaive.com, dbr.donga.com, ibm.com, irsglobal.com, idg.co.kr, it.chosun.com, itworld.co.kr, itdaily.kr, ko.wikihow.com, lgcns.com, lgeri.com, needjarvis.tistory.com, nia.or.kr, nvidia.co.kr, posri.re.kr, tensorflow.org, tensorflowkorea.

wordpress.com, text.cortex.com, sas.com, seri.org, subokim.wordpress.com, yoonsupchoi.com, zdnet.co.kr

부를 창출하는 ChatGPT 활용전략

2024년 8월 23일 초판 1쇄 인쇄 | 2024년 8월 30일 초판 1쇄 발행

저자 정종기 | **발행인** 장진혁 | **발행처** (주)형설이엠제이
전화 (02) 6013-6052
등록 제2014-000262호 | **홈페이지** www.emj.co.kr | **e-mail** emj@emj.co.kr
공급 형설출판사(031) 955-2361~4

정가 27,000원

ⓒ 2024 정종기 All Rights Reserved.

ISBN 979-11-91950-58-8 93500

* 본 도서는 저자와의 협의에 따라 인지는 붙이지 않습니다.
* 본 도서는 저작권법에 의해 보호를 받는 저작물이므로 동영상 제작 및 무단전재와 복제를 금합니다.
* 본 도서의 출판권은 ㈜형설이엠제이에 있으며, 사전 승인 없이 문서의 전체 또는 일부만을 발췌/인용하여 사용하거나 배포할 수 없습니다.

Memo

Memo

Memo

Memo